일상적인 것의 변용 예술철학

아서 단토 | 김혜련 옮김

한길사

Arthur C. Danto
The Transfiguration of the Commonplace

Translated by Kim, Hyu Ryun

The Transfiguration of the Commonplace by Arthur C. Danto
Copyright ⓒ 1981 by Arthur C. Danto
Korean translation copyright ⓒ 2008 by Hangilsa Publishing Co., Ltd.
All rights reserved.
This Korean edition was published by arrangement with Arthur C. Danto
c/o Georges Borchardt, Inc., NY through KCC, Seoul

페드로 베루게테, 「플라톤」, 1477년경

플라톤은 미메시스를 가시적 이미지의 제작으로 이해함으로써 소박한 종류의 모방론을 제시했다. 즉 실물이나 원본, 그리고 그 외양을 베낀 모사물이라는 두 대상을 설정하기 때문에 그의 모방 개념은 일종의 관계 개념이 된다. 이와 대조적으로 단토는 모방이 관계가 아닐 수도 있다는 것을 보여주려 한다.

알렉산더가 보낸 자연사 연구를 위한 선물을 받고 있는 아리스토텔레스

아리스토텔레스는 『시학』에서 우리가 재현적인 그림을 감상할 때 얻는 즐거움의 원천 중 일부는 그것이 실물이 아니라는 것을 아는 지식임을 강조한다. 따라서 실물을 대면했을 때 불쾌하거나 두렵게 느껴질 만한 면모가 그림에서 나타날 경우 오히려 흥미와 즐거움을 줄 수 있다. 예술의 지위가 지각이 아닌 내포성의 문제라는 것을 보여주는 것이다.

니콜라 푸생, 「나르키소스와 에코」, 1628~30

단토는 나르키소스의 죽음을 일종의 철학적 죽음이라고 부르는데, 그것은 수면에 비친 자기의 이미지를 이미지로 볼 수 없기 때문이다. 그는 실재와 이미지를 구별할 수 없었고 더 나아가 실재의 개념조차 갖고 있지 않았다. 이런 문제가 에코에게는 생기지 않는다.

셰익스피어의 극작품집 표지
단토는 셰익스피어가 햄릿의 입을 빌려 "예술은 실재를 비추는 거울"이라고 주장했다고 본다. 그 경우 햄릿은 스스로 거울의 기능을 했던 것일까? 그렇지만 거울의 기능을 하기 위해 반드시 거울이 필요한 것은 아니다.

브뢰겔, 「이카로스의 추락」, 1558년경

만일 제목을 모르는 채 이 그림을 본다면 이것을 무엇에 관한 것이라고 생각하게 될까? 이 물음 자체는 또 하나의 사고실험이 될 것이다. 오른쪽 하단에 흰색으로 그려진 다리 한쪽은 그림 전체에서 시각적으로 그리 큰 비중을 갖고 있는 것처럼 보이지 않는다. 그러나 제목을 알게 되면 모든 것이 달라진다. 비로소 그림의 부분들을 예술적으로 동일시하기 시작하는 것이다.

파울 레와 루 살로메, 그리고 니체(오른쪽 끝)
예술과 철학이 주기(週期)를 갖는다면 각기 다른 지점에서 시작할 수 있다. 그러나 어디서 출발하든
내적 구조가 동일하기에 예술과 철학은 서로 만나게 되어 있다. 니체는 미학과 예술에서
그의 철학적 주기를 시작했다고 말할 수 있다.

파리 자택에서 사인을 하고 있는 사르트르

사르트르는 사람이 자기의 의식상태를 즉각적이고 직접적으로 아는 의식과, 그 자체로 의식 상태는 아니면서 실제로 의식할 수 있는 대상들에 대한 의식을 구별한다. 이에 따르면 사람은 자기자신을 하나의 대상으로, 또는 세계 내의 사물은 아니지만 자기의 의식상태들을 대상으로서 의식한다. 우리가 예술작품에서 접촉하게 되는 의식은 바로 그런 것이다.

툴루즈-로트렉, 「물랭 루즈」, 1891

예술작품에서 시각적 일치가 반드시 내용의 동일성을 함축하지는 않는다. 역으로 시각적으로 불일치하다는 것이 반드시 내용의 차이를 의미하는 것은 아니다. 그러나 내용이 제시되는 방식이 다르다는 것을 보여주기 위해 때로는 예술작품이 비-예술작품의 표현방식을 사용하기도 한다.

렘브란트, 「야경」(부분), 1642

이 그림에서 빨강은 무엇을 가리키는가? 그것은 실제 세계를 묘사하기 위해 사용된 시각적 모티브일 수도 있고, 그림이 지칭하는 허구적 세계의 속성일 수도 있고, 단순히 완전한 은유일 수도 있다.

폴 세잔, 「사과가 있는 정물」, 1895~98

세잔의 그림에서 볼 수 있는 여러 가지 도형은 단순히 대상들을 추상시킨 결과는 아니다. 그것은 그의 눈에 비친 대상들에 관한 그림이다. 그의 사유방식은 기하학적이라고 부를 수도 있을 것이다.

구스타프 클림트, 「베토벤 벽화: 환희의 송가」, 1902

예술이 내포적 개념으로서 '지향성'을 포함한다고 해서 반드시 예술가의 의식을 담고 있다는 뜻은 아니다. 그렇다고 해도 예술이 작가의 무의식을 표현한다는 결론으로 귀착되지는 않는다. 거꾸로 작품의 은유적 변용을 통해 작가의 의식이 작품의 속성—환희—으로 변용되었다고 말하는 편이 더 합리적일 것이다.

GB
한길그레이트북스

인류의 위대한 지적유산

일상적인 것의 변용 예술철학

아서 단토 | 김혜련 옮김

한길사

일상적인 것의 변용
차례

단토의 예술철학 | 김혜련   21

서문   55
감사의 글   63

1. 예술작품과 단순한 실재적 사물들   67
2. 내용과 인과   121
3. 철학과 예술   157
4. 미학과 예술작품   217
5. 해석과 동일시   261
6. 예술작품과 단순 표상   299
7. 은유, 표현, 그리고 스타일   349

옮긴이의 말   425
찾아보기   433

■일러두기

1. 이 책은 Arthur C. Danto가 쓴 *The Transfiguration of the Commonplace* (Cambridge, MA: Harvard University Press, 1981)를 옮긴 것이다.
2. 한국어 번역본의 모든 주는 옮긴이가 첨가했다.

단토의 예술철학

김혜련 연세대 미디어아트연구소 HK연구교수 · 철학

『일상적인 것의 변용』은 아서 단토의 *The Transfiguration of the Commonplace*를 완역한 것이다(이하 『변용』으로 약칭). 단토는 예술철학뿐만 아니라 형이상학, 인식론, 역사철학, 행위이론, 심리철학 등에 걸쳐 다양한 주제에 관심을 기울여왔다. 그가 다루는 주제들은 지극히 다양함에도 불구하고 서로 배음(倍音)을 이루듯이 일관성을 이루고 있다. 예술철학에서 그가 다루는 문제들은 표상과 지향성, 역사성, 그리고 내러티브에 초점이 모아진다. 이 주제들은 그의 역사철학과 심리철학, 그리고 행위이론의 연장선상에 있다. 메를로퐁티가 세잔을 붓으로 철학적 작업을 한 사람으로 평가한 것처럼 단토는 미술평론가로 활동하면서 예술작품을 통해 예술가들이 보여주는 세계와 개별 정신의 면모들을 깊이 공감하며 철학적 함의를 끌어내기도 한다.

『변용』에서 단토가 전개하고 있는 예술철학은 "무엇이 어떤 것을 예술로 만드는가"라는 물음으로부터 시작한다. 이 물음에 답하기 위해 단토는 예술이 지각 가능한 매체로 이루어지는 것임에도 불구하고 과연 예술의 본질이 지각적 관찰에 의해 밝혀질 수 있는 것인지를, 다시 말해 예술의 본질이 있다면 그것은 지각 가능성에 의존하고 있는 종류의 것인지를 분석한다. 이러한 분석을 위해 단토가 택하는 방법은 일종의 사고실험이며, 그 중심축은 지각적 식별 불가능성(indiscernibility)이라는 개념이다. 특이하게도 단토가 식별 불가능성을 적용해보고 있는 사례들은 그가 '후기 예술사 시대'(post-historical period of art)라고 부르는 시기의 전조(前兆)가 되는 마르셀 뒤샹의「샘」이나 앤디 워홀의「브릴로 비누상자」같은 작품들이다. 식별 불가능성 논제를 이러한 사례들에 적용해봄으로써 그는 예술과 비예술, 예술과 단순 표상, 예술과 변용적 표상을 차례로 비교하며 예술의 종차(種差)를 밝히려 한다.

예술을 다른 것들과 구별하는 종차는 지향적(intentional)인 동시에 내포적(intensional)이기 때문에 그는 단순한 논리적 분석이나 지각적 검사를 통해 드러나지 않는다는 점을 매우 집요할 정도로 추적한다. 그리고 결론부에서 그는 예술이 갖는 지향적 구조의 정점에 예술가의 스타일로서의 표현성이 있음을 보여준다. 이 글에서 나는 독자들의 이해를 위해 먼저 『변용』의 내용을 각 장별로 개괄한 다음, 비평가로서 현대 예술의 상황을 보는 단토의 시각을 소개하기로 한다.

예술작품과 단순한 실재적 사물: 지각이 말해주지 않는 것

1장에서 단토는 사고실험의 한 형태로서 가상의 전시회를 개최한다. 이 전시회의 하이라이트는 추상표현주의 계열에 속하는 것처럼 보이는 작품들로서 단토의 논의의 출발점이자 결론의 성격을 결정짓는 역할을 한다. 그 작품들은 각기 시각적으로 식별 불가능한 붉은 사각형들로 구성되어 있고 그들 간의 차이는 작품을 만든 제작자와 제목이 서로 다르다는 것뿐이다.

이 붉은 사각형들에는 각각「키르케고르의 기분」「홍해를 건너는 이스라엘 민족」「니르바나」「붉은 사각형」그리고「무제」라는 제목이 붙어 있다. 예술작품의 제목들은 서로를 구별짓기 위한 명찰에 불과한 것이 아니라는 것이 단토의 기본적인 이해이다. 무엇인가에 제목이나 이름을 붙인다는 사실은 그 대상이 단순한 물리적 사물로 다루어지고 있지 않다는 것을 시사한다. 똑같은 이름을 가진 사물들은 얼마든지 있지만, 사물과 이름의 배경을 이루는 제작의 역사는 각기 다르며, 대개의 경우 사물에 붙여진 이름은 사물들을 개체화하는 기능을 한다. 가상의 전시회에서 「키르케고르의 기분」이라는 제목이 붙여진 사각형의 붉은색은 불안의 느낌과 연관되는 것처럼 보인다. 그러나 붉은색 자체가 그 덴마크 철학자의 심리적 불안감을 직접 표상하는 것은 아니다. 색으로서 붉은색은 단순한 붉은색일 뿐이며 그것 자체는 의미론적 기능을 할 자원을 갖고 있지 않다. 「키르케고르의 기분」의 붉은색이 불안감을 표상할 수 있는 것은 그 작품을 만든 화가가 그 사각형의 붉은색으로 하여금 키르케고르의 심리적 상태를 지칭하도록 의미론적 기능을 부여했기 때문이다. 다시 말해 붉은색과 그것이 표상하는 불안의 느낌 사이의 인과관계는 물리적 속성들 간의 인과관계가 아니라, 붉은색으로 하여금 불안감을 표상할 수 있게 하려는 예술가의 의도와 붉은색 간의 인과관계이다.

  여기서 제기될 수 있는 물음은 예술가가 붉은색으로 하여금 불안감을 표상할 수 있도록 작품의 특정 면모에 의미론적 기능을 부여한 것이 전적으로 예술가의 특수한 심적 상태에 의존하는가 하는 것이다. 작품이 전달할 수 있는 내용이나 의미는 전적으로 예술가 자신에게 달려 있는 것처럼 보이기도 하지만, 그 점에 있어서 예술가가 절대적으로 특권적인 지위에 있는 것 같지는 않다. 달리 같은 천재적 예술가가 어떤 바위를 가리키면서 "저것은 예술이다"라고 선언한다고 해서 그 바위가 문자 그대로 예술작품으로 변모하는 것은 아니기 때문이다. 어떤 물리적 대상으로 하여금 특수한 의미론적 기능을 하도록 예술가가 의도한다는 것은 그 대상이 '단순한' 물리적 대상으로 남아 있는 한 불가능한 일이다. 왜냐하면 그 물리적 대상을 마주하는 관람자들이 그것을 예술로 다룰 수 있으려면, 우선적으로 그것이 어떤 내용이나 의미를 가질 수 있는 종류의 대상이라고 관람자가 동일시할 수 있는 어떤 표지가 주어져야 하기 때문이다. 예술의 기본적인 기능은 의사소통이기 때문에, 관람자는 이 대상이 단순한 물리적 대상이 아니라, 어떤 의미를 갖고 있으며 감상되고 해석될 수 있는 특수한 종류의 대상이라는 것을, 즉 그것이 예술이라는 것을 어떤 식으로든 알 수 있어야 한다. 그렇지 않을 경우 관람자는 그 대상이 '예술'일 수도 있다는 의문조차 품지 않을 것이다.

따라서 위의 사고실험은 단토의 예술철학에서 두 가지 주요한 기능을 한다. 첫째로, 예술가의 의도는 어떤 물리적 대상에게 예술의 지위를 부여하려는 것과 연관된다. 이런 종류의 의도는 단순한 지각적 식별 능력에 의해 파악되지 않는다. 둘째로, 예술가의 의도는 예술작품의 구체적인 지각적 면모들에게 의미론적 기능을 부여하는 일과 연관된다. 전자의 경우 예술가의 의도는 예술의 지위에 관한 것인 반면, 후자의 의도는 관람자로 하여금 작품의 면모들이 "무엇에 관한 것인가"를 해석하도록 인도하기 위한 것이다. 전자의 의도는 특정 시점에 발생한 예술가의 특수한 심적 상태에 전적으로 달려 있는 반면, 후자의 의도는 작품 제작 당시에 예술가가 속해 있는 예술계에서 수용되는 예술 개념과 예술 이론, 규약 등에 의해 제한된다. 두 가지 의도가 독립적으로 작용하는 것인지, 또는 서로 상보적으로 작용하는 것인지는 단토의 텍스트 안에서 분명하게 드러나 있지 않다. 그러나 내가 보기에 예술의 지위에 관한 예술가의 의도 역시 특정 예술계의 예술 개념에 의존한다. 즉 한 예술계에 속한 예술가는 붉은 사각형에게 예술의 지위를 부여하려는 의도를 가질 수 있는 반면, 다른 예술계에 속한 예술가는 그런 의도를 갖지 못할 수도 있다. 왜냐하면 전자의 경우 예술가는 예컨대 미니멀리스트 작품이 예술로 불리는 예술계에 속한 반면, 후자의 예술가는 그와 같은 종류의 대상을 작품으로 인정하는 규약을 알지 못하기 때문이다. 그럼에도 불구하고 예술의 지위에 관한 의도와 작품의 의미론적 기능에 관한 의도는 서로 구별되며, 후자의 의도는 예술가의 특수한 심적 상태를 전적으로 반영하는 것이 아닌 까닭에 다수의 해석 가능성을 허용한다. 이렇게 볼 때 단토의 '예술' 개념에서 존재론과 심리철학은 서로 맞물려 있다.

앞의 논의를 요약하면, 단토가 제시하려는 예술작품의 존재론은 바로 예술가가 작품에 대해 갖는 '의미론적 기능의 부여 가능성'을 축으로 한다. 즉 작품의 개체화는 작품의 물리적 상대역(physical counterpart)의 단순한 동일성에 의해 이루어지는 것이 아니라 예술가가 작품에 부여하는 예술 이론적 차원의 지향성(intentionality)에 의해 이루어지며, 그 작품이 "무엇에 관한 것인가" 하는 문제는 예술가가 그 작품에 특정한 지향적·의미론적 기능을 부여할 수 있었는가 하는 예술사적 조건의 문제로 귀착된다. 원칙적으로 예술가는 작품에 어떤 의미론적 기능이든 부여할 수 있겠지만, 그 가능성은 그가 속한 예술계 내에서 취할 수 있는 이론들의 범위에 의해 제한된다는 것이다.

이른바 '피카소의 넥타이 문제'도 예술 이론이 예술가의 의도에 가하는 제한적 요건들에 의해 해소된다. 세잔의 넥타이와 피카소의 넥타이는 시각적으로는 식별 불가능하지만, 피카소에게 가능한 것, 즉 그가 작품의 면모들에게 지정할 수 있었던 특정한 의미론적 기능을 세잔은 작품에 부여할 수가 없었다. 붓질 흔적이 없는 넥타이에서 붓질 흔적을 감춤으로써 회화의 본질을 수정하려 한 피카소의 시도는 세잔이 속한 예술계 내에서는 불가능한 일이다. 왜냐하면 설혹 세잔이 피카소와 똑같은 의도를 가질 수 있었다고 해도 세잔은 그러한 예술적 동일시를 지지해줄 예술적 언어게임의 규약들을 사용할 수 있는 맥락 안에 있지 않았고, 따라서 그의 의도는 객관적으로 인식될 수 없었을 것이기 때문이다. 그리고 이 문제에 관한 한, 과연 세잔이 피카소와 똑같은 종류의 의도를 가질 수 있었는지도 의문이다. 여기서 단토는 비평에서의 의도주의의 오류(the intentional fallacy), 즉 작품의 내용이나 의미가 전적으로 작가에 의해 결정되며 하나의 '올바른' 해석만이 존재한다고 보는 견해가 초래하는 오류를 예술 이론과 지향성의 결합에 의해 해소한다. 다시 말해 예술작품의 동일성은 예술가의 의도에 그 기원을 두지만, 작품의 면모들이 갖는 의미는 예술가가 속해 있는 예술계에서 인준되는 언어게임의 규약들에 의해서만 생성되고 전달되며 또한 동일시될 수 있는 것이다. 이렇게 볼 때 단토가 이해하고 있는 지향성은 개인적인 면과 규약적인 면을 동시에 갖고 있는 듯하다.[1]

예술에서의 내용과 인과

2장은 예술작품의 내용과 인과의 문제를 다룬다. 예술작품이 단순한 물리적 대상이 아니라 예술가에 의해 부여된 의미론적 기능을 갖는 표상적 개체라고 말할 때, 작품의 정체성은 물리적 인과관계에 의해서가 아니라 내용적 인과관계에 의해 결정된다. 이 주제를 다루기 위해 단토는 보르헤스의 「시인 피에르 메나르」에서 등장하는 한 편의 가상적인

---

1) 제리 포도의 분석에 의하면, '예술작품임'(being a work of art)이라는 것은 예술가의 심적 상태를 원인으로 갖는 개념이다. 반면에 작품의 매체적 특질들은 '반사적 조건'(reflexive condition)으로서 예술작품의 면모를 통해 예술가가 의도를 전달하기 위한 수단이다. 이것은 예술계 내의 규약에 의존한다. Jerry A. Fodor, "Déjà vu All Over Again: How Danto's Aesthetics Recapitulates the Philosophy of Mind," *Danto and His Critics*, Mark Rollins(ed.), Blackwell: Oxford & Cambridge, MA, 1993, pp.45, 48.

작품에 대해 언급한다. 한 편에는 세르반테스의 「돈키호테」가 있고, 그 옆에는 그것과 철자 하나 다르지 않지만 다른 제목이 붙여진 피에르 메나르의 소설이 있다고 가정해보자. 세르반테스의 소설과 메나르의 소설이 철자 상으로 서로 다르지 않다면 무엇에 의해 그 둘을 구별할 수 있는가? 여기서 미술이나 조각처럼 물리적으로 시공간을 점유하는 조형예술과는 달리 시나 소설처럼 기보 체계(notation system)에 기반을 둔 작품들의 동일성은 과연 무엇에 의존하는가 하는 형이상학적 문제가 제기된다.

이 주제와 연관하여 단토가 비중 있게 다루고 있는 넬슨 굿먼에 의하면, 문학이나 음악은 기보(notations)로 구성되기 때문에 그러한 종류의 작품의 동일성은 그것을 구성하는 기보들의 동일성에 의해 결정된다. 따라서 철자 하나라도 바뀌면 기보체계에 토대를 둔 작품의 동일성도 바뀐다. 굿먼의 이러한 설명에 따르면 문학작품이 다른 언어로 번역될 때 원칙적으로 다른 작품이 되는 것이라고 말해야 하며, 음악의 경우, 한 군데라도 음표나 리듬을 악보와 다르게 연주했을 때 결국 다른 작품을 연주한 것이 되고 만다. 굿먼을 충실히 따른다면, 이른바 정격 연주(authentic performance)만이 올바른 연주로 간주될 가능성이 있다. 그러나 정격 연주의 핵심은 작곡가가 의도한 악기에 의해, 그리고 그가 의도한 연주기법에 의해 연주하는 것에 있다.

굿먼은 음악작품의 동일성을 견지하기 위해 기보의 정확한 반복을 주장하지만 특별히 정격 연주를 염두에 두고 있는 것 같지 않다. 그는 상이한 연주라도 동일한 악보로 환원될 수 있으면 동일한 악보의 올바른 연주 사례가 될 수 있다고 말하기 때문이다. 이와는 달리 실제로 우리의 예술적 실천은 이 정도로 엄격하지 않기 때문에, 굿먼이 제안하는 문학이나 음악의 동일성에 부합하지 않는 다양한 번역이나 연주 관행을 허용하며 이것은 예술가들이 동일성의 문제를 느슨하게 다루고 있는 것처럼 보이게 만든다. 그러나 기보 체계를 근간으로 하는 작품의 동일성에 관한 문제는 동일성의 기준을 실제로 엄격하게 혹은 느슨하게 적용하는가 하는 것이 아니다. 오히려 이 문제는 근본적으로 작품의 동일성의 근거가 예술가의 의도에 귀착하는가, 아니면 작가의 의도와 독립적인 것으로서 문화적 공간에서 작용하는 규약에 있는 것인가 하는 것이다.

후기 비트겐슈타인의 영향 아래 개체의 동일성을 불가해한 어떤 실체나 본질에 기초하려는 시도라든가 근본적으로 우리가 동일시할 수 없는 특수한 심적 상태에 호소하는 것은 철학적 파산을 자초하는 것처럼 이해되었다. 그리하여 자연적 대상이건 문화적 개체이건 그것의 동일성은 외부적인 것, 즉 그것이 속해 있는 역사·문화적 맥락이나 규약에 의해 결정되는 것으로 이해하는 것이 주류가 되었다. 이러한 경향은 포스트모더니즘에 의해 증폭되어 아예 동일성의 문제 자체를 해소해버리고 '동일성'이란 단지 차이들의 함수 같은 것으로 간주하기도 한다. 그렇다면 20세기 후반은, 동일성에 관한 한 명목주의 또는 유명론(nominalism)이 득세하고 있는 셈이다.

이러한 도도한 흐름과는 대조적으로 단토는 '예술'을 해석되어야 할 종류의 대상으로 보고 해석 가능성을 예술의 본질적 면모로 본다. 맥락주의와 본질주의를 융합시키는 단토에 의하면, 예술작품은 동일성의 토대적 근거를 전혀 갖지 않는, '완전히' 개방적인 개체가 아니며, 따라서 어떤 해석이든 주어질 수 있는 것은 아니다. 오히려 다양한 해석 가능성의 근거는 예술작품의 내용이나 의미가 작가가 의존하는 예술 이론과 예술사적 지식에 의해 뒷받침되는 의도를 원인으로 갖고 있기 때문이다. 그리고 그 원인은 단순한 지각적 관찰에 의해 파악될 수 있는 것이 아니다. 이 점을 극적으로 보여주기 위해 그는 1장에서는 가상의 미술전시회라는 사고실험을 보여주었고, 2장에서는 「시인 피에르 메나르」에 나오는, 철자가 완전히 똑같은 쌍둥이 문학작품의 예를 언급한 것이다.

이 사례들을 통해 단토가 보여주고자 한 것은, 문학이나 음악의 경우 작품의 동일성은 단지 기보의 일치에 의존하는 것이 아니라 기보들에 의해 표상되는 내용의 문제라는 것이다. 왜냐하면 똑같은 기보들의 쌍이라 할지라도 저자가 그 기보들에게 의도적으로 지정하는 의미는 다를 수 있기 때문이다. 다시 말해 동일한 문장은 그것이 언표되는 시공간적 좌표, 화용론적 목적, 언표되는 방식—예를 들면 진리 주장이나 단순한 인용, 또는 화자의 주관적인 태도의 표현 등—에 따라 매우 다른 의미를 전달할 수 있는 것이다. 단토에 의하면, 이 문제는 단지 동일한 문장을 독자가 어떻게 이해하는가 하는 화용론적 문제에 국한되는 것이 아니라, 동일한 문장이나 기보들로 구성된 예술작품들은 각 예술가의 특수한 의도를 상이한 원인으로 갖고 그에 따라 상이한 개체로 개별화되는 것으로 설명해야 하는 존재론적 문제라는 것이다.

철학과 예술의 논리적 구조

3장에서 단토는 예술과 철학이 서로 다른 활동임에도 불구하고 '우연히도'—이것이 역사적 우연인지 아니면 필연적인 결과인지는 분명하지 않지만—그 둘의 논리적 구조가 동일하다는 것을 적시한다. 양자 간의 유사성 가운데 무엇보다도 근본적인 것은 철학과 예술이 모두 외연적 정의를 내리기가 어렵다는 점이다. 철학사나 예술사에서 나타난 여러 상이한 이론과 실천들을 관찰할 수는 있지만, 그러한 역사적 자료들을 모아 예술에 관해 귀납적인 정의를 내릴 수 있을 것 같지 않다. 왜냐하면 철학사와 예술사는 '철학'과 '예술'의 체계적인 정의를 갖기도 전에 이미 각기 '철학'의 역사와 '예술'의 역사로서 간주되고, 특정한 이론이나 실천은 '철학' 이론이거나 또는 '예술' 이론으로 구별되어왔기 때문이다. 이것은 철학과 예술이 특정한 이론이나 작품들과는 다른 위계, 즉 어떤 비인지적인 혹은 심지어 어떤 선험적인 이해나 구별에 기초하고 있기 때문이라고 단토는 주장한다.

그의 결론을 먼저 요약하면, 문제의 그 비인지적이고 개념적인, 내포적(intensional) 구별이란 곧 '실재'와 '현상'의 구별이다. '철학'이나 '예술'은 그것이 실재에 속한 것이 아니라는 것을 전제로 삼을 때 이해될 수 있는 종류의 개념인 것이다. 이러한 내포적 구별은 자아에게도 적용된다. 몰래 틈새로 어떤 광경을 훔쳐보고 있는 사람은 처음에는 자기가 보는 광경만을 의식한다. 그러나 누군가 자기를 보고 있다는 것을 의식할 때, 그가 볼 수 있는 것은 일차적으로 다른 사람의 눈이다. 그러나 그 다음에 그는 타자의 시선의 존재가 자기 자신을 하나의 대상으로 만들고 있다는 것을 깨닫게 된다. 즉 그는 자기가 의식을 갖고 있는 동시에 몸도 갖고 있다는 것을 깨닫는다. 의식과 몸을 가진 그의 존재는 타자의 존재를 의식함으로써 정립되는 것이다. 그러나 그 타자가 나와 동일한 종류의 개체인지는 지각적으로는 구별할 수 없다. 다만 그의 눈이 공허한 유리알이 아니라 의식을 가진 시선의 주인이라는 것, 즉 내가 그를 보고 있는 것처럼 그도 나를 보고 있다는 것을 의식할 때, 나는 나 자신이 자의식을 가진 주체라는 것을 선명하게 깨닫는다.

실재와 현상의 구별을 기준으로 삼아, 단토는 고대세계에서 철학이 발생한 곳은 고대 그리스와 인도 두 곳뿐이라고 보는데, 그가 이렇게 평가하는 이유는 다른 고대문명들과는 달리 그 두 문명에서만 실재와 현상의 구별이 나타났기 때문이다. 특히 고대 그리스의 경우, 단토는 철학과 예술이 동시에 발생한 것으로 추정한다. 플라톤의 형상론에서 현실세계의 대상들은 진정한 실재인 이데아의 그림자로 설명된다. 그리고 플라톤의 예술론은 그의 형상론의 구조를 정확히 따르고 있다. 목수가 만든 침대는 침대-형상의 모사물이며, 화가가 그린 침대-그림은 실제 침대의 모사물이다. 물론 화가는 현실 세계의 침대를 충실하게 관찰해야 하고 침대와 다른 가구들을 구별할 수 있어야 하지만, 근본적으로 화가가 갖추어야 할 것은 형상으로서의 '침대'에 관한 지식이다. 그런 의미에서 화가가 수행하는 모방술은 사실상 단순한 기예의 문제가 아니라 '침대-형상'에 관한 올바른 지식의 문제이다. 그렇기 때문에 플라톤은 천재적인 음유시인 이온을 예술가로 부르지 않았다. 이온은 탁월한 퍼포먼스에도 불구하고 그 퍼포먼스는 그의 천부적 재능의 결과였을 뿐, 자기가 하는 활동의 성격에 관한 성찰과 지식에 토대한 것이 아니기 때문이다.

철학과 예술이 실재와 현상의 구별을 토대로 발생했다는 것은 양자가 실재와 현상의 관계를 토대로 이루어지거나 또는 관계 자체를 형성한다는 것을 의미하는 것인가? 형이상학적 표상론의 여러 판본들은 철학과 예술의 성격을 그렇게 보고 있는 것이 분명하다. 예술의 모방론 역시 마찬가지이다. 그러나 표상론과 모방론이 간과하고 있는 것은 실재와 현상의 구별이 반드시 관계 개념을 낳는 것이 아니라는 것이다. "x는 예술작품이다"라는 것은 그것이 '단순한' 실재적 사물이 아니라는 것을 말할 뿐이지, x가 준거의 틀로 삼을 수 있는 별개의 대상이 존재한다는 뜻이 아니다. 재현적인 예술의 경우에도 예술이 지시하는 실재적 사물이 존재할 수도 있고 그렇지 않을 수도 있다.

워홀의 「브릴로 상자」의 경우, 그것과 지각적으로 구별할 수 없는 대상들은 무수히 많다. 그러나 「브릴로 상자」는 다른 브릴로 상자들을 지칭하지 않는다. 허구적인 인물 피크위크를 묘사하고 있는 「피크위크」 그림은 아무 것도 지시하지 않는다. 그러나 「브릴로 상자」와 「피크위크」는 단순한 실재적 사물이 아니라 의미론적 내용을 가진 예술작품이다. 그리고 이것들이 예술이라는 것은 단순히 인지적으로 결정될 수 없다. 요점은 실재와 현상의 구별, 또는 단순한 실재적 사물과 예술의 구별은 근본적으로 비인지적인 개념적 구별, 즉 내포적 구별이라는 것이다. 따라서 모방이나 재현조차 전혀 관계를 포함하지 않을 수 있다.

굿먼은 예술작품을 기호로 다루면서 예술이 전달할 수 있는 의미나 내용을 기호 체계와 규약의 관점에서 설명한다. 재현적인 예술이 갖는 의미는 반드시 지시체의 존재를 전제하는 것은 아니며, 지시체와 작품 간의 유사성에 의존하지도 않는다. 한마디로 재현은 유사성과 논리적으로 독립적이다. 재현적인 예술에서 포착할 수 있는 유사성은 근본적으로 습관과 친숙함의 문제인 것이다. 재현의 논리적 구조를 분석함으로써 굿먼은 재현이 관계적 개념이 아닐 수 있음을 보여주었다.[2]

위에서 살펴본 것처럼 철학과 예술은 모종의 논리적 공생관계를 이룬다. "예술이 무엇인가" 하는 물음에 대해 탐구할 때 동시에 "철학이 무엇인가" 하는 물음을 탐구하지 않을 수 없는 것이다. 그와 동시에 철학이나 예술을 외연적으로 정의할 수 없다는 점에서도 그러하다. 비트겐슈타인이 후기 사상에서 어떤 것에 대해서든 정의 내리는 일을 포기해야 한다고 역설한 것은 선험적 분석에 의해 내려진 어떤 정의이든 주어진 모든 사례들을 총체적으로 포괄할 수 없을 뿐만 아니라, '정의'라는 것은 귀납적 일반화의 결과로 얻는 것도 아니라는 것을 간파했기 때문이었다. 비트겐슈타인이 제안할 수 있는 최선의 방안은 같은 이름으로 불리는 집합의 사례들을 '보라'는 것이었다. 그러면 사례들 사이에서 유사성의 가닥들을 보게 될 것이다. 그는 '친족 유사성'(family resemblance)이라는 은유를 사용했는데, 이것은 단순한 유사성과는

---

[2] Nelson Goodman, *Languages of Art*, Hackett: Indianapolis, 1976, pp.3~43; 김혜숙·김혜련 옮김, 『예술의 언어들』, 이화여대출판부, 2002, 21~57쪽.

다른 것이기 때문에 미학자들에게 많은 논란거리가 되었다.

비트겐슈타인의 후기 철학을 미학에 충실하게 이식한 것으로 간주되는 모리스 와이츠의 '예술의 정의 불가능성 논제'는 철저하게 유사성을 축으로 삼고 있으며, 예술작품들은 어떤 측면에서 다른 작품들과 유사할 뿐 공통된 요소들을 나눠 갖고 있지 않다는 관찰에 의존하고 있다. 작품들이 공유하는 유일한 것이 있다면 '예술'로 불린다는 것뿐이다. 그리고 어떤 것이든 예술로 불리게 될 가능성의 문은 활짝 열려 있다. 누군가 어떤 대상이 다른 예술작품과 유사한 측면을 갖고 있는 것을 주목하고 그것을 예술로 선언하기만 하면 되는 것이다. 와이츠는, 예술작품들의 집합이 개방적인 것은 단순히 귀납적 일반화의 결과가 아니라, 예술가들이 기존의 작품들과는 다른 무엇인가 독창적인 것을 만들려 하기 때문에 예술작품들의 집합은 구조적으로 기껏해야 유사성만을 가질 수 있을 뿐이라고 주장한다.[3]

와이츠의 예술의 정의 불가능성 논제에 관해 단토는 그 논제의 디딤돌이 되었다고 볼 수 있는 한 편의 글을 다시 검토하면서 와이츠가 놓치고 있는 점을 지적한다. 여기서 중요한 역할을 하는 글은 윌리엄 케닉(William Kennick)의 「전통 미학은 오류에 기초하는가」라는 논문이다.[4] 이 논문에 등장하는 한 인물은 창고에서 '모방' '표현' '유의미한 형식' 같은 예술의 전통적 정의에 부합하는 사례들을 발견하여 꺼내오라는 지시를 받는다. 그 사람은 그 정의들이 의미하는 바를 정확히 이해했음에도 불구하고 각 정의에 부합하는 사례들을 식별해낼 수가 없었다. 심지어 그는 창고 안에 있는 물건들이 예술인지조차 확신할 수

---

3) Morris Weitz, "The Role of Theory in Aesthetics," *Journal of Aesthetics and Art Criticism* 15, 1956, pp.27~35.
4) William Kennick, "Does Traditional Aesthetic Rest Upon a Mistake?" *Mind* 67, 1958, pp.317~34.

없었다. 이러한 재난적 상황에 대해 와이츠 같으면 그것은 모든 예술이 공통으로 갖는 본질적인 요소들이 없기 때문이라고, 즉 예술의 정의 같은 것은 있을 수 없기 때문이라고 설명하겠지만, 단토는 바로 이 상황이 예술의 정의 자체가 인지적 식별능력의 문제가 아니라는 것을 극명하게 보여준다고 주장한다. 오히려 예술의 정의는 근본적으로 내포적인 것이기 때문이라는 것이다.

미학과 예술철학

18세기에 학문으로서 미학이 성립되었을 때, 근대 미학이 초석으로 삼은 것은 인간의 특수한 내적 능력으로서의 취미(taste) 또는 판단 능력(faculty of judgment)이었다. 취미 능력은 외부세계로부터 경험적 정보를 직접 얻는 오감과는 달리, 오감이 외부에서 얻은 감각자료들을 내적으로 관조하는 내적 감각(inner sense)으로서의 일종의 '마음의 눈' 같은 것이었다. 취미 능력은 흔히 미의식 또는 미적 감각이라고 불리기도 하며, 이 특수한 인지 능력에 의거해 예술을 정의하려는 시도들이 있다. 조지 디키는 그러한 미학이론들을 '미적 태도론'(theories of aesthetic attitude)으로 일축하면서 미적 태도는 예술의 성격을 특징짓지 못한다고 주장한다.[5] 그는 일상적인 지각과 구별되는 미적 지각(aesthetic perception) 같은 것이 존재한다고 믿지 않으며, 설혹 그런 것이 있다고 해도 그것은 동일한 대상에 대해 택할 수 있는 여러 가지 관점들 중 하나일 뿐인 미적 관점을 취미라고 주장된 내적 능력에 귀속시키려는 시도에 불과하기 때문이다.

---

5) George Dickie, "The Myth of Aesthetic Attitude," *American Philosophical Quarterly* 1, 1964, pp.55~66.

미적 지각의 문제를 미적 관점의 문제로 해소할 경우, 그것이 곧 대상에 대한 주관적인 평가를 반드시 함의하는 것은 아니다. 그러나 보통 사람들이나 전문가들의 반응에서조차 흔히 볼 수 있듯이, 미적 지각은 대상에 대해 갖는 일종의 우호적인 태도로서 미적 반응으로 대체될 수 있다. 물론 미적 반응이 반드시 우호적인 평가를 함축하는 것은 아니다. 대상의 어떤 면모에 관해 부정적인 평가를 산출할 수도 있다. 미적 지각의 실재성 여부가 철학적으로 문제시되었다면, 미적 반응의 문제는 대상의 어떤 측면에 주목하는 것이 미적으로 적합한가, 미적 적합성(aesthetic relevance)에 주어지는 제한조건들이 있는가, 그리고 그러한 제한조건들이 있다면 그것은 무엇인가 하는 것이다. 만일 미적 반응이 단순히 주관적인 인지 능력을 행사한 결과일 뿐이라면, 미적 반응은 예술의 정의와 논리적 연관성을 갖지 않는다. 미적 지각과 미적 반응을 근간으로 삼는 한, 미학은 예술철학과 논리적 연관성을 갖지 않게 될 것이다.

디키와 마찬가지로 단토 역시 미적 지각이라는 특수한 인지 능력을 전제하지 않지만, 디키와는 달리 그러한 능력을 전제하지 않더라도 '미적' 반응은 가능하다고 본다. 그러나 그는 미적 반응은 단순한 인지 능력의 문제가 아니라 예술사적 배경과 예술이론에 관한 지식에 의해 뒷받침되는 예술적 동일시(artistic identification)의 문제로 본다. 다시 말해 단토의 경우 미학은 예술철학과 구조적으로 융합되어 있는 것이다. 4장에서 단토가 논의하려는 것은 바로 미적 반응의 근본적인 성격이 어떠한가, 그리고 그것은 예술의 정의와 어떻게 연관되는가 하는 것이다.

예를 들어 저녁놀을 배경으로 이국 도시의 스카이라인을 바라볼 때 우리가 나타낼 수 있는 미적 반응은 지극히 자연스러운 것이다. 붉게 물든 하늘빛과 스카이라인에 주목하기 위해 우리가 사전에 예술작품들을 많이 감상해야 할 필요는 없다. 이 상황에서 미적 반응이 '자연스럽다'는 것은 문제의 미적 반응이 모종의 개념적 매개를 갖지 않는다는 것을 함축하는데, 역으로 말하면 그것은 만일 감상자가 그 광경이 예술작품의 일부라는 것을 알 때 그것에 반응하는 방식이 달라질 수 있는 것을 의미한다.

단토는 자연 대상에 관한 것이건 예술에 관한 것이건 모든 미적 반응이 이런 식으로 자연스러운 지각 경험에 의해 산출되는 것이 아니라고 말한다. 그에 의하면, 예술작품에 대한 미적 반응은 우선 그것이 예술이라는 것을 아는 의식, 그리고 그와 동시에 그것의 토대가 되는 특정한 예술 개념과 예술이론에 대한 지식에 의해 어떤 측면에 주목할 것인지, 그리고 그 측면들을 어떻게 동일시할 것인지 인도받으면서 형성된다. 그리고 그러한 배경지식의 변화에 따라 주목의 대상과 동일시가 달라질 수 있다는 점에서 미적 반응은 개념-매개적 또는 개념-의존적이다. 따라서 각 예술작품이 요구하는 적절한 종류의 미적 반응이 있다. 원근법에 따라 그려진 풍경화를 보는 방식과 원근법과 일치하지 않는 동양의 산수화를 보는 방식이 다른 것은 지각능력의 차이 때문이 아니라, 문제의 그림이 어떤 종류의 대상인가를 아는 개념적 틀의 차이 때문이다.

한편 미적 반응은 적극적인 측면뿐만 아니라 부정적인 측면도 갖는다. 테드 코헨(Ted Cohen)은 압핀이나 종이컵처럼 미적으로 반응할 수 없는 사소하고 무의미한 대상들이 있다고 말한다. 따라서 코헨이 염두에 두고 있는 미적 반응이란 미적 가치를 갖는, 대상의 우호적인 미적 성질에 대한 반응이다. 아름다운 꽃 같은 대상들에 대해 거의 누구나 우호적으로 반응할 수 있겠지만, 우호적인 반응을 이끌어내는 꽃의 측면들이 특별히 '미적 성질'을 갖는 것인지는 불분명하다. 이렇듯 코헨의 주장은 미적 반응의 문제를 다시금 생득적인 인지능력의 문제로 되돌려버린다. 그러나 단토는 미적으로 주목할 만한 가치가 없는 대상이나 면모가 어떤 것인지는 미리 알 수 없으며, 미적 반응의 부정적인 면이란 오직 대상이 예술작품이 아니라는 것을 알게 될 때 더 이상 주목하지 않는 경우일 뿐이라고 말한다. 즉 미적 반응의 적극적인 면이나 부정적인 면을 확정짓기 위해서는 대상이 어떤 종류의 대상인가 하는 것에 대한 지식이 필요하다.

그 반면에 디키는 미적 반응의 차이를 주목 대상의 차이로 설명할 뿐인데, 그에게 있어서 특별한 종류의 미의식이나 지각 같은 것은 없고 미적 반응이란 대상의 어떤 흥미로운 측면에 주목하는 것에 불과하기 때문이다. 결국 디키는 감상을 주목(attention)의 문제로 다룸으로써 미적 반응을 지각의 차원으로 남겨둔다. 단토가 보기에, 디키는 코헨처럼 미적 반응을 미적 가치를 갖는 미적 성질로 환원시켜버리지는 않지만, 미적 반응에 관한 논의를 여전히 지각적 차원에서 전개하고 있기 때문에 어떤 주목이 적절한 것이며 주목의 변화가 문제의 대상에게 존재론적으로 어떤 유의미한 결과를 초래하는지에 대해 설명할 수 없다. 미적 반응의 변화가 지각의 문제로서 단순히 주목하는 대상의 차이에 불과하다면, 그것은 그 대상에게 주목하기 이전에도 동일한 방식으로 주목하는 것이 가능하다는 것을 함축한다.

물론 디키는 주목의 변화의 적합성은 예술계의 규약에 의해 정당화된다고 주장한다. 어떤 대상이 감상의 후보인가 하는 것은 전적으로 예술계의 규약에 의해 결정되기 때문이다. 물론 그 점은 단토도 받아들인다. 장작으로 사용하려 한 것이 진짜 십자가라는 사실을 알게 될 때 우리는 하찮은 나무 한 조각에 대해서도 경외심을 표할 것이다. 이러한 변화는 성격상 참으로 제도적이고 사회적이다. 그러나 디키가 말하는 종류의 미적 반응이란 가능한 반응들 중에서 예술계의 제도적 틀이 허용하는 종류의 미적 태도를 택하고 대상의 어떤 측면에 주목하는 것에 불과하다. 중요한 것은 미적 반응은 그런 것이 아니라는 것이다. 다시 말해 어떤 것이 예술작품이라는 것을 안다는 것은 그것의 변용되지 않은 물리적 상대역이 갖고 있지 않은, 주목해야 할 어떤 특별한 성질들이 예술작품에 포함되어 있다는 것, 그리고 바로 그 사실 때문에 우리의 미적 반응이 달라질 것이라는 것을 함축한다. 따라서 이 문제는 제도적인 것이 아니라 존재론적인 것이다.

예술작품과 그 물리적 상대역을 다룰 때 우리는 전혀 다른 차원의 사물들을 다루고 있는 것이다. 특히 어떤 대상이 예술이라는 것을 아는 것은 단순히 그 대상의 사회적 지위에 대해 아는 것으로 그치는 것이 아니라, 그 대상의 어떤 면모들에 주목해야 하고 그 면모들을 어떤 방식으로 동일시해야 할 것인지를 아는 것, 그리고 그러한 동일시가 대상의 전체 구조를 재조정하고 조정된 구조를 축으로 면모들의 의미를 해석하는 과정을 포함한다는 것을 아는 것까지 함축한다. 왜냐하면 마셜 매클루언(Marshall McLuhan)의 구호대로 매체는 메시지의 일부이며, 단토가 제안하는 종류의 미적 반응은 근본적으로 예술적 매체가 단순히 물리적 성질을 갖고 있는 것이 아니라, 전혀 다른 종류의 개체로 변모한 작품 안에 용해되었기 때문에 해석을 통해서만 작품 표면의 지각적으로 유의미한 것을 동일시할 수 있기 때문이다.

미적 대상을 비지각적인 것으로 설명한다고 해서 단토가 '미적 대상'을 감상을 위해 영원히 존재하는 어떤 초월적인 이상적 대상, 즉 시간과 공간, 그리고 역사를 초월하여 영원한 즐거움을 주는 고정된 플라톤적 이데아 같은 것처럼 말하고 있는 것은 아니다. 그에 의하면 "감상은 심미주의자의 인지적 발견의 함수가 아니며, 작품의 미적 성질은 작품 자체의 역사적 동일성의 함수이다."

해석과 예술적 동일시

4장에서 살펴보았듯이 미적 반응에 대한 단토의 설명에서 지각은 단독으로 작용하지 않는 것으로 기술되어 있다. 이것은 단토로 하여금 행위이론과 역사철학에서 우리의 지각적 관찰이 담론과 서사성(narrativity)에 토대하고 있다는 주장으로 이끈다. 단토가 20세기 철학에서 가장 중요한 논의들의 대표적인 사례로 평가하는 것은 과학의 통일성에 대한 헴펠(C.G. Hempel)의 주장, 관찰은 '항상 이미' 이론에 의해 침투당하고 있다고 주장한 핸슨(N.R. Hanson), 그리고 이론의 역사화를 물리학의 역사를 통해 설득력 있게 보여준 토마스 쿤(Thomas Kuhn)의 저작들이다. 헴펠은 역사나 물리학에서 공통된 일반 법칙이 전제되어 있다고 주장하며 통합을 꾀한 반면, 핸슨과 쿤은 의식적으로 역사와 과학을 통일하려 하지는 않았지만 이론과 관찰 간의 상보적 의존성을 주장한 점에서 역사와 과학의 통합 가능성을 간접적으로 보여주었다고 말할 수 있다. 단토가 이들의 위업을 특히 중요하게 다루는 까닭은 관찰이 이론에 의해 매개될 때 관찰의 대상이 겪는 존재론적 변화를 설명하기에 그들의 논의가 지대하게 도움이 되기 때문이다. 이론에 해당하는 서사적 문장들은 그것들에 의거하지 않고서는 관찰될 수 없었던 사건과 사건의 면모들을 '지각할 수 있게' 만들고 사건들 사이에 총체적 구조를 부여한다.[6] 그럼으로써 서사적 문장들은 그 사건들이 함의하는 바가 무엇인지 이해할 수 있게 해준다.

5장에서 단토는 이론과 지각의 협력 과정에 해당하는 해석과 예술적 동일시의 상보 과정이 초래하는 존재론적 변화에 초점을 둔다. 그는 엘

---

6) Arthur Danto, *Narration and Knowledge*, New York : Columbia University Press, 1985, p.xii.

더 브뢰겔의 그림 「이카로스의 추락」을 분석하면서, 그림 표면의 물감 자국들을 중립적으로 보는 것은 곧 그것을 예술작품으로 보지 않는 것이라고 말한다. 그리고 그림의 면모들을 예술작품의 일부로서 동일시하는 것은 다른 방식의 동일시들의 집합 전체를 배제하는 것을 함축한다고 주장한다. 「이카로스의 추락」의 하단에 있는 흰 물감자국을 이카로스의 한쪽 다리로서 동일시하고, 그것이 이카로스가 공중에서 추락하여 물에 빠졌다는 것을 암시하는 것으로 동일시하는 것은 특정한 서사적 틀에 의해 지각 과정을 인도하면서 해석한 결과이다. 이러한 해석 가능성의 단서는 일차적으로 그림의 제목에서 얻을 수 있다. 제목은 해석을 위한 지침이며, 그 작품이 무엇에 관한 것인지, 그 주제가 무엇인지에 관한 이론을 제시하는 것에 해당한다.

그러므로 단토가 제안하는 '예술적 동일시'(artistic identification)는 단순한 지각 양태가 아니라, 문제의 대상으로 하여금 예술계라는 공동체의 구성원으로서의 동일성을 부여하는 과정이라는 점에서 존재론적 변용(transfiguration)을 동반하는 변용적 동일시이다. 그림으로써 대상은 단순한 실재적 사물의 영역에서 의미의 영역, 이 경우에는 예술계의 영역으로 이동하는 것이다. 따라서 작품에 제목을 붙이는 것은 단순한 명명이 아니며, 변용의 절차로서 해석은 선택된 공동체에 참여할 수 있는 새로운 동일성을 대상에게 부여한다는 의미에서 세례와 비슷하다.

따라서 작품을 작품으로 다루면서 작품을 해석하는 것, 즉 해석성(interpretationality)은 '예술' 개념의 분석적 요소이다. 그리고 해석 과정을 통해 예술작품에 미적으로 반응함으로써 감상자는 작가의 제작을 보완하는 것이며, 그런 점에서 감상자는 예술가에 대해 자연스러운 협력관계에 있는 것이다. 이 시점에서 존재론적으로 중요한 세 가지 사항을 지적해야 할 필요가 있다.

첫째로, 예술작품이 해석되어야 할 종류의 개체라는 것은 해석을 통해 비로소 예술작품이 예술로서의 정체성을 확립하게 된다는 것을 의미한다. 즉 예술작품을 떠받치고 있는 물리적 상대역은 그 자체로는 아직 예술작품으로서 동일시되지 않은 채이다. 예를 들면 뒤샹의 작품 「샘」의 물리적 상대역으로서 소변기는 해석에 의해 예술적으로 동일시되기 전에는 여전히 단순한 실재적 사물이다. 아리스토텔레스적 형이상학의 견지에서 볼 때, 뒤샹의 소변기는 그것과 똑같은 다른 소변기들과는 다른 본질을 가진, 가능태로서의 소변기라고 말할 수도 있다. 그러나 가능태라는 개념은 대상이 어떻게 현실태로 변화할 것인가를 결정짓는 내재적 형상을 전제한다. 뒤샹의 소변기는 그것의 내재적 형상에 의해 필연적인 과정을 거쳐 예술작품으로서 「샘」이 된 것이 아니라, 그것이 처해 있는 예술계의 이론적 분위기와 예술사의 정황, 그리고 예술가와 해석자가 접근 가능하고 이용 가능한 예술이론을 통해 단순한 실재적 사물에게는 적용되지 않는 변용적 동일시를 수행하고, 그 결과 새로운 종류의 개체로 태어난 것이다. 따라서 해석은 예술사에 관한 지식, 예술이론에 관한 지식, 그리고 근본적으로 예술 개념 자체에 관한 지식을 통해 한 대상을 예술로 동일시하는 것을 의미한다. 단순한 실재적 사물로서 소변기의 동일성과 예술로서 소변기의 동일성의 차이가 지각적으로는 식별 불가능한 이유는 바로 거기에 있다.

둘째로, 단토의 유명한 예술존재론의 공식은 예술적 동일시로서의 해석이 맡는 역할을 분명하게 보여준다. 즉 예술작품은 물리적 대상과 해석의 함수, 즉 $w = o(I)$이다. 이 공식은 물리적 대상이 해석에 의해 비로소 존재론적으로 다른 지위를 얻게 되는 동시에 예술작품으로서 개체화된다는 것을 보여준다. 그뿐만 아니라 이 공식은 해석이 달라질 때 작품도 달라진다는 것을 보여준다. 다시 말해 새로운 해석은 작품의 물리적 상대역을 새로운 작품으로 창발하게 하는 것이다. 여기서 분명하게 드러나는 것은 단토가 동일한 작품에 대해 다수의 해석이 가능하다는 것을 허용한다는 것이다. 그러나 이것은 작품의 동일성이 불변하는 채로 외적으로 다수의 해석들이 주어질 수 있다는 뜻이 아니다. 상이한 해석은 대상을 상이한 방식으로 동일시하는 것이며 그럼으로써 상이한 개체를 창발시키는 것이다. 이른바 '작품'은 존재론적으로 개방적인 존재이다. 이것은 어떤 작품도 결코 완결될 수 없다는 의미에서가 아니라, 해석 가능성을 '예술'의 분석적 의미로 이해할 때, 예술작품이란 해석에 의해 비로소 개별 예술작품으로 완성된다는 것을 의미할 뿐이다. 그리고 그때 예술작품의 물리적 토대는 단순한 사물이 아닌 예술적 매체로서 감상자의 해석에 기여하게 된다.

셋째로, 해석은 근본적으로 이론적이고 내포적이기 때문에 해석자의 상상의 한계는 그가 가진 지식과 이론의 한계이다. 즉 해석의 한계는 곧 예술 이론의 한계이다. 어느 시점에서나 모든 매체가 이용될 수 있는 것이 아니듯이, 특정한 예술 개념이나 예술 이론이 모든 감상자에게 항상 이용 가능한 것이 아니다. 따라서 예술작품의 해석은 예술에 적용될 수 있는 언어에 의존적이고 이 의존적 관계는 역사적으로 우연적이다. '예술' 개념은 예술사의 각 시대마다 다르게 이해되고 어느 한 시대에 이용 가능한 예술적 매체가 다른 시대에는 그렇지 않을 수도 있다. 그런 의미에서 해석은 역사적으로 상대적이다. 그러나 이 상대성은 외적 관점에서 상대적으로 보일 뿐, 이른바 '예술 언어'가 해석에 적절하게 사용될 수 있는 한, 특정한 예술 언어는 작품의 동일성과 내적 연관성을 갖는다. "예술작품을 바로 그것으로서 구성하는 해석이 없이는 어떤 것도 예술작품이 될 수 없는 한, 예술작품의 지위와 예술작품을 예술작품으로 동일시하는 데 쓰이는 언어 사이에는 내적 연관성이 있다."

그렇다면 이 시점에서 제기되어야 할 것은 "언제 하나의 사물에 대한 해석은 예술적 해석이 되는가"라는 물음이며, 이 물음에 대한 답변은 예술작품의 물리적 토대를 이루는 예술적 매체의 특성에 대한 탐구를 요청한다.

예술의 종차: 매체의 불투명성과 표현성

6장에서 단토는 내용과 의미를 가진 단순 표상(mere representation)들과 예술은 어떻게 구별될 수 있는가라는 물음을 다루면서 비로소 예술의 종차(種差)를 밝히고자 한다. 위에서 보았듯이 예술의 존재론적 특성은 예술의 동일성의 지각적 식별 불가능성(indiscernibility)과 해석에 의한 변용에 있다. 그러나 이 시점까지 그는 신문기사나 광고 같은 다른 종류의 단순 표상들과 예술작품을 어떻게 구별할 수 있는지 충분히 설명하지 못한 상태이다. 단토는 예술의 종차를 밝히기 위한 결정적인 단서는 표상적 속성을 갖는 기호들의 내용에서 찾을 수 있는 것이 아니라 기표로 기능하는 예술작품의 매체 자체에서 찾을 수 있다고 주장한다. 이 장의 결론으로서 단토가 제안하는 논제를 먼저 소개하면 다음과 같다. 즉 예술작품은 단순 표상들과 근본적으로 구별되며, 표상된 내용에 대해 우리가 상술할 때 결코 충분히 상술할 수 없는 다른 방식으로 예술가는 표상의 수단을 사용한다. 그러므로 단순 표상과 예술의 차이는 표상된 것, 즉 그것이 무엇에 관한 것인가를 파악함으로써 알 수 있는 것이 아니라 표상된 수단의 특질들, 즉 예술가가 내용을 "어떤 방식으로 전달하고 있는가" 하는 표현성과 개성, 또는 스타일의 문제이다. 단순 표상과 예술의 구별에 관한 한, 단순히 내용에 호소하는 것은 우리를 어느 곳으로도 인도하지 못한다.

단토는 단순 표상과 예술의 차이를 제시하기 위해, 그림이나 사진을 볼 때 우리가 흔히 말하는 방식, 즉 "x는 아름답다"라는 문장의 애매성을 지적한다. x가 꽃일 경우, x를 그린 그림이나 사진을 보면서 "x는 아름답다"고 말할 때 그 평가가 무엇에 관한 것인지는 거의 분명하다. 대개의 경우 그 문장은 그림이나 사진의 내용인 x라는 꽃이 아름답다는 것을 의미한다. 이때 관람자는 그림이나 사진이라는 매체를 거의 의식하지 못한다. 관람자가 그 존재를 의식하지 못하는 매체는 인식적으로는 투명하고 의미론적으로는 아무런 기능을 하지 못한다. 그러나 만일 x가 십자가라든가 전투 장면 같은 참사일 경우, "x는 아름답다"고 말하는 것은 그 자체로는 난센스이다. x는 문자 그대로 아름답다고 기술되기에 부적절한 것이기 때문이다. 만일 이 사례에 적용된 '아름답다'라거나 '장엄하다'라는 술어가 난센스가 아니라 유의미한 것이라면, 그 술어들은 x가 묘사된 방식, 내용을 표현하고 있는 스타일, 그리고 어쩌면 예술가가 그 대상을 묘사하는 방식을 통해 보여주려는 어떤 내적인 느낌이나 감정 같은 것을 가리킨다.

이러한 표현성이나 예술적 스타일을 포착하기 위해서는 우선적으로 예술가가 의존하고 있는 예술이론과 표현기법 또는 수사법 같은 것에 관한 배경지식이 필요하다. 그 다음으로는 예술가 자신과 연관된 개인적인 사항들에 대한 지식이 필요하다. 이 두 번째 조건은 객관주의적이거나 맥락주의적으로 비평에 접근하는 이론가들에 의해 배제되는 경향이 있지만, 단순 표상들과 예술의 차이를 논리적으로 구별해보려는 단토에게는 매우 중요하다. 왜냐하면 예술작품의 내용이나 의미는 일차적으로 그 작품이 속해 있는 표상 체계를 지배하는 규약이나 기호론적 문법에 의해 지정되지만, 예술작품을 예술로서 동일시하고 해석하는 일은, 올바르게 수행되었을 경우 단순히 기호가 지칭하는 것을 넘어서는 어떤 것에 이르는 것이기 때문이다. 그렇기 때문에 지시체와 의미의 차이에 대한 고틀로프 프레게(Gottlob Frege)의 구별도 예술의 종차를 밝히는 데에는 충분한 도움이 되지 못한다.

이러한 견지에서 볼 때 전통적인 모방론의 문제는 그림에서 모방된 대상과 그림의 내용을 동일하게 다루는 것에 있다. 양자가 동일한 한, 모사적인 그림은 예술이 아니다. 물론 극사실주의 회화의 경우처럼 모방된 대상과 그림의 내용이 일치하는 것을 '보도록' 의도적으로 제작된 예외적인 경우도 있다. 그러나 그런 경계선상에 있는 작품들을 예술로 감상할 때도 관람자는 그 그림이 환영을 제공하기 위해 그려졌다기보다 예술가의 어떤 세계상이나 특정한 '예술' 개념을 보여주기 위한 것이라는 것을 이해할 수 있어야 한다. 그런 점에서 극사실주의 회화는 매체의 투명성과 불투명성을 동시에 이용하고 있다고 생각된다. 어쨌거나 단순 표상과 예술의 구별은 매체의 불투명성에 있고, 그 불투명성은 개별적인 예술작품에서 매체가 어떤 방식으로 다루어지고 있는가를 '이론적으로' 그리고 동시에 '지각적으로' 포착할 것을 관람자에게 요구한다.

단토는 자신의 논제를 좀더 명료하게 제시하기 위해 '미적 징후들'(aesthetic symptoms)의 목록을 제시한 넬슨 굿먼의 견해를 소개한다. 굿먼의 미적 징후들은 그 자체로 예술의 필요조건들이 되는 것은 아니지만, 대부분의 경우 예술적 기호들의 의미는 미적 징후들을 주목하고 음미함으로써 이해된다. 굿먼의 목록 중 대표적인 것으로 충만성(repleteness)이 있다. 기호의 충만성이란 기호의 의미를 이해하기 위해 그 기호의 지각적이고 세부적인 모든 측면들을 주목해야 한다는 것을 의미한다. 심지어 그림이 그려진 캔버스나 종이의 결까지도 중요하다.[7] 그러나 단토는 "모든 것이 고려되어야 한다"는 식으로 말하는 것은 예술을 예술로서 다루는 데에 그다지 도움이 되지 않는다고 말한다. 미적 징후들에 대한 굿먼의 설명은 예술과 다른 표상들을 구별하는 데

---

7) 넬슨 굿먼, 김혜숙·김혜련 옮김, 앞의 책, 222~23쪽.

에 매우 유익한 통찰을 제공하지만, 예술을 예술로서 음미하기 위해서는 작품의 어느 측면이 미적으로 연관성 있는 구성적 속성(constitutive properties)인지 또는 우연적인 속성인지 가늠할 수 있어야 하기 때문이다.

예술계의 규약이 감상과 비평의 대상을 결정해준다는 예술제도론(Institutional Theory of Art)의 교훈은 감상의 대상이란 곧 작품의 내용이라고 뭉뚱그려 말하는 것 외에 더는 아무것도 말해주지 않는다. 이 점을 가리켜 단토는 예술제도론이 제공하는 '최악의 풍자적인 공식'이라고 평한다. 예술의 의사소통적 기능은 예술계의 규약에 의존하지만, 그럼에도 불구하고 예술에는 불투명한 부분이 남는다. 그리고 그 부분은 예술가의 의도, 시각, 개성, 스타일의 영역이다. 이 영역은 관람자의 지각적 경험을 조직화하고 방향 정위를 제공하는 일종의 탐조등과도 같다. 그러나 이 탐조등 자체는 매체 속에 완전히 용해되지 않는다. 따라서 예술작품의 지각적 표면이 마지막 순간까지 불투명한 까닭은 그것이 어떤 방식으로도 결코 완전히 대상화될 수 없는 예술가의 의도 때문이며, 그것이 바로 예술에 대한 다수의 해석을 가능하게 하는 원천인 것이다. 다시 말해 예술적 매체의 불투명성은 감상자로 하여금 예술가의 의도를 끊임없이 재구성하게 만드는 것이다.

예술의 은유적 구조: 제거될 수 없는 예술가의 개성과 스타일

6장에서 예술의 종차가 표현성과 스타일에서 발견될 수 있다고 주장했지만, 『변용』의 마지막 장에 와서야 비로소 단토는 여러 종류의 표상들로부터 예술을 완전하게 구별할 수 있게 된다. 예술의 고유한 특성은 예술계의 제도나 규약에 의해 완전히 제거될 수 없는 예술가의 의식의 지향적 지평에서 발견되고, 그 지평에서의 탐험은 해석자의 감상능력에 달려 있기 때문이다. 예술작품의 견지에서 말한다면, 그것은 예술작품의 합목적성을 이해하는 것과 연관된다. 만일 단지 이런 방식으로 예술의 종차에 대해 설명한다면 그것은 단토를 마치 유아론자(唯我論者)나 낭만주의자로 오해하게 만들 위험이 있다.

예술가의 의식 또는 예술작품의 합목적성은 모종의 비전(秘典) 같은 것이 아니라, 수사법과 예술적 스타일을 통해 작품을 구성하고 있는 매체 안에 체현(體現)되고 사회 구성원들에게 전달된다. 예술이 의미론적·화용론적으로 불투명한 부분을 갖는 까닭은 바로 수사법이나 스타일에 의해 작품의 표면이 은유적인 방식으로 조직되기 때문이다. 예술의 은유적 구조는 존재론적으로는 변용(變容)을 통해, 그리고 의미론적으로는 수사법과 표현양식을 통해 구축된다. 그럼에도 불구하고 예술이 지각적으로 음미되고 그 의미가 해석될 수 있는 것은 예술가의 의식의 매체적 체현과 소통 가능성을 전제로 하기 때문이다. 그리고 감상자들은 수사법과 표현 양식들을 탐지해낼 수 있는 일종의 독해능력을 습득함으로써 예술작품의 은유적 의미를 해독할 수 있다.

예술철학과 비평에서 '표현'이라는 용어는 충분히 설명되지 않은 채 오랫동안 사용되어왔기 때문에, 많은 사람들은 '표현된 것'은 예술가의 마음의 심연 어딘가에 자리 잡고 있는 것이어서 마치 불가해한 것인 양 오해하는 경향이 있다. 표현으로부터 이와 같은 낭만주의적 각질을 벗겨낸 것은 바로 굿먼이다. 굿먼은 표현을 은유적 예증(metaphorical exemplification)으로 설명함으로써 표현성이란 예술가의 심적 속성이 아니라 기호의 속성임을 보여주었다. 단토는 표현 개념 전체를 탈심리화한 것을 굿먼의 위대한 공적으로 평가한다. 예증이란 기호가 소유한 속성을 직접 보여주는 것이다. 따라서 예술은 매체가 직접 갖고 있는 속성들을 눈과 귀에 제공한다. 그러나 또한 예술은 구조적으로 은유적이기 때문에 작품이 소유하고 있는 모든 속성들을 직접적으로 보여주지는 않는다. 굿먼이 표현을 은유적 예증으로 부르는 까닭은 표현적인 예술작품이 심적 속성이나 추상 개념을 매체적 특질로 전이시켜 간접적으로 보여주기 때문이다.

그런 의미에서 표현은 작품의 매체적 특질들을 통해 세계를 바라보는 예술가의 의식과 비전을 보여주는 것이다. "스타일은 곧 사람이다"라고 말할 수 있는 것은 바로 그 때문이다. 그렇기 때문에 적절한 방식으로 예술이라는 기호를 다루는 것, 즉 감상과 해석은 작품을 '순수한 눈'으로 탐색하는 것으로는 충분하지 않다. 작품을 순수한 눈으로 탐색하는 것은 작품의 표현적 속성, 즉 은유적 의미들을 놓치는 것이다. 그 반면에, 작품을 '마음의 눈'으로 탐색하는 것은 작품의 의미를 매체의 결로부터 분리하고 추상하는 것을 의미한다.

이러한 탐색들은 어느 것도 예술작품을 온전하게 다루지 못한다. 감상자의 과제는 의미론적 규약에 따라 작품의 의미를 해독할 뿐만 아니라, 작품에서 수행된 수사법과 표현성을 식별해냄으로써 매체의 결을 음미하는 것이다. 이러한 방식으로 단토는 예술작품과 예술가 사이의 제거될 수 없는 인과관계를 설명하면서, 예술의 감상과 해석을 매체의 표현성과 예술적 스타일에 대한 지식과 해독능력, 감수성의 문제로 특징짓고 있다.

현대 예술을 보는 단토의 눈: 예술사의 종언

이 절에서 나는 철학자라기보다는 비평가로서 단토가 현대 예술을 어떻게 보는가에 대해 개괄해보기로 한다. 비평가로서 현대 예술의 상황을 둘러보면서 단토는 더 이상 의미 있는 '새로운' 예술적 시도를 발견하지 못한 듯하다. 『변용』에서의 단토의 논의가 뒤샹의 「샘」과 워홀의 「브릴로 상자」 같은 개념예술을 중심으로 전개되는 것은 전혀 우연한 일이 아니다. 그 작품들이 여실히 보여주는 것은 예술의 표상적 내용이나 매체적 특질이 더 이상 예술의 주제가 아니라는 것이다. 일상적인 사물로서의 소변기와 「샘」, 브릴로 상자라는 이름의 주방세제와 「브릴로 상자」는 시각적으로는 전혀 식별 불가능하다. 뒤샹과 워홀은 의도적으로 그러한 일상적 사물들을 매체로 사용하면서 그와 동시에 매체의 의미론적 부조리성을 역설적으로 보여주었다.

이러한 사례들을 통해 단토가 읽어낸 것은 현대에 와서 예술작품이 다른 주제에 대해 진술하려 하기보다는 자신의 본질을 탐구하는 예술철학으로 변모한 것 같다는 것이다. 이것은 데이비드 캐리어(David Carrier)가 주장하듯이 단토에게서 예술사는 일종의 발견의 역사라는 것을 입증한다.[8] 마치 데카르트가 방법적 회의를 통해 사유의 주체로서 자신의 본질을 발견한 것처럼 예술은 거대한 유기체로서 예술사를 통해 성장해온 자기 자신의 정체성을 철학 자체로 또는 자의식 자체로 발견하게 된 것이다. 예술이 다른 일상적 사물과 식별 불가능하다는 사실은 단토에게서 예술이 자신의 정체성을 발견하기 위한 일종의 방법적 회의의 도구에 해당하는 셈이다. 이렇게 예술이 자신의 본질에 대한 자의식적 계몽에 이르렀다고 보는 단토의 성찰은 다음의 인용문에서 극명하게 나타난다.

······근래의 제작물들이 보여주는 또 다른 면모는 이론들이 무한에 가까워짐에 따라 그 대상들은 영(zero)에 접근한다는 것이다. 그리하여 사실상 결국 남게 되는 것은 이론뿐이며, 마침내 예술은 자신에

---

8) David Carrier, "Danto as Systematic Philosopher," *Danto and His Critics*, Mark Rollins(ed.), Blackwell: Oxford & Cambridge, 1993, pp.17~18.

관한 순수한 사유의 광채 속에서 증발하고, 예술은 오직 자기 자신의 이론적 의식의 대상으로서만 남게 된다.

이러한 견해가 도무지 그럴법하지 않더라도, 예술이 끝났다고 가정하는 것은 가능한 일이다. 물론 예술 제작은 계속될 것이다. 그러나 내가 후기 예술사 시대라고 부르는 시기에 살고 있는 예술 제작자들은 아주 오랫동안 우리가 기대해왔던 역사적 중요성과 의미가 결여된 작품들을 만들어낼 것이다. 예술의 역사적 단계는 예술이 무엇이고 그 의미가 무엇인지 밝혀질 때 끝난다. 예술가들은 철학을 위한 길을 열어주었고, 그리하여 마침내 철학자의 손에 과업을 넘겨야 하는 때가 왔다.[9]

위의 인용문에서 주지할 만한 것은 예술이 자기 자신을 대상으로 삼는 자의식 또는 철학을 가질 수 있는 모종의 계몽의 주체처럼 그려지고 있는 점이다. 문제는 그러한 본질을 어떻게 발견하는가이다. 예술 형식과 예술 이론들의 변화를 마치 내레이터가 자신의 역사인 양 이야기할 수 있기 위해서는 그러한 변화들에 영향을 받지 않는 항구적인 정체성을 전제해야만 한다. 그렇기 때문에 노엘 캐럴은 단토를 근본적으로 본질주의자라고 말한다.[10] 달리 말해서 단토에 의하면, 예술사를 통해 다양한 모습으로 변화하는 것이 예술의 본질이다. 즉 항구적 본질을 갖지 않는 것이 예술의 본질이다. 그리고 그러한 변화는 일선적인 방식은 아니더라도 궁극적으로 자기 발견이라는 지점을 향해 나아간다.

---

9) Arthur Danto, *The Philosophical Disenfranchisement of Art*, New York: Columbia University Press, 1986, p.111.
10) Noël Carroll, "Essence, Expression, and History: Arthur Danto's Philosophy of Art," *Danto and His Critics*, Mark Rollins(ed.), Blackwell: Oxford & Cambridge, 1993, p.80.

내가 보기에 단토에게서 예술사의 시작과 끝이 모종의 의식과 계몽으로 이루어진다는 점에서 철학과 예술의 성격은 근본적으로 동일하다. 이 점은 단토가 철학의 기원과 예술의 기원을 동일하게 다루고 있다는 사실에서 첨예하게 드러난다. 그는 철학이 실재와 현상, 실재와 서사의 구별에 관한 동시발생적인 의식에서 출발하듯이, 예술 또한 실재와 그것의 재현, 표현, 개념화 등의 구별에 기원을 둔다고 믿는다. "철학은 사회가 실재의 개념을 획득할 때 비로소 시작된다고 나는 생각한다"[11]고 그는 말한다. 예술의 기원이 실재 개념에 대한 의식에 있듯이 예술사는 예술의 완전한 계몽적 자의식에서 끝난다. 그렇다면 이러한 자기 성찰에 도달한 이후에 예술계의 상황에 대해 어떻게 예단할 수 있는가? 모든 예술적 시도들이 무의미한 것이라고 말할 수는 없지만, 단토의 기준에 의하면 더 이상 예술이 유의미하고 참신한 방식으로 발전할 수 있는 가능성은 소진되었다.

예술의 종언에 대한 단토의 주장은, 실재로서의 예술과 서사로서의 예술의 구별을 전제로 하는 것이기 때문에 예술의 종언은 사실상 전통적인 서사로서의 예술 이론의 종언일 뿐이라는 주장이 있을 수 있다. 조지프 마골리스(Joseph Margolis)는 바로 그러한 주장을 강력하게 펼친다. 실재(reality)가 시작이나 끝이 있다고 말하는 것은 난센스이며, 실재의 역사 같은 것은 없고, 오직 이야기나 담론만이 시작과 끝을 가질 수 있다는 것이다. "예술의 종말이 속하게 될, 건강한 실재론적 의미의 역사 같은 것은 없기 때문에, 예술이나 예술사의 종말은 없다."[12] 따라서 마골리스가 믿기로 예술은 끝없이 제작될 것이며 서사로서의

---

11) Arthur Danto, *The Transfiguration of the Commonplace*, p.78.
12) Arto Haapala et al.(eds.), *The End of Art and Beyond: Essays after Danto*, Amherst, N.Y: Humanities Books, 1999, p.22.

예술사 역시 계속될 것이다. 물론 우연한 어떤 이유로 예술 제작 활동 자체가 멈추는 것이 논리적으로 불가능한 일은 아니지만, 그 이유가 무엇이건 그것은 예술에 내재적이거나 필연적인 본질 때문인 것은 결코 아니다.

이와 같은 강력한 반론에 대해 단토는 서사가 시작과 끝을 가진다는 것에는 동의하지만, 서사는 표상일 뿐이며 표상은 논리적으로 실재와 대조되는 것이라고 답한다.[13] 예술의 미래를 둘러싼 논쟁들은 결국 예술의 실재성, 그리고 예술과 서사의 논리적 차별성의 문제로 수렴된다. 단토의 본질주의는 예술의 본질에 플라톤적 이데아의 영원성이나 불변성을 귀속하지 않는다. 그 대신 단토는 예술을 역동적인 역사적 실재 자체로 이해하며, 예술이 자기 자신의 정체성을 발견하는 의식 자체가 됨으로써 예술이 완전한 성숙기에 이르게 되는 역사적 시점이 실제로 존재하며, 바로 그때 예술의 역사가 끝난다고 보는 점에서 예술의 역사주의적 실재론과 본질주의를 동시에 견지하고 있다.

반면에 마골리스는 예술을 텍스트 또는 서사 자체로 보며, 텍스트의 물질성은 작품이 의미화 작용을 하기 위한 최소한의 토대라고 보는 최소 실재론(minimal realism)을 견지한다. 최소한의 토대로서의 예술의 물질성은 그 자체로는 아무런 목적이나 지향성도 갖지 않는 일종의 최저층 체계(ground zero system)이다.[14] 이 물질적인 최저층 토대로부터 상위의 지향적 체계들의 위계가 구축된다. 물리적 토대와 그로부터 창발되는 해석적 의미의 관계가 단순한 인과적 설명을 넘어서는 제도와 규약, 스타일 등을 갖는다는 점에서 문화나 예술은 과학보다 더

---

13) Arthur Danto, "Narrative and Never-Endingness: A Reply to Margolis," 앞의 책, p.27.
14) Joseph Margolis, "Emergence," *Philosophical Forum* 17, 1986, pp.271~274.

상위의 지향적 체계들이다. 상위의 지향적 체계들은 일종의 서사 또는 담론으로서 미래를 가질 수도 있고 그렇지 않을 수도 있다. 서사의 미래는 근본적으로 문화적 주체이면서 동시에 문화적 개체인 우리들 인간의 관심과 가치관에 따라 결정될 수 있는 문제인 것이다.

그렇다면 단토가 생각하듯이 모더니즘 회화가 평면성을 자신의 본질로서 의식했을 때, 또는 뒤샹이 「샘」을 통해 모종의 진술을 피력했을 때, 아니면 워홀의 「브릴로 상자」가 단순한 실재적 사물과 예술의 차이는 매체 내부에 있는 것이 아니라 「브릴로 상자」가 속해 있는 예술계의 맥락적 요소에 있다는 것을 보여주었을 때, 그 시점에서 회화나 조형예술이 성숙기에 이르고 그 잠재성이 마침내 실현된 것으로 보아야 할 것인가? 단토가 말하듯이 그 작품들 이후의 예술사는 참으로 후기 예술사 시대인가? 그럴 수도 있고 그렇지 않을 수도 있다. 왜냐하면 삶의 어떤 시점이건 균질적인 시간성을 가지며 차별성이 없는 것으로 보는 사람도 있겠지만, 만일 어떤 사람이 자신의 전성기와 그 이후의 삶을 구분한다면, 그 사람은 전성기 이후의 삶에서는 근본적으로 새롭고 의미 있는 사건들이 발생할 수 있다고 보지 않고, 다만 전성기에서 성취한 혜택을 누리거나 그 시절을 회상하는 시간들이 이어지는 것으로 생각할 것이기 때문이다.

자신의 삶이 전성기나 인생의 정점에 도달했다고 믿을 수 있기 위해서는 인생의 목적이나 의미의 실재성—단순한 서사성이 아니라—에 대한 믿음이 선행되어야 한다. 이와 마찬가지로 예술의 미래가 있는가 하는 물음 자체를 유의미한 것으로 다룰 수 있기 위해서는 예술 자체의 실재성에 대한 믿음, 그리고 예술사가 우연한 사건들의 집합이 아니라 예술의 목적이 성취되어가는 의미 있는 사건들의 파노라마로서 보는 믿음이 전제되어야 한다. 단토는 예술의 실재성에 관한 자신의 주장이 단순히 역사적 서술을 위해 자의적으로 끌어들이는 종류의 철학적 주장이 아니라 예술사의 전개 상황에 관한 경험적 주장(empirical claim)이라는 점을 강조한다.[15] 적어도 서구의 예술사 안에서 예술은 자기 계몽을 향해 발전해왔고, 그 자기 계몽의 순간에 이르렀을 때, 즉 예술이 자기 자신에 관한 철학 자체가 되었을 때 예술은 끝났다는 것이다. 따라서 진정한 의미에서 예술의 미래는 없고, 따라서「브릴로 상자」이후의 시대는 후기 예술사 시대인 것이다.[16]

---

15) Arthur Danto, 앞의 글, p.29.
16) Arthur Danto, *Beyond the Brillo Box*, Farrar, New York: Straus and Giroux, 1992, p.9.

서문

뮤리엘 스파크(Muriel Spark)의 소설『진 브로디 양의 전성기』(*The Prime of Miss Jean Brodie*)에 나오는 한 등장인물—한때는 샌디 스트레인저, 글래스고의 틴에이저, 학생, 그리고 부랑자였던 변신의 대가, 헬레나 수녀—은『일상적인 것의 변용』이라는 책을 쓴 것으로 묘사되어 있다. 그녀의 책 제목을 찬양하고 부러워한 나머지 나는 그 제목이 어울리는 책을 쓰게 된다면 똑같은 제목을 붙이기로 결심했다. 솔직히 말하면 이 책에 있는 철학적 성찰들의 동기가 된 예술계의 사건들은 바로 일상적인 것들의 변용, 즉 평범한 것들이 예술로 변한 일이었다. 내가 그 제목을 사용해도 좋을 것 같다는 생각이 들었을 때, 또 소설에서는 뚜렷이 나타나 있지 않은, 헬레나 수녀가 쓴 책의 내용이 무엇인지 궁금해하면서 나는 제목을 쓸 수 있는지를 문의하기 위해 스파크에게 편지를 썼다.

허구 속의 용들은 그들이 등장하는 작품 속에서 그 창조자들이 마음대로 부여한 생물학적 특징을 가질 뿐이며, 따라서 그 문제에 대해 바그너가 침묵하고 있으므로 파브니르(Fafnir, 북유럽 신화에 나오는 용. 황금을 지켰으나 후에 지그문트에게 죽임을 당한다)의 신진대사와 그것이 어떻게 번식을 하는가 하는 문제는 결코 논리적으로 답할 수 없다. 마찬가지로 허구적인 작품 속에 나오는 작품들은 그 내용이 그다지 분명하지 않은데다, 실제 저자들은 충분히 영리하기 때문에 자신이 창조해낸 가공의 저자들이 허구적인 저작권을 갖는 그 위대한 작품들에 대해, 또는 그 무엇이건 굳이 언급하지 않는 것이 보통이다. 그러나 내 생각에 스파크는 자신이 그 책을 통해 무엇인가를 말하고 싶었다면 그 책이 무엇에 관한 것이었을지에 대해 어렴풋이 생각이나마 갖고 있었을 것 같았는데, 그녀가 몸소 실천하고 있듯이, 반갑게도 그녀는 그 책이 예술에 관한 것이었을 것이라는 회신을 보내왔다. 추정하건대 그녀가 하는 일은 젊은 여성들을 신비 속에서 빛나는 허구의 존재로 변형시키는 것이었다. 그것은 일종의 문학적 카라바조주의(caravaggism)였다.[1)]

돌이켜보면 나는 과히 인상적이지는 않더라도 꽤 놀라운 일, 즉 허구를 현실로 변형시킨 일을 한 것이다. 왜냐하면 전에는 소설의 제목이었던 것이 지금은 현실적인 것이 되었기 때문이다. 플라톤의 시대로부터 현대에 이르기까지 예술에게 실재성을 부여함으로써 예술을 구원하려는 예술가들의 열망을 생각할 때, 이 흥미로운 업적으로부터 한 가지 교훈을 얻을 수 있을 것이다. 성공의 가능성들은 지극히 제한되어 있고, 아마도 그것은 제목 같은 것 정도일 것이며, 따라서 수세기 동안 이어진 그 꿈을 실현하려는 노력을 통해 우리가 성취한 것이 얼마나 미미한가를 생각해보는 것은 흥미로운 일이다. 그러나 제목이 작품의 이름에 불과하다고 생각하는 사람이 있다면, 그 한계를 극복하는 제목을 가

---

1) Caravaggio(1571~1610). 본명은 Michelangelo Merisi da. 이탈리아의 화가. 모델을 세우고 강한 조명을 비춤으로써 현실감을 드높이는 기법을 사용한 것으로 유명하다. 여기서 단토가 카라바조주의를 언급한 것은 예술작품 속의 인물이 현실세계로 들어와 생명력을 얻게 되는 변용현상을 강조하기 위해서인 듯하다.

겨보는 것도 좋은 일일 텐데, 책의 임무는 지칭함으로써 자신의 존재를 확립하는 것이기 때문이다.

제목에 대해서는 이 정도로 충분하다. 대단한 찬사를 받았던 것처럼 보이는 예술적 에피소드에 대해 말하자면, 나는 먼저 뒤샹을 살펴보아야 한다고 생각한다. 왜냐하면 일상적 존재의 생활세계(Lebenswelt)에 속하는 대상—빗자루, 병걸이, 자전거 바퀴, 소변기 등—을 예술작품으로 변화시키는 미묘한 기적을 처음으로 행한 사람은 미술사의 선구자인 바로 그이기 때문이다. 그의 행위는 하찮은 대상들을 모종의 미적 거리 안에 배치했고, 그 결과 그것들이 미적 향수(享受)에 부적합하다는 것을 보여주었다고 간단하게 평가할 수도 있다. 즉 가장 가당치 않은 곳에서 모종의 아름다움이 발견될 수 있다는 것을 실제로 입증하려던 시도로 볼 수 있다. 흔히 보는 도자기조차도 최초의 변용을 서술한 성 누가의 표현을 빌리면, "눈부시게 희고 빛나는" 것으로 지각될 수 있다. 어떤 사람은 그런 용어법에 따라 뒤샹의 작품을 '볼 수도' 있겠지만, 그럴 경우 그의 용어법은 최소한 성 아우구스티누스처럼 오래된 이론에 대해 실험실에서 논평하는 것에 불과할 것이며, 그 자체로 아마도 우리들 중의 지극히 작은 자—아마도 특히 우리들 가운데 가장 작은 자—가 거룩한 은총의 광채를 발한다는 근본적으로 기독교적인 가르침을 미학적으로 변용한 사례가 될 것이다.

그러나 뒤샹의 행위를 민주적-기독교적 미학의 퍼포먼스적 설교로 환원하는 것은 그의 행위의 심오한 철학적 독창성을 모호하게 만들며, 적어도 그러한 해석은 어떻게 그런 대상들이 예술작품이 될 수 있는가 하는 문제를 암중모색하게 만들 뿐이다. 왜냐하면 이제까지 제시된 것이라고는 그 대상들이 예기치 못한 미학적 차원을 갖고 있다는 것뿐이기 때문이다. 그러므로 새로운 출발이 필요했고, 변용된 대상들은 진부하기 짝이 없는 까닭에, 변성된 이후에도 그것들이 갖는 미적 관조의 잠재성은 여전히 탐구 대상으로 남아 있었다. 이런 식으로 무엇이 그것들을 예술작품으로 만들었는가 하는 물음은 굳이 미학적으로 고찰하지 않더라도 얼마든지 제기될 수 있다. 나는 이것이 팝아티스트 앤디 워홀[2]의 공헌이었다고 믿는다.

나는 당시 이스트 74번가의 스테이블 갤러리에서 열린—마치 그 갤러리는 세척용 패드 재고품 창고로 쓰이고 있기나 한 것처럼 보였다—브릴로 상자[3]의 복제품들이 서로 층층이 쌓여 있는, 1964년도의 그의 전시회가 보여준 미적 혐오감을 능가하는 철학적 흥분을 기억한다(켈로그 상자 복제품들이 쌓여 있는 방도 있었는데, 그것은 카리스마적인 브릴로 상자들과는 대조적으로 상상력을 불러일으키지 못했다). 별로 연관성 없는 몇몇 부정적인 불평에도 불구하고, 브릴로 상자는 즉시 예술로 받아들여졌다. 그러나 워홀의 브릴로 상자들이 예술작품인 반면에 기독교 세계 전역의 슈퍼마켓 창고에 있는 똑같은 다른 브릴로 상자들은 왜 예술작품이 아닌가 하는 의구심은 점점 깊어졌다. 물론 뚜렷한 차이는 있었다. 워홀의 것은 합판으로 만들어졌고 다른 것들은 골판지로 만들어진 것이다.

그러나 설혹 상황이 뒤바뀌었다고 해도 의문점은 철학적으로 아무 차이가 없을 것이고, 물리적 소재의 차이가 예술작품과 일상적인 사물을 구별하는 관건이 아니라는 것은 선택의 문제일 것이다. 실제로 워홀은 우리 모두가 수프를 사는 가게의 선반에서 그냥 옮겨다놓은 것에 불

---

2) Andy Warhol(1928~87). 미국의 화가, 판화가, 조각가, 삽화가. 그는 처음에 뉴욕에서 상업미술가와 잡지·신문 삽화가로 일하기 시작했고, 1960년대에 들어와 화가로서의 입지를 굳혔다. 재스퍼 존스와 로버트 라우센버그와 함께 팝 아트(Pop art)를 주도했다.
3) 「브릴로 상자」는 주방이나 욕실 청소를 위한 세제의 상품명이다. 워홀은 이 이름을 작품의 제목으로 사용했다.

과한 그의 유명한 캠벨 수프 깡통에 그 선택 사양을 적용했다. 그러나 만일 그가 깡통 제조공의 기술을 그대로 사용하여 그 깡통들을 공들여 직접 만들었다고 해도—제조된 물건과 식별 불가능할 정도로 완전무결하게 만들어진 수제 깡통이라고 해두자—그는 그것들이 이미 점유하고 있는 예술의 범주에서 한치도 더 높은 자리로 올려놓을 수는 없었을 것이다. 베드로, 요한, 그리고 야고보는 예수가 그들 앞에서 다른 모습으로 변화된 것을 보았다. "저희 앞에서 변형되사 그 얼굴이 해같이 빛나며 옷이 빛과 같이 희어졌더라."[4] 이것은 예술작품이 광채를 발한다는 것을 말하는 것일 수도 있지만, 은유가 아닌 한, 백열(白熱)은 예술의 정의가 추구할 만한 종류의 종차(種差)가 될 수 없다. 그 광채는 「마태복음」의 맥락 안에서는 적절한 은유이다. 차이가 무엇이건 그것은 예술작품과 식별 불가능한 실재적 사물이 공유하고 있는 것—물리적이고 직접적인 비교 관찰이 가능한 일체의 것—일 수는 없었다. 예술의 어떤 정의이건 브릴로 상자를 포함해야 하기 때문에 그러한 정의가 예술작품들에 대한 지각적 관찰에 기초할 수 없다는 것은 분명하다. 내가 이 책에서 사용한 방법론을 획득하게 된 것은 바로 그러한 통찰력 덕분이었고, 여기서 나는 그 모호한 정의를 탐색해볼 것이다.

정의(定意)라는 것은 너무나 모호하기 때문에 예술의 철학적 정의들이 거의 우스울 정도로 실제 예술 사례에는 적용될 수 없는데, 그 이유는 정의 불가능성을 '문제'로 인식한 몇몇 사람에 의해 예술이 근본적으로 정의될 수 없다는 사실에 기인하는 것으로 설명되었다. 물론 그 설명은 너무 복잡하기 때문에 서문에서 논의할 수는 없지만, 바로 그런 식으로 비트겐슈타인은 그 문제를 해소했다. 그러나 워홀의 상자들은 이 주장된 정의 불가능성까지도 문제화했는데, 왜냐하면 그 상자들은

---

4) 「마태복음」, 17: 2.

공동의 합의에 의해 예술작품이 '아닌 것'으로 인준된 것들과 너무나 닮았고, 따라서 아이러니하게도 정의의 문제를 시급한 일로 만들었기 때문이다. 전통적인 예술의 정의가 갖는 불가피한 공허함은 그 정의 모두가 워홀의 상자들을 그런 어떤 정의에도 적합하지 않은 것으로 만드는 특징들에 의존한다는 것이 나 자신의 생각이다. 따라서 예술계가 혁신되더라도 잘 고안된 정의에 의해 대담한 새로운 예술작품을 받아들이지 못하게 만들 수 있다. 살아남을 수 있는 정의라면 그러한 혁명에 대해 스스로를 지켜야 하는데, 브릴로 상자로 인해 그 가능성은 지대하게 줄어들었고 예술의 역사는 어떤 점에서 종말에 이른 것이라고 믿고 싶다. 예술사가 '끝났다'는 것이 아니라 예술은 일종의 자기의식 자체로 바뀌었고, 역시 어떻게 보면 자기 자신에 관한 철학으로 변모했다는 의미에서 완결되었다는 뜻이다. 헤겔의 역사철학에서 예견되었던 상황에 이른 것이다. 이 말은, 부분적으로 예술사는 예술철학 자체가 중요한 가능성이 될 수 있기 위해 예술의 내적 발전이 충분히 실현되어야 한다는 것을 의미한다. 1960~70년대의 진보적인 예술 영역에서 갑자기 예술과 철학은 서로를 맞이할 준비가 되었다. 정말이지 그들은 갑자기 서로를 구별하기 위해 서로를 필요로 했다.

  이 책에서 다루는 문제들은 회화-조각이라고 부를 만한 것에서 가장 두드러지게 제기되었다. 그리고 내가 거론하는 사례들 중 상당수는 바로 그 예술 장르에서 빌려온 것이다. 그럼에도 불구하고 그 사례들은 예술의 모든 영역에서 초범주적으로 나타날 수 있다. 문학과 건축, 음악과 무용에서도 나타날 수 있는 것이다. 그러므로 나는 가끔 그런 영역에서도 사례들을 제시할 생각이다. 보다 중요한 것으로 만일 내가 무엇을 제시하건 그것이 예술계 전반에 걸쳐 적용되지 못한다면, 나는 그것을 하나의 반론으로 간주할 것이다. 왜냐하면 이 글이 현대의 회화-조각에 관한 확장된 철학적 성찰로 해석될 수 있다 해도, 그것은 '예술' 개념을 분석하는 철학일 것을 목적으로 하기 때문이다.

브릴로 상자에 관한 나의 철학적 답변은 1965년에 열린 미국 철학회 초청 논문에서 서술된 바 있다. 그 논문의 제목은 「예술계」(The Artworld)였고 나는 그것이 제대로 대접받지 못하는 대로 만족해야 했다. 그리하여 만일 그 논문을 유명하게 만들어준 두 뛰어난 철학자 리처드 슬라파니(Richard Sclafani)와 조지 디키(George Dickie)가 그 논문을 발굴해내지 않았다면 그것은 무덤 속 같은 『철학』(*Journal of Philosophy*) 기간호들 속에 파묻혔을 것이다. 나는 그들에게 대단히 감사하며, 그뿐만 아니라 '예술계'의 분석을 토대로 예술제도론이라는 것을 확립한 사람들에게도—비록 그 이론은 내가 믿는 바와 상당히 거리가 있기는 하지만—감사한다. 자식은 항상 뜻대로 크는 법이 아니다. 그럼에도 불구하고 고전적인 오이디푸스적 방식대로 나는 나의 자식과 싸우지 않을 수 없다. 왜냐하면 나는 나의 예술철학이 내가 낳은 것으로 알려진 자식에게 굴복해서는 안 된다고 생각하기 때문이다.

뉴욕과 브룩헤이븐에서
아서 단토

감사의 글

「예술계」뿐만 아니라 내가 쓴 여러 편의 논문들은 이 책의 몇몇 논변들과 분석들을 이루는 토대가 되었다. 내가 인용한 논문들은 「예술작품과 실재적 사물들」("Artworks and Real Things," *Theoria* 29, 1973), 「일상적인 것의 변용」(The Transfiguration of the Commonplace)과 「스파샷에 대한 한두 가지 답변」("An Answer or Two for Sparshott," *The Journal of Aesthetics and Art Criticism*, 1974, 1976), 그리고 「회화적 재현과 예술작품」(Pictorial Representation and Works of Art), 그리고 노딘(C.F. Nodine)과 피셔(D.F. Fisher)가 편집한 『지각과 회화적 재현』(*Perception and Pictorial Representation*, Praeger, 1979)이다. 나는 자료, 사례, 그리고 때로는 깊은 성찰이 배어 있는 이야기들을 인용할 수 있도록 허락해준 저널 편집인들과 출판사 측에 감사한다.

나 혼자서는 결코 알 수 없었던 것을 가르쳐준 모든 예술가, 미술사가, 그리고 철학자들에게 먼저 개별적으로 감사드리지 않을 수 없다. 그러나 그 중에서도 내가 가장 먼저 언급해야 할 사람은 고(故) 루돌프 윗코워(Rudolph Wittkower)로서, 그의 『인본주의 시대의 건축의 원리』(*Architectural Principles in the Age of Humanism*)는 내 눈의 비늘을 벗겨주었고 나로 하여금 예술에 대한 철학적 탐구를 할 수 있게 해주었다. 뿐만 아니라 루디는 전문 경력 전반을 통해 한 번도 유치증에 빠진 적이 없는 보기 드문 학자이며, 그의 삶은 도덕적 우미(優美)의 전형이었다. 내가 그에게만큼 큰 빚을 졌다고 느끼는 사람은 없다. 그러나 나의 정신에 공헌해준 것으로 내가 뚜렷이 의식하는 분들은 다음과 같으며, 이름 순서는 임의적이다. 미술사가로는 레오 스타인버그, 마이어 샤피로, 앨버트 엘젠, 고(故) 오토 브렌들, 하워드 힙발드, 시어도어 레프, 린다 노클린, 그리고 H.W. 젠슨, 화가로는 아라카와, 매들린 긴스, 뉴턴과 헬렌 해리슨, 앙드레 랙츠, 조지프 뷰즈, 제프리 론, 팻 애덤스, 루이 핑클슈타인, 그리고 바바라 웨스트먼 단토, 그리고 철학자로는 리처드 월하임, 넬슨 굿먼, 스탠리 카벨, 리처드 쿤스, 히데 이시구루, 조지 디키, 조지프 스턴, 테드 코헨, 데이비드 캐리어, 그리고 타이-그레이스 앳킨슨 등이다.

 작업이 진행되던 중 미국 인문학 재단의 후원으로 나는 1976년 여름에 컬럼비아 대학에서 열린 하계 세미나에서 뛰어난 많은 철학자들 앞에서 이 책의 상당 부분을 발표할 수 있었다. 그 밖의 다른 기회들은 예일 대학에서, 그리고 펜실베이니아 대학의 아넨버그 스쿨에서 바버라 헤른슈타인 스미스가 기획한 다섯 번의 강연을 통해 가질 수 있었고—유익한 논변과 토론을 통해 나는 그녀에게서 많은 것을 배웠다. 그리고 나는 폴 헤르나디와 비교문학과의 초청으로 아이오와 대학의 아이다 빔(Ida Beam) 방문교수로 일주일을 보낸 적이 있다.

 하버드 대학 출판부 편집장 조이스 백먼은 나의 글쓰기와 사고의 운율을 포착하여 그것을 내적으로 명료하게 만들도록 도와주었다. 내가 그녀의 말에 좀더 귀를 기울였더라면 더 나은 책을 만들 수 있었을 것이라고 믿는다.

 이 책의 마지막 부분은 나의 전처 셜리 로벳치 단토가 죽은 후인

1978년 여름에 씌어진 것이다. 1년이 지난 뒤에야 직접 아내의 초상화를 그린 화가들—세잔, 모네, 렘브란트—에 대한 나 자신의 설명에서 내가 얼마나 감동을 받았는지 깨달았을 때, 그 사례들이 무엇을 의미하는지, 그리고 그것이 내가 그녀에게 그리고 우리의 결혼생활에 대해 쓴 철학적 조문(弔文)이라는 사실을 비로소 분명히 알게 되었다.

1 예술작품과 단순한 실재적 사물들

덴마크의 재인(才人) 쇠렌 키르케고르가 묘사한 적이 있는 그림에 대해 생각해보자. 그것은 이스라엘 민족이 홍해를 건너는 그림이었다. 그 그림을 보노라면 그런 주제를 가진 그림이 으레 기대하게 할 만한 것, 예를 들면 니콜라 푸생(Nicolas Poussin)이나 알브레흐트 알트도르퍼(Albrecht Altdorfer) 같은 화가들이 그렸다고 상상할 경우 보게 됨직한 것들—공포로 인해 나타나는 여러 가지 몸짓, 방황하는 삶을 떠맡은 사람들의 무리, 그리고 멀리서 추격하는 이집트 기병대—그런 것들과는 아주 다른 것을 보게 될 것이다. 이 경우, 그 대신 붉은색의 사각형이 있고, 화가는 "이스라엘 민족은 이미 바다를 건넜고, 이집트 군대는 물에 빠졌다"고 주장한다. 키르케고르는 자신의 삶의 결과가 바로 그 그림과 같다는 논평을 덧붙인다. 모든 영적 환난, 황야에서 신을 저주하는 아버지, 레기네 올센[1]과의 결별, 기독교적 의미에 대한 내적 추구, 고통에 잠긴 영혼의 지속적인 논쟁들은 마라바 동굴의 메아리처럼 '하나의 정조(情調), 단 한 가지 색깔'로 용해되었다.

---

1) Regina Olsen. 키르케고르의 약혼녀였으나 그에게서 일방적인 파혼 선언을 듣는다.

키르케고르가 묘사한 그림 옆에 그것과 똑같은 것을 놓고, 이번에는 이 그림이 거대한 심리적 침투력을 가진 「키르케고르의 기분」이라는 작품을 만든 덴마크의 초상화가의 그림이라고 가정해보자. 그리고 이런 식으로 붉은 사각형으로 만들어진 일련의 그림들이 차례로 늘어서 있다고 상상해보자. 앞의 두 그림 옆에 그 그림들이 서로 닮은 것과 마찬가지로 서로 (정확히) 닮은, 모스크바 풍경을 재치 있게 묘사한 「Red Square」(붉은 광장)를 놓도록 하자. 우리의 다음 작품은 우연히도 「Red Square」(붉은 사각형)라는 똑같은 제목을 가진 기하학적 미술의 미니멀리즘적 전형이다. 그 다음에는 「니르바나」가 놓여 있다. 그것은 니르바나(Nirvana)와 삼사라(Samsara)[2]의 질서가 동일하며, 삼사라의 세계는 그것을 경시하는 사람들에 의해 흔히 붉은 먼지라고 불린다는 것에 대한 예술가의 지식을 토대로 그린 형이상학적 그림이다.

이제 우리는 앙리 마티스(Henri Matisse)의 격분한 한 제자가 그린 「붉은 식탁보」라는 정물화를 그 다음에 포함시켜야 할 것이다. 우리는 그 그림이 이 경우에 다소 느슨하게 적용된다고 생각할 수도 있다. 우리의 다음 대상은 진짜 예술작품이 아니라, 생전에 조르조네[3]가 실제로 그렸다면 그의 미완성 걸작 「성스러운 대화」(Conversazione Sacra)를 완성한 것이라고 생각됨직한, 붉은 동판 위에 직접 칠한 캔버스에 불과하다. 그것은 예술작품이 아니지만 미술사적인 흥미로움이 없다고 볼 수 없는 것은 그 붉은 표면 때문인데, 왜냐하면 조르조네는

---

[2] 니르바나는 열반(涅槃), 삼사라는 세속(世俗)을 의미하는 산스크리트어이다.
[3] Giorgione(1477~1510). 이탈리아의 화가. 16세기 베네치아 회화를 확립시킨 인물로 간주된다. 외벽 프레스코 화가로 유명하지만, 가정에서 사적으로 사용될 수 있는 비교적 작은 규모의 그림들을 전문적으로 그렸다. 그는 특히 초상화에 뛰어났는데, 상당수가 환상적으로 묘사되거나 구약성서와 신화의 인물들을 클로즈업한 것이다.

직접 그 위에 초벌칠을 했기 때문이다. 마지막으로 나는 붉은 동판 표면에 초벌칠을 하지 않고 직접 색칠한다. 즉 그것은 예술작품이 아니며, 미술사적으로 그것이 갖는 유일한 흥밋거리는 우리가 그것에 대해 생각하고 있다는 사실에만 있을 뿐인, 내가 전시한 인공물일 뿐이다. 즉 그것은 물감이 칠해진 단순한 사물일 뿐이다.

이것으로 나의 전시회는 끝난다. 전시회의 목록은 지극히 단조롭게 보일 것이다. 왜냐하면 이 복제화들은 역사적인 그림, 심리 초상화, 풍경화, 기하학적 추상화, 종교화, 그리고 정물화 등 다양한 장르에 속하기는 하지만, 전시된 것은 다른 모든 것들과 똑같아 보이기 때문이다. 또한 그 목록에는 조르조네의 작업장에서 만들어진 것부터 예술이라는 고상한 지위를 전혀 염두에 두지 않는 단순한 사물까지 포함되어 있다.

내 전시회에 찾아온 평등주의적 태도를 가진 시무룩한 얼굴의 젊은 화가—나는 그를 J라고 부르겠다—를 화나게 만드는 것은 대부분의 전시물에「예술작품」이라는 고상한 이름이 붙여진 반면, 눈에 보이는 모든 세부적인 면에서 그것과 똑같이 닮은 대상이 배제되었다는 사실인데, 그는 그것을 '신분상의 부정의'(rank injustice)라고 부른다. 일종의 정치적 분노를 느끼고 있는 J는 나의 단순한 붉은 사각형과 닮은 작품을 그렸고, 그것을 나의 전시회에 포함시킬 것을 요구하여 나는 기꺼이 그 요청을 받아들였다. 그것은 J의 대표작들 중의 하나는 아니지만, 그럼에도 불구하고 나는 그것을 전시했다.

피에로 델라 프란체스카[4]의「진짜 십자가의 전설」이라든가 조르조네

---

[4] Piero della Francesca(1415~92). 이탈리아의 화가·이론가. 레온 바티스타 알베르티의 저작을 통해 예술과 과학이 불가분하게 융합되었던 시대. 이탈리아 르네상스 초기에 활약한 그의 작품은 합리적이고 차분하며 기념비적인 회화의 대명사이다. 다빈치보다 두 세대 앞선 그는 서사적이고 경건한 그림에 원근법적 규칙을 과학적으로 적용하는 데 심혈을 기울였다.

의「라 템페스타」는 말할 것도 없고,「홍해를 건너는 이스라엘 민족」의 서사적 풍부함이나「니르바나」의 인상적인 심오함에 비해 정말이지 그 그림은 상당히 공허하다고 그에게 말한다. J가 조각으로 간주하는 것으로서, 내가 기억하기에 롤러로 베이지색 라텍스 페인트를 적당히 칠한, 솜씨 없는 목수 기술로 만든 상자로 구성된 그의 다른 작품에 대해서도 그와 거의 똑같은 형용사를 사용할 수 있을 것이다. 그러나 그 그림은 붉게 칠해진 캔버스의 평면처럼 공허하지는 않고, 아무것도 씌어 있지 않은 페이지처럼 공허한 것은 아닌데, 왜냐하면 내가 내 방의 벽을 붉게 칠했다면 그랬을 것처럼 그 그림에 어떤 기술(記述)이 적합한지 분명하지 않기 때문이다.

그의 조각은 짐을 꺼내거나 비운 뒤의 짐 상자처럼 그렇게 공허한 것도 아니다. 그의 작품들에 붙여진 "공허하다"는 말은 미적 판단과 비평적 평가를 가리키며, 그리고 그러한 방식으로 서술하는 것이 논리적으로 부적절하게 되는 단순한 대상들의 집합과 그 작품 간의 차이점들이 아무리 감지하기 어렵다고 해도, 그 말이 적용된다는 것은 그것이 이미 예술작품이라는 것을 전제하기 때문이다. 나의 전시회의 나머지 작품들과 마찬가지로 J의 작품들은 문자 그대로 공허하다. 그러나 그런 식으로 적나라하게 서술한다고 해서 J가 풍부함을 성취하지 못했다고 말하고자 하는 것은 아니다.

내가 J에게 그의 새 작품의 제목이 무엇이냐고 묻자, 짐작한 대로 그는 다른 어떤 것이나 마찬가지로「무제」가 적당할 것이라고 대답했다. 가끔 예술가가 자기 작품에 제목을 붙이는 것을 잊어버리거나 아니면 예술가가 어떤 제목을 붙였는지 또는 붙이려고 했는지 우리가 모르는 경우처럼, 이 제목은 사실에 관한 진술이라기보다는 어떤 한 집합을 가리키는 '이름'이다. 나는 정치적인 동기에서 J가 만든 단순한 사물에도 제목을 붙이지 않은 것을 발견할 수 있지만, 그것은 존재론적 분류법에 따른 것이다. 즉 단순한 사물들에는 제목이 붙여지지 않는다. 제목은 이름 이상의 것을 가리킨다. 흔히 그것은 해석이나 읽기를 위한 지침이 되는데, 누군가 어떤 사과의 그림에 「예고」라는 이상한 제목을 붙였을 때처럼 제목이 항상 도움이 되는 것은 아니다. J는 이 경우보다 특별히 환상적이라고 할 수도 없다. 그의 제목은 적어도 제목이 붙여진 대상이 해석될 것을 의도하지 않았다는 의미에서 해석을 위한 지침이 된다.

역시 짐작한 대로 J에게 그의 작품이 무엇에 관한 것인지 물었을 때, 나는 그것이 무엇에 관한 것도 아니라는 답변을 들었다. 나는 그 제목이 그 작품의 내용에 대한 기술이 아니라고 확신한다(『존재와 무』의 제2장은 무(無)에 관한, 공허함에 관한 것이다). 그 문제에 대해 굳이 말하자면, 「니르바나」는 그것의 내용이 무라는 것, 즉 공허를 그린 그림이라는 의미에서 어떤 대상에 관한 그림이 아니라고 말할 수 있다. 자기의 작품은 공허의 모방이라기보다는 모방의 결핍으로서 그림 자체가 없는 경우라고 J는 지적했다. 그리하여 그는 그것이 그 무엇에 관한 것도 아니라고 거듭 말했다. 그러나 나는, 그가 붉게 칠한 평면이 어떤 대상에 관해 그린 「무제」가 아니라, 그 그림에 제목이 없다는 사실은 그 그림이 사물이기 때문이며 사물들은 그냥 사물인 까닭에 지향성(aboutness)을 갖지 않는다고 설명했다. 그와는 대조적으로 「무제」는 예술작품이며, 나의 가상 전시회에 관한 서술에서 보듯이 전형적으로 예술작품들은 어떤 것에 관한 것이다. 따라서 내용의 결핍은 J의 경우 오히려 의도적인 것으로 보인다.

한편 그가 붉은색이 칠해진 단순한 평면과 눈으로는 구별되지 않는 (다분히 미니멀리즘적인) 예술작품을 만든 것은 사실이지만, 나는 그가 그 단순한 붉은 평면으로 예술작품을 만들어낸 것이 아니라는 것만큼은 확실히 알 수 있다. 예술작품들의 집합에는 그것과 식별 불가능한 것들이 많이 포함되어 있겠지만, 그 평면은 예전과 다름없이 그 집합

바깥에 남아 있을 것이다. 따라서 그것은 J 쪽에서 볼 때 훌륭하긴 하지만 무의미한 제스처이다. 그는 나의 작은 예술작품 컬렉션을 확장시켰지만, 그것과 단순한 사물들의 세계 사이의 경계선은 전혀 훼손되지 않은 채로 남아 있다. 이 사실은 나에게는 물론이고 그에게도 당혹감을 주었다. 그것은 단지 그가 예술가이기 때문은 아니다. 왜냐하면 예술가가 손댄 모든 것이 예술작품이 되는 것은 아니기 때문이다.

조르조네가 직접 칠한 것이라고 가정하고, 그가 초벌 칠한 캔버스를 보라. J가 칠한 담장은 그저 단순한 담장일 뿐이다. 그리하여 이제 남은 유일한 선택은 붉은 캔버스를 예술작품으로 선언하는 것이며, 이제 그것은 J에 의해 실현되었다. 그렇게 하지 못할 이유가 있을까? 뒤샹은 눈삽을 예술작품으로 선언했고, 그리고 그것은 예술작품이 되었다. 그리고 병걸이를 예술작품이라고 선언했고 그것은 예술작품이 되었다. 나는 J가 마치 귀중품을 구해내기나 한 듯이 자랑스럽게 경계선 너머로 그 붉은 판자를 옮기고 그것을 예술작품으로 선언할 때 바로 그와 똑같은 권한을 갖고 있다는 것을 인정한다. 그리하여 나의 컬렉션에 들어있는 모든 것은 예술작품이지만, 과연 무엇이 성취되었는지에 대해서는 아무것도 밝혀진 바가 없다. J의 공격이 성공했음에도 불구하고 그 경계선의 성격은 철학적으로 암흑 속에 남아 있다.

존재론적으로 완전히 판이한 소속을 갖고 있는 식별 불가능한 상대역(counterparts)들로 이루어진, 좀전에 구상해본 것과 같은 종류의 사례들은 철학의 모든 영역에서 가능하지는 않다 해도 그와 흡사한 사례를 만들 수 있는 곳이 몇 군데는 있을 것이다. 결국 아래에 열거할 사례들에서 내가 보여주려는 실제 사례들뿐만 아니라 그러한 사례들을 발생하게 하는 원리에도 관심을 둘 것이다. 그러나 여기서는 우리가 예술철학의 독특한 구조들을 다루고 있다고 가정하지 않도록 예방하기 위해 오직 하나의 목록만을 인용하는 것이 좋을 것이다. 그러므로 이번에는 행위철학에서 나온 것으로, 내가 그것을 끌어들이는 것은 예술철학이 행위철학의 위성(衛星)이라는 것을 함의하기 위해서가 아니라, 양자 모두에서 평행적인 구조가 관찰될 수 있다는 것을 보여주기 위해서이다. 이전의 저술에서 나는 인지(cognition)와 수행(performance) 간의 동일성을 선언하려는 유혹을 느껴보지도 못한 채 행위 이론과 지식론 간의 구조적 차이점들을 서술했다. 어쨌거나 만일 내가 내 저술을 인용해야 한다면, 그 예로 『분석적 행위철학』에서부터 시작하겠다.

파도바의 아레나 성당의 북쪽 벽에 있는 여섯 점의 석판 중간부에, 조토[5]는 그리스도의 생애에 걸친 전도시기(傳道時期)를 여섯 에피소드로 나누어 묘사하고 있다. 각 석판마다 그리스도의 중심적인 형상은 팔을 든 모습으로 서 있다. 이 틀에 박힌 팔의 자세에도 불구하고 장면마다 그 자세에 의해 다른 종류의 행위가 수행되고 있으므로 우리는 그 행위의 동일성을 수행의 맥락에 따라 해독해야 한다. 장로들과 논쟁할 때 쳐든 팔은 교리를 설교하는 것이 아니라 훈계하고 있다. 가나의 혼인잔치에서 물을 포도주로 변화시킨 것은 바로 그 요술쟁이의 쳐들어 올린 팔이었다. 세례식에서 그 팔은 용납의 표시로 들려졌다. 그 팔은 나사로에게 **명령한다**. 그것은 예루살렘 성문 가에서 사람들에게 **축복하고** 있다. 그것은 성전에서 장사꾼들을 **내쫓는다**. 팔은 항상 똑같은 모습으로 들려져 있기 때문에 이 수행적 차이들은 맥락의 다양성을 통해 설명되어야 하겠지만, 맥락만으로 그 차이들이 구성되지는 않을 것이고 우리는 그리스도의 의도와 목적을 파악할

---

[5] Giotto(1267/75~1337). 이탈리아 출신 최초의 후기 고전주의 화가. 피렌체 최고의 화가로 간주된다. 파도바와 피렌체의 문학으로부터 크게 영향을 받았다.

수 없는 것이 사실이긴 하지만, 맥락이 목적에 침투하는 정도를 과장해서는 안 된다.[6]

행위 이론의 영역에서, 비트겐슈타인식으로 말한다면 당신이 팔을 올렸다는 사실로부터 당신의 팔이 올라간 사실을 제거했을 때 남는 것이 무엇인가라고 묻는 것은 상당히 교훈적이라는 것이다. 나는 이 유사-산술적인 물음에 대해 비트겐슈타인이 좋아할 만한 답은 "아무것도 남지 않는다"이며, 그것은 내가 쳐들어 올린 팔과 올라간 나의 팔은 동일하다는 것을 의미한다고 생각한다. 거트루드 앤스콤(Gertrude Elizabeth Margaret Anscombe)이 『의도』(*Intention*)에서 말하듯이 "나의 행위가 곧 사건이다."

다른 난점들 외에도 쳐들어 올린 팔은 축복과 훈계 사이의 차이를 미흡결정(underdetermine)할 뿐만 아니라, 한편으로는 어떤 종류의 행위와 다른 한편으로는 그리스도가 수행하는 것으로 내가 가정하고 있는 종류의 기본 행위와는 대조적으로 행위 주체에 의해 들어올려진 것이 아니면서도 팔이 올라가는 경우처럼, 안면경련이나 발작처럼 단순한 조건반사 사이의 차이를 미흡결정하듯이, 이 극단적인 답이 어떻게 위와 같은 예를 만족스럽게 설명할 수 있을지는 알기 어렵다.

기본 행위와 단순한 신체 운동의 차이는 많은 점에서 예술작품과 단순한 사물의 차이와 유사하며, 그 뺄셈 문제는 「붉은 광장」에서 붉은 사각 캔버스를 빼면 무엇이 남는지 묻는 경우와 서로 일치한다. 그리고 비트겐슈타인의 운(韻)을 따라 아무것도 남지 않는다고, 즉 「붉은 광장」은 그저 붉은 사각형이라든가, 아니면 좀더 엄숙하고 더 일반적으로

---

[6] Arthur Danto, *Analytical Philosophy of Action*, Cambridge University Press, 1973, p.ix.

그 작품은 그저 사각형을 소재로 하여 만들어졌을 뿐이라고 말하고 싶겠지만, 그럴듯한 이 이론이 붉은 사각형 캔버스와 「홍해를 건너는 이스라엘 민족」과 「키르케고르의 기분」 사이의 차이뿐만 아니라, 그들 중 하나와 예술작품이 아닌 단순한 사물로서의 붉은 사각형—적어도 J에 의해 구제받기 전까지는—사이의 철학적으로 심오한 차이점들을 미흡결정한다는 것을 어떻게 설명할 수 있을지는 불분명하다.

비트겐슈타인의 추종자들은 행위의 영역에서 결국 무엇인가 남는다는 것을 깨달았다. 그리하여 한 행위가 신체의 운동에다 x를 더한 것이라는 공식을 만들어냈는데, 구조의 유사성에 따라 예술작품이 물리적 대상에 y를 더한 것이라는 공식을 도출해냈다. 그리고 각 영역에서의 관건은 철학적으로 신뢰할 만한 방식으로 x와 y의 값을 풀어내는 것이다. 비트겐슈타인류의 첫 번째 답은 다음과 같다. 즉 한 행위는 규칙에 지배되는 신체적 운동이다. 물론 문제의 그 답은 문제의 행위 주체들이 내면화해 규칙을 준수하도록 만든 충분히 자발적인 신체적 운동들—간단하고 설득력 있는 사례를 들면, 신호를 보내는 것 같은 것—과, 표면상으로는 그런 것들과 식별할 수 없지만 안면경련이나 발작 같은 비자발적인 몸의 움직임 사이의 구별을 여전히 해소하지 못했다. 그런 것들은 행위가 아니기 때문에 규칙에 종속되지 않는다는 것을 인정할 경우, 이로부터 행위는 적합한 규칙 아래 종속하기 위한 조건이라는 것—그리고 따라서 어떤 규칙 아래 종속하는 것은 결국 그것이 전제로 삼는 구별을 설명할 수 없다는 것이 도출된다.

그리고 이와 비슷한 난제들은 물리적 대상(또는 인공물)이란 예술계라는 제도적 틀에 의해 예술작품이 되는 것이라고 말하는 유사한 예술 이론에서도 그대로 남는다고 생각한다. 왜냐하면 예술 제도론이 뒤샹의 「샘」 같은 작품이 단순한 사물에서 예술작품으로 격상된 이유를 설명할 수 있다고 해도, 그 이론은 모든 면에서 그것과 똑같은 다른 소변기들이 존재론적으로 낮은 범주 안에 남아 있는 반면 그 문제의 소변기는 그렇게도 인상적인 방식으로 어떻게 그 위상이 격상되었는지를 설명하지 못한다. 그 이론은 그것들을 하나는 예술작품이고 다른 하나는 그렇지 않은 달리 식별할 수 없었을 대상으로 남겨놓는다.

  행위 철학에서 비트겐슈타인적 동기는 논쟁적 측면에서 지극히 분명하다. 그것은 행위들을 신체 운동으로 해소함으로써 신체 운동은 의지나 이성 같은 어떤 내면적인 것, 즉 심적 사건에 의해 발생할 때 행위가 되고—심성적 인과(mental cause)를 결여할 때는 단순한 신체 운동이라고 말하는 전통적인 행위 이론들의 이원론적 감염으로부터 벗어나려 했다. 내면적 세계를 비난하는 사람들과 심리주의(mentalism)를 이원론과 혼동하는 비트겐슈타인주의자들은 원초적인 동일시가 취약하다는 것을 깨달았을 때, 마음의 삶의 부화뇌동하는 내면적인 것들을 인정하기보다는 제도적인 삶의 외부적인 것들에게로 도피했다. 그러나 이 문제는 다른 책에서나 다룰 만한 쟁점일 것이다. 여기서는 비트겐슈타인주의자들에게 심리주의가 그랬던 것처럼 철학적으로 용인할 수 없는 것처럼 보이는 예술작품과 단순한 사물들을 상이한 것으로 만드는 이론들—옹호자들의 동기가 무엇이든 간에 비트겐슈타인주의자들이 볼 때 심리주의와 마찬가지로 철학적으로 용인할 수 없는 것처럼 보이는 이론들로서 제도론 자체가 명백히 결정적인 해독제가 되었던 이론들—이 때때로 주도권을 잡았다는 것을 지적하는 것만으로 충분할 것이다.

  나의 행위 이론은 바로 그러한 이론이며, 단지 그것이 인용된 것은 비트겐슈타인주의자들이 비난한 행위 이론들과 너무나 체계적으로 부합되기 때문이다. 예술작품을 표현적인 대상으로 부르는 것이 적절한 까닭은 그것이 제작자 측의 느낌이나 감정에 기인한 것이고, 예술작품이 참으로 **표현하기** 때문이다. 그렇다면 하나의 행위와 하나의 예술작품은 각 심성적 원인의 질서에 의해, 그리고 의도를 따르는 것과 느낌을 표현하는 것 사이의 부차적인 차이점들에 의해 구별된다고 볼 수 있다. 물론 그 이론은 느낌을 표현하지만 예술작품이 아닌 것들의 전형적인 사례들—예를 들면 눈물이나 고함 및 찡그림 같은 것—과 예술작품을 구별해야 하는 난점들을 가지며, 그리고 느낌이라는 단순한 내적 사건의 발생에 의해 예술작품과 흐느낌을 구별할 수 없는 한, 어떤 외적인 표지를 찾아야 할 것이라는 점도 수긍할 만한 것이다.

그러나 붉은 사각형들이 보여주듯이 외적인 표지는 있을 수 없다. 구별짓는 측면들은 내적인 것도 외적인 것도 아닌 것 같기 때문에 예술은 정의될 수 없음이 분명하며, (나중에 주어진 좀더 숙고된 반응으로서) 정의는 제도적 요소들로부터 어떻게든 조작될 수 있으리라는 비트겐슈타인적인 답변에 공감하기가 쉽다. 그러나 적어도 우리는 식별 불가능성(indiscernibility)을 구성하는 어떤 것도 훌륭한 예술 이론—또는 그 무엇에 관해서건 훌륭한 철학적 이론의 토대가 될 수 없다는 것을 알 수 있다. 아마도 앞당겨 공개된 이 통찰력의 결과들은 우리의 논증이 전개됨에 따라 직시되고 적절히 다루어질 수 있을 것이다.

J의 작품보다 좀더 풍부한 사례를 고려해보자. 플라톤과 셰익스피어에 의해 주창된 꽤 유명한 예술 이론들에 영감을 받은 J는 지난해에 거울을 전시했다. 예술계는 이러한 계열의 사건을 받아들일 태세가 되어 있었고, 무엇이 그 거울을 예술작품으로 만드는가가 특별히 철학적 관심을 끌지 않은 것은 아니었지만, 그것이 예술작품인가 하는 물음은 결코 제기되지 않았다. 놀랍게도 예술이 모방이라는 이론에 관한 자연스런 은유이긴 하지만, 이 거울은 그 자체가 아무것도 모방하지 않음으로써 그 이론을 왜곡시켰다. 그것은 전형적인 조야함을 갖고 있는 단순한 거울—**평범한 거울**—이라고 J는 주장했다. J는 갤러리의 벽 위에 일

련의 거울들을 걸고 그것을 베르사유의 유명한 방의 아치 모사물인 「거울 갤러리」라고 부를 수도 있었다. 그러나 그것이 거울을 모방하기 위해 거울을 사용했다는 의미에서 모방이긴 하지만, 주제와 작품에 모두 거울이 들어 있는 사실은 모방이라는 사실과 우연적인 것으로 보인다. 적절한 의미로 방 주위에 일정한 간격으로 똑바로 세워둔 일련의 빗자루들은 카르낙(Karnac) 신전의 주주식(周柱式)을 모방—또는 '정확히 반사'—할 수도 있다. 즉 기둥들은 전혀 필요 없다. 그 경우 모사물이 아니라 거울인 J의 작품과는 반대로 무엇이든지 거울이 아니면서도 모방할 수 있는 것이다. 그러므로 J에게 영감을 주었던 이론들은 그 이론들을 예시하는 것으로 가정되었던 작품에 의해 반박당한다.

나는 「거울」을 예술작품으로 우대하려 하지 않는 사람이 결코 아니며, 나의 관심은 다만 그것이 어떻게 그러한 지위를 획득했는지를 탐색하는 데에 있을 뿐이다. 그러나 한 가지 분명한 것은, 거울이 예술작품일 수 있지만 그런 경우에도 그것이 거울이라는 사실과 거의 무관하며, '예술이 자연을 비추는 거울'이라는 이론은 흥미롭게도 예술작품으로서 이 거울의 지위와 연관성이 없다는 사실이다. 왜냐하면 그것이 거울이라는 사실은 그 지위와는 별로 연관성이 없기 때문이다. J는 그 대신 빵바구니를 전시할 수도 있었을 텐데, 왜냐하면 오직 그 이론이 허용하는 것은, 그리고 왜 이 빵바구니가 예술작품이고 내 식탁에 있는 빵바구니는 그렇지 않은가 하는 물음은 왜 그의 거울이 예술작품이고—J의 작품을 위한 전시장이 될 만큼 운이 좋은 갤러리를 갖고 있는—프레이다 펠드먼의 핸드백에 들어 있는 거울은 그렇지 않은가 하는 물음과 정확히 흡사하기 때문이다. 「거울」의 풍부함은 그것과 전혀 연관성이 없는 이론과 그것이 연관되어 있다고 우리가 믿고 있는 사실에 있으며, 결과적으로 이 작품은 J가 가까스로 예술작품의 대열에 끼워넣은 붉게 칠한 두 판자와 질적으로 다른 것이 별로 없는 것 같다.

나는 J에 대항하여 나 자신을 옹호하려는 것이 아니다. 나는 다만 어디에 그러한 신기한 논리가 있는지를 알고 싶을 뿐이다. 만일 J가 나로 하여금 빵바구니를 거울로 받아들이게 하려 한다면 우스운 일일 것이다. 그렇다면 왜 그는 그렇게도 쉽게 나로 하여금 거울을 예술작품으로 받아들이게 만들 수 있었을까? 도대체 '예술작품'은 어떤 종류의 술어인가? 어쩌면 우리는 좀더 다루기 쉬운 예술작품들의 집합, J의 이론이 환기시킨 바로 그런 작품들, J의 작품이 그렇듯이 거울임에도 불구하고 예술작품이 된 것들보다는 거울이기 때문에 예술작품이 된 것들에게로 되돌아가야 하는지도 모른다. 왜냐하면 그 이론 역시 예술작품과 단순한 사물들 간의 구별을 견지하고 있고, 따라서 우리의 사례들이 제거하지 않은 채 넘나들고 있는 그 경계를 이해하는 데 도움을 줄 수 있을 것이기 때문이다.

자신이 생각해낸 이론들을 반영한 것이건 아니건 간에 플라톤과 셰익스피어는 소크라테스와 햄릿의 입을 통해 예술이 실재(Reality)의 거울이라는 이론을 전개했다. 그러나 이 흔한 은유로부터 그들은 예술의 인지적 지위, 그리고 내가 추정하기로는 존재론적 지위에 대해서도 대립되는 평가를 내렸다. 물론 우리는 소크라테스가 거울들이 예시하는 이론을 반박하기 위해 거울을 재치 있는 반증 사례로 제시하면서, 특별히 아이러니한 태도를 취했는지는 쉽게 말할 수 없다. 왜냐하면 그는 실재적 사물들의 거울 이미지가 예술작품이 아니라는 것을 누구보다도 잘 알고 있었음이 분명하기 때문이다. 그 이론이란 예술이 실재의 모방이며, 모방 자체는 단지 선행된 실재를 베끼는 것을 특징으로 한다는 것이었을 것이다. 만일 예술작품에 대해 이것 외에 다른 것이 전혀 요구되지 않는다면, 공동의 합의에 의해 항상 예술작품이 될 성싶지 않은 거울 이미지들을 보다 전형적인 모방(mimesis)의 사례들과 구별하기 위한 기준 같은 것은 없었을 것이다. 따라서 그 밖의 조건이 탐색되어야 한다. 기껏해야 우리는 예술이기 위한 필요조건을 가질 뿐이다.

그리고 결국 정확한 모방이 예술가들이 추구하는 주된 목적이라면 소크라테스 당대의 예술계에서 점점 크게, 그리고 그가 보기에 위험스럽게 발전하고 있던 생각임이 분명한데, 그리고 그것—정확한 모사물—만이 필요할 뿐이라면 우리는 현재 허용되는 예술 교육의 방법들보다는 거울로 세계를 비추는 단순한 기구에 의해 그 목적을 성취할 수 있을 것이라는 것이 소크라테스가 제안하는 것일지도 모른다. "당신은 곧 해와 별들, 그리고 지구와 당신 자신, 다른 동물들과 식물들, 우리가 지금 말하고 있는 다른 모든 것들을 거울 속에 넣을 수 있을 것이다." 이것은 디오게네스로 하여금 '털 없는 두 발 동물'이라는 인간의 정의에 대한 반증 사례로서 털 뽑힌 닭을 내밀게 만든 것으로서, 그러한 정의에 반박하려는 동일한 성격의 노력일 뿐이며, 그리고 그것은 우리가 그저 실재의 편린들을 모아 작품들에 융합시킴으로써 최고의 학구적인 손이 희구할 수 있는 것을 즉각적으로 성취할 때, 분투적인 학구적 실천을 통해 실재에 근접하려는 것은 무의미한 일이라는 것을 보여준다.

예술적 비평 행위로서 그것은 피카소가 한 유사한 행동의 전조(前兆)가 되었는데, 그는 언젠가 병을 그린 그림 위에 수즈(Suze) 병의 상표를 떼어 붙였다. 누가 이미 우리 앞에 있는 실재의 모사물을 필요로 하며, 그것을 소유하는 것이 무슨 의미나 목적을 가질 수 있는가? 해, 별, 그 밖의 것들을 이미 볼 수 있는 터에, 그리고 거울 속에서는 그것 없이 볼 수 있는 것들이 먼저 세상에 존재하지 않을 경우에는 아무것도 전혀 볼 수 없다면 누가 그런 것들의 잉여 이미지를 필요로 하겠는가? 현상들을 세계로부터 떼어내 그것들을 반사하는 거울 위에 재현함으로써 성취할 수 있는 것—이것을 소크라테스는 이해할 수 없었다. 그리고 만일 모방이 함축하는 것이 외양의 맹목적인 복제일 뿐이라면, 그런 특성을 가진 예술의 지위에 관한 그의 의구심은 완전히 정당화된다.

그러나 거울 집합과 모사물 집합 사이에 어떤 관계가 있든 간에 흥미롭게도 거울조차 소크라테스가 감지하지 못한 어떤 특별한 인지적 속성들을 갖고 있는데, 왜냐하면 그것 없이는 우리가 결코 볼 수 없는 것들이 존재하기 때문이며, 그것은 곧 우리 자신이다. 그리고 거울 이미지들의 이 비대칭성에 시선을 고정함으로써 햄릿은 그 은유를 훨씬 심오하게 사용했다. 거울들은, 그리고 그 다음에 일반화를 거친 예술작품들은 거울의 혜택 없이도 우리가 이미 알 수 있는 것으로 우리를 되돌아가게 하는 대신 자기-표출의 도구로 기능한다. 이것은 잠시 고찰해볼 만한 가치가 있는 복잡한 인식론을 함축한다.

우선 어떤 권위에 의지해서이건, 고대인들이 예술적 재현이라는 관행의 시발점으로 믿었다고 레온 바티스타 알베르티[7]가 생각한, 나르키소스에 대해 고찰해보자. 그런 믿음이 사실이라면 소크라테스는 당대의 사상들을 반영한 것이다. 나르키소스가 자기 자신을 사랑한 것은 사실이지만, 그는 자기가 사랑에 빠진 대상이 자기 자신이었다는 것을 처음에는 알지 못했다. 그가 처음 사랑에 빠진 것은 수정같이 맑은 샘물의 매끄러운 표면——자연적인 거울——에 반사된 자신의 이미지였고, 처음에 그는 그것을 물속 깊은 곳에서 자기를 바라보고 있는 잘생기고 매력적인 소년이라고 믿었다. 어떻게 그가 그것이 자신의 이미지이며, 따라서 그렇게 저항할 수 없을 만큼 매력적인 소년이 바로 자기 자신이라는 것을 추론해냈는지 생각해보면 재미있을 것이다.

---

7) Leon Battista Alberti(1404~72). 이탈리아의 화가. 그가 쓴 『회화론』(*Della Pittura*)은 회화 이론에 대한 최초의 근대적 저작으로 꼽힌다. 그는 한 개의 소실점에 기초한 일점 원근법 체계를 제시했으며, 기하학적 구성과 광학적 기구들을 통해 공간적 깊이와 입체성을 묘사할 수 있는 가능성의 탐구에 몰두했다.

결국 거울 속의 세계를 우리가 들여다볼 수 있을 뿐인 (활동사진의 세계처럼) 별개의 침투 불가능한 실재로 간주할 수도 있었을 것인데, 그 경우 나르키소스의 죽음의 원인이었던 사랑을 이루지 못한 일은 우리 자신의 해부학적 제약들 외에 다른 것에 의거하여 설명될 수 있을 것이다. 티레시아스(Tiresias)가 예언했듯이 그는 자신에 관한 지식 때문에 죽었는데, 그것은 소크라테스의 유명한 인지적 지상명령인 "너 자신을 알라"를 무사히 추구할 수 있다고 가정하는 사람들이 심각하게 받아들여야 할, 인식론적 자살이 주는 경험적 교훈이다. 소크라테스였다면 그러한 생각을 꾸짖으면서, 그것은 다만 거울 이미지―그리고 일반적으로 모방―에 대한 그의 염오감 때문에 배격하고자 했던 종류의 현상들에 도취된 결과일 뿐이라고 말했을 것이다. 나르키소스의 자기 도취는 바로 그것에 대한 경험적 교훈일 것이다(그 도취는 메아리[Echo]에게는 안타까운 일이었지만, 나르키소스가 자기의 목소리에 대한 사랑에 빠지지 않았다는 것은 흥미로운 일이다).

그러나 만일 우리가 같은 주제를 다루는 사르트르의 이론에서 도출되는 그러한 구조에 대해 약간의 분석을 시도하고자 한다면, 이것은 자기 지식의 구조에 대한 얄팍한 이해를 반영하는 것에 지나지 않는다. 사르트르는 사람이 자기 자신의 의식상태에 대해 갖는 (또는 갖는 것으로 철학적으로 주장되는) 즉각적이고 직접적인 종류의 지식과, 의식상태는 아니면서도 사람이 실제로 의식할 수 있는 대상들에 대해 갖는 종류의 지식을 구별한다. 즉 사람은 자기 자신을 하나의 대상으로, 또는 결과적으로 세계 내의 사물로 의식하지 않으면서도 자기의 의식상태를 대상으로서, 자신의 세계의 사물들로서 의식한다. 그는 자기 자신을 의식하는 의식을―사르트르에게는 다른 종류의 의식은 없다―대자적(對自的, Pour-soi) 의식이라고 불렀는데, 그것은 자기 자신을 자아로서 의식하고 그것을 자기가 의식하는 대상들 중의 하나가 아닌 것으로 즉각적으로 의식하는 존재자이다.

그러한 특징을 가진 대자적 의식의 내적 구조 안에 있는 어떤 것도 자기 자신을 하나의 객체로 생각하게 만들 수는 없다. 왜냐하면 그것은 단순한 대상들과는 극단적으로 상이한 존재론적 질서에 속해 있기 때문이다. 이렇게 볼 때 대자적 의식은 조지 버클리의 **정신**(spirit)과 비슷하고, 대상들은 그의 **사물**들과 비슷하다. 대자적 의식은 그것이 또 다른 종류의 존재 양태를 갖고 있다는 것, 즉 그것은 타자들에게 하나의 대상이라는 것, 그것은 초월적인 타자(*Pour-autrui*)들에 대해 실재성을 갖고 있으며, 따라서 대자적 의식이 항상 자기와 상이한 것으로 구별해온 사물들의 저급한 존재 양태에 참여한다는 것을 깨닫는 일은 예기치 못한 형이상학적 경이가 아닐 수 없다. 대자적 의식은 자기가 외부와 내부를 갖는 반면에, 자신을 대자적 의식으로서 경험한다는 사실이 다른 어떤 결론으로도 이끌지 않을 것이라는 사실을 깨닫게 된 것이다. 그것은 형이상학적 무국적자였던 것이다.

사르트르는 이것을 관음증 환자의 성격을 들어 예시하는데, 그 환자는 처음에는 단지 응시하기만 한다. 다시 말해 그는 열쇠 구멍을 통해 금지된 광경을 즐기다가, 갑자기 다가오는 발자국 소리를 듣고 자기의 모습이 드러났다는 것, 문득 자기가 외적 정체성, 즉 타자가 보기에 자기가 관음증 환자로서의 정체성을 갖는 것을 깨닫는다. 도덕적 고찰은 제쳐두고라도 그러한 발견의 철학적 구조는 인상적이다. 나는 다른 사람이 하나의 주체라는 것을 깨닫는 것과 동시에 내가 하나의 대상이라는 것을 깨닫는다. 그 눈들은 그저 예쁜 색깔을 가진 조각들이 아니라 **나를 바라보고 있다**는 것을 깨닫는 것이다. 나는 다른 사람들이 내부를 갖고 있다는 것을 발견한 사실과 논리적으로 분리될 수 없는 방식으로 내가 외부를 갖고 있다는 사실을 깨닫는다. 그것은 처음으로 테스피아의 시냇물에 비친 거울 속에서 다른 사람들이 보았던 것, 즉 자기 자신의 얼굴과 몸을 보았을 때 그가 보았던 것은 바로 자기 자신과 사랑에 빠진 나르키소스의 경우와는 완전히 다른 종류의 복잡한 깨달음이라고 나는 생각한다. 그를 대상화의 덫에 빠지게 한 시선은 반사하는 표면의 매개를 통해 그에게 되비친, 그 자신의 시선이었던 까닭에, 그는 자기 자신이라는 주인의 종이었고 그리하여 의심할 것도 없이 사르트르가 '헛된 정열'이라고 부른 것, 즉 외부와 내부가 하나인 자의식을 가진 사물이 되었던 까닭에 죽었던 것이다.

어느 경우이건 「곤자고의 죽음」을 통해 왕의 양심을 붙잡아보려 했을 때 틀림없이 햄릿이 염두에 둔 것은 자기 인식의 양태로서의 거울의 기능이다. 클로디우스의 깨달음을 나르키소스의 그것보다 한층 더 복잡하게 만드는 것은, 그 희곡이 자기 자신의 행위인 구체적인 역사적 사건들을 복제하는 거울이라는 것을 깨닫는 사람은 아마도 그가 관객들 중에서 유일하기 때문이다. 그러므로 클로디우스는 자기의 연기가 타자—햄릿 자신—의 의식 안에서는 대상들이라는 것을 알고 있으며, 그리하여 결정적인 순간에 햄릿이 부끄러운 진실을 알고 있다는 것을 클로디우스가 안다는 것을 햄릿이 알고 있다는 사실을 깨닫는다. 이것은 의식의 놀라운 이중적 함정이지만, 바로 그 이유 때문에 그것을 모방적 예술이라는 훌륭한 이론 안에서 일반화하기가 어렵다. 거울로서 희곡에 비친 햄릿의 이미지는 이 맥락에 부합되는데, 왜냐하면 그것은 왕에게 자기의 도덕적 태도에 대한 성찰을 보여주기 위해 의도된 것이기 때문이다. 그러나 그때 왕은 그 희곡에 대해 만일 관객이 아리스토텔레스를 읽었을 경우, 그것을 어떤 행위의 모방으로 볼 수 있거나, 또는 여성적인 애정의 역동성과 정치적 찬탈의 사악함을 가리키는 일반화된 범례로 보거나, 아니면 단순히 그것을 아첨꾼들을 위한 오락거리로 받아들일 수도 있는, 평범한 관객들이 갖는 것과는 매우 상이한 관계를 갖는다.

릴케가 극찬의 글을 아끼지 않았고, 그것이 동기가 되어 자기의 삶을 변화시키기로 결심한 아폴로의 고답적인 상반신상은 오직 느슨한 의미에서만 그 시인의 거울 이미지이긴 하지만, 물론 우리들 중 누구든지 예술작품에 반영된 그의 모습을 보고 그에 관해 무엇인가를 발견할 수 있을 것이다. 나는 그가 자신의 부드러움이 그 조상(彫像)의 힘 안에 반영되어 있는 것을 보았을 것이라고 생각한다. 왜냐하면 "거기는 고요하지 않고, 그것은 너를 보지 못하기 때문이다." 그리고 창부는 동정녀의 그림에서 자기의 비천함을 볼 수 있을지도 모른다. 그러나 사르트르가 분석해 보여주는 것처럼 우리는 자의식의 이러한 질서를 위해 예술을 필요로 하는 것은 아니다. 그렇다면 얄팍하건 어떻건 우리가 다시 돌아가야 할 것은 모방으로서의 거울의 복제적 기능, 결국 예술작품의 그러한 기능이다. 분명히 우리의 본질이 갖는 구조 안에서 우리가 어떻게 보이는가를 다루는 것은 플라톤에게 있어서 거대한 형이상학적 적응을 요구할 것이며, 그리고 어쨌거나 플라톤과 셰익스피어가 (그의 마지막 진술에서) 예술, 현상, 거울 이미지, 그리고 꿈들에게 가장 낮은 존재론적 지위, 즉 '퇴색해가는 하찮은 행렬'의 자리를 부여해야 했던 것은 놀라운 일이다.

플라톤은 정확히 예술이 모방이라고 제안하지는 않았지만, 플라톤의 이론의 핵심부를 이루는 복잡한 형이상학적 구조를 동시에 파악하지 않은 채 모방적 예술을 이해하기는 다소 어려움에도 불구하고, 어쨌든 그에게 있어서 모방적 예술은 유해한 것이었다. 우선 이런 종류의 예술은 매우 부당하게도 실재로부터 멀리 떨어져 있었는데, 플라톤에게 있어서 실재는 그가 형상(form)이라고 부른 진정한 실재를 의미한 것이었다. 오직 형상들만이 변화를 겪지 않기 때문에 궁극적 실재이다. 사물들은 생성되고 사라지지만, 그것들이 반영하는 형상들은 생성되거나 사라지지 않는다—물론 형상들은 사물들에 반영될 수도 있고 그렇지 않을 수도 있지만, 그것들 자체는 그러한 사물들과 독립적으로 존재한다.

그러므로 침대의 형상은 목수가 만든, 이 공통된 형상에 참여하는 개별적인 침대들과 구별되어야 한다. 이 침대들은 그러한 참여에 의해 침대성(性)을 획득하며, 따라서 그것들이 예증하는 형상들보다 덜 실재적이다. 침대의 모사물들은 침대성을 예증조차 하지 않는다. 그것들은 단지 예증하는 것처럼 보일 뿐이며, 따라서 현상들의 형상인 실재로부터 두 배나 멀리 떨어져 있고, 그 결과 가장 열등한 존재론적 지위를 가질 수 있을 뿐이다.

그러나 예술가의 창작물들은 그림자의 그림자보다 더 나을 것이 없음에도 예술 애호가들의 영혼을 매료시키기 때문에, 일상적인 것들의 세계로부터 주의를 분산시킬 뿐만 아니라 그 세계를 비로소 인지 가능하게 만드는 보다 심오한 형상들의 영역으로부터 주의를 분산시키기도 한다. 철학은 바로 이 상위의 실재에 주목하게 만드는 것을 목적으로 삼는 까닭에, 그리고 예술은 그러한 주목을 멀리 분산시키기는 결과를 가져오는 까닭에 예술과 철학은 서로 대립적이며, 그리하여 이 사실은 플라톤이 철학에 부여한 지적 중요성뿐만 아니라 도덕적 중요성을 깨닫게 될 때 예술에 대한 두 번째 기소 사항이 된다.

마지막으로, 진짜 속물이자 뛰어난 치료술사로서 말하고 있는 플라톤은 모방적 예술을 일종의 변태—즉 임기응변식으로 단순히 모방할 수 있을 뿐 모방의 대상 자체가 될 수 없는 사람들이 수행하는, 대리물에 불과하고 왜곡된 보상 심리적 활동이라고 비난한다. 그리고 누가 대상 자체 대신에 대상의 외양을 택하겠는가? 누가 실물을 직접 볼 수 있는 터에 그 사람 대신 그를 그린 그림을 선호하겠으며, 또는 사물 자체인 것보다 그 사물인 체 가장하는 편을 더 좋아할 사람이 어디 있겠느냐고 플라톤은 묻는다. 물론 그림을 더 선호할 수도 있고, 실제로 그렇게 하기도 하는 우리는 그가 다음과 같이 주장한 것으로 해석할 수 있을 것이다. 그렇게 할 수 없는 사람은 모방할지어다.

이후의 예술사 전체를 이 삼중의 기소에 대한 반향으로 해석하고, 예술가들이 모종의 존재론적 지위 향상을 모색해왔다고 상상할 수도 있는데, 물론 그것은 예술과 실재 사이의 거리를 극복하고 존재의 위계에서 한 눈금 올라서는 것을 의미한다. 미국의 화가 로버트 라우션버그[8]는 "회화는 예술과 삶 모두에 관계한다(나는 양자 사이의 그러한 간격 안에서 일하려고 애쓴다)"고 말한 적이 있다. 화이트헤드에 의하면, 철학이 그러하듯이 예술이 플라톤에 대한 각주들의 모음이거나 한 것처럼 한 번쯤 라우션버그가 침대를 전시해야 했던 것은 어쩌면 전적으로 우연은 아니다. 물론 그 침대는 아무도 잠잘 수 없는 것이었을 텐데, 왜냐하면 그것은 벽에 세운 채로 부착되어 있고 물감으로 범벅된 것이었기 때문이다. 목수가 만들어낸 침대에 상당히 가까운 것이 클라스 올덴버그[9]에 의해 거의 같은 시기에 만들어졌다—그것은 잠자기에는 끔찍스럽고 흉물스러운 모조 과자이지만, 그와 목수와의 간격이 플라톤이 생각한 것처럼 그렇게도 거대한 것이라면 그것은 예술가에게 그렇게 나쁜 일도 아니었다.

우리의 예술가 J 같으면 여전히 완전한 거리를 유지하면서, 라우션버

---

[8] Robert Rauschenberg(1925~). 미국의 화가 · 조각가 · 판화가 · 사진작가 · 퍼포먼스 아티스트. 지극히 개인주의적이기 때문에 어떤 운동에 전적으로 참여할 수는 없었지만, 그는 추상 표현주의와 팝아트를 연결짓는 가교의 역할을 담당했으며 미국의 예술계를 재현 예술로 복귀시키는 데에 주요한 영향을 미쳤다.
[9] Claes Oldenburg(1929~). 스웨덴 태생의 미국 조각가 · 도안가 · 판화가 · 퍼포먼스 아티스트 · 작가. 물질주의적 문화의 상품들을 작품의 주제로 삼음으로써 올덴버그는 팝아트의 선구자가 되었다. 자신의 작품에 대해 그가 출판한 저작들은 팝아트의 가장 생생한 텍스트로 손꼽힌다. 민주적 예술에 대한 집념 때문에 그는 1960년대 후반에 조각 멀티플들을 제작하게 되었다.

그가 미신에 사로잡혀 그것이 여전히 예술작품이라는 것을 확신시키기 위해, 그의 침대 위에 뿌렸던 물감의 흔적 같은 것을 하나도 남기지 않은 채, 자기의 침대를 예술작품으로 전시할 것이다. J는 자기의 침대가 어떤 것의 모사물도 아니라 그냥 침대일 뿐이라고 말한다. 의심할 여지 없이 그것은 목수가 만든 것이지만, 목수는 그 침대를 만든 반면에 J는 예술작품을 만들었고, 그것과 완전히 닮은 침대들은 침대일 뿐 예술작품이 아니며, J의 침대가 예술작품으로서 어떤 성공을 누리건 그 침대들을 만든 목수는 결코 철학적 성공으로 간주될 수 없을 것이다.

그렇다면 아마도 우리는 예술사를 다시 재고해야 할 것이다. 만일 아직도 어떤 간격이 존재한다면, 그리고 더 나아가 J의 방식을 따를 때 그의 예술작품들과 그것들과 정확히 닮은 실재적인 사물들 간에 또 다른 간격이 벌어지게 될 뿐이라면, 그 간격 자체는 간격의 양측에 있는 것보다 한층 더 흥미로운 것이 될 것이다. 우리가 그 간격이 어떤 종류의 것인지 알아보기 위해 예술과 실재 사이의 간격을 바라보고, 현대 예술가들이 그렇게도 이용하고 싶어하는 것처럼 보이는 예술과 삶 사이의 간격과 그것이 어떤 공통점을 갖고 있는지 발견해내려고 한다고 가정해보라. 그러면 아마도 우리는 예술과 실재에 대해 한꺼번에 더 잘 이해할 수 있을 것이다. 그러므로 의식 때문에 발생한 셰익스피어적인 난삽함과 형이상학에 관한 플라톤의 고찰에서 추출된 것으로, 반사된 대상에 대해 거울 이미지가 갖는 것과 똑같은 관계를 갖는 모방, 즉 예술을 궁극적인 실재의 복제품으로 보는 가장 기본적인 견해로 되돌아가보자. 이 옛 이론을 검토하려는 동기는 모방과 실재 사이의 간격이 예술과 삶의 간격을 이해할 수 있는 보다 확실한 방식이기 때문이다. 두 간격 모두가 같은 종류의 간격을 예시하는 것으로 밝혀진다면 그것은 인상적인 전략일 것이다.

닮음은, 심지어 한 쌍의 사물들 간의 완전한 닮음까지도 하나를 다른 것의 모방으로 만들지 않는다는 것은 다 아는 사실이다. 내가 전시한 붉은 사각형의 사례들은 그것들이 예증하도록 배정된 원리의 논리에 따라 서로 닮을 필요가 있었다. 그러나 내가 그것들을 기술했듯이, 그것들 각각은 서로 독립적이며 어떤 것도 다른 어떤 것을 모방하지 않는다(제목과 정확히 일치하도록 완벽하게 모방하고 있는 단순한 붉은 사각형의 그림을 덧붙이거나 공인된 원작 예술작품의 복제화들을 덧붙일 수는 있겠지만). 마찬가지로 J의 침대는 어떤 오래된 침대와 닮았지만 어떤 침대의 모사물도 아니다. 참을성 있게 그가 설명한 바에 의하면, 그것은 정말로 그냥 침대일 뿐이며 자기의 실내 정물화 중 한 그림에서 반 고흐가 묘사한 것 같은 어떤 침대의 모사물도 아니다. 모사물들은 실재와 대조되지만, 나는 모방에 대한 분석에서 내가 명료하게 설명하려는 용어들 중의 어떤 것을 사용할 입장에 있지 않다. 그러나 "그것이 실재적이 아니라는 것"은, 아리스토텔레스의 놀라운 심리학 저술에 의하면, 분명히 사람들이 모방적 재현으로부터 얻는 즐거움에 이바지할 것이 틀림없다. "어떤 사물들의 광경은 우리에게 고통을 준다. 그러나 우리는 우리가 매우 혐오하는 동물들의 형상이건 또는 심지어 시체이건 그것들의 정확한 모방을 보고 즐거움을 얻는다"고 아리스토텔레스는 『시학』(*Poetics*)에서 말하고 있다.

 그렇다면 그것이 모방이라는 것을 아는 지식은 문제의 쾌를 위해 전제된 것이 분명하거나, 마찬가지로 그것이 실재적이 아니라는 것을 아는 지식도 그러하다. 따라서 문제의 쾌는 지극히 많은 종류의 가장 강렬한 쾌들과 다름없이 어떤 인지적 차원을 갖는다. 성적(性的) 쾌 역시 자기가 적합한 파트너, 또는 최소한 적절한 부류의 파트너와 함께 성관계를 갖는다는 믿음을 포함하며, 그러므로 참된 것으로 간주되었던 믿음이 거짓이라는 것을 깨달을 때 그 쾌가 지속될 것인지는 분명하지 않다.

마찬가지로 나는 어떤 사람이 어떤 것을 먹음으로써 얻는 쾌가 전제하고 있는 믿음들이 있다고 생각하는데, 예를 들면 자기가 먹는 것이 어떤 종류의 것인지에 대해 갖고 있는 믿음들이다. 자신의 믿음이 거짓이라는 것을 깨닫는 순간, 예컨대 그 사람이 정통 유대교도일 경우 그것이 돼지고기였다면, 또는 독실한 힌두교도일 경우 쇠고기였다면, 또는 그 사람이 우리들 대부분과 비슷하다고 가정할 때 그것이 인육이라는 것을 알게 되었다면 (실제로 우리가 아무리 맛있게 느꼈든 간에) 그 음식은 입 속에서 재로 변할 수도 있다.

차이가 존재하기 위해서 우리가 차이를 실제로 맛볼 수 있어야 할 필요는 없다. 왜냐하면 먹는 즐거움은, 적어도 사람들의 경우 대체로 맛을 느끼는 즐거움보다 훨씬 더 복잡하기 때문이며, 넬슨 굿먼[10]이 유사한 사례를 들어 지적한 것처럼, 그것이 다른 것이라는 것을 아는 지식은 결국에 가서는 어느 것의 미각이든 바꿔놓을 수 있다. 혹은 차이가 나지 않는 정도에 따라 양자의 차이는 결국 연관된 믿음들을 자기가 경험하는 쾌의 배경에서 찾아낼 만큼 충분히 관심을 쏟은 것이 아닐 수도 있다.

물론 쇠고기는 모조 돼지고기가 아니며—성관계로 전환해보면 자기가 어떤 종류의 파트너와 관계를 갖고 있다고 믿지만 사실상 완전히 상이한 종류의 파트너일 경우, 남자 흉내를 내는 것이 곧 여성이 된다는 것은 아니다—이러한 사례들에서 분명한 것은 그 믿음들이 거짓이고

---

10) Nelson Goodman(1906~99). 인식론, 형이상학, 과학철학, 그리고 미학에 지대한 공헌을 한 미국의 현대 철학자. 하버드 대학 철학과 교수 역임. 그는 과학과 마찬가지로 예술을 일종의 기호 체계로 다룸으로써 예술의 인지적 측면을 강조한다. 대표적인 미학 저서로 『예술의 언어들』(Languages of Art)이 있다. 1972년에 논리학과 예술철학에서 그가 이룬 업적을 기념하기 위해 세계 각국의 미학자들은 『논리와 예술』(Logic and Art)이라는 제목의 논문집을 그에게 헌정했다.

어떤 것을 다른 것으로 착각한 것일 뿐이다. 나는 모방을 실재로부터 구별하는 것이 남자와 여자를, 또는 돼지고기와 쇠고기를 구별하는 것과 같은 것인지 확신할 수가 없다. 왜냐하면 부분적으로 실재 자체가 어떤 종류의 판별적인 속성을 갖는지를 확신할 수 없기 때문이다.

그러나 모방의 경우 쾌의 근원은, 이것이 무엇을 의미하든 간에 실재적인 것이 아닌 것으로 이해되어야 한다는 것은 놀라운 일이며, 따라서 모방 개념은 쾌를 이러한 성격으로 받아들이는 어떤 사람에게나 접근 가능한 것으로 전제된다. 아마도 어린아이들은 어른보다 모방에서 쾌를 덜 얻을 것 같다. 왜냐하면 그들은 아직 실재에 대한 감각이 발달되지—또는 실재의 개념을 획득하지—못했기 때문이며, 모방이 어린아이들에게 즐거움을 주는 것이 사실이긴 하지만 큰 즐거움이 되지 않는 까닭은 아리스토텔레스의 관찰이 요구하듯이 그것들이 모사물이기 때문이다. 당신은 속기 잘하는 어떤 사람의 오래전에 잃은 아들 흉내를 냄으로써, 즉 그의 아들인 체 가장함으로써 그 사람에게 대단히 큰 즐거움을 줄 수 있다—그러나 그 사람이 느끼는 쾌는 당신이 가짜 아들이라는 사실을 알게 된 후에도 지속된다고 생각할 수 없다. 따라서 그 부모가 느끼는 쾌는 아리스토텔레스가 기술하는 쾌와는 정반대되는 것이다. 왜냐하면 그의 주장에 의하면, 당신이 얻게 될 쾌에 대한 설명의 한 부분에는 당신이 그것이 모사물이라는 것을 안다는 사실과 실제로 거기에는 모사물이라는 사실이 포함되어야 하기 때문이다. 따라서 어떤 사람은 당신을 자기 아들의 모사물로 믿음으로써 쾌를 얻을 수도 있겠지만, 그가 모사물이라고 믿은 것이 결국 자기의 진짜 아들이었다는 사실을 발견할 때—이것에 대해 아리스토텔레스가 사용한 용어는 '재인'(再認, recognition)이다—그 쾌는 지대하게 변형된 쾌일 것이다.

그러므로 모방에서 얻는 쾌는 사람이 공상에서 얻는 쾌와 동일한 종류에 속하는데, 공상가에게는 자기가 즐기는 것이 공상이라는 것, 그리고 그것이 현실인 것처럼 스스로 속이고 있는 것이 아니라는 것이 분명히 의식된다. 때때로 공상가들은 죄의식에 사로잡혀서 공상이 끔찍하거나 가학적일 경우 실제로 자신들이 끔찍하거나 가학적이라고 생각하기도 하지만, 그와는 반대로 실제로 대부분의 공상가들은 공상에 대응하는 현실을 두려워하는데, 아리스토텔레스가 말하는 것처럼 우리도 가장 혐오하는 동물들을 볼 때는 겁을 먹지만 동물들을 그린 그림은 실물을 닮을수록 우리에게 즐거움을 준다. 그렇다고 해서 '마음속 깊은 곳에서' 우리가 그 동물들을 좋아한다는 것이 함축되는 것은 전혀 아니다. 물론 즐거움의 일부는 즐거움을 경험하는 상황이 현실이 아니라는 것을 아는 지식 때문이고, 아리스토텔레스가 주장했듯이 그 지식은 우리가 모방으로부터 배운 것이 아니므로, 현실 상황이 아니라는 것에 대한 지식은 쾌를 설명하는 것처럼 보이지만 사실상 주제를 바꾸었을 뿐이다.

  그렇다면 이러한 종류의 즐거움은 공상—또는 모방—과 대조되는 실재의 개념을 갖고 있고, 우리가 공상을 실현하려 할 경우 전혀 다른 종류의 즐거움이 산출될 것이라는 것을 깨닫는 사람들만이 얻을 수 있다. 혹은 즐거움에 있어서는 아무런 차이가 없다면, 그 즐거움은 공상으로부터 얻는 즐거움으로서 설명될 수 없다. 왜냐하면 공상과 현실의 차이는 쾌락적 차원에서는 아무런 차이가 없기 때문이다. 즐거움을 발생시키는 것은 공상이지만, 공상이 즐겁다는 것은 그것이 공상이기 때문이 아니다. 따라서 쾌의 원천의 정체에 관한 지식뿐만 아니라, 쾌의 논리에 관한 지식이 함께 전제되는 것임이 틀림없다. 그리고 어린아이의 경우처럼 만일 실재와 공상—또는 모방—의 차이라는 개념이 아직 형성되지 않았거나, 미친 사람은 우리들 대부분이 상상으로만 갖는 즐거움을 실제로 경험한다고 설명하는 플라톤의 기준에 따르면, 미친 사람처럼 그런 개념이 작동하지 않을 경우 이러한 지식들 중 어느 것도 이용될 수 없다.

　우리는 실제로는 돼지고기인데 어떤 것을 쇠고기라고 믿는 믿음과는 다른 종류의 거짓 믿음을 다루고 있으며, 따라서 현상과 실재의 차이를 아는 것은 돼지고기와 쇠고기 또는 남자와 여자의 차이를 아는 것과는 다른 상당히 철학적인 차원에 관한 지식이라고 생각된다. 그리고 만일 그 지식이 예술작품과 일상적인 사물 간의 차이를 아는 것과 비슷하다면, 더욱더 우리는 그것을 명확히 밝히기 위한 예비적인 노력을 기울여야 한다. 어느 경우이건 예술 애호가는 실재와 현상 간의 차이를 구별하지 못하는 플라톤의 동굴 거주자와는 다르다. 예술 애호가의 즐거움은 바로 구별하기 위해 논리적으로 요구되는 종류의 차이에 기초하는 것이다.

　자기가 물속에서 보고 있다고 믿는 것, 즉 잘생긴 소년을 사랑한 나르키소스에게로 다시 돌아가보자. 이 시점에서 나르키소스가 두 종류의 소년, 즉 물속에 사는 소년들과 자기처럼 대기 속에 사는 소년들이 존재한다고 믿었다고 말할 수 있다. 그러한 믿음의 토대로 꾸준히 관찰한 결과 그는 물속에 사는 사람들이 신기하게도 이방성(異方性)이고 다치는 일도 없지만—물속의 소년들은 창으로 찔러도 전혀 피가 나지 않는다—우리들 자신과 놀라울 정도로 유사한 형태와 행동방식을 갖고 있다는 것을 발견함으로써 그는 물속 거주민들에 관한 복잡한 인류학을 전개할 수도 있다. 그런데 나르키소스를 미칠 지경으로 만드는 것은 그들을 껴안을 수 없다는 것이다. 나르키소스가 어쩌다가 반사 이미지의 관념을 갖게 될 수 있다고 해도, 그것은 광학을 조금 훼손시킴으로써 인류학, 생리학, 그리고 수문학(hydrology)을 지대하게 단순화했을 것이다.

　그는 주장하기를, 이미지-소년들은 소년이 아니라 소년들의 시뮬라크라일 뿐이며, 그러므로 나르키소스는 명사에 덧붙여질 때 보통의 경우 명사에 술어를 덧붙임으로써 얻는 것과 같은 종류의 추론을 전개할 수 없는 술어('이미지-x')를 자연스럽게 구별한다—즉 뚱뚱한 소년은 소년이고 날씬한 소년도 소년이지만 이미지-소년은 소년이 아니다. 세계가 그러한 상대역들의 큰 집합들을 포함할 때, 조만간 우리 모두는 일정한 수의 그러한 술어들에 능통해야만 한다. 그러므로 어떤 어린아이는 밤에 자기 방에 고양이 한 마리가 있었고 그 고양이가 자기를 잡아먹고 싶어했다고 어머니에게 보고한다. 평상시의 보호본능을 고려할 때 너무나 놀란 어머니는 고양이 사냥에 나서는 대신 아들에게 꿈의 개념을 가르쳐준다. 즉 꿈-고양이는 고양이가 아니라고 가르친다.

그러한 술어들을 창안하게끔 이끈 것이 분명한 대단히 고차적인 이론적 노고에 대해 찬사를 보내지 않기란 어려운 일이다. 꿈속에서 가진 경험들이 실제로 일어난다고 믿고 분명히 비정합적인 일들을 이런 식으로 설명하는 구성원들을 가진 부족들이 있다. 즉 잠자는 동안 당신은 잠시 동안 몸을 떠나 다른 몸속에 들어가게 되고, 우리들 같으면 실제로 경험한 것이 아니라 꿈을 꾸었을 뿐이라고 말할 만한 경험들을 실제로 갖는다고 말하는 것이다. 꿈의 특징으로 널리 받아들여지는 왜곡현상들은—다행스럽게도—신체 교환의 엄격함 때문인 것으로 설명된다. 내가 '다행'이라고 말한 것은, 그 왜곡현상들을 세계에 귀속시킬 경우 그러면 현실세계는 우리들처럼 평범한 신체들을 가진 사람이 상상할 수 있는 것보다 엄청나게 훨씬 복잡다단하고, 무법칙적인 변성(metamorphoses)과 변형(transmogrifications)으로 가득한데, 그 세계에서는 우리가 바라기만 해도 실제로 실현될 수 있다고 믿게 될 또 다른 가능성이 있기 때문이다.

그와는 반대로 왜곡현상을 그들 방식대로 설명함으로써 그 부족은 꿈꾸는 것과 평상시에 관찰하는 것을 융합시켜야만 할 경우에 비해 오히려 그럴듯한 과학을 투사할 수 있게 된 것이다. 그들에게는 자연법칙 같은 것이 있을 수 없다. '꿈이다'라는 술어는, '반사 이미지이다'라든가 '메아리다'와 마찬가지로 세계를 경제적으로 정의하는 믿음들의 체계에 대한 충격 흡수제로 기능하면서, 그 세계에 영입될 경우 그 체계를 엄청나게 복잡하게 만들 수 있는 개체들을 전혀 다른 존재론적 공간으로 밀어넣는다. 틀림없이 우리가 그러한 개념들을 갖고 있다 해도 그것들을 특수한 사례들에 적용하는 것이 항상 용이한 것은 아니며, 그 사례들이 그 공상세계 안에 거주하는 어떤 것에 의해서도 그것을 적절하게 분류할 수 없는, 현실세계의 상대역들과 너무나 닮았을 경우에는 특히 그러하다.

예를 들면 프로스페로의 마술에 의해 배에 불이 났고 바다에 폭풍이 인다고 믿는 가엾은 항해사들이 바로 그러한 경우일 것이다. 그러한 재난들은 결국 일어나게 되고, 그리하여 광란의 와중에 그들에게 그것이 환영이라고 주장하는 것은 거의 미친 짓이 될 것이다. 사실상 프로스페로가 마술로 그 일을 일으켰다고 주장할 때, 그를 미쳤다고 보는 것이 더 적합한 일이었고, 프로스페로가 정말로 그러한 능력을 갖고 있다는 것을 페르디낭에게 입증해 보이는 것이 「템페스트」 4막의 상당히 무미건조한 우의(寓意)의 인식적 기능이다. "나는 알려주어야 한다. 이 젊은 부부의 눈에, 나의 마술의 헛됨을." 현실과 공상의 구별에 대한 확신을 희생시키지 않고서 달리 어떻게 그의 말을 믿을 수 있겠는가? 그러므로 난파 사건은 '이 환상의 토대 없는 구조'보다 존재론적 비중이 더 크지 않으며, 실재와의 대면에 기초한 모든 믿음들은 수정되어야 하고, 최근 사건들의 참된 역사는 환영 위에 세워진 반(反)사실적인 역사로부터 회복되어야만 한다. 어떤 사람이 바다에서 불이 나 배가 난파되었다고 계속 믿는다면, 진실을 대면하게 되었을 때 멀쩡한 배를 설명하는 일이 얼마나 어려울지 생각해보라.

그리고 이 경우는 마술의 개념—그것 자체는 '꿈'이나 '반사 이미지'와 똑같은 논리적 질서에 속한다—에 의해 복잡하게 되었지만, 그 문제에는 철학에서의 회의주의라는 문제 전체를 야기하기에 충분한 힘이 들어 있다. 왜냐하면 우리가 고찰하는 술어들은 그것들이 적용되는 대상이 거짓된 것이라는 것을 함축하는데—가짜 친구는 친구가 아니라거나 상상 임신은 임신이 아니라는 의미에서—겉으로 보이는 현상에 있어서 거짓 x는 x 자체로 착각할 만큼 충분히 x를 닮을 수 있기 때문에, 우리가 항상 꿈의 세계를 현실세계로 착각할 수 있다고 데카르트가 생각한 것처럼 우리가 거짓 x를 x로 오인할 수 있는 가능성을 열어 놓는다. 그리고 모사물 x가 거짓 x인 한, 의심 많은 플라톤이 생각하기에 모방적인 예술은 환영의 영원한 가능성을 제시한다.

거짓된 것들에 대한 믿음이 반드시 거짓 믿음인 것은 물론 아니며, 우리는 다시 돌아가 그 애매성에 대해 고찰하는 기회를 가져야 하므로, '거짓 문장'(false sentence)이 문장인 것과 마찬가지로 '거짓인 믿음'(false belief)이 믿음이라는 것을 주지해야 할 필요가 있다. 어쨌거나 환영의 문제를 차치한다면 사물들이 비실재적인 것으로 부적합 판정을 받는 길이 모방의 경우 외에도 있다는 것을 플라톤이 생각해본 적이 없음이 거의 분명하다. 더욱이 문제의 대상이 우연히도 모방이든 아니든 예술작품이라는 개념이 그 낱말이 적용되는 대상들을 실재적인 사물로부터 배제시키는 바로 그런 기능을 한다는 생각이 그에게 떠오르지 않았던 것이 분명하다. 하지만 모방적인 예술과 연관하여 플라톤이 관심을 가졌던 것은 기술적인 의미(descriptive sense)의 허위성이라는 바로 그 난제였음이 틀림없다.

어떤 행위에 뒤이어서 "나는 진심이 아니었다"고 말하는 것 같은 표현의 역할을 고려해보라. 그렇게 말하는 사람이 진심이었을 경우, 그것은 외관상 비슷한 행위에 적용될 수 있는 평가와 반응들의 틀로부터 문제의 행위를 철회하는 기능을 한다. "그것은 농담이었을 뿐이다"라든가 "그것은 단지 게임이었을 뿐이다" 또는 "그것은 장난이었을 뿐이다", 그리고 마지막으로 "그것은 예술작품이다"라는 표현들도 마찬가지이다. 그렇다면 예술작품이긴 하지만 그와 동시에 침대이기도 한, 보통 침대와 정확히 닮은 J의 침대에 대해 우리는 어떻게 말해야 하는가? J는 우리에게 그 침대에 누워보라고 말하고, 또 그렇게 하는 것은 아무런 문제가 되지 않는다. 아주 조심스럽게 우리는 그의 말에 따른다. 우리가 아주 조심스러운 것은, 우리는 침대가 무엇에 쓰이는지 아주 잘 알므로 어쩌다 침대와 닮은 예술작품에 대해 어떻게 반응해야 할지 확신이 서지 않기 때문이다. 보통 침대에 대해 그러한 확신을 갖는다는 것은 당혹스러운 일이기 때문이다. 아무튼 게임, 마술, 꿈, 그리고 예술 사이에는 긴밀한 개념적 연관성이 있는데, 그것들은 모두 세계의 외곽에 속하며 우리가 분석하려는 것으로부터 같은 종류의 거리를 유지한다. 물론 모방을 이런 식으로 특징짓는 것은 모방을 불충분하게 이해하는 셈인데, 왜냐하면 모사물들은 가짜일 뿐만 아니라 실재적인 사물들을 재현하는 보다 중요한 기능을 갖고 있기 때문이다. 그러나 재현이라는 개념 자체는 앞으로 밀고 나아가기에 앞서 검토해볼 만한 애매성을 갖는다.

내가 특별히 지목하고 싶은 재현의 두 가지 의미는 본디 디오니소스 제식에 기원을 둔 것으로 니체가 추정하는 비극의 탄생에 관한 논의에서 처음으로 등장한다. 어떤 것을 종교적인 것으로 동일시하는 것은 적어도 그것을 평범한 일상적인 것들로부터 제외하는 것을 허용하는 것이며—성수(聖水)는 그 표본이 보통 물과 아무리 식별할 수 없다 해도 단순한 물이 아니다—마찬가지로 어떤 성스러운 관구(예컨대 디오니소스 숲)의 경계와 우연히도 공식적으로 예술로 분류된 관구 사이에 어떤 논리적 평행선을 그을 수 있다. 나는 그 유사점들에게로 곧장 돌아갈 것이지만, 당분간은 니체의 이론을 고찰해보기로 하자.

먼저 우리는 디오니소스 제식들이 주신제(酒神祭) 행사이며, 축하객들은 만취와 성적 유희들을 통해 대체로 디오니소스와 관련된 광란상태에 스스로 빠져들었다는 사실을 기억해야 한다. 『비극의 탄생』(*The Birth of Tragedy*)에서 니체는 이렇게 말한다. "거의 모든 경우에 있어서 이 축제들은 문란한 성적 방탕에 중심을 두었고…… 항상 내게는 진짜 **마녀의 술**(witches brew)처럼 생각되는, 관능과 잔인함의 그 가공할 만한 혼합물을 포함하여 가장 혐오스러운 야만적 본능들을 분출했다." 간단히 말해서 그 기획은 합리적 능력과 도덕적 제어력들을 마비시키고, 주체들 사이의 경계를 무너뜨려 마침내 절정의 순간 신 자신이 축하객들에게 자신의 모습을 드러내도록 의도된 것이었다. 매번 신이 실제로 **임재**하는 것으로 믿어졌고, 이것이 바로 재현의 첫 번째 의미이다. 즉 **재출현**(再顯, re-presentation)이다.

어떻게 그것이 이루어졌든 그리고 얼마만큼의 시간이 소요되었든 간에 이 제식은 비극이라는 그 자신의 상징적 **재연**(再演, enactment)에 의해 대체되었다. 하객들은—나중에는 코러스가 되었다—일종의 발레 같은 춤을 모방하지 않았을 뿐더러 실제로 그 제식에 참여하지도 않았다. 제식이 무르익을 무렵 자신을 재현하는 사람이 등장할 때 디오니소스 자신은 예전처럼 출현하지 않았고, 그러므로 비극의 영웅은 이 초기의 대리 출현에서 진화된 것이라는 것이 니체의 생각이다. 그렇다면 이것이 재현의 둘째 의미이다. 즉 국회의원들이 우리들을 대리하는 것처럼 재현이란 다른 어떤 것의 자리에 대신하여 서는 것이다.

물론 진짜 신을 믿는 일종의 집단적 영혼에게 주어지는 신비한 출현과 결국 문제의 신을 모방할 뿐인 사람을 구경하는 것에 불과한, 일종의 관객에게 주어지는 상징적 재현의 차이는 엄청난 것이다. 그러나 나의 관심은 역사적이거나 또는 종교-심리학적인 것이라기보다는 개념적인 것에 있으며, 나의 흥미를 끄는 것은 다음과 같은 것이다. 즉 재현의 두 의미는 현상(appearance)의 두 의미와 매우 긴밀하게 대응한다. **첫째** 의미에 의하면 저녁별이 하늘에 나타났다고 말할 때처럼 사물 자체가 나타나는 것인데, 이러한 종류의 출현은 저녁별 자체가 아니라 저녁별의 '외양만이' 나타났다고 말하는 것을 터무니없는 일로 만든다. 그리고 **둘째** 의미에 의하면 플라톤이 그랬던 것처럼 우리는 참으로 현상을 실재와 대조하는데, 이러한 의미의 현상은 당신이 태양이라고 믿었던 것이 사실은 태양의 그림이었거나 밝은 빛 같은 '외양일 뿐'이었다고 말하는 것을 허용한다.

디오니소스는 현상의 **첫째** 의미에서 하객들에게 출현한 것으로 믿어졌기 때문에, 참여자들 중의 누군가가 그것이 '단지 겉모습일 뿐'이었다고 믿는다면 그들은 제식이 올바른 효과를 거두지 못한 것이라고 느꼈을 것이다. 디오니소스는 비극의 재연에서 현상의 **둘째** 의미에서 출현한 것인데, 이 경우 그리스적으로 변형된 제식은 모종의 거리 설정을 전제로 한다. 만약 제식에서 신이 **출현했다**고 믿는 사람이 있다면 그는 곧 그것이 외양이었을 뿐이라는 (그리고 진짜가 아니었다는) 말을 듣게 될 것이다. 그리고 만일 첫 번째 사람이 옳았다면 두 번째 사람은 연극의 원리를 멋대로 왜곡하면서 신들 자신은 연극과 아무 상관이 없다고 느낄 수밖에 없을 것이다.

나는, 이러한 방식의 애매성이 정말로 매우 심각하게 만연해 있으며, 그것은 우리가 추출한 사례에 국한되지 않는다고 생각한다. 물론 첫 번째 의미의 재현이나 현상 같은 것은 예술의 개념과 폭넓게 연관되어 있음이 분명하며, 아마도 그것은 흔히 예술과 결합된 마술을 설명해줄 것이다. 예술가는 돌로 만든 신이나 왕처럼 주어진 실재를 다른 매체를 통해 다시 현전시키는 힘을 가졌다. 마치 십자가 사건이 복합적인 역사적 동일성을 가지며—똑같은 사건이—다른 시간과 장소에 다시 일어날 수 있는 것이듯이, 잘 알려진 전설에 의하면 크리슈나 신이 무수히 많은 여자 목동들과 동시에 성관계를 가질 수 있다고 믿은 것과 거의 비슷한 방식으로, 독실한 신자들은 그림 속의 십자가를 기적적으로 다시 나타나게 된 그 사건 자체로 생각했을 것이다.

그러한 믿음을 배경으로 하지 않는다면 어떻게 우리는 우상에 반대하는 성상(聖像) 파괴론이나 금지령 같은 비상조치에 대해 설명할 수 있겠는가? (플라톤은 형상들이 어떤 식으로든 현상들 안에 현전하는 것으로 생각했고, 따라서 후자는 적어도 실재성의 정도 면에서 열등했다. 그렇기 때문에 그는 우리가 논의 중인 애매성의 양면을 이용하면서 현상과 실재를 대조한 것이다.) 아무튼 어떤 것이 십자가 사건의 재출현이기를 멈추고, 단지 우리가 십자가 사건의 재현—그림에 불과한 것—이라고 부를 만한 것일 때, 그것을 마주하는 회중은 신비한 역사의 한 장면의 참여자가 아니라 단지 관객일 뿐이며, 그리하여 교회의 벽들은 절반쯤 갤러리 벽이 되고, 건축학적으로 동류의 극장 벽들이 되는데, 니체가 옳다면 그것은 신성한 관구의 경계를 넘어서는 건축학적 변형인 것이다.

우리 시대에 더 근접하는 이론을 말하면, 재현은 단지 지칭할 뿐인 것을 체현(體現, embody)한다는 지극히 고답적인 이론에 의하면, 문법학자들이 의미심장한 전치사구처럼 말하는 'of'가 사용될 때, 한 병의 맥주(a bottle of beer)나 물고기 어항(a kettle of fish) 같은 문법 단위처럼 어떤 것을 마르크스의 그림이라든가 또는 O의 이야기라고 부르는 것과 일관된 방식으로 우리가 이야기—또는 그림—의 내용에 대해 말한다는 사실에서 문법적인 증거를 찾을 수 있다. 그러므로 전자—예컨대「O의 이야기」(O's story)—는 소유형을 취하는 반면, '맥주의 병'으로 간주될 어떤 것도 존재하지 않는다는 사실에 의해—

당신은 한 병의 맥주를 마시는 것이지 병을 마시는 것은 아니므로—그 두 표현은 상이한 형식에 속하는 것처럼 보인다.

그러나 이것은 단지 환영에 지나지 않는다고 생각한다. 왜냐하면 「O의 이야기」라는 표현은 애매하기 때문이다. 그 이야기는 정말이지 한 젊은 여성의 성적 타락에 관한 가학적인 이야기일 수 있다. 그러나 또한 그것은 그냥 O가 들려주는 이야기들 중의 하나일 수도 있다. 그 이야기는 '웰링턴 공작의 그림'이 고야가 그린 그 철(鐵)의 공작의 초상화일 수 있는 것과 같다. 그러나 또한 그 공작의 컬렉션에 속하는 불특정한 그림일 수도 있고, 우연히 바로 어떤 특정한 그림, 즉 공작 자신이 그린 공작의 그림일 수도 있는데, 이 경우 '공작의'라는 낱말은 공작이 그린 그림들 중에서 특별히 우리가 지칭하는 것과 동일시하는 술어가 된다. 이러한 경우를 위해 굿먼은 하이픈을 사용하여 '웰링턴-공작-그림'(Duke-of-Wellington-picture)이라는 술어를 만들어냈다.[11]

모방적 재현이 일찍이 위에서 언급한 고답적인 의미에서의 재현으로 믿어졌던 것, 즉 사물 자체의 재출현에서 연유한다고 추정할 수 있다고 하자. 그렇다면 바로 그 옛 의미에서 어떤 사람이 그 사물 자체의 현전을 경험하는 것이라고 믿을 수 있는 한, 모방적 재현의 경우 두 재현들이 서로 닮았고, 따라서 후자의 의미에서 실재적 사물로 오인될 만한 것을 닮았다고 가정하는 (의심할 여지 없이 역사적 사실과는 반대로) 어떤 사람이 참으로 그 사물 자체의 현전을 마주한다는 그릇된 믿음을 갖는 것은 얼마든지 가능하다. 왜냐하면 외관상 어떤 것도 변화된 것이 없고, 다만 현상과 실재의 관계에 관한 그 사람의 개념이 변했기 때문이다. 전자의 경우, 그 관계는 동일성의 관계였고——자기가 보았던 현

---

11) Nelson Goodman, *Languages of Art*, 2nd edition, Indianapolis: Hackett, 1976, p.28.

상을 곧 실재로 본다는 점에서—후자의 경우, 그 관계는 지칭의 관계로서 이른바 실재와 현상 사이의 간격이 생긴 것이다. 전자가 재현적 또는 기술적 능력에 의해 이해될 때 언어와 실재를 분리하는 것으로 믿어지는 간격과 똑같지는 않다 하더라도 재출현과 재현 간의 간격은 그에 비견할 만하다.

  나는 이 이중적인 재현 개념으로 다시 돌아가야 하고 또 돌아갈 것이지만, 당분간 우선적으로 모방적 형식에 주목하겠다. 두드러진 유사성의 기준에 의해 실재를 모방적이라고 생각할 만큼 충분히 실재와 닮은 어떤 것을 재현으로 인지하자마자 특별한 종류의 오류 가능성이 열린다. 즉 어떤 사람은 실재를 재현의 모방으로 오인할 수 있고, 더 쉽게는 모방을 그것이 지칭하는 실재로 오인할 수도 있으며, 따라서 가시화된 것에 대해 오직 상이한 존재론적 영역에 속한 상대역에게 적합한 태도와 기대감을 가질 가능성을 생각해볼 수 있다. 그러므로 모방이라는 창작 활동에 전념하는 예술가들은 이러한 전도된 오류들을 막기 위해 각별한 종류의 주의를 기울여야 한다. 그리고 무대에서 보이는 것을 일정 거리에 배치하고, 그리하여 정확히 닮은 상대역을 진짜로 오인할 경우 모방이 초래할 수 있는 믿음들의 틀에서 모방적 재현을 제도화된 규약에 의해 제외하는 것이 연극의 기능들 중의 하나임이 틀림없다.

  미학자들은 심적 거리(psychic distance)의 개념, 즉 태도의 변화가 우리 자신과 우리가 주목하는 대상 사이의 간격을 형성함으로써, 실제적인(practical) 태도로 불리는 것과 대조되는 것을 의미하는 특수한 절연체 같은 개념을 활용할 수 있을 것이라고 생각했다. 이 구별의 토대는 칸트의 『판단력 비판』에서 볼 수 있는데, 마치 어떤 대상에 대해서 우리가 취할 수 있는 두 가지의 구별되는 태도가 있는 것처럼 들리고,

아마도 그렇게 들리게 한 것 같다. 그래서 결국 예술과 실재의 차이는 본질의 차이가 아니라 상이한 태도들 간의 차이이므로 우리가 관계하는 대상이 아니라 우리가 어떻게 관계하는가가 문제인 것처럼 칸트는 말한다. 문제의 대상들이 원래부터 예술작품이 아니라 현실세계를 규정짓는 경험들의 망조직 안에서 배정된 역할을 하는 평범한 사물들일 경우에는 이 견해에도 일리가 있다. 실제적인 태도를 유보하고 뒤로 물러나서 대상을 사심 없이 바라보며, 그 형태와 색깔들을 보면서 모든 실용적인 고려들을 배제한 채, 그것을 있는 그대로 향유하고 찬양하는 것은 언제든지 가능한 일이다. 그러나 관조적이고 무사공평한 태도는 어떤 것에 대해서든 채택될 수 있기 때문에 전혀 있을 법하지 않은 일 같지만(그리고 실제적인 노동을 위한 연장들의 집합으로부터 어떤 연장이 떨어져 나와 미적 관조의 대상으로 고양되는 방식을 생각해보라), 스펙터클, 희극, 또는 무엇이든 미적 거리에서 온 세계를 바라보는 것은 가능한 일이다. 그러나 바로 그런 이유로 우리는 이 구별을 토대로 삼을 때 그것과 서로 엇갈리는 예술작품과 실재의 연관성을 설명할 수는 없다.

지나는 길에 나 자신의 견해를 밝히면, 미적 태도를 갖고 심적 거리에서 어떤 현실들을 관조하는 것—예를 들면 경찰이 시위대를 몽둥이로 때리고 있는 폭동을 일종의 발레처럼 본다든지, 또는 방금 폭탄을 투하한 비행기 안에서 폭탄이 폭발하는 광경을 신비한 국화꽃처럼 바라본다든가 하는 것—이 그릇되거나 비인간적인 경우들이 있다. 그렇게 반응하는 대신 우리는 "어떻게 행동해야 하는가" 하는 물음을 제기해야 할 것이다. 비슷한 이유로 나는 예술에서 재현하는 일 자체가 거의 비도덕적인 경우가 있다고 생각하는데, 그것은 도덕적 견지에서 완전히 그릇된 거리에서 사물을 관조하는 경우이다. 탐 스토파드[12]는 만일 당신이 창문 밖에서 불의한 일이 벌어지는 것을 본다면, 당신이 할 수 있는 가장 바람직하지 않은 일은 그 일에 관해 희곡을 쓰는 것이라고 말한 적이 있다. 한 걸음 더 나아가 나는 우리가 행동으로 개입해야 할 도덕적 책무를 가진 종류의 불의한 일에 관한 희곡을 쓰는 것은 그릇된 일이라고 말하고 싶은데, 왜냐하면 그것은 심적 거리의 개념이 기술하는 바로 그런 종류의 거리에 관객을 배치하기 때문이다. 이와 같은 성격의 비난이 다이앤 아버스[13]의 사진들에 대해 퍼부어졌다.

물론 심적 거리의 개념이 우리가 지금 원하는 구별을 내리는 데 도움이 되지 못한다는 것은 차치하더라도, 예술작품이란 오직 미적 태도만이 적합하고 결코 실제적인 태도는 적합하지 않은 대상이기는 하지만, 우리는 그 개념에 무엇인가 오류가 있다는 것을 인정한 셈이다. 그러나 이것은 예술이 예술로서 교훈적, 교화적 또는 정화적인 유용한 역할을 한다는 사실과는 별개의 문제이며, 따라서 칸트의 이론은 예술사의 특별한 시기에만 주어질 수 있는 무사심성의 정도를 전제하는 것이다. 즉 무사심적으로 지각되는 것은 결코 고급 바로크 예술의 목적이 아니었다. 바로크 예술의 목적은 인간의 영혼을 변화시키는 것이었다. 그러한 이유로 나는 조지 디키[14]의 비판에 박수를 보내고 싶은데, 그는 그가

---

12) Tom Stoppard(1937~). 영국의 극작가. 진지한 희곡을 쓰는 작가로 유명하다. 「착한 아이는 모두 사랑받는다」(Every Good Boy Deserves a Favor) 등의 희곡이 있고, 영화 「셰익스피어 인 러브」를 위한 시나리오를 써서 오스카상을 받기도 했다.
13) Diane Arbus(1923~71). 미국의 사진작가. 1969년에 열린 그녀의 마지막 작품들에는 중년의 정신 장애자들의 초상화들이 포함되었는데, 이에 대해 몇몇 비평가들은 그녀가 사람들을 착취한다고 비판하기도 했다. 그녀 자신은 사진 예술의 본질이 피사체와 작가, 그리고 관객과 작가 사이의 변증법적인 관계에 있다고 보았다.
14) George Dickie(1926~). 미국의 미학자. 시카고 소재 일리노이 대학 철학과 교수와 미국미학회(ASA) 회장을 역임했다. 주요 저서로는 『예술과 미학』(Art and the Aesthetics), 『예술사회』(The Art Circle), 『예술과 가치』(Evaluating Art)가 있다.

"심적 거리의 신화"로 명명한 것을 표적으로 삼고, 우리가 무대 위에서 보는 행위에 직접 개입하려는 시도를 막는 것은 어떤 신비한 종류의 태도 때문이 아니라, 우리가 어떻게 연극을 보아야 하는지를 알고 있다는 사실 때문이라고 말한다. 한 마디로 우리는 연극의 규약들을 습득한 것이다. 문제의 행위가 극장 안에서 일어난다는 것을 알고 있는 것은 '그것이 실제로 벌어지는 사건이 아니라는 것'을 우리에게 확신시키기에 충분한 것이다.

그렇다면 연극의 규약들은 인용부호 안에 들어 있는 것을 일상적인 대화와 구별하고, 예를 들어 단순히 언급된 것이 아니라 실제로 똑같은 문장이 언표되었을 경우에 적합한 태도들과 구분함으로써 그 내용을 중화시키는 역할을 하는, 인용부호의 기능과 비슷한 기능을 한다. 그리고 인용하는 사람은 그가 말하거나 쓰는 말들에 대해 어떤 책임도 지지 않는다─인용하는 행위에서 언급된 말은 실제로 그가 하는 말이 아니다(물론 그는 자신의 말을 인용할 수도 있지만, 그것은 자신의 말을 단순히 반복하는 것과는 다른 종류의 언술행위이다). 참으로 예술의 영역 전반에 걸쳐 그와 유사한 측면들을 찾아볼 수 있다. 무대와 마찬가지로 액자 틀이나 포장 상자는 그것들이 시사하는 규약들을 암묵적으로 알고 있는 사람에게 그것들이 진짜인 듯이 보여주는 것에 실제적인 태도로 반응하지 않아야 한다는 것을 알려준다. 그리고 예술가들은 바로 그런 목적을 위해 규약을 이용하며, 특별히 환영을 불러일으키거나 예술과 삶이 연속된 것 같은 느낌을 주려는 의도가 있을 때만 규약을 위반한다. 예를 들면 게르치노가 성녀 페트리넬라의 무덤을 그린 그림의 경우가 그러한데, 그 그림의 아래쪽 가장자리는 그 그림이 무덤 너머로 보여주는 성녀 페트리넬라의 무덤의 실제 가장자리와 겹친다.

의심할 것도 없이 모방의 개념은 환영을 창조하는 기획 속으로 사라져버렸고, 그리하여 모방적인 예술에 대한 플라톤의 염려의 일부는 바로 그러한 가능성을 가진 위험이다. 그러나 분리의 규약들이 관객에게 확연히 알려져 있는 한, 모방 자체는 사실상 그러한 규약 없이도 활성화될 수 있는 믿음들을 차단한다. 그렇다면 모방적 예술가들을 극단으로 몰고 가서 적합한 괄호 안에서 제시되어야 할 어떤 것이든 현실에서 접할 수 있는 것과 아주 흡사하게 만들 수 있게 하는 것은 바로 규약이 관람자들에게 올바로 이해되고 있을 것이라는 확신이다. 그러므로 플라톤의 주된 문제는 이렇게 기술될 수 있다. 괄호 자체는 아무도 모방의 제작물을 실재 자체로 간주하지 않을 것이라는 것을 보장하므로, 괄호 안에 들어 있는 어떤 것이건 모방의 대상과 자연스럽게 동일시할 수 있을 만큼 충분히 비슷하게 만드는 것이다. 물론 그 기획이 수포로 돌아가는 것은 언제나 가능하다. 우리는 어떤 배우가 실제로 다른 배우를 칼로 찌르는 것을 상상할 수 있는데, 그리하여 다른 배우들이 커튼콜을 할 때도 그의 주검은 여전히 피투성이가 된 채 앞무대에 남아 있고, 관객들은 이것을 뛰어난 속임수와 사실주의적 표현으로 여기고, 즉 방금 묘사한 그림에서 게르치노의 속임수와 상당히 비슷한 방식으로 막이 내린 후에도 그것을 환영을 연장시키기 위한 수단으로 생각하면서, 순진하게 박수갈채를 보낼 수도 있다. 이렇듯 괄호들은 믿음을 차단하는 대단히 강력한 기제인 것이다.

이러한 종류의 파행은 제쳐두고라도 의도된 사실주의의 정도가 클수록 그것이 현실이 아니라 예술이라는 것을 가리키는 외적 표시의 필요성이 커지며, 작품 자체가 덜 사실적일 때 그러한 기제의 필요성이 감소된다고 말해도 무방할 것이다. 1930년대에 오손 웰스의 유명한 방송을 기억해보라. 그때 라디오 청취자들은 정말로 지구가 화성인들의 침략을 받고 있다고 믿었는데, 어떤 청취자라도 그것이 단지 시뮬레이션일 뿐이고 사실이 아니라는 것을 쉽게 알 수 있는 길이 없었다(텔레비전일 경우 그는 화면 하단에 메시지를 내보낼 수 있겠지만, 라디오 방송에서는 이런 것이 가능하지 않았다. 왜냐하면 우리는 상이한 성격의 두 가지 메시지를 모두 이해할 수 있는 방식으로 동시에 한꺼번에 청취할 수는 없기 때문이다). 연극무대를 거리로 옮길 때, 배우들은 현실의 일과를 수행하는 사람들이 아니라 역할을 맡은 배우들이라는 것을 분명히 알 수 있어야만 한다. 따라서 가면, 특수 의상, 분장, 특징적인 억양 같은 수단들이 필요하다. 사실주의적인 연극에서 사실적인 의상들은 예술적 환영을 높여주지만, 거리 연극의 경우 그런 것들은 자신들이 목격자인지 관객인지 확신할 수 없도록 관객의 태도를 혼란스럽게 만들 것이다. 거의 그와 맞먹는 고려사항들은 제복이나 특수한 종류의 의상들의 중요성을 가리킨다.

  내가 아는 한 의사는 매일 아침 기차역까지 조깅을 하는데, 그는 평상복을 입고 의사 가방을 들고 있기 때문에 영락없이 사람들에게서 차편을 제공받는다. 만일 그가 조깅복을 입었다면—조깅하는 사람들 자신은 목적지를 향해 뛰는 것이 아니라 그저 달릴 뿐이다—그런 일이 없었을 테지만, 그럴 경우 의사 가방이 그의 복장에 걸림돌이 되었을 것이다. 만일 어떤 사람이 114번 가(街) 한복판에 서서 코끼리 울음소리를 내거나 개처럼 미친 듯이 짖어댄다면 그는 미친 사람으로 취급당하겠지만, 반면에 무대 위에서라면 그 사람에 대해 그런 식의 믿음을 갖는 일은 없을 것이다. 왜냐하면 그럴 경우 우리는 그가 동물을 흉내 내고 있다는 것을 잘 알기 때문에 그를 동물이라고 믿지 않을 것이고, 그가 114번 가에서 짖어댈 경우 우리가 그에 대해 가질 만한 어떤 오해도 발생하지 않을 것이다. 그러므로 나는 모방적 예술을 하나의 가능성으로 만드는 것은 바로 (마이어 샤피로의 표현을 빌리면) 예술의 비모방적 측면들이라는 관점에서, 우리는 그러한 측면이 맡는 철학적 역할에 대해 결코 과장하지 않는다고 생각한다.

이번에는 연극사에 관한 니체의 역사적 고찰을 살펴보자. 악한이었을 뿐만 아니라 이성에 의해 비극을 파괴했다는 비난을 받기도 한 에우리피데스 시대에 이르러 연극의 규약들은 아테네의 관객들에게 충분히 내면화되었기 때문에, 삶 속에서 발견할 수 없는 모든 가상적 대리물들을 연극에서 제거함으로써 그가 정화(淨化)의 기획을 시도했다는 니체의 가정을 따르기로 해보자. 니체는 에우리피데스가 "이성적이지 않은 어떤 것도 아름답지 않다"고 믿었으며, 니체의 추정으로는 소크라테스에게서 연유한 합리성의 기획을 에우리피데스는 연극 작품에서 실행했다. 따라서 만일 그가 코러스를 완전히 제거하지 않았다면, 코러스가 모방적인 면에서 성공적이지 못했을 경우 그는 코러스의 과거 흔적을 얼마간 남겨두었다고 볼 수 있는데, 왜냐하면 실제 삶에서 그 누구도 소란한 무명의 훈수꾼들이 보는 자리에서 우리의 운명의 과업을 수행하지는 않을 것이기 때문이다.

물론 코러스는 비극에서 인지적 기능을 수행했다. 예를 들면 주인공이 무엇을 생각하는지 알아내는 것이 그 기능의 일부였고, 코러스를 통해 그러한 정보는 관객에게 전달되었으며, 그리하여 관객들은 무슨 일이 일어나는지를 보다 더 잘 알 수 있었다. 이 정보적 기능은 핵심적인 것이었고, 문제는 다만 '더 자연스러운' 수단을 통해 어떻게 그 기능을 수행하는가였다. 따라서 코러스는 남자 주인공과 여자 주인공이 자기들의 마음속 깊이 간직한 두려움과 야망들을 완전히 믿고 밝힐 수 있는 심복——신하나 여자 시종——의 역할을 담당했다. 비슷한 이유에서 남녀 주인공은 우리와 비슷하게 수준을 낮추어야만 했는데, 그럼으로써 우리는 특별한 노력을 기울이지 않고서도 우리가 믿음과 관습에 맞추어 서로의 행동을 합리화하듯이 그들의 행동을 합리화할 수 있고, 마찬가지로 우리가 내면화된 동기들을 발견함으로써 인식에 이르듯이 적합한 동기들을 그들의 행위에게 배정할 수 있었다. 옛 영웅들은 매우 거대했고, 그들의 동기는 대단히 고상했으며, 보통 사람들이 내면화할 수 있는 실천적 삼단논증에 부합될 수 있는 어떤 것과도 거리가 멀었다.

그렇기 때문에 등장인물들은 우리가 이해할 수 있는 인간 유형들, 즉 가정주부, 질투심 많은 남편, 골치 아픈 사춘기 아이들 등으로 대치되었으며, 마찬가지로 쉽게 이해할 수 있는 비극들도 추방되었다. 이것이 바로 니체가 심미적 소크라테스주의라고 부른 것이다. 물론 이 보통 사람들은 에우리피데스에 의해 도덕 이성의 한계를 시험하는 것과 맞먹는 극단적인 상황으로 내던져졌다. 그러나 그 대신 어떤 신비스러움이 희생되었고, 니체의 견해에 따르면, 이와 함께 예술에 있어서 어떤 본질적인 것이 합리성을 위해 소멸되었음은 의심할 여지가 없다―여기서의 신비스러움이란 그가 당대에 바그너류의 오페라의 신비한 내용을 통해 예술에 재도입되어야 할 것으로 믿었던 것을 가리킨다. 합리적인 설명에 도전하지 않는 한, 그리고 의미가 어떤 식으로든지 우리의 손아귀에서 빠져 달아나지 않는 한 예술은 불가능한 것이다.

그리하여 마침내 에우리피데스는 일상적인 삶의 범주에 의해 이해될 수 있는 예술의 영역을 성취했다. 그러한 예술은 가능성의 모방이라는 의미에서 진실로 모방이지만, 어떤 의미에서 그 모방이 진실로 소크라테스적이라고 볼 수 있다 해도 『국가』 제10권에서 소크라테스가 제기한 물음과 충돌한다. 즉 삶과 너무나 닮았으므로 그 내용에 있어서 예술과 삶에서 아무런 차이를 발견할 수 없는 것이 예술에 포함되어야 할 이유는 무엇인가? 우리가 이미 갖고 있는 것을 왜 굳이 복제해야 하며 또 거기에는 무슨 유익함이 있는가? 수세기 후에 넬슨 굿먼은 "누가 이 세상과 똑같이 닮은 또 하나의 세계를 필요로 한단 말인가"라고 물으면서, 그 특유의 신랄한 어투로 "빌어먹을 것들은 하나로 충분하다"고 덧붙인다.[15]

지도는 우리가 현실세계에서 길을 찾기 위해 사용하는 일종의 복제품이라고 말할 수 있지만, 루이스 캐럴[16]이 분명히 말했듯이 지도는 나라의 복제품일 수 없으며, 또는 우리가 지도에서 길을 잃는 정도만큼 현실에서 길을 잃을 뿐이다. 더구나 여기서 요지는 삶 자체가 예술을 위한 지도 같은 것이 된다는 것인데, 우리가 삶의 모방으로 간주되는 것을 통해 길을 찾는 것은 삶을 준거로 삼기 때문이다. 따라서 지도와의 유비가 제공할 수 있는 인지적 방어벽은 그러한 예술에서 완전히 유실된 상태이다. 그리고 즉시 반격이 개시된다. 만일 예술이 어떤 기능이든 갖고 있다면, 그것은 예술이 삶과 공유하지 않는 것을 통해 수행되어야 하며, 그리고 이 기능은 에우리피데스적인 기획에 의해서는 개시될 수 없다. 기능이 불연속적인 한에서 그것은 예술이 될 수 있는 것이라고 반대이론은 주장한다. 그러므로 소크라테스의 물음의 압력에 못 이겨 예술이 모방에 성공할 때, 즉 예술이 삶과 유사할 때 실패하고 만다. 그렇다면 개시되어야 할 어떤 기능이건 예술이 성공적인 한, 모방을 통해서는 성공할 수 없다. 이것이 우리가 말하는 에우리피데스의 딜레마이다.

예술이 실재와 그것을 흉내 내는 복제품 간의 차이 안에 존재하는 것으로 상정하는 딜레마를 빠져나가려는 시도들에 대해 우리는 익히 알고 있다. 에우리피데스는 완전히 그릇된 방향으로 내달리면서, 메아리나 그림자 같은 것이 불필요하다 여기고 다른 파생적인 것을 만들어냄으로써 그 대가를 치렀다. 그 대신 실재에서 상대역을 찾을 수 없도록, 우리는 모방이 예술적 기획으로서 위세를 떨치는 한, 아무도 어떤 오류를 범할 수 없다는 사실에 의거하여 예술이라고 내세울 수 있는 대상들

---

15) Nelson Goodman, 앞의 책, 1장 서두의 인용문.
16) Lewis Carroll(1832~98). 영국의 수학자·동화작가. 그가 친하게 지냈던 엘리스 자매들에게 들려준 논리 퍼즐 이야기들은 『이상한 나라의 엘리스』 『거울 속으로』 등의 동화 형식으로 출판되었다.

을 만들어보기로 하자. 이미 살펴본 바와 같이 우리가 모방에서 얻는 즐거움은 그것이 모방이고 진짜가 아닌 것을 아는 지식에 달려 있다. 어떤 두루미가 다른 두루미의 울음소리를 똑같이 흉내 낼 때조차 보통의 경우 우리가 두루미 울음소리에서 얻을 수 없는 (사소한) 즐거움을 우리는 두루미를 흉내 내는 사람의 두루미 울음소리에서 얻는다. 물론 그 사람이 엉터리가 아니어야 하는 것은 필수적이다. 그는 진짜 두루미 울음소리로 착각할 정도로 원래의 울음소리에 가까운 소리를 내야만 한다. 그렇지 않으면 그의 엉터리 소리는 우리를 즐겁게 하기 위한 (사소한) 예술적인 신호를 왜곡시키는 방해거리가 된다. 그리고 그 소리가 무엇의 모방인지 알 수 있을 만큼 우리가 두루미 울음소리에 대해 충분히 알아야 하는 것이 필수적이다.

그렇지 않으면 아리스토텔레스가 제안하듯이 우리가 얻는 즐거움은 모방이 아닌 다른 것에 기인한 것인데—이 경우 아마도 그 소리가 귀에 거슬리기 때문일 수도 있다—그때 문제의 즐거움은 그 소음이 두루미나 그 소리를 흉내 내는 사람에 의해서든, 혹은 인두(咽頭)가 완전히 망가져서 처량하게도 보통의 자연상태에서 두루미가 내는 소리와 구별할 수 없는 목소리밖에 낼 수 없는 사람이 낸 소리에 의해서든 상관없이 똑같이 얻을 수 있을 것이다.

그러므로 문제의 대상이 방금 개괄한 반(反)에우리피데스적 기획의 산물일 경우 있을 법하지 않은 각양각색의 오류들이 모방에는 얼마든지 있다. 성공적일 경우 우리는 예술작품을 실재로 오인할 수 있거나 또는 예술작품 자체로 오인될 수 있는 것이 실재에는 전혀 없다고 생각할 수도 있다. 그리고 자신이 그려낸 영웅보다 훨씬 더 신비했던 플라톤 자신이 인준했음직한 것은 바로 예술작품의 이러한 논리적 질서였을 것이다. 따라서 미학적 소크라테스주의라는 이름으로 배격되었던 결함들은 하나씩 차례로 재도입되는데, 이번에는 예술적 결단에 의한 것이다. 즉 자의식을 가진 나무성(性), 의도적인 복고주의(復古主義), 기능적 결함과 가성(假聲)을 너무나 뚜렷하게 그리고 힘주어 배양하기 때문에 결코 관객들을 환영의 위험에 빠뜨리려는 것이 우리의 의도라고 볼 수는 없다(그들이 우리의 세계와 너무나 판이한 세계에 살기 때문에 우리가 우리의 세계로부터 단절되고 그들의 세계와 연결될 수 있는 무엇인가를 고안해내지 않는 한).

그러나 예술가 자신의 세계에서 온 관객 편에서 볼 때, 까마귀 울음소리를 제대로 흉내 내지 못하는 사람처럼 예술가는 실패한 모사꾼이 아니라는 것, 그리고 그의 목표는 다른 데에 있다는 것을 분명히 알 수 있다. 부지불식간에 자기가 들고 있는 상자의 가짜 바닥을 보여주고 카드들을 소매 위로 내보이며, 그리하여 결국 마술쇼의 목적인 무해한 속임수를 성공적으로 이끌지 못한 요령 없는 마술사에 대해 잠시 생각해 보라. 그 다음에는 자기 소매 속에 들어 있는 것을 일부러 보여주고 마술 상자의 속임수를 드러내 보여주는 사람을 앞의 마술사와 비교해보라. 두 번째 마술사는 그런 연기를 함으로써 자기의 기술을 새로운 수준으로 끌어올리는데, 그것은 마술의 명백한 관례에 어긋나기 때문에 일견 혼란스러워 보인다. 이 경우 환영을 발견할 수 있어야 하는 곳은 (그런 곳이 있다면) 손과 눈 사이에 위치한 의례적인 어떤 지점도 아니다.

그리고 니체가 옳다면 그것은 바그너가 모범사례가 되는 이 반에우리피데스적 예술의 경우에도 마찬가지이다. 단순히 즐거움을 돋우기 위해 또는 등장인물들이 대화를 나눌 수 있게 하기 위해 구성원들이 노래로 의사소통을 하는 공동체들을 상상하지 않고서는 도무지 가당치 않는 예술인 오페라를 사용했다는 사실에서 바그너는 이미 기득권의 이점을 갖고 있었다. 따라서 에우리피데스의 경우처럼 철두철미하게 사실적인 우리의 희곡들은, 우리에게 오페라가 그렇듯 그들에게는 추상적인 것으로 느껴질 것이다. 어쨌거나 이 새 이론에 의하면, 정확히 말해서 예술의 본질은 일상생활에서 기능하는 것과 똑같은 원리들을 단순히 확장해서는 결코 이해할 수 없는 어떤 것에 있다. 그러므로 어쩔 수 없이 예술은 신비스럽게 되고 만다. 그리고 전에도 그랬듯이 에우리피데스가 비극의 종언을 획책했다고 주장되는 것은 바로 이성의 이름으로 신비를 제거하는 것을 말한다.

이것이 진지한 이론이라는 것, 그리고 지극히 흥미롭고 또 어떤 경우에는 놀라울 정도로 많은 위대한 예술들이 그 이론에 의해 인준될 수 있다는 것은 의심의 여지가 없다. 그러나 우리가 얼마쯤 철학적으로 그 이론에 접근하고 그것이 자신이 거부하는 이론, 즉 모방론 자체에 어느 정도 의존적이며 따라서 개념적으로 서로 얽혀 있다는 사실을 고려할 때 어려운 문제들이 없는 것은 아니다. 뿐만 아니라 옛 규약들이 과거의 청중에게 주었던 의미를 현재의 청중들에게도 똑같이 줄 수 있을 것이라고 기대로 그 규약들을 재도입할 수는 없다. 왜냐하면 그동안에 변화된 것은 드라마뿐만 아니라 사회 자체이기 때문이다. 따라서 필연적으로 현대의 청중은 원래의 청중이 규약들에 대해 가졌던, 그리고 일반적으로 연극적—또는 예술적—경험의 일부로서 자연스럽게 받아들여졌던 것과는 매우 상이한 관계를 재활성화된 규약들에 대해 갖게 되었다.

이런 것들은 중요한 쟁점들이지만 지금 내가 관심을 두고 있는 것은 아니다. 내가 관심을 기울이는 문제들은 다음과 같다.

1) 어떤 청중에 의해 지금껏 인준되어온 실재와 불연속적인 어떤 대상을 실재의 단순히 새로운 일부와 구별한다는 것은 무엇을 의미하는가? 그리고 실재의 모든 새로운 부분은—예컨대 새로운 종(種)이나 새로운 발명품—예술에 기여하는 것으로 간주되어야 하는가?

2) 동시대인들 모두가 잠잘 때 사용하는 침대(초현실적인 근사한 장식도 전혀 없고, 특수한 물감 같은 것을 칠하지도 않은 그저 평범한 침대 그 자체)와 비슷한, 그 오래된 침대 같은 J의 대상들의 경우는 어떠한가? 이런 것들은 보통 침대들과 전혀 구별할 수 없고, 적어도 침대로서 그것들 사이에는 여하한 종류의 불연속성도 없다. 왜냐하면 J의 침대는 참신한 예술작품일 수는 있지만, 그것의 참신성은 그것이 실재로부터 불연속적이라는 사실에 있는 것이 아닌데, 왜냐하면 어떤 것도 서로 구별될 수 없고, 따라서 그 참신성은 새 이론이 찾고자 하는 곳에 놓일 수가 없기 때문이다.

3) 마지막으로, 불변적인 것으로 가정된 연극의 규약들이 있는데, 연극이 실재를 모방하든 안 하든, 또는 그것이 삶과 연속적이든 불연속적이든 그 규약들이 제공하는 괄호 안에서 나타나는 것은 무엇이든지 즉시 예술이라고 간주해야 한다. 그러나 그럴 경우 어떤 대상이 예술작품이라는 사실은 그것을 애초에 예술작품으로 만들었던 규약들에 의해 예술로 분류되는 그 대상의 어떤 내재적인 특징들과는 무관한 것처럼 보인다.

그렇다면 모방 기획과 니체에 의해 구상된 반(反)모방 기획은 모두 예술의 본질과는 연관성이 없다. 이 결과는 우리에게 오직 제도론적 틀만을 남겨주는 것처럼 보인다. 어떤 사람이 겉보기에 다른 남자들과 다른 점이 전혀 없음에도 불구하고 제도적으로 규정된 어떤 조건들을 충족시킴으로써 남편이 되듯이, 어떤 대상은 J의 침대처럼 겉으로 볼 때 그것이 예술작품이 아닌 대상과 조금도 다르게 보이지 않을지라도, 만일 *그것이* 제도적으로 규정된 어떤 조건들을 충족시킨다면 예술작품이 될 수 있다. 그러나 이것은 처음 출발한 곳으로 우리를 되돌아가게 할 뿐, 경계선의 성격이 어떠한지는 여전히 모호한 채로 남겨둔다.

그러나 그러한 결과에 대해 논평하기에 앞서 예술가가 실재와 씨름하는 규약의 괄호 안에서 일어나는 딜레마들을 극화(劇化)해보는 것이 좋을 것이다. 에우리피데스의 딜레마는, 어떤 사람이 일단 모방 기획을 완수하고 나면 그 사람은 현실에서 볼 수 있는 것과 매우 닮은 어떤 것을 만들어낸 것이므로, 과연 무엇이 그것을 예술로 만드는가 하는 문제가 야기된다. 그 기획의 이름으로 제거된 비모방적인 요소들을 과장함으로써 이 딜레마를 피하려 한다면, 그 결과로 실재와 그다지 닮지 않은 것이 산출되기 때문에 방금 제기한 문제가 아예 차단될 수 있다. 그러나 실질적으로 동일한 비중을 갖는 다른 문제가 남아 있다. 극단적으로 현실과 불연속적인 어떤 것이 주어질 때, 우리는 어떤 것이 참신하다고 해서 반드시 실제로 예술작품이 되는 것은 아니라 말하고자 하며, 결국 반드시 예술이 아니더라도 세상을 풍요롭게 만들 수 있는 것들이 얼마든지 있다고 가정할 때, 주어진 대상을 예술로서—그저 실재의 한 부분으로서가 아니라—구별하고 인준할 수 있는 어떤 것이 남는 것인가?

예를 들면 모든 가구의 경제적 능력의 범위 내에 있고 사용하는 데 있어서 평범한 가정주부들의 손재주 이상을 필요로 하지 않는 간편한 도구인바, 식품 저장을 현실적으로 가능하게 만든 자선 사업가에 의해 고안된, 세계 최초의 병따개를 생각해보라. 유용성과 경제성의 모범사례가 되는 이와 같은 것은 이제까지 본 적이 없었는데, 그 발명가는 요즈음 흔히 볼 수 있는 코르크 마개를 심사숙고 끝에 발명했다고 하자. 그런 물건 하나를 발굴해낸 미래의 고고학자는 그것이 혹시 기초 금속으로 만든 봉헌물(奉獻物)이 아닌가 하고 의아해하겠지만, 나는 그런 가능성보다는 그 병따개가 공동의 합의에 의해 인준된 예술작품이 아님에도 불구하고 그 참신한 형태를 통해 실재를 풍요롭게 한다는 사실에 더 관심이 있다. 따라서 우리는 그 병따개를 발명한 사람이 유레카

(Eureka)라고 외치면서 그것을 이 세계에 들여온 순간, 그 사건과는 완전히 독립적으로 어떤 예술가가 형태에 있어서 그것과 완전히 똑같은 예술작품을 만들어내는 일을 충분히 상상해볼 수 있다.

다음은 그 작품에 대해 어느 비평가가 내린 경탄 어린 평가인데, 나는 그것을 『미술연대기』(Chronique des beaux arts)를 참조로 번역했다.

그것의 짧고 추하며 칼날 같은, 그리고 놀라울 정도로 불길한 느낌의 극단적인 단단함은 공격적인 남성성을 체현하는데, 그 느낌은 족쇄 같은 고정된 단 하나의 축 위에서 자유롭게 흔들리고, 아무 쓸데없는 순수한 여성성을 표상하기라도 하듯이, 가볍고 점점 가늘어지는 나선형과의 형식적이고 상징적인 대조에 의해 한층 더 두드러지게 보인다. 이 두 모티프는 강렬한 단일 구성물 안에 공생적으로 견지되어 있으며, 모형 사이즈와 평범한 소재로 바꿀 수도 있을 만큼 그 무엇 못지않게 보편적이고 희망에 차 있다. 귀중함이 그 크기와 비교될 수 있는 것이라면, 한 점의 금은 세공품처럼 그것이 주는 메시지는 인간조건의 공통분모인 남성과 여성에 관한 것이므로, 그것은 한 영역을 잃었을 것이다. 그리고 만일 그것이 거대했더라면 (그리고 우리는 그것이 가진 근본적인 기념비성을 인정해야 한다) 그것은 영웅화를 통해 그 주제의 우주적 평범성을 과장할 수 있었을지도 모른다. 결코 그렇지 않다. 크기와 실체 모두는 이미지와 의미를 강화한다. 즉 그것은 응축의 걸작으로서 풍부한 천재성에 의해 수많은 걸작을 낳은 J의 주요 언명, 도나텔로의 「성 조지」와 콘스탄틴 브란쿠시의 「마드모아젤 포가니」에 의해 규정된 즉각적이고 고집스러운 대표작들의 선집에 꼭 들어맞는 구성원이다.

물론 예술작품으로서 그렇게도 훌륭한 것으로 받아들여진 그 오브제는 필연적으로 예술 이론가들에 의해 예술작품들을 한 집합으로서 특징짓는 것으로 생각되는 속성들 중의 어느 것이든지 갖고 있어야만 한다. 예컨대 특정한 목적 없는 합목적성(purposeless purposiveness)이나 유의미한 형식(significant form) 같은 속성이다. 물론 그것은 속물적인 사람에 의해 병따개로 사용될 수도 있는 대상이지만, 문제는 이 오브제가 그러한 속성을 가질 수 있는 반면, 그것과 똑같이 닮은 다른 대상—최초의 진짜 병따개—은 그럴 수 없다는 것이 어떻게 가능한가 하는 것이다. 두 대상이 똑같은 형태, 크기, 그리고 소재를 가졌으면서도 하나는 유의미한 형식을 갖고 다른 하나는 그렇지 못하다는 것은 놀라운 일이다! 물론 어느 대상이든지 미적 거리 안에서는 미적으로 감상될 수 있다. 그러나 예측하는 바와 같이 우리가 찾는 구별은 미적 거리를 통해 주어질 수 있는 계시와는 완전히 어긋나며, 그것에 의해 예술작품과 단순한 사물 간의 구별이 탐지될 수는 없다.

따라서 이 이론들 어느 것도 단순한 참신성이라는 역사적 사실 못지않게 예술과 실재 사이에 경계선을 긋는 데 전혀 도움이 되지 못하는데, 왜냐하면 세상의 어느 대상이든 과거의 것과 불연속적이라고 말할 수 있기 때문이다. 그리고 그런 식으로 규정된 참신함의 비적합성은 다소 상이한 역사적 순서를 가정함으로써 한층 더 강조될 수 있다. 최초의 병따개는 우리가 『인간의 조건』이라는 제목을 붙여도 좋을 만큼 신분상승을 누린 그것의 상대역보다 몇 개월 전에 이 세상에 등장했는데, 그 기질상 J는 그러한 종류의 속임수를 혐오했기 때문에 『미술연대기』의 비평가를 오직 비난하면서도, 그럼에도 불구하고 그러한 찬사를 토대로 삼아 100만 마르크를 벌기 위해 그것을 프랑크푸르터 쿤스탈에 팔았다고 상상해보라.

그 상황은 마치 그것이 원래 발생한 곳과는 정반대되는 스펙트럼의

한 극단에서 상이한 형태로 에우리피데스의 딜레마가 발생한 것과도 같다. 예술에서의 혁명들을 이 스펙트럼에 의해 규정된 양방향으로의 추동운동에 의해—극단적인 실재론에서 또 다른 극단적인 실재론으로—특징지을 수 있다면, 어느 방향으로 우리가 움직이건 딜레마는 피할 수 없는 것 같다. 그리고 우리가 실제 세계의 특징들과 비교되거나 대조되는 특징들에 의해 예술을 정의하려 하는 한, 아마도 그 딜레마는 영원히 피할 수 없을 것이다. 그러나 그렇다면 그것은 숙명적으로 피할 수 없는 것이라고 말할 수 있다. 그렇다면 예술이론을 수립하기 위해서 비교 가능하거나 대조 가능한 특징들 외에 달리 어떤 것이 있을 수 있는가?

바로 이런 방식으로 나는 그 딜레마를 받아들인다. 왜냐하면 모든 진지한 철학적 문제들과 마찬가지로 이 문제는 합리적으로는 결코 답을 찾을 수 없는 어떤 방식으로 사실들을 배열하는 것처럼 보이는 차원에서 전혀 다른 차원으로 옮겨감으로써, 그리고 그 차원에 의해 규정될 수 없는 상이한 방향에서 사실들을 지각함으로써만 해답을 찾을 수 있는 종류의 수수께끼 같기 때문이다. 지금까지 우리가 가진 것이라곤 '규약들'이며, 그것에 의해 규정된 공간 안에서 이 변증법적인 희극은 스스로를 드러내게 되어 있다. 이것은 자연스럽게 이어지는 그 다음 답을 시사하는데, 즉 예술과 실재의 차이는 그러한 규약들의 문제일 뿐이며, 따라서 어느 규약이 예술작품으로 허용하는 것이든 곧 예술작품이 된다는 것이다.

이 이론에는 일말의 진리가 있지만 동시에 내가 보기에는 깊이가 없다. 이 논의의 모두에서 보았던 J의 평등주의적 반응에 의해 입증되었듯이, "──은 예술작품이다"는 표현은 명예 표시적(honorific) 술어이다. 그리고 명예는 참으로 다분히 규약의 문제인 듯하다. 그러나 당당히 획득한 명예도 존재하며, 문제는 무엇이 어떤 대상에게 이 명예를 수

여할 자격이 있는가 하는 것이다. 그 명예가 적절하게 수여될 수 있기 전에 먼저 선행해야 하는 그 무엇이 있지 않겠는가? 그리고 **무효화 조건**(defeating conditions)의 경우는 어떠한가? 만일 우리가 그 조건들에 대해 알고 있다면, 그 조건들에 전적으로 부합하는 대상들은 누가 무슨 말을 하건 예술작품으로서의 자격을 얻을 수 없게 만드는 최소한의 어떤 사실들이 있지 않을까?

우리 앞에 어떤 대상이 놓여 있을 때, 만일 우리가 그것이 그림이라고 믿었을 경우 자연스럽게 우리를 감동시켰을 만한 어떤 그림과 닮았는데—예컨대 혼자 말을 탄 인물이 미지의 목적지를 향해 가고 있는 중인 렘브란트의 「폴란드 기수」를 닮았다고 하자—실은 그것이 누군가에 의해 그려진 것이 아니라 회전장치를 이용해 거기서 방출되는 것을 '그냥 어떻게 되는지 보려고' 캔버스 위에 철썩 부어버림으로써, 누군가 물감을 원심력 방향으로 흩뿌린 결과라는 것을 알게 되었다고 상상해보라. 그 결과로 생겨난 일은, 일종의 통계학적 기적에 의해 물감 분자들이 흩뿌려져서 겉보기에 그 주제에 관한 역사상 가장 심오한 화가들 중 한 사람의 가장 심오한 그림들 중 하나, 즉 어떤 사람이 자신의 삶을 규정한 그림과 완전히 똑같다면 어떻게 될까?

이제 문제는, 그런 사실들을 잘 알게 될 때 우리는 이 우연히 발생한 대상을 예술작품으로 선언할 준비가 되어 있는가 하는 것이다. 어떤 사람이 그것을 예술작품으로 선언하고, 그리하여 J의 경우와 마찬가지로 그것이 예술작품이 **되었다**고 가정해보자. 그렇다면 문제는 「폴란드 기수」가 예술작품인 것이 바로 그러한 선언에 의한 것인지, 그리고 만일 이것이 참인 것으로 판명된다면 그것이 선언에 의거한 예술작품이라는 것밖에 더 이상 말할 것이 없겠는가 하는 것이다. 혹은 그 대신에 그것은 「폴란드 기수」와 정확히 똑같기는 하지만, 현재의 그 대상이 갖고 있지 않은 다른 면모들을 통해 예술작품으로 인지되는 것인가? 그러한 면모들은 과연 무엇인가? 그리고 만일 그것이 그 면모들을 통해 예술작품이 되었다면,「폴란드 기수」의 경우와 J의 침대 같은 오브제들 또는「폴란드 기수」와 닮은꼴인 물감의 놀라운 흩뿌림의 결과를 충분히 포괄할 만큼 폭넓은 예술이론이란 어떤 것인가? 아니면 두 경우 모두를 포괄할 만큼 폭넓은 이론은 있을 수 없고, 결과적으로 예술의 일반 이론은 있을 수 없는 것인가?

그리고 그 문제와 연관하여 존재하는 것이란 고작해야 예술계의 견식 있는 시민들에 의해 부여된 명예일 뿐이며, 어떤 것이 예술작품이 된 것은 다만 그것이 그렇게 선언되었기 때문이라고 가정해보라. 그렇다면 이 두 종류의 식별 불가능한 예술작품들 간의 심오한 차이를 우리는 어떻게 설명해야 하는가? 나는 그 차이를 설명할 수 없을 것이라고 생각하지만, 우연찮게 발생한 이 대상에 대해 그것의 식별 불가능한 상대역처럼 우리는 그것이 "그 주제에 관한 역사상 가장 심오한 그림들 중의 하나"라고 말할 태세를 갖추고 있는 것인가? 그것은 정말 심오한가—아니면 그것은 피상적이고, 심지어 J의 작품처럼 공허할 뿐인가? 이러한 것들은 규약주의 예술이론이 우리로 하여금 답할 수 없게 만드는 물음들이다. 그러므로 우리는 더 밀고 나가야 한다.

2 내용과 인과

 식별 불가능한—적어도 눈이나 귀가 인식할 수 있는 것에 있어서 식별 불가능한—예술작품이 존재한다는 사실은 우리의 논의의 출발점이었던 붉은 사각형들의 행렬에서 분명해졌다. 그러나 식별 불가능한 예술작품이 존재할 가능성은 「피에르 메나르, 상징주의 시인」이라는 걸작에서 그것을 발견하는 영광을 누렸던 호르헤 루이스 보르헤스[1]의 문학 작품들과 연관하여 처음으로 탐지되었다. 거기서 그는 두 편의 작품들을 기술하고 있는데, 그 중 하나는 세르반테스의 「돈키호테」의 일부이며 다른 하나는 철자 상 모든 면에서 그것과 닮은 것으로서—정말이지 세르반테스의 동일한 작품 두 편이 서로 닮은 것만큼이나 아주 닮았다—실은 그것은 세르반테스의 것이 아닌 피에르 메나르의 것이다.
 이렇듯 한 예술작품의 동일성에 관해 잘 알려진 형이상학적인 성격

---

[1] Jorge Luis Borges(1899~1986). 아르헨티나의 시인·소설가. 에스파냐에서 전위시인 그룹인 울트라이즘파(派)에 가입했으나, 귀국 후에는 독자적인 시풍을 개척했다. 그의 작품세계는 20세기 서구 지성의 여러 특징들을 선취한 모범으로 평가된다. 그의 여러 작품은 기호학, 해체주의, 환상적 사실주의, 독자반응이론, 후기 구조주의, 포스트모더니즘 등과 같은 최신 이론의 모델이 되었다. 대표작으로는 「부에노스아이레스의 열정」(1923), 「전방의 달」(1925), 「픽션들」(1944), 「모래의 책」(1975), 「셰익스피어에 대한 기억」(1983) 등이 있다.

의 문제가 있다. 그 문제는 한 편의 시가 여러 종류의 조판(組版)에 대해 가질 수 있는 관계를 고찰함으로써 제기될 수 있다. 그 시는 그 조판들과 동일한가, 아니면 완전히 상이한 동일성을 갖고 있는가? 예를 들면 나는 어떤 시가 인쇄된 책 한 권을 불태울 수 있지만, 그렇게 함으로써 그 시를 불태워버린 것인지는 결코 분명치 않은데, 왜냐하면 책의 면들은 파괴되었지만 그 시가 파괴된 것은 아닌 것 같기 때문이다. 그리고 그 시는 다른 어딘가에 말하자면 다른 책들 속에 존재할 것이지만, 그렇다고 그 시가 단순히 그 책과 동일할 수는 없기 때문이다. 같은 이유로 그 시는 방금 소실된 페이지들과 동일할 수도 없다. 개별 사례들의 사멸은 형상(形相, Form)에 아무런 영향을 미치지 않는다(형상들은 영원하기 때문에 논리적으로 파괴될 수 없다)고 플라톤이 시인한바, 이 사실은 플라톤적 형상이 그 사례들과 갖는 관계와 유사한 어떤 관계를 그 시가 인쇄본들의 집합에 대해 갖고 있다는 것을 즉각적으로 시사해준다. 그리고 일관된 추론에 의해 논리적으로 말해서 '그 시 자체'는 파괴 불가능한 것처럼 보인다.

매우 흔한 일이지만 시인들과 철학자들은 예술작품이 그 물리적 체현들과 임시적으로만 연관된 것처럼 생각한다. 예를 들면 사르트르의 「구토」의 마지막 부분에서 로캉탱은 예술작품들이 존재의 극단적인 우연성에서 빠져나와 특별히 고양된 높은 영역에 살게 되었다는 생각에서 예술작품 한 편을—우연히도 그것은 소설이었다—창조함으로써 자신의 삶의 본래성을 회복하고자 한다. 「요즈음 어느 날」이라는 상당히 통속적인 노래를 레코드로 들었을 때, 로캉탱은 그 레코드 음질은 많이 손상되었지만 그 노래는 그렇지 않으며, 즉 그 노래 자체는 그 레코드나 그와 비슷한 레코드에 실려 있는 셀 수 없이 많은 녹음 음악들과는 독립적으로 존재하고, 레코드가 닳아버리는 것처럼 노래는 닳지 않는다는 사실을 확신하기에 이른다. 따라서 그 노래를 부른 가수뿐만 아니라 작곡가도 어떤 식으로든 살아남는 셈이다.

그러한 종류의 믿음은 널리 퍼져 있고 예술작품들의 집합과도 긴밀하게 연관된다. 나는 햄릿으로 분한 남자를 잘 익은 토마토로 칠 수 있지만 햄릿을 칠 수는 없으며, 내가 토마토를 던져 예상한 대로 관객들이 그것을 보고 해학적이라고 웃어댈 때, 그들은 운수 사나운 배우를 향해 웃는 것일 뿐, 햄릿은 그 공격에 의해 망신당하지도 않으며, 정말이지 레이티스(Laertes)[2]나 접근할 수 있을 뿐인 햄릿을 향해 관객들이 웃는 것도 아니다.

예이츠(Yeats)는 자신이 예술작품이 됨으로써 자연의 변이성을 피할 수 있다고 생각하면서——"일단 자연 밖으로 나오면 나는 결코 나의 형상을 취하지 않으리라/어떤 자연적인 것에서도"——법석거리는 감각의 영고성쇠의 세계와 불변하는 예술의 세계를 바로 그와 같은 방식으로 대조한다. 키츠(Keats)는 「그리스 항아리에 바치는 송가」에서 똑같은 주제를 전대미문의 선율로(하녀와 그 애인만이 들을 수 있는) 그리고 영원히 강탈당하지 않는 신부로 장식한다. 쇼펜하우어도 똑같은 논리에서 의지의 강압으로부터 멀리 달아나 있는, 존재론적 비가시성에 있어서 플라톤적 상대역들(counterparts)과 별로 다르지 않은 형상들의 세계로 들어가는 피난처로서 예술을 숭배했다. "천재의 작품, 예술은 본질적인 것으로서 세계의 모든 현상들 내부에 거주하는, 순수한 관조를 통해서만 포착되는 영원한 이념들을 복제하고 재생산한다"고 쇼펜하우어는 읊조린다.

이 모든 장황스러운 이론들은, 아이러니하게도 형상들과는 달리 예술에서 결핍된 것으로 플라톤이 비난한 바로 그 위대한 속성들을 예술작품에 부여하고 있다. 그러나 지금으로서는 노래가 레코드 녹음에 대

---

[2] 「햄릿」에 나오는 오필리어의 오빠.

해 갖는 동일한 관계를 일기예보와 그것의 녹음도 공유하고 있다는 것, 그리스의 한 금세공업자가 만든 틀니는 그가 기술을 발휘해 만드는 다른 어떤 것과 마찬가지로 가짜라는 사실 때문에 자연 바깥에 속한다는 것, 그리고 시와 그것의 여러 복사본들이 야기하는 문제는 닭들의 교배에 관한 행정부에서 발간한 영농 소책자와 연관해서도 제기될 수 있다는 것(버몬트 주 농부의 말처럼 당신은 그 빌어먹을 소책자 한 부를 불태워버릴 수도 있겠지만, 그 보고서 자체를 불태울 수는 없다)을 언급해두는 것이 좋을 것이다. 아마도 결국 그 개념은 속성과 보편자의 지위라는 지난한 문제의 한 사례일 뿐일지도 모른다.

그러나 그 점에서 이 문제가 어떻게 되든 보르헤스가 동일시한 두 작품, 즉 세르반테스 작품과 메나르 작품은 식별 불가능한 복사본들의 집합들, 즉 한편에는 세르반테스 작품의 복사본들의 집합을, 그리고 다른 한편에는 메나르 작품의 복사본들의 집합을 만들어낼 것이다. 그러나 세르반테스의 책을 메나르의 책으로 오인하는 것보다 더 쉬운 일은 없을 테지만, 그것들은 서로 상이한 작품의 복사본, 매우 중요한 의미에서 상이한 작품들의 복사본들일 것이다. 세르반테스 작품의 인쇄본 두 부는 메나르의 작품의 인쇄본 두 부와 마찬가지로 똑같은 작품의 인쇄본이다. 그러나 세르반테스의 인쇄본과 메나르의 인쇄본은, 동일한 작품의 인쇄본 쌍들처럼 서로 닮았음에도 불구하고 상이한 작품들의 인쇄본들이다.

그렇다면 문제는 무엇이 그것들을 상이한 작품들의 인쇄본으로 만드는가 하는 것이다. 만일 두 사물이 완전히 똑같은 속성들을 갖고 있다면 그 둘은 동일한 것이며, 동일성이란 모든 속성 F에 있어서 a가 F일 때 항상 b도 F일 경우, a는 b와 동일하다는 것을 의미한다는 것은 라이프니츠의 이론으로부터 얻어지는 결과이다. 이것으로부터 만일 문제의 작품들이 모두 똑같은 속성들을 갖고 있다면 그 작품들은 동일할 수밖에 없다는 것이 도출된다. 그러나 보르헤스의 요점은 그 작품들이 동일하지 않다는 것이다. 그것들은 눈으로 동일시할 수 있는 속성들을 공유하고 있을 뿐이다. 그렇기 때문에 예술작품을 개체화하는 일에 있어서 눈에 포착되는 속성들은 무력하기 짝이 없다. 그리고 보르헤스의 사례는 우리가 사물의 표면에서 눈을 돌리고, 만일 개별적인 작품들 간의 차이들이 표면에 있는 것이 아니라면 달리 어디에 있는지 묻지 않을 수 없도록 압력을 가하는 철학적 효과를 가져왔다.

보르헤스는 메나르의 「돈키호테」가 세르반테스의 그것보다 훨씬 더 미묘한 반면, 세르반테스의 「돈키호테」는 비록 메나르의 판본에 들어 있는 모든 글자들을 갖고 있고 정확히 일치되는 위치에서 발견할 수 있지만, 그 상대역에 비해 이루 말할 수 없을 정도로 조야하다고 말한다. 세르반테스는 "그의 조국의 천박한 시골의 현실을 기사도의 허구성과 대립시킨다." 그 반면에(그 반면에!) 메나르는 그러한 현실 대신 "레판토와 로프 드 베가 시대의 카르멘의 땅"을 선택한다. 이런 것들은 물론 동일한 장소와 시간에 대한 기술들이지만, 그것들을 지시하는 양태는 판이하게 다른 시간대에 속해 있다. 세르반테스가 에스파냐를 가리켜 "카르멘의 땅"이라고 불렀다면 그것은 터무니없는 일이었을 텐데, 당연한 일이지만 카르멘은 메나르에게 친숙한 19세기 문학의 등장인물이기 때문이다.

그리고 "그의 조국의 천박한 시골의 현실"을 메나르의 작품에 적용하는 것은 부적절한 서술이 될 텐데, 왜냐하면 세르반테스의 작품에서 지칭된 그 나라는 에스파냐인 반면 메나르는 프랑스인이기 때문이다. 더욱이 기사도 문학은 이미 세르반테스에 의해 와해된 지 오래되었기 때문에 메나르가 기사도 소설을 비난한다는 것은 터무니없는 일일 것이다. 그리고 메나르가 어쩌면 「살람보」를 역사소설 작품으로 편향적으로 특징짓고 있었을지도 모르지만, 셰익스피어와 동시대 인물이었던 세르반테스로서는 그러한 의도를 가질 수는 없었을 것이다. "스타일의 대조 또한 역력하다"고 보르헤스는 증언한다. "메나르의 고답적인 스타일에서는—결국 너무도 생경한 것으로서—모종의 겉치레를 볼 수 있다. 그러나 당시 사용되던 에스파냐어를 대단히 용이하게 구사한 그의 선행자의 스타일은 그렇지 않다." 만일 메나르가 현실세계에 나타나서 그의(그의!) 「돈키호테」를 완성했다면, 그는 세르반테스의 공상에서 필요한 것보다 하나 더 많은 등장인물, 즉 '자전적 단편'의 저자(메나르의 경우 유일하게 그렇게 부를 수 있는 저자)를 만들어내야 했을 것이다.

그리고 그 외에도 한 가지 더 말할 것이 있다. 그 책들은 단순히 다른 국적과 집필 의도를 가진 다른 저자들에 의해 다른 시기에 씌어진 것이 아니다. 그 사실들은 단순히 외적인 사실들로 끝나지 않는다. 그 사실들은 그 작품(들)을 규정하고, 물론 철자상의 모든 식별 불가능성에도 불구하고 그 작품들을 개체화하는 기능을 한다. 다시 말해 그 작품들은 저자들과의 관계에 의해서뿐만 아니라 부분적으로는 문학의 역사에서 차지하는 위치에 의해 구성되며, 따라서 "작품 자체에만 주목하라"고 촉구하는 비평가들에 의해 이 작품들이 무시될 때, 보르헤스가 예술의 존재론에 공헌한 바를 잃는 엄청난 손실을 당할 것이다. 그 요소들은 이른바 작품의 본질에 침투하기 때문에 작품으로부터 그 요소들을 분리시킬 수는 없다. 따라서 철자상의 일치에도 불구하고 그 작품들은 심오한 의미에서 상이한 작품들이다. 이른바 의도주의의 오류[3]의 제소가

---

3) M. Beardsley & W.K. Wimsatt, "The Intentional Fallacy," *Swanee Review* 54, 1946, pp.3~23. 비어즐리는 미적 경험은 지각적으로 식별할 수 있는 미적 특징과 미적 가치를 갖는 반면, 예술작품의 가치는 작품에 내재하는 잠재성에서 연유하고 지각을 통해 실현된다고 믿는다. 따라서 미적 경험은 작품 외적인 요소들로부터 자유로운, 일종의 발견, 자유와 경험의 융합이라고 볼 수 있다. *Aesthetics: Problems in the Philosophy of Criticism*, Indianapolis: Hackett, 1981, p.lxii 참조.

어떻게 메나르의 문학적 위업을 제압할 것인가 하는 것은 생각해볼 만한 가치가 있는 일이다.

두 작품이 시각적으로 식별 불가능하다는 사실은 차치해두고 그것들이 갖는 관계에 대해 잠시 생각해보자. 우선 붉은 사각형의 열과는 대조적으로―「키르케고르의 기분」을 그린 화가는 예컨대 「홍해를 건너는 이스라엘 민족」에 대해 전혀 아는 바가 없었을 수도 있다는 의미에서 두 사각형은 각기 독립적으로 창조되었다고 말할 수 있고, 따라서 두 작품 간의 외적인 유사성은 순전히 우연의 일치이다―메나르의 작품은 우연에 의한 기적 같은 것이 아니다. 세르반테스의 작품이 먼저 존재했다는 사실이 메나르의 작품에 대한 설명에 들어 있기 때문이다. 더구나 메나르는 그의 선행자를 정당한 선행자로서 의식하고 있다. 그의 경우는 로댕이 「지옥의 문」에 있는 자신의 「작품들」 중 하나가 40년 전에 이탈리아로 순례여행을 할 때 그 자신이 스케치했고 찬양한 시스틴 성당 천장화의 아담의 모습을 90도 가량 돌려놓은, 완전히 똑같은 모사품이라는 사실을 깨닫게 되었던 경우와도 다르다.

메나르는 자기가 쓴 것이 세르반테스가 써놓은 것과 한 자도 다르지 않다는 사실을 우연히 발견한 것이 아니다. 그의 목적은 이미 그가 잘 알고 있는 작품을 재창조하는 것이었다. 그렇기 때문에 그가 만들어낸 것은 하나의 작품이며 그의 것이다. 그러므로 그것은 복제품이 아닌데, 왜냐하면 어떤 바보라도 세르반테스의 작품을 베낄 수 있을 것이고 그 결과는 너무도 분명한 것으로서 기껏해야 원작이 갖는 문학적 가치만을 가질 수 있을 뿐인 모사품일 것이기 때문이다.

그것은 사진복사에 필요한 기술 같은 것만 필요로 할 것이다. 복제하는 사람은 복사기처럼 복제의 기재일 뿐이며 문학적 재능을 조금도 가질 필요가 없는 반면, 메나르의 행위는 상당히 충격적인 종류의 문학적 성취라고 말할 수 있다.

그렇게 유명한 작품을 표절한다는 것은, 웰링턴 공작에게 당신이 웰링턴 공작이라고 믿게 하는 데 필요한 정도의 멍청함이 요구되는 일이다. 당연히 그것은 대실패로 끝날 것이다. 그 반면에 메나르의 독자들은 격조 높은 독자여야 하며, 그의 작품을 읽을 때 그것이 역사적 측면으로서 이미 세르반테스의 작품을 포함하고 있는 현실에 대해 말하고 있다는 것을 깨달아야만 할 것이고, 따라서 이전의 작품에 대한 그러한 지칭은 이후에 나온 작품 내용의 일부인 것이다. 모사품은 단순히 원작을 대치하고 원작의 내적 구조와 외부 세계와의 관계들을 그대로 물려받기 때문에 모사품과 인용 사이에는 주목해야 할 중요한 차이가 있다. 똑같은 철자를 가진 모사품들을 마주하는 수많은 사람들은 결국 똑같은 글자를 보는 것이며, 그 글자가 전달하는 정보에 대해 정확히 똑같은 관계를 갖는다.

그러나 그들 중 한 사람이 자신의 말로 그 글자들을 인용한다면 그의 인용문은 모사품이 아니다. 왜냐하면 그것은 그 글자가 지칭하는 것이 아닌 그 글자 자체를 지칭하며, 따라서 상이한 주제와 상이한 의미를 갖기 때문이다. 인용은 피인용체가 소유하는 속성들을 소유하지 않는다는 것이 일반적인 참이다. 인용은 그러한 속성을 갖고 있는 것을 보여주지만 실제로 그 속성을 소유하지는 않는다. 인용은 빛나거나 심오하거나 재치 있거나 또는 예리할 수가 없다. 또는 만일 인용이 그러한 특징을 갖는다고 말할 경우, 그 성질들은 인용의 상황들에 부속된 것이지 인용문 자체에 속한 것이 아니다. 실제로 인용은 어떤 의미론적 구조도 갖지 않으며, 그저 인용부호로 표시된 공간 내에 들어 있는 것을 보여주고, 그렇게 구획화된 구절을 지칭할 뿐이라고 인용 이론들은 설명한다.

그러나 어쨌거나 만일 메나르가 세르반테스의 작품을 인용한 것이라면, 그의 작품의 내용은 '레판토와 로프 드 베가 시대의 카르멘의 땅'이 아닌 세르반테스의 책일 뿐이다. 또한 그의 작품은 모방 개념과도 쉽게 동일시될 수 없는데, 적어도 우리가 모사물-x는 x가 아니라는 함의를 견지하는 한 그럴 수 없는 것이다. 세르반테스에게는 그를 모방하는 사람들과 아류들이 있었고, 그들에 대해 그는 자신의 걸작의 후반부에서 격하게 그리고 슬프게 응답한다. 그러나 분명히 메나르는 그런 부류에 속하지 않을 것이다. 그의 작품은「돈키호테」의 모사품이 아니다. 그것은 진짜「돈키호테」로서 세르반테스의 것이 아닌 메나르의 작품이다. 그리고 어떤 심오한 방식으로 그것은 빼어나게 독창적인 작품이며, 참으로 너무나 독창적이어서 우리는 문학사 전체를 통해 그 작품의 선례를 찾기 어려울 것이다. 메나르 이전에 누가 과연 그렇게도 상이한 시기에 그렇게도 상이한 충동들에 의해, 그리고 어떤 면에서는 세련됨과는 거리가 먼 예술가의 가슴에서 태어난, 그렇게도 독특한 작품을 창조적 충동에 의해 대담하게 재창조할 수 있었던가?

「부스토스 도멕 연대기」에서 보르헤스가 언급하고 있는 어떤 정신 나간 작가에 대해 한 번쯤 생각해봄직한데, 그 작가는 보르헤스가 "단위의 증폭"(amplification of the unit)이라고 불렀던 원리를 실제로 적용하고 일반화했다. 그 원리는 대략 다음과 같다. 엘리엇은 다른 시인의 시를 통째로 취하여 자신의 작품에 섞었고, 파운드는 호머가 지은 단락들을「칸토스」에 옮겨놓았다. 보르헤스의 주인공은 한 걸음 더 나아가「용감한 대장들」이나「허클베리 핀」 같은 작품 전체를 이용했다. 물론 그의 어느 작품에 그런 것들이 들어가 있는가 하는 문제가 남는데, 만일 우리가 그의「허클베리 핀」에서「허클베리 핀」을 제거할 경우, 남는 것이라고는 아마도 증폭의 원리 자체뿐이라고 나는 생각한다. 그러나 이 작가의 재능은 전적으로 그의 선택 능력에 있다. 그는 작품 전부를 취한 반면 메나르는 새로운 작품을 썼고, 스케일의 차이는 메나르가 실제로 성취한 것 대부분이 작품의 편린이라는 사실에 의해 입증된다.

마지막으로, 나는 메나르의 작품을 세르반테스의 작품의 단순한 반복으로 여겨서는 안 된다고 생각한다. 단지 두 작품이 서로 닮았다는 이유로 한 예술가가 다른 예술가의 행위를 반복하고 있다는 것이 함축되지는 않는다. 화가 데이비드 벌리억(David Burliuk)은 자기가 사랑하는 것, 즉 그의 아내, 친구들, 롱아일랜드의 그의 토지 같은 것을 그린다고 언젠가 내게 말한 적이 있다. 또한 그는 여러 그림들을 사랑했는데, 그 중에서 특히 윌리엄 호가스의「새우 소녀」(Shrimp Girl)를 여러 번이나 그렸다. 그의 다른 작품들이 햄프턴 만(灣)의 여러 면모들을 표상하듯이 그가 그린 이 그림들은「새우 소녀」를 표상한다. 벌리억이 호가스의 작품을 사랑한 것 못지않게 자기 자신의 그림을 사랑했고,「새우 소녀」를 그릴 때와 똑같은 마음가짐으로 자신의 그림「레다 베리먼의 초상」을 다시 그렸다고 상상해보라.

그가 레다를 사랑한다는 것은 의심할 여지가 없는데, 왜냐하면 그가 그녀의 그림을 그렸기 때문이며, 마찬가지로 그가 레다의 그림을 사랑한 것이라 말할 수도 있는 이유는 그가 그 그림을 그렸기 때문이다. 그러나 그가 자기 자신이 한 일을 반복했다고 말하기는 어려운 이유는 그 그림의 제재(題材)가 바로 다른 그림이었기 때문이다. 벌리억의 영감의 샘은 말라버리지 않았다. 또한 그는 자기 자신을 모사하고 있었던 것도 아니다. 우리는 그것이 얼마나 정확한가에 따라 모사품을 판단하며, 그리고 만일 어떤 사람이 그것이 부정확하다는 사실을 근거로 다른 그림을 그린 그 그림들 중 한 작품에 대해 비판을 가한다면, 벌리억은 어이없어하며 웃고 말았을 것이다. 문제의 그림이 처음부터 모사품이기를 목적으로 하지 않았을 때 정확성의 문제는 일어날 수가 없다.「레다의 초상」을 그린 그림이 모든 질감과 상세부에 있어서「레다의 초상」

과 정확히 똑같을 수 있는 가능성을 차치해둘 경우, 만일 부정확성이 아무런 연관성이 없는 것이라면 정확성 역시 마찬가지이다. 우리는 예술가가 자기 자신을 흉내 내고 있다든가, 또는 그 문제에 있어서 다른 예술가를 흉내 내고 있다고 주장할 때 대단히 주의해야 한다.

슈만의 마지막 창작곡은, 본인의 주장에 의하면 그가 자는 동안 천사들이 불러주었다는 주제를 토대로 한 것인데, 그것은 (실제로?) 그 자신이 근래에 발표한 바이올린 협주곡을 느린 박자로 바꾼 것이었다. (슈만이 그의 「붕괴」(Zuzammensbruch) 시대에 인용문들로 엮은 책을 만들었다는 것은 완전히 우연일까?) 로버트 데스노스(Robert Desnos)의 「유키에게 바치는 마지막 시」는—"나는 당신이 당신의 실재성을 잃어버리는 꿈을 꾸었다"—메리 앤 커스에 의하면, 프랑스 여배우 이본 조르주에게 바친 그의 이전의 유명한 시를 거칠고 불완전한 체코어로 번역한 것을 프랑스어로 중역한 것이다. 그러나 죽음을 앞두고 유키에게 이 시를 바쳤을 때 데스노스는 정신착란에 빠졌거나, 아니면 그녀를 이본 조르주로 생각한 것일까? 아니면 그것을 완전히 새로운 시로 생각한 것일까?—그것도 아니라면 메나르의 작품이 새로운 소설인 것처럼 그것은 새로운 시인가? 내가 벌리억과 함께 슈만과 데스노스에 대해 언급한 것은 부분적으로 그 문제가 이 예술 장르 간의 차이를 넘어선다는 것을 보여주기 위해서이다.

반복은 미친 짓이지만 핵심적인 문제는 정말로 이 사례들이 반복의 경우인가 하는 것이다. 17세기 네덜란드에서는 인기 있다고 생각되는 주제를 상업적인 이유에서 화가들이 주저 없이 반복했는데, 마치 예술적 진품성(authenticity)의 개념과 일종의 공식 같은 것을 사용하는 것 사이에는 모종의 양립 불가능성이 있기라도 한 듯이 그림을 이렇게 상품처럼 다루는 일에는 어떤 오명이 따라다니는 것 같다. 의심할 것도 없이 카날레토는 공식 같은 것을 사용했지만, 각 작품들은 베네치아에 관한 그의 신선한 예술적 반응이라고 볼 수도 있다. 조르지 모란디[4]는 일종의 집착증처럼 거듭해서 병 그림을 그렸지만, 그가 어떤 공식을 갖고 있었다든가 또는 자기 자신을 흉내 냈다고 생각하는 것이 과연 옳은 일일까? 그의 경우와 그런 종류의 반복을 했다는 비난을 종종 받았던 샤갈의 경우의 차이는 무엇인가? 그 차이는 단순히 샤갈의 작품들이 처리방식과 주제에 있어서 서로 비슷하다는 것일 수는 없는데, 왜냐하면 모란디에 대해서도 그렇게 말할 수 있기 때문이다.

  메나르의 경우는 우리로 하여금 문제를 해결하는 데 어느 정도 다가가게 만들 수 있을 뿐이다. 그의 작품과 세르반테스의 작품의 관계를 자세히 주목해보면 한 작품의 동일성과 그 작품이 제작된 때와 장소, 기원 사이의 대단히 흥미로운 수많은 관계들을 조명할 수 있는데, 그 정도가 너무나 지대하기 때문에 완벽한 역사적 재구성을 통해 그 제재와 스타일을 동일시할 수는 없다. 그리고 식별 불가능해 보이는 두 대상이 갖는 상호 관계들을 추궁함으로써 우리는 직관적으로 예술작품의 개념에 속하는 것으로 보이는 여러 가지 요소들을 밖으로 드러나게 만든다. 그러나 문제의 그 쌍은 둘 다 예술작품이거나 또는 그렇게 보이는 것뿐일 수도 있는데, 문제는 그런 것들을 고찰하는 것이 과연 우리의 궁극적인 관심사인 경계긋기―즉 어떤 작품과 그것과 완전히 닮았지만 전혀 예술작품이 아닌 단순한 사물과 구분짓는 것―의 성격을 밝히는 데 도움이 될 것인가 하는 것이다. 아마도 이 짧은 탐색을 통해

---

4) Giorgi Morandi(1890~1964). 이탈리아의 화가 · 도안가 · 판화가. 1918년부터 그는 보다 실체적인 것에 접근하기 시작했는데, 예를 들면 「정물」(Still Life, 1918)에서 대상과 윤곽을 상자처럼 보이는 인체 흉상과 함께 그렸다. 그가 주제보다는 형이상학적인 이러한 그림들의 형식적 엄격성에 주목한 것은 1920년대의 관점에서는 혁신적인 것이었다. 공간적 간격, 형식들 간의 상호관계, 대상 위로 흘러내리는 빛을 이용하여 그는 대상과 그 본질을 명료화하려 했다.

우리는 서로 연관된 것처럼 보이는 것들 중에서 몇 가지 구별들을 밝혀낼 수 있을 만큼 충분히 다루었다고 볼 수 있다. 그렇다면 그 구별들을 분명하게 밝히기 위해 몇 가지 사례들을 더 들어보도록 하자.

모두가 동의하는바, 넥타이는 하찮은 남성 잡화 품목이며, 근래에 들어 터틀네크 스웨터나 목걸이 같은 눈에 띄는 장식물을 선호하여 넥타이를 없앰으로써 복장을 합리화하려는 일치된 노력이 있었다. 그와 동시에 넥타이는 예술작품들 속에서 모습을 드러내기 시작했다. 나는 그 역사 전체를 추적하려는 것은 아니지만, 내가 알고 있는 한 그것이 처음으로 등장한 것은 「우주의 끈」이라는 익살스러운 제목의 평범한 줄무늬 넥타이 한 점을 보여주는, 짐 다인[5]의 기지에 넘치는 재현적인 동판화에서였다——그것은 우주적인 느낌을 주는데, 사뭇 화이트헤드의 연쇄(nexus), 인과의 원리, 또는 태양과 다른 별들을 움직이는 사랑에 관한 알레고리인 듯하다. 그로부터 오래지 않아 거대한 셔츠에 꿰매 붙인 거대한 넥타이가 클라스 올덴버그에 의해 전시되었고, 그 다음에는 의류계의 폐품인 수많은 진짜 넥타이들로 만들어진 구조물이 「타이 피스」(Tie Piece)라는 존 더프의 작품에서도 등장했다.

1975년에는 드디어 봇물이 터진 듯했고, 매디슨 애비뉴의 한 갤러리에서는 넥타이 작품들만을 보여주는 전시회가 열리기도 했다. 1975년 1월 10일자 『뉴욕타임스』는 "바야흐로 예술가들이 넥타이에 열광하다"라는 개리 레제스키의 말을 인용했다. "어떤 예술가들은 넥타이를 좋아하고, 어떤 이들은 싫어하며, 또 어떤 이들은 해부한다. 우리는 핀으로 만든 넥타이와 머리카락으로 만든 넥타이도 갖고 있다." 스테인드글라

---

[5] Jim Dine(1935~). 미국의 화가·조각가·만화가·퍼포먼스 아티스트·무대 디자이너·시인.

스로 만들어진 어떤 넥타이가 나중에 부서졌는데, 그 창문들 자체는 그것을 보존하려는 최근의 노력에도 불구하고 계속 무너지고 있으므로, 우리는 샤르트르 성당의 창으로 위안 삼을 수밖에 없지만, 이것은 전혀 별개의 문제이다.

어쨌거나 죽기 직전에 피카소는 자신의 이미 유명해진 위대한 작품들 중에서 가장 훌륭한 작품인 넥타이를 하나 만들었는데, 나는 그것을 다음과 같이 생생하게 재구성해보겠다. 당연히 여러 해 동안 한 번도 넥타이를 매어본 적이 없었던 피카소는 자기의 오래된 넥타이들 중 하나를 찾아내어 그 전체를 밝은 푸른색으로 칠했다. 물감은 매끈하고 세심하게 칠해졌고, 모든 붓질 흔적들은 말끔히 지워졌다. 그것은 1950년대의 뉴욕 회화를 하나의 운동으로 규정지었던 회화성(*la peinture*)에 대한, 즉 물감-과-붓자국(또는 물감방울)의 신화화에 대한 거부였다. 그렇다면 만일 그 작품의 고의적인 복고주의에 관해 밀러드 마이스가 말한 것이 옳다면, 피카소의 매끈한 붓질은 조토적인 원근법의 **부재**가 스트로치 제단(祭壇) 장식의 실증적 증거로 간주되어야 하는 것과 거의 똑같은 방식으로 그 작품 내용의 일부로 생각할 수 있다. 피카소의 「넥타이」도 그 거장의 손으로 만들어진 다른 작품들과 함께 전시되었는데, 그것을 보며 지나가던 어떤 사람이 자기 자식이라도 그런 것을 만들 수 있을 것이라고 중얼거리는 소리를 들었다. 그리고 나도 그 말에 동의한다. 그 오브제에 관한 한 그것은 사실이다.

그러므로 어떤 어린아이가 자기 아버지의 넥타이들 중 하나를 골라서 피카소가 사용한 물감을 만든 똑같은 제조사의 물감을 사용하여 푸른 물감을 칠하고, 그 아이의 설명에 따르면 '멋지게 보이게 하려고' 가능한 한 매끈하게 칠했다고 상상해보자. 나는 단지 그 아이가 현대의 가장 위대한 거장이 만들어낸 것과 식별 불가능한 개체를 만들어냈다는 이유만으로 그 아이가 예술적으로 찬란한 미래를 가지게 될 것이라고 예측하기가 망설여진다. 그것은 그 아이가 「진짜 십자가의 전설」과 구별할 수 없는 어떤 것을 벽에 걸었다고 해도 마찬가지일 것이다. 한 걸음 더 나아가 설혹 그것이 우리의 사례들이 요구하는 종류의 식별 불가능한 면모를 갖고 있다고 해도, 나는 그 아이가 만들어낸 것은 예술작품이 아니라고 주장할 것이다. 대단히 열광적이지는 않았지만, 피카소의 넥타이를 순순히 받아들였던 예술작품들의 공식 연맹에 그것이 영입될 수 없게 막는 무엇인가가 있는 것이다.

그리고 그 사례로부터 최대의 철학적 구조를 이끌어내기 위해, 꾀바른 기회주의자인 어떤 모사꾼이 물감을 칠한 넥타이를 세상에 들여와 미술 애호가들로 하여금 혼동하게 만들었다고 가정해보자. 반 메헤렌[6]처럼 분명히 그는 자기가 선택한 예술가의 연보(年譜)에서 어떤 빈틈을 만들어내서는 그것을 복제품이 아닌 표절품으로 채웠는데, 이 경우 아마도 이 속임수에 잘 들어맞는 어떤 역사적 적합성을 부여하기 위해 장밋빛 넥타이로 그 틈을 메울 수도 있을 것이다. 그러나 우리는 정체성 혼란 같은 셰익스피어적 상황을 상상해볼 수 있는 가장 단순한 사례를 고수할 것인데, 만일 당신이 미술품 거래상이거나 예술작품 보험 업무에 종사한다면 이것은 결코 웃어넘길 일이 아니다. 쿠츠(혹은 칸베일러였던가?)는 모든 필요한 예비조치를 취했는데, 그럼에도 불구하고 문제의 물건들이 우습게도 뒤섞이고 말아서 다음과 같은 결과가 발생했다고 가정해보자. 그 어린아이의 넥타이는 룩셈부르크의 한 미술관에 걸려 있고 보험도 들어 있다. 당연히 피카소는 자신의 작품의 진품성을 문제삼고 그것에 서명하기를 거부한다. 그 대신 그는 표절품에 서

---

[6] Han van Meegeren(1889~1947). 네덜란드의 화가·표절꾼. 화가로서 뛰어나지 못한 자신에 대한 복수심에서 그는 1923년부터 17세기 네덜란드 거장들의 작품을 표절하기 시작했다고 전해진다.

명한다. 원작은 위조품 조사국에 의해 몰수당했고 반 메헤렌의 「엠마오의 그리스도」와 가짜들로 가득한 지하실에서 유일한 진품인 진짜 십자가에 속하는 것으로 주장되는 나뭇조각들이 가득 들어 있는 담배상자와 함께 억류된 채로 있다. 어쩌면 어느 날 테오도르 레프 교수 밑에 있는 박사 후보생이 그 넥타이의 실오라기를 점검함으로써 '피카소의 넥타이 문제'(Das Halstuchsproblem bei Picasso)라고 문헌에 알려져 있는 것을 해결할지도 모른다. 이 작품들의 정체성이 제대로 밝혀진다 해도, 뒤이어서 예술철학자들은 한치의 오차 없는 진품이라는 것을 보증하는 서명이 표기된 표절품을 놓고 그 지위에 대해 판결하는 일을 맡을 것이다. 그러나 그것은 우리의 논의를 상당히 앞지르는 것이다.

최고의 예술 이론가인 넬슨 굿먼은 『예술의 언어들』(Languages of Art, Bobbs-Merrill, 1968)에서 표절품의 문제들을 다루었다. "분간하기 어려운 표절품과 원작 사이에 왜 미적 차이가 있는가 하는 문제는 수집가, 미술관, 그리고 미술사의 기능 자체가 의존하고 있는 기본 전제에 도전한다"(p.99). 그가 그렇게 말한 것은 세 개의 식별 불가능한 오브제들의 경우와 마찬가지로, 표절이 과연 어떤 미적 차이(aesthetic difference)를 초래하는가를 묻고 싶은 유혹을 강하게 느끼는 맥락에서이다—물론 내가 이런 식의 태도에 대해 전해 들었던 것은 그 오브제들보다 훨씬 더 숭고한 작품들에 관한 것이다. 그리고 어디서, 언제, 누가 그것을 만들었는가 하는 문제와 연관해서 주장된 잡다한 사실들은 그 작품들을 감상하는 데 전혀 연관성이 없는 것으로 도외시하려는 취지에서 제시된 것이긴 하지만.

나는 똑같은 시험지가 엘머나 베르타 같은 우울한 느낌을 주는 이름을 가진 학생의 것일 때, 존이나 메리 같은 이름으로 제출되었을 때와는 다른 점수를 받기도 한다는 것을 읽었다. 그렇듯 사물에 붙여진 이름은 그 사물에 대한 우리의 평가에 포함되는 것이 분명하다. 그렇지만 지금 우리가 논의 중인 문제의 태도에는 아마도 그런 것들이 고려되어서는 안 된다는, 즉 우리가 '작품 자체에만' 집중해야 한다는 데에 역점을 두고 있는 것 같다. 최근에 있었던 피에르 메나르와의 만남은 그러한 순수주의 미학의 명령, 예술작품에 대한 초역사적 견해들에 관한 계고적(啓告的)인 태도를 함의한다. 그렇다면 우리가 다루어온 사례들의 구조 전체는 굿먼이 제기한 물음의 역(逆), 즉 주목받지 못하거나 주목할 수도 없다고 가정할 때, 그러한 차이가 미적 차이를 초래할 수 있는가 하는 물음에 대한 답을 요구한다.

물론 우리는 아직 미적 차이에 대해 집중할 수 있는 입장이 아니다. 우리가 제기한 문제는 예술작품과 그 비예술적 상대역 사이의 존재론적 차이에 관한 것이며, 따라서 대상들에 대한 관찰에 있어서 주목할 만한 것이 없는 그러한 차이가 과연 미적 차이 같은 것을 초래할 수 있는가 하는 문제가 남는다. 당연한 일이지만 필연적으로 그런 문제가 있을 것이라고 추정하는 사람들이 있다. 우리에게 오직 작품 자체에 주목할 것을 요구하는 순수주의자는 결국 우리가 주목해야 할 것은 작품 자체라고 상정하는데, 우연히 물감방울이 튀어 만들어진 유사「폴란드 기수」처럼 어떤 의미에서도 결코 예술작품이 될 수 없는 대상들에 대해 그들이 무엇을 주장하려는 것인지 분명하지 않다(또는 만일 어떤 의미에서 그것이 예술작품이라면 그 정체성은「폴란드 기수」의 경우와는 너무도 다르기 때문에, 표면적 유사성에도 불구하고 그것이 무엇이든 간에 '미적 반응'에 있어서 아무런 차이도 없다고 말한다면 놀라운 일이 아닐 수 없다).

굿먼은 흥미로운 방식으로 문제의 조건들 중 하나, 즉 식별 불가능성의 조건을 거부한다. 그리고 식별 불가능성은 잠깐 동안일 뿐이며, 조만간 차이점들이 드러날 것이라는 것이 그의 견해인 듯하다. 사물들의 쌍들 중 하나가 표절품이라는 것을 아는 것은 "내가 지각할 수 있는 어떤 차이가 그들 사이에 있을 것"이라는 것을 이미 내가 믿으므로 충분한 차이가 난다. 그리고 사실상 규제적 원리에 해당하는 이 믿음은 "현재의 관찰에게 궁극적으로 지각적 구별을 위한 훈련과정으로서 역할을 맡기는 것이다." 이어서 굿먼은 결국 지각적 차이가 발견되지 않으리라는 어떤 증거도 없으며, 따라서 오늘 서로 비슷하게 보이는 것들이 내일 너무나도 다르게 보일 경우, 돌이켜 생각해볼 때 그러한 혼동이 있을 수 있었던 것 자체가 도무지 믿어지지 않을 것이라고 주장한다. 그리고 그는 그 증거로서 대부분의 세밀한 변화들을 토대로 놀라운 차이점들을 성공적으로 탐지하는 눈과 귀의 극도의 민감성을 부각시킨다. 그러므로 그것은 존재론의 문제라기보다는 사실상 심리물리학(psychophysics)의 문제가 된다.

굿먼의 분석에 대해서는 말할 것이 대단히 많다. 우리가 훈련에 의해 식별능력을 갖추게 된다는 것, 그리고 예컨대 포도주들이 갖는 대단히 섬세한 차이들을 구별할 수 있다는 것은 의문의 여지가 없다. 그리고 시각 방식들은 그 주체들에게는 아마도 투명할 것이며, 그 방식들이 더 이상 그들의 시각이 아닌 다른 것이 될 때, 비유적으로 말해 그 시각 방식들이 불투명한 것으로 변모한다는 단순한 사실에 의해, 흔히 우리는 전에 보지 못한 것들을 비로소 볼 수 있다. 예술사는 그러한 사례들로 가득하다. 나는 조토의 그림의 사실주의에 놀란 동시대인들이 그 그림들 속에서, 지금 우리가 조토가 남녀와 천사들을 보았던 방식이라고 알고 있는, 그의 시각 방식 대신에 남녀와 천사들을 보았어야 한다는 주장에는 약간의 의구심을 느낀다.

조토의 시각 방식은 이제 누구든지 동일시할 수 있는 일종의 문화적 인공물이 되었다. 반 할렌 베르메르[7]의 작품을 표절한 반 메헤렌의 표

---

7) van Haarlen Vermeer(1632~75). 네덜란드의 바로크 시대의 화가.

절품들은 1930년대에는 제대로 지각할 수 없었지만 지금은 그것이 표절품이라는 것을 분명히 지각될 수 있는데, 그것은 화학 검사나 방사선 분석, 그리고 굿먼이 기술하는 종류의 세련된 주목과 관찰에 의해서가 아니라, 이제는 그 작품들을 매너리즘[8]이 풍부한 1930년대 것으로 바라볼 수 있다는 사실 때문이다. 1930년대에 매너리즘은 재현 방식으로서의 매너리즘으로 보이지도 않았을 것이다. 우리가 역사의 한 시대에 살고 있을 때 그 시대가 미래의 주체들에게 어떻게 보이는지를 반드시 아는 것은 아니다. 그러므로 한 시대에서 다음 시대로 단순히 이행하는 것만으로도 과거에 감춰져 있던 지각적인 표면상의 측면들을 드러내 보일 수 있다. 결국 동일하지 않은 두 사물 간에 어떤 차이가 있을 수밖에 없다는 것은 사실상 거의 논리적으로 보장된다고 말할 수 있다.

그러나 결국 굿먼의 분석에 대해 말할 수 있는 것은 그것이 전부이다. 논리적 요지는 만일 a가 b와 동일하지 않다면 a가 F일 때 b가 F가 되지 않는 속성 F가 있을 수밖에 없다는 것을 보장하는 반면에, 그때 F가 반드시 **지각적 속성이어야** 할 필요가 있는 것은 아니라는 것이며, 따라서 식별 불가능한 것들을 갖고 충분히 훈련한다면 우리는 감각에 의해서 차이점들을 탐지할 수 없는 종류의 실제 사례들을 제시할 수 있을 것이다. 따라서 미래의 검사는 지각적 차이들을 갖지 않은 두 대상들 간의 차이점들을 밝혀낼 수 있고, 그럼으로써 두 대상이 지각적으로 식별 불가능할 수 있다는 논리적 가능성을 허용한다. 어떤 차이가 있다는 것을 아는 것은 우리가 두 작품을 보는 방식에, 심지어는 두 작품에 대한 우리의 반응에도 차이를 초래할 수 있지만, 그 차이는 반드시 우리

---

[8] Mannerism. 1510년부터 르네상스 중기와 바로크 시대 사이의 유럽 예술의 스타일적 특징에 대해 붙여진 이름이다. 매너리즘은 조르조 바사리에 의해 처음으로 시각 예술에 적용되었는데, 특히 작품의 정신적인 면을 강조한다.

가 그것을 보는 방식일 필요는 없다. 그리고 굿먼이 모든 미적 차이는 지각적 차이라는 것을 자연스럽게 가정한 것은 굿먼의 드러나지 않은 편견의 소치라는 것은 놀라운 일이다.

더구나 미적 차이가 어떤 문제이든 간에 굿먼이 옳다고 믿는다 해도, 일관적이고 지속적인 검사와 비교는 궁극적으로 시각적 차이를 드러낼 것이며, 따라서 'vogne romanée'와 'beaujolais'를 식별할 수 있듯이, 우리는 리포 리피(Lippo Lippi)와 필리피노 리피(Filippino Lippi)를, 그리고 베르메르와 피터 데 호흐(Peter de Hooch)를 식별할 수 있지만, 그럼에도 불구하고 여전히 이것은 심각한 존재론적 문제, 즉 예술작품과 비예술작품 중에서 어느 것이 어느 것인지를 결정하는 문제에는 전혀 도움이 되지 못할 것이다. 예를 들면 세 개의 넥타이는 눈에 띄게 다를 수 있겠지만 그렇다고 눈에 띄는 차이점들이 그 중 어느 것이 예술작품이고 어느 것이 아닌지 확인할 수 있게 해준다는 것을 함축하지 않으며, 이것은 무엇보다도 '예술작품'과 '표절품' 같은 개념들이 단순한 지각적 술어로 번역되는지가 불분명하다는 사실에 기인한다. 어떤 경우에 우리는 '표절품'이 지각적 개념이라는 것을 함축하지 않고서도 관찰에 의해 표절품들을 구별해낼 수 있을 것이다.

어떤 것이 표절품이라는 것은 그것의 역사, 즉 그것이 이 세상에 존재하게 된 경로와 연관성을 갖는다고 생각할 수 있다. 그리고 어떤 것을 예술작품이라고 부르는 것은 적어도 그것이 표절품이 존재하게 된 것과 같은 종류의 역사를 갖는다는 것을 부정하는 것이다―단순한 실재적 대상들은 자신의 역사를 표면에 드러내지 않는다. 마지막으로 정리할 요점은 이것이다. 위의 세 가지 대상들 간의 흥미로운 차이점들이 지각적 차이들과 관련된 것이라고 상정하는 것은 그것들이 갖는 예술적 흥미를 거의 우스꽝스러울 정도로 잘못 분류하는 것이다. 물론 숙달되고 주의 깊은 조사를 통해서만 정체성이 밝혀지는 그림들이 있다. 푸생이나 세잔의 구성, 또는 모란디의 놀라운 물감 터치는 비평적 감상과 감식(鑑識)의 문제이다. 그러나 문제의 이러한 대상들은 그러한 부류에 속해 있지 않다. 감식은 여기서 전혀 무관한 일인데, 왜냐하면 피카소의 넥타이는 뜬금없는 이야기처럼 지극히 미묘하기 때문이다. 논란의 여지가 없는 그 작품이 어떤 미적 흥미를 갖든 간에 그것이 무엇이건 그것은 이 영역에 속할 수가 없다.

방금 언급한 예술가들 중 그 누구도 예술적 사실의 문제로서 우리가 피카소에 의해 만들어진 것으로 가정하는 작품을 만들지 않았다는 것은 단순한 흥밋거리 이상의 일이다. 그 사실을 언급하는 까닭은, 그것이 단지 우연히도 예술가였던 J의 경우처럼 어린아이의 넥타이가 아니라 피카소의 넥타이가 예술작품이기 때문은 아니다. 왜냐하면 그 넥타이가 그것을 세상에 태어나게 한 사람, 설혹 우연찮게도 그가 예술가였다고 하더라도 그와 올바른 관계를 가져야만 하기 때문이다. 워홀이 브릴로 상자들을 스테이블 갤러리에 가득 쌓아놓았을 당시 거기에는 어떤 불공정한 기운이 감돌았다. 왜냐하면 그 평범한 브릴로 상자는 필요에 의해 상업 미술로 쫓겨난 추상 표현주의자였던 어떤 예술가에 의해 디자인된 것이었기 때문이다. 그리고 문제는 그 남자의 제작물들의 가격이 10센트도 못 되었을 때 왜 워홀의 상자들은 200달러나 되어야 했는가 하는 것이다. 이 의문을 해명하려면, 역시 마찬가지로 그것이 우리의 첫 번째 사례였던 조르조네의 애벌칠한 캔버스가 예술작품인 붉은 판자와 모든 면에서 닮았음에도 불구하고 왜 예술작품이 될 수 없는지도 설명해줄 것이다.

  그 물음에 대한 답은 부분적으로 역사적일 수밖에 없다. 하인리히 뵐플린[9]이 말했듯이 모든 것이 모든 시대에 가능한 것은 아니며, 그것은 예술작품과 유사한 대상들이 한 시대에 만들어질 수 있지만, 어떤 예술작품들은 예술사의 특정한 시대에 마음대로 끼워넣을 수가 없다는 것을 의미한다. 미래지향적인 역사적 방향 감각에 의해서만 이 교훈의 힘을 쉽게 인식할 수 있다. 프락시텔레스 시대에 고답적인 아폴로 흉상을 만든 한 조각가는 배를 곯았을 것이 분명한데, 왜냐하면 그것이 만들어졌을 때 골동품으로서 올바로 감상되지 않는 한, 당시의 예술계의 수준은 그것을 예술작품의 집합에서 배제했기 때문이다. 예술가가 의도적으로 고답적인 형태를 이용하는 것이 허용되는 오늘날의 상황과는 대조적으로, 당시의 예술계는 의도적으로 고답적인 형태를 이용하는 것이 동시대인들의 표현적 어법에 부합하지 못하도록 배제했을 것이다.

그러나 물론 오늘날 만일 누군가가 석회암 석주를 이용한다면, 그 석주들은 스톤헨지(Stonehenge)가 새로운 것이었던 때와 동일한 의미를 지닐 수는 없다. 그리고 만일 오늘날 어떤 예술가가 장 앙투안 바토[10] 양식의 그림을 전시한다면, 우리는 그를 시대에 뒤떨어진 사람이라고 선언하려 하지 않을 것이다. 이것은 의도적인 복고주의일 수 있고, 그런 경우 그 예술가는 로코코 양식에 대해 바토가 가졌던 것과는 매우 상이한 관계를 갖는 것이다. 어쨌거나 이 사례들은 진화의 방향과는 반대되는 것이며, 공룡의 알이 말리부 해변에서 부화되는 것과 똑같은 성격의 시대착오적인 일이다. 나는 그 반대 방향에 더 마음이 끌리는데, 즉 우리는 예술사적으로 후대에 속하는 대상이 이전 시대에, 훨씬 앞선

---

9) Heinrich Wölflin(1864~1945). 스위스의 예술사가. 바슬레에서 부르크하르트 밑에서 수학했고, 작품들의 시각적 특징들을 해석하는 일반 원리들을 제시했다.
10) Antoine Watteau(1684~1721). 프랑스의 화가·판화가. 로코코 양식을 대표하는 화가인 그는 극장과 발레를 주제로 한 우아하고 단아한 그림들을 많이 그렸다. 아마도 그는 연회장 광경을 가장 잘 묘사한 화가로 평가될 것이다. 그가 그린 낭만적이고 이상화된 장면들은 우아한 복장의 신사숙녀들이 환상적인 옥외 무대에서 즐기는 모습을 보여준다.

시대에 등장하는 것을 상상해볼 수 있다.

예컨대 로버트 모리스가 가끔 전시하는 것과 같은 종류의 대마(大麻)더미가——물론 과거에도 대마더미가 존재했을 수는 있지만, 단순히 당시의 예술 개념은 그런 것을 예술의 한 사례로서 용인할 만큼 진화하지 못했기 때문에——예술작품으로서 존재할 수는 없었던 17세기의 안트웨르펜에서 나타났다고 해보자. 물론 그러한 상상은 가능성이 지극히 희박한 것이다. 뒤샹의 눈삽은 20세기 초에는 매우 평범한 것이었는데, 그 이유는 단순히 그것이 눈삽 공장에서 나온 식별 불가능한 제조품들 중에서 고른 것이었고, 동류의 다른 것들은 부르주아 세계의 차고에서나 발견되는 것이기 때문이었다. 그러나 그와 똑같은 대상——오늘날의 눈삽 손잡이와 비슷한 모양을 가진 것으로, 한쪽 끝에 나무 막대기를 붙인 둥근 철판——이 13세기에는 상당히 신비스럽게 보이는 대상이었을 것이라고 나는 생각한다. 그러나 그것이 그 당시 그곳의 예술계 안에 영입될 수 있었을 것 같지는 않다. 그리고 만들어질 당시에는 예술작품이 아니었지만 나중에 예술작품처럼 귀중한 대상으로 취급되는 대상들에 대해 상상해보는 것은 어렵지 않다.

플리니는 예술가들에 의해 만들어진 대상으로서 당시에는 기적처럼 여겨졌던 어떤 오브제에 관한 이야기를 들려준다. 그것은 선 안에 있는 선 안에 들어 있는 선의 그림이었다('선의'[of a line]라는 말은 그 그림이 그 선을 주제로 삼고 있다는 뜻이 아니라, 그것이 단순히 선 안에 있는 선 안에 들어 있는 선으로 구성된 그림이라는 뜻이다). 어떤 화가가 친구인 다른 화가를 방문했는데, 그 화가는 외출하고 없었다. 그는 손대지 않은 판자를 발견하고 그 위에다 맨손으로 완벽한 수직선을 그렸는데, 너무나 세밀하고 곧았기 때문에 자를 대고 그린 것처럼 보일 정도였다. 누가 이것을 그렸는지 그의 친구가 대번에 알아낼 거라고 확신한 그는 산책을 나갔다. 그의 친구가 돌아와 판자 위의 도전장을 보고 친구가 그린 선의 중간부 아래로 역시 맨손으로 선을 그렸는데, 이 분할선을 그린 솜씨는 직선 위를 걷는 것과 바로 그 선 위에 줄을 매고 줄타기를 하는 것의 차이에 비견될 만한 것이었다. 그래서 그는 첫 번째 선을 둘로 가르고, 처음 시작한 것처럼 보이지 않도록 선에 폭을 가미했다. 두 번째 화가가 돌아와서 이 선을 가르는 세 번째 선을 그렸고 결국 그는 이 우정 어린 대결에서 이겼다. 이 화가들은 어떤 놀라운 반사신경, 정말이지 거의 운동선수와 같은 재주를 증명해 보였고, 그리하여 그것에 감명을 받은 사람들은 그것을 보려고 몰려들 정도였다(사기꾼이라면 자와 제도용 펜으로 선들을 그렸을 것이다).

그러나 그것은 예술작품으로 간주되지 않았고, 단지 뛰어난 재능의 발휘로만 생각되었다. 바로 이와 같은 것이 그리고 어떻게 그 선들이 캔버스에 그려지게 되었는지 아무도 관심을 갖지 않았던 것이 오늘날에는 매디슨 애비뉴에서 전시될 수 있으며, 바넷 뉴먼[11](그의 지퍼들이 생각난다)과 프랭크 스텔라[12](그가 기계적으로 처리한 가장자리들이 떠오른다)의 획기적인 것들의 종합으로 간주될 수도 있다. 그것을 (길게 벗겨진 근육의?) 모방이라고 상상하고, 그것 역시 연관성 있는 요소이기 때문에 그러한 것을 주제로 선택한 것을 개탄하지 않는 한, 파라헤시오스는 어떻게 그런 것이 예술작품이 될 수 있는지 상상도 못했을

---

11) Barnett Newman(1905~70). 미국의 화가·조각가·판화가·작가. 추상 표현주의의 주요 인물로서 커다란 색채판을 사용한 그의 환원주의적 어휘는 제2차 세계대전 이후의 추상예술에 지대한 영향을 미쳤다. 그의 저작과 선언은 1960년대와 그 이후에 비구상 표현에서 의미에 관한 이론적 논의에도 기여했다.
12) Frank Stella(1936~). 미국의 화가·판화가. 그는 자신의 그림이 추상의 존재가 올바로 인식되었던 예술가 1세대에 속해 있다는 사실에 의해 의미 있게 형성되었다고 말하면서, 그것은 그림에 대한 최고의 열망을 품게 된 전후(戰後)에야 가능하게 된 어휘라고 주장한다.

것이다. 아무튼 동일한 대상이 피카소의 손에 의해—그러나 꼼꼼한 성격 때문에 이 특별한 천조각을 사용하면서 그림을 그렸고(우리는 세잔이 붓질할 때마다 붓을 닦았다는 사실을 안다), 그리고 누구 못지않게 검소함으로 유명한 세잔은 천조각을 완전히 사용할 때까지 버리지 않았는데, 결국 한쪽 끝부터 다른 쪽 끝까지 피카소가 작품을 제작하기 위해 사용했으리라고 추정되는 똑같은 푸른색 물감으로 완전히 덮인 넥타이 모양의 천조각을 만든 것과는 달리—예술작품이 될 수 있었던 것은 바로 이와 같은 역사적 가능성 때문이었다.

세잔이 이런 식으로 예술작품을 만들려는 의도를 가질 수 있었는지조차 분명하지 않은데, 왜냐하면 당시의 예술 개념은 그 시점에서 그런 의도가 형성될 수 있도록 허용할 수 있는 태세를 갖추지 않았기 때문이다. 그러나 피카소는 일상적인 것들을 변용시키는 것으로 유명했다. 그는 어린아이의 장난감으로 침팬지의 머리를, 오래된 버들가지 바구니로 염소의 흉부를, 자전거 부품으로 황소의 머리를, 가스버너로 비너스를 만들었다—따라서 완전한 변용, 즉 평범한 물건에서 예술작품을, 넥타이에서「크라바트」를 만들지 못할 까닭이 어디 있겠는가? 당시의 예술계의 공간에는, 그리고 피카소 작품의 내적 구조에는 예술계의 공간 자체를 규정지을 만큼 커다란 틈, 그때 거기서 피카소의 손에 의해 그러한 대상이 다루어질 만한 여지가 있었다. 세잔은 회화의 경계 내에서 놀라울 정도로 독창적이긴 했지만, 그 경계 자체를 변화시키지 않은 채 경계 내의 제한된 영역을 탐험하는 것밖에 선택할 수 없었고, 물감으로 사과와 산을 만들어내는 것 외에 다른 선택의 여지가 없었다.

그러나 이러한 고찰은 그러한 **사물**이 여느 시대가 아닌 어느 한 시대에 예술작품이 되는 것이 역사적으로 가능하다는 것을 보여줄 수 있을 뿐이다. 피에르 메나르에 관한 논의가 그랬듯이, 그것은 예컨대 어떤 것에 관한 기지(奇智)에 넘치는 서술이 적용될 수 있는 종류의 맥락적 특징에 주목하게 만든다. 당신은 어떤 필연적인 속성에 의해서도 어떤 것을 기지에 넘치는 것으로 동일시할 수 없다. 왜냐하면 똑같은 행(line)은 한 맥락에서 기지에 넘칠 수 있지만 다른 맥락에서는 그렇지 않으며, 따라서 다시는 나타나지 않을 그 행들이 진술된 맥락까지 기억하지 않는 한, 기지에 넘치는 수많은 행들을 외우는 것은 쓸데없는 일이다. 모든 음식이 식어버린 만찬회가 끝날 무렵 샴페인이 들어왔을 때, 벤저민 디즈레일리는 "마침내 더운 것이 왔군"이라고 말했는데—"마침내 더운 것이 왔군"이라는 말 자체는 기지의 모범 사례라고 볼 수는 없지만, 그 시점에서 그 말은 기막히게 기지에 넘치는 말이었다. 맥락은 같은 말을 기지에 넘치는 것으로 변화시키는 일을 가능하게 한다. 그러나 가능성과 현실성의 차이는 지대하며, 그리하여 마침내 우리는 우리의 문제에 대한 답으로부터 그리 멀지 않은 곳까지 와 있다.

누군가 「크라바트」의 주제가 무엇이냐고 물을 것이다. 아니면 "과연 그것이 주제를 갖고 있는가"라고. 어떤 면에서 이렇게 대답하고 싶은 사람도 있을 것이다. 이것 역시 역사적인 물음이며 적어도 부분적으로 그 작품이 어떤 주제를 갖는지는 피카소가 생각한 바에 달려 있다고. 그러나 우리의 탐험의 출발점에서 보았던 것 같은 J의 무관심한 태도로, 피카소는 그것이 아무런 주제도 갖지 않는다고 말했다고 가정해보라. 나는 그 대답을 액면 그대로 받아들이고, 서두에서 간략하게 암시한 고찰들을 그 대답에 적용하고 싶다. 아마도 그것은 주제를 갖지 않을 테지만, 그것의 주제가 무엇인가 하는 문제는 배제되지도 않고 완전히 거부된 것도 아니다. 주제에 대한 요청은, 어린아이가 만들어낸 것의 경우 아예 거부될 것이다. 당연히 그것은 아버지에 대한 깊은 오이디푸스적 적개심을 나타내는(넥타이의 성적 상징성에 대해 생각해보라!) 제스처로서 유의미성을 가질 수 있고 따라서 그것은 그 적개심의 표현일 수 있다.

그러나 그것이 여하한 것의 징후이건 우리가 나중에 탐구하게 될 이유들 때문에 그것은 주제를 갖지 않는다. 혹은 그 사례가 지나치게 주변적인 것이라면 적어도 세잔의 넥타이는 주제를 갖지 않으며, 그것은 단지 물감이 칠해진 사물일 뿐이다. 그러므로 피카소의 넥타이와 세잔의 넥타이는 아무런 주제를 갖지 않지만, 이 진술이 갖는 힘은 두 경우에 있어서 상이하다. 전자의 경우 그 작품이 주제를 갖지 않는 까닭은 피카소가 주제를 갖지 않도록 의도했기 때문이다. 후자의 경우 그것이 주제를 갖지 않는 까닭은 그것이 주제를 갖는다는 것이 논리적으로 부조리한 일이고, 그것은 (만일 또한 그것이 인공물이기도 하다면!) 하나의 사물일 뿐이기 때문이다.

이와 유사한 경우는 다른 곳에서 얼마든지 찾아볼 수 있다. 팔을 들고 있는 까닭을 물었을 때, 어떤 사람은 아무런 이유가 없고 특별한 목적 없이 무심코 그저 팔을 들었을 뿐이라고 대답할 수 있다. 그가 틀렸을 수도 있지만—항상 감춰진 이유가 있는 법이니까—만일 그가 옳다면 그는 질문 자체를 부정한 것이 아니라 질문에 대해 부정적인 답을 한 것이다. 그 질문은 적용이 허락된 것이며, 그 적용 범위 내에서 어떤 긍정적인 답도 주어질 수 없는 것이다. 이와는 대조적으로 만일 어떤 사람의 팔이 행위로 간주될 수 없는 방식, 즉 모종의 발작증세이거나 아니면 알 수 없는 원인 때문에 우연히 움직여졌고 그것이 우리에게는 어떤 행위처럼 보였다면 우리는 다시금 그 이유를 물을 것이다. 그리고 그 사람이 아무런 이유가 없다고 대답한다면, 그는 그 질문이 적용될 수 있는 영역으로부터 팔의 움직임을 배제시키면서, 그 질문 자체를 부정할 수도 있다. 이렇듯 예술작품과 그것과 닮은 사물 간의 관계는 이 점에 있어서 기본 행위와 외적인 모든 측면에 있어서 그것과 정확히 닮은 신체적 운동의 관계와 유사하다.

이제 또 다른 두 넥타이에 대해 고찰하기 전에 「폴란드 기수」와 닮은 가상의 물감자국의 사례로 돌아가보자. 다시금 우리는 그것이 무엇에 관한 것이고 그 주제가 무엇이냐고 묻고, 그것이 「폴란드 기수」와 형태가 똑같기 때문에 「폴란드 기수」의 주제가 어떤 것이건 이 물감자국의 주제도 그와 똑같을 것이며, 전자가 애매성을 갖고 있다면 그것 역시 애매성을 갖고 있을 것이라고 논란을 벌일 수 있겠지만, 옳은 답은 그것이 주제를 갖지 않는다는 것이다. (맹세코 나는 그렇게 생각한다!) 그러나 물론 그 물감얼룩이 주제를 가진 어떤 대상—「폴란드 기수」 자체—과 일치한다 해도 그것이 어떤 형식적 구조를 갖는 것인지조차 분명하지 않으며, 설혹 그것이 구조를 갖는다 해도 그것이 그 구조적 상대역으로부터 의미를 물려받은 것인지는 전혀 분명하지 않다.

만일 이것이 받아들이기 어렵다고 생각된다면, 단순한 스냅사진 외에 다른 어떤 복잡한 것도 포함하지 않는 사진의 예를 생각해보라. 그 스냅사진이 세계무역센터의 사진이라고 하자. 우리는 이러한 서술이 참된 것이 되기 위해 어떤 조건들을 갖추어야 하는지 잘 알고 있다. 그것은 어떤 각도에서 포착한 것이든 세계무역센터를 닮아야 한다. 그리고 사례를 복잡하게 만들지 않기 위해 어떤 점에서도 그것이 흐릿하지 않다고 해두자. 그러나 그뿐만 아니라 그것은 세계무역센터 자체로부터 **초래된** 것으로서, 그 건물로부터 나온 광선들이 음영의 패턴을 정확히 산출하도록 사진화학적으로 인화지와 상호작용을 한 것이어야 한다.

이제 이 사진 옆에 음영의 동일한 패턴을 갖는 사진 한 장을 놓아보자. 어쩌면 그것은 신비스럽게도 종이 위에 나타난 것일지도 모른다. 어쩌면 그것은 케이프커내버럴 너머의 바다 쪽으로 카메라를 열어두었을 때 부지불식간에 셔터를 눌렀기 때문에, 그리고 우리가 예술철학을 한 조각씩 구축하고 있는 그런 종류의 우연에 의해 생겨난 것일 수도 있고, 그 결과 세계무역센터의 사진과 정확히 닮게 되었다고 하자. 그러나 사진으로서의 인과적 조건을 충족시키지 못하기 때문에 그것은 세계 무역센터의 사진이 아니다. 상이한 원인을 가진 사진은 우리의 첫 번째 사진과는 다른 종류의 사물이며, 그리고 그 사진이 어떤 것에 관한 것이라는 주장, 따라서 그것이 원래의 그 스냅사진이라는 주장과는 일치하지 않는 인과적 역사를 상상해볼 수 있다. 나는 여기서 이러한 고찰이 엄청나게 큰 철학적 유의미성을 가지며, 우리의 주제와의 상호연관성이 대단히 크기 때문에 여기서는 그 일부만을 개괄하는 것이 좋다고 생각한다.

『성찰』에서 데카르트는 "꿈속에서 재현된 사물들은 표상이나 그림과 비슷하다"고 상정한다. 그는 또한 우리가 꿈을 꾸는지 아니면 깨어 있는지 말할 수 있는가 하는 물음을 제기한다. 그리고 그는 지각의 문제에 있어서 표상론자인 까닭에, 우리가 깨어 있을 때 재현된 것도 표상이나 그림과 같다고 말한다. 차이점은 우리가 깨어 있는 상태에서 올바로 지각할 때 표상은 그것이 닮고 있는 것을 원인으로 갖고, 따라서 내가 방금 특징지은 것처럼 참된 지각은 스냅사진과 비슷하다는 것이다. 그러나 유사성의 정도가 강할 때 즉각적으로 문제가 발생한다. 데카르트는 우리가 어떤 표상(관념, *idée*)이 이것이나 저것의 표상으로 간주할 수 있다고 상정하는데, 예를 들면 가운을 입고 책상 앞에 앉아 외부 세계의 문제들에 대해 생각하고 있다는 것을 자기 자신의 표상으로서 동일시할 수 있으며, 이러한 동일시는 그가 단지 꿈을 꾸는 것이건 혹은 실제로 직접 지각하는 것이건 상관없이 가능하다고 상정한다.

그러나 만일 정말로 참된 지각이 사진과 같다면, 사진은 그 원인이자 그것과 닮은 어떤 사물에 관한 것일 뿐인 반면, 그것과 똑같이 닮았지만 상이한 인과적 역사를 가진 다른 사진은 그렇지 않다는 바로 그 이유 때문에, 관념이나 표상은 올바른 인과적 역사를 가질 때만 우리가 그 원인이라고 믿는 것에 관한 사진이지만, 그 반면에 그것과 똑같이 닮았지만 상이한 인과적 역사를 가진 사진은 그렇지 않다. 그러므로 만일 표상을 어떤 것에 관한 것이라고 특징짓는 것이 옳다면, 내가 동일시한 바와 같이 나는 어떤 표상이 동일시될 수 있으려면 그것이 반드시 가져야 하는 종류의 인과적 역사를 갖는다는 것을 지성적으로 의심할 수 없다. 그 의심은 비지성적인 것이거나 아니면 그 동일시가 틀린 것이다. 따라서 나의 관념들이 '명석하고 판별적인' 정도에 따라, 즉 이것이나 저것에 관한 것이냐에 따라 만일 표상론이 옳다면, 그 관념들이 올바르게 동일시될 경우 그것들은 내가 그 원인들이라고 믿을 수밖에 없는 것과 정확히 대응한다. 물론 표상 이론 자체가 틀린 것일 수 있고 아마도 틀린 것이겠지만, 적어도 그 구조의 한 요소가 희생되어야만 한다는 것은 주지해봄직하다. 외부 세계의 문제는 아예 없는 것이거나 내가 표상들을 동일시할 수 없거나, 아니면 관념들은 결국 표상이 아닐 것이다.

물론 데카르트의 이론을 더 해부해보는 것은 여기서 우리가 해야 할 일은 아니지만, 그의 유명한 딜레마들은 서로 정확히 닮은 어떤 것들이 동일한 부류에 속하지 않을 수도 있다는 것, 또는 그들 중 하나는 올바른 인과적 역사가 전제될 때만 어떤 것에 관한 것일 수 있는 반면, 그것의 상대역은 전혀 아무것에 관한 것이 아닐 수 있다는 생각을 적용해볼 수 있는 좋은 기회를 제공한다. 『철학적 탐구』에서 비트겐슈타인은 우리가 계산에서 사용하는 것과 똑같은 형식의 장식물로 사용하는 한 부족에 대해 고찰한다. 따라서 그들은 다음과 같은 모양의 장식물을 가질 수 있을 것이다.

$$\int [F(x)+g(x)]\,dx = \int F(x)\,dx + \int g(x)\,dx$$

그러나 그들의 장식물은 이것이 말하는 바를 진술하고 있다고 결론지을 수는 없다.

$$\int [F(x)+g(x)]\,dx = \int F(x)\,dx + \int g(x)\,dx$$

즉 그들의 도형 장식물은 어떤 합의 적분이 적분들의 합과 같다는 것을 의미하지는 않는다. 이 부호들이 어떻게 출현하게 되었는가를 밝히는 것은 과연 여기서 의미의 문제가 발생하는가 여부를 결정지으며, 따라서 진리의 문제도 결정짓는다. 아마도 틀림없이 그 부족의 천막 벽 위에 써 있는 것은 그 나름대로 의미를 가질 것이다. 어쩌면 그것은 단순한 장식물 이상의 것일지도 모른다. 그러나 내가 그 부호가 그들에게 무엇을 의미하는지 알기 전까지, 나는 그것이 함수들의 합에 대한 공식과 연관된 문법을 갖고 있는지조차 확신할 수 없다.

이 점이 확립된 것으로 본다면 피카소의 넥타이가 정말로 주제를 가진다고 가정하고, 더 나아가 매끄럽게 칠해진 푸른 물감에 대해 내가 묘사한 것을 고려할 때 물감 칠하기(painting)가 그 작품의 주제의 일부라고 가정해보자. 1950년대의 회화에서 붓자국(brushstroke)은 캔버스 위에 붓을 내려놓는 행위를 즉각적으로 전달하기 때문에 아주 굉장한 중요성을 갖는데, 그 사실을 감추는 것은, 예컨대 어떤 시대의 전통 회화에서 표면을 유리처럼 매끈하게 붓질을 감추는 것은 생각조차 할 수 없는 일이었다. 그리고 물감 칠하기는 사실상 창조적인 행위로 규정되었기 때문에——그 행위는 작품의 원인이며 실체였다——붓자국은 깊은 뜻을 담고 있는 상징이었다. 아마도 피카소가 붓질을 지워버린 것은 그러한 통념을 논쟁적으로 지칭한 것이라고, 다시 말해 결국 추상 표현주의자들이 허용하는 제스처의 편협한 어휘 외에도 물감 칠하기 행위를 수행하는 다양한 방식이 있다는 것을 말하는 것으로 해석할 수도 있다.

그리고 이러한 제안의 요점은 붓자국의 형이상학에 대해 속속들이 알지 못하는 사람이라면, 밀러드 마이스가 우리에게 보여주었듯이 흑사병 이후의 피렌체와 시에나의 예술사에 대해 모르는 사람이라면 스트로치 제단에 나타난 조토적 원근법의 결핍에 대해 이 경우 그것이 고의로 삭제되었다는 사실을 알아보지 못할 것이라는 점이다. 조토에게서는 자연스러운 것이었지만 성자의 모습과 인간의 모습 사이의 부자연스러운 관계를 알아보기 어려울 텐데, 마찬가지로 그 사람은 「크라바트」의 매끈한 물감칠의 유의미성을 전혀 깨닫지 못할 것이라는 점이다. 특정한 재현 방식을 고의로 거부하는 것은 세계와 사람들이 관계하는 방식 전체를 거부하는 것이며, 이 경우 조토의 그림들에서 발견해야 할 것은 사실주의의 이름으로 인간의 오만에 의해 흉물스럽게 왜곡된 관계를 재확립하려는 예술적 시도이다.

나르도 다 치오니[13]나 안드레아 디 오르카냐[14]의 작품을 보았고, 회화 양식에 대해 어느 정도 지식이 있는 사람이라면 조토 이전 시대의 그러한 그림들을 쉽게 식별할 수 있을 것이며, 참으로 이 그림들은 조토 이전에 쉽게 그려질 수 있었던 것이다. 그러나 그것들은 우리가 그 그림들이 갖는 의미들에 대해 알고 있다는 것을 의미할 수는 없었는데, 왜냐하면 조토는 아직 태어나지 않았고 흑사병이 피렌체와 시에나 도

---

13) Nardo da Cioni(1320~66). 이탈리아의 화가, 안드레아 디 치오네의 동생. 그의 작품은 20세기에 시렐, 오프너, 보스코비츠의 연구 결과로 상당수가 복원되었다. 나르도는 자신만의 스타일, 두드러지게 서정적인 기질, 시적 가치에 대한 감수성, 강한 인간적 공감, 미묘한 차이와 부드러운 모델링의 수단으로서의 색깔에 대한 감수성으로 유명하다.
14) Andrea di Orcagna(Cione)(1315~68). 이탈리아의 화가·조각가·건축가·시인. 남아 있는 그의 그림들은 특히 마소 디 반코와 타데오 가의 영향을 많이 받았다.

시들을 휩쓸고 지나가기 전이었기 때문이다.

  그렇다면 이것은 세잔의 넥타이가 예술작품이었다고 하더라도 피카소의 넥타이가 의미하는 것을 왜 그가 그 넥타이를 통해 의미할 수 없었는가 하는 이유가 되는데, 왜냐하면 연관성 있는 사건들은 그의 미래에 일어났고 그의 예술을 위한 주제를 형성할 수 없었기 때문이다. 그리고 마찬가지로 그것은 왜 그 어린아이의 넥타이가, 그것이 어떤 의미를 갖는다고 가정할 때 피카소의 넥타이가 의미하는 것을 의미할 수 없는가 하는 이유가 될 것이다. 그 어린아이가 현대 예술사를 내면화했다거나 붓자국의 사정없는 공격성을 이해할 수 있으리라고 기대할 수 없다. 그러한 진술이 가능하기 전에 예술사의 모습이 변화되어야 한다는 것이 아니라 만일 어떤 사람이 그러한 종류의 진술을 하려면 그러한 예술사를 내면화해야 한다는 것이다. 그리고 바로 이것을 그 어린아이는 할 수가 없었던 것이다. 혹은 있음직한 일은 아니지만 그것은 그 어린아이가 폴록과 데 쿠닝과 클라인에 대해 얼마나 알고 있느냐에 따라 "우리 꼬마라도 할 수 있다"는 말의 의미는 변화를 겪을 수밖에 없다는 것을 말해준다. 그렇다면 그것은 대단찮아 보이는 작품이 아니라 뛰어난 어린아이의 작품일 것이다.

  이런 시각에서 볼 때 표절품의 지위는 바로 이것에, 즉 아마도 표절자의 진술로 가정되는 것은 원작자와 그릇된 관계에 달려 있다는 것이다. 그것은 단지 다른 사람의 진술, 즉 피카소의 진술인 것처럼 가장하고 있을 뿐이다. 표절꾼들은 다양한 동기를 갖는다. 반 메헤렌은 그가 베르메르만큼 그림을 그릴 수 있다는 것을 증명하고 싶어했지만, 우리는 이것이 베르메르 흉내 내기를 통해 그가 제시한 진술이라고 생각하기보다는 허튼소리를 토대로 합리화하려 한 진술일 뿐이라고 생각한다. 그리고 만일 베르메르가 실제로 반 메헤렌의 손길이 닿은 작품들을 통해 그런 진술을 했다면, 그가 어떤 진술을 하든 베르메르에 의해 그려진 것이 아니기 때문에 그 진술들은 그 그림들을 통해 만들어진 진술일 수가 없다. 반 메헤렌은 결국 1935년이나 그 언제이건 우연히 베르메르의 화풍으로 그림을 그리고, 그러한 고의적인 양식적 시대착오를 토대로 화가가 만드는 어떤 진술도 원작자가 제시한 것과는 완전히 다른 입장에 있는 것이다. 그것은 아마도 당시의 네덜란드 미술의 퇴보에 관한 진술일지도 모른다.

예술작품이라고 선언한 J의 우울한 붉은 사각형으로 다시 돌아가서 우리는 이렇게밖에 말할 수 없을 것이다. 그것은 예술과 현실의 경계가 예술과 현실의 차이를 만드는 것의 일부가 되는 이론적 분위기에서 이 세상에 존재하게 되었고, 작품을 통해 그 경계들을 융합시키는 동시에 용케도 그 경계를 뛰어넘었다. 그것은 자기 자신의 정의를 만들어냄으로써 예술작품이 되었다. 그러나 그것은 여전히 매우 공허하다.

우리는 이 길고도 미로와 같은 논의에서 예술작품의 성격을 이해하는 데 그다지 진척을 보지 못했다고 생각된다. 우리는 다만 어떤 종류의 문제, 예술작품의 부류보다 훨씬 폭넓은 사물들의 부류와 연관된 것임을 쉽게 알 수 있는, **지향성**(aboutness)의 문제에 관한 것이라는 것을 알았을 뿐이다. 우리가 철학적인 성취를 거둔 것처럼 내세울 수 있으려면 아직도 갈 길이 멀다. 그러나 다음 발걸음을 내딛기 전에, 철학자 프랜시스 스파샷이 제기한 심오한 물음들에 비추어 J의 그림을 잠시 생각해보기로 하자. 그는 이렇게 묻는다. "자기가 전에 거짓이라고 생각한 공허한 그림에 의해 만들어진 진술을 참된 것으로 받아들일 비평가가 있겠는가?" 그리고 "공허한 그림은 흥미로울 수 있거나 흥미로운 진술을 제시할 수 있는가?" 그리고 마지막으로 "공허한 작품에 의해 만들어지는 진술이란 언제나 '지금 이 갤러리에서 이와 같은 그림을 전시하고도 살아남을 화가가 존재한다'는 식이 되는 것인가?"[15]

화가 대신 판자 위에 잉크를 엎지르고 그것을 그대로 전시한 판화가에 대해 상상해보라. 어떤 예술가, 즉 근대 일본의 유명한 목판화가이자 내 친구이기도 한 시코 무나카타(Shiko Munakata)는 바로 그런 일을 했다. 시코는 다음과 같은 글을 쓴 적이 있다.

> 나는 보통 사람에게 깎지 않은 판자 위에 인도 잉크를 바르고, 그 위에 보통 종이를 얹고 찍어보라고 권한다. 그는 검은 판화를 얻게 될 것이지만, 그 결과는 잉크의 검정색이 아니라 판화의 검정색이다.
> 그러면 그 오브제는 그 표면을 깎음으로써 이 판화에 더 큰 생동감과 더 큰 힘을 줄 것이다. 내가 무엇을 깎든지 나는 깎지 않은 판화와 비교하면서 이렇게 묻는다. "어느 것이 더 아름답고, 더 강하며, 더 깊이 있고, 더 무거우며, 더 많은 운동성을 갖고, 고요한 느낌을 더 많이 갖는가?"
> 만일 여기에 깎지 않은 나무토막보다 열등한 것이 있다면, 나는 나의 판화를 만든 것이 아니다. 나는 나무토막에게 패배한 것이다.[16]

그 비평가는 분명히 이 진술에서 무엇인가를 배울 수 있을 것이다. 잉크의 검정색과 판화의 검정색을 구별하는 것은 이보다 더 계몽적인 것은 드물므로 어떤 예술철학 저술이라도 구원해낼 수 있을 것이다. 만일 그 비평가가 무나카타가 어떤 진술을 제시하고 있는지 알고 있었다면 그는 검정색 판화를 봄으로써 그 점을 알 수 있을까? 식견 없이 판화만을 검사해서는 안 되겠지만 나는 그가 그럴 수 있다고 생각한다. 「토카이도의 53개 정거장」(The 53 Stations of Tokaido)이라는 구성 작

---

15) Francis Sparshott, "Some Questions for Danto," *Journal of Aesthetics and Art Criticism*, 1976, pp.79~80.
16) Charles E. Tuttle, *Shiko Munakata*, Yojuro Yasuda(ed.), 1958, p.5.

품에서 볼 수 있는, 무나카타의 뛰어난 후지산 판화는 내가 아는 그의 다른 작품에 못지않은 검은 판화이지만, 그것을 보는 사람들 중에서 그 심오함을 감지하는 사람은 드물다. 검은 판화를 한 번 이상 만들어야 하는 어떤 이유가 있을까? 나는 이렇게 생각한다. 그 밖의 모든 것은 "나무토막에 패배하는 것"이기 때문에 작가는 다른 종류의 작품을 만들지 않기로 결심할 수 있을 것이다. 그런 일을 하고도 살아남을 사람이 있을까? 나는 '그런 일'이 무엇을 의미하는지 가늠할 수 없다. 나는 그 검정색 판화를 이해하는 사람이라 할지라도 "그런 일을 하고도 살아남을 수 있을까"라는 말이 무엇을 의미하는지는 결코 이해할 수 없을 것이라고 생각한다. 그 판화들은—J의 작품과는 대조적으로—결코 공허한 것이 아니지만 무나카타의 심오한 모범은 우리가 이해하는 데 아무런 도움이 되지 않는다고 주장할 수도 있다. 나는 그 말을 받아들이겠지만, 아마도 그 말은 어떤 판화가—또는 그림이—공허하다고 말하는 것이 지극히 어려운 일이라는 것을 의미할지도 모른다.

3 철학과 예술

철학은 특수한 주제를 가지고 있어서 어떤 것이나 철학에 적합한 주제가 되는 것은 아니라고 믿기 때문에, 예술이 자연스럽게 철학적으로 다루어질 수 있다는 사실은—내 믿음이 옳다면—왜 예술이 그럴 수 있는가를 검토할 때 철학과 예술에 관해 동시에 무엇인가를 알게 된다는 것을 함축한다. 그러므로 이 장에서 나는 철학이 우선적으로 서술해야 하는 것으로 생각되는 것, 즉 예술 자체뿐만 아니라 예술철학에도 관심을 둘 것이다. 따라서 어떤 진지한 철학적 탐구도 그렇듯이 예술철학은 메타철학적인 동시에 자기 반성적인 것으로서, 데카르트가 사유 자체에서 발견하고자 한 성찰적 특성을 갖는 철학으로 드러날 것이다.

내가 무엇에 대해 사고하든 나는 사고하는 주제에 대해, 그리고 사고(思考)에 대해 동시에 무엇인가를 알게 되므로, 사고에 의해 밝혀지는 그 대상들의 구조는 사고의 구조 자체에 관한 발견이기도 하다. 철학의 본성은 그것이 어떤 것을 다루든 동시에 논리적으로 함축되며, 만일 그것이 참이라면 이 사실은 예술철학에서 좀처럼 논의되지 않는 한 가지 문제를 전면에 부각시킬 수밖에 없게 한다. 즉 예술이 자신에 관한 철학을 가질 수 있는 까닭이 무엇이며, 그리고 역사적 사실의 문제로서 플라톤과 아리스토텔레스에서 하이데거와 비트겐슈타인에 이르기까지

이 주제에 관해 무엇인가 말하지 않은 대표적인 철학 사상가가 없었던 이유는 무엇인가 하는 것이다.

물론 이것은 단순히 귀납적인 문제일 수 있다. 설혹 근본적으로 그 철학자들이 (칸트처럼) 풍부한 교양을 갖추지 못했다고 해도, 그들이 예술을 주제로 삼았다는 것은 철학자로서 해야 할 일이기 때문에, 그들 모두가 예술에 대해 논의한 적이 있다는 것은 철학자들에 관한 피상적인 사실에 불과할 수도 있다. 그러나 나는 그렇게 생각하지 않는다. 철학적 계기를 갖는 사물들의 집합은 논리적으로 닫혀 있고, 철학의 에너지는 진지하고 체계적인 철학자(다른 종류의 철학자는 있을 수 없다)로 하여금 조만간 내적으로 연관된 주제의 전체 주기(週期)를 섭렵할 것을 요구한다고 믿기 때문에, 그 철학자가 정말로 그 주기 안에 있다면 다른 데서 출발했다 하더라도 결국 예술에 이르게 될 것이며, 혹은 그가 예술에서 출발했다면 그 주기 안에 있는 다른 어떤 것들에게 이르는 것은 불가피한 일이다. 예술에 깊은 감수성을 가졌던 니체는 예술에서 그 주기를 시작했지만 결국 모든 주요한 철학적 문제들을 체계적으로 다루게 되었던 반면, 두드러지게 예술에 둔감한 것으로 보이는 칸트는 마지막 단계에 이르러 철학문헌 전체를 통해 예술을 철학적으로 다룬 가장 대표적인 저작을 남김으로써 자신의 철학적 주기를 완성했다. 사실상 그리고 아마도 원칙적으로 예술이 속해 있는 넓은 개념적 틀에서 유리된 채 오로지 예술에 대한 글을 쓰는 철학자를 상상하기란 매우 어렵다.

철학자들이 예술에 관해 쓴 것을 접할 때 비철학도가 실망하여 등을 돌리기 쉬운 것은 바로 그러한 이유 때문이다. 예술에 관한 모든 것이 철학적 성찰의 항목으로 자연스럽게 떠오르는 것은 아니고, 예술을 매력적이며 침투력 있고 중요한 것으로 만드는 많은 것들이 철학적 적합성을 갖지 않는다는 것으로 그치지 않는다. 그뿐만 아니라 철학자들은 예술과 철학의 다른 관심사들 간의 교차점에 자신의 체계의 무게 전체를 싣고, 예술로부터 자기의 관심에 우연히 부합하는 것만을 추출하는 경향이 있다. 그렇기 때문에 평범한 독자들은 철학자가 쓴 것을 단순히 이해할 수 있기 위해서라도 문제의 체계에 친숙해져야 한다는 것을 깨닫는다―예컨대 칸트의 중요한 구조들을 파악하고 플라톤의 존재론적 도식들을 내면화해야 한다. 그뿐만 아니라 현상으로서 예술이 그러한 고찰로부터 얻는 도움이 얼마나 미미하며, 마치 속살을 버리고 이해할 수 없는 어떤 이유로 달걀껍질을 보존하는 것처럼 얼마나 많은 부분들이 어이없이 내버려지는지를 생각하면서, 독자는 처음부터 그러한 성찰을 시도할 필요가 없었다는 것을 깨닫는다.

물론 이것은 우선적으로 x 자체에 대해 관심을 가진 사람들, 아마도 단순히 인간적으로 그것에 관심을 가진 사람들 편에서 x에 관한 철학들에 대해 늘 제기하는 불만사항이다. 예를 들면 과학철학과 언어철학은 바로 그와 똑같은 분개심의 표적이 되어왔고, 그리고 외견상 예술과 밀접한 것으로 생각되는 것들, 즉 패션, 공예, 고급 요리, 개 사육 같은 것과는 달리 왜 과학과 언어가 자연스럽게 철학적으로 적합한 또 다른 두 주제가 되었는가 하는 것은 생각해볼 만한 문제이다. 상당수의 언어학자들을 제외하고 소수의 언어학자들은 과연 자신들이 철학적으로 유의미한 어떤 일을 할 수 있는지에 대해 의문을 갖는다. 그리고 철학자들 자신도 종종 똑같은 물음에 당혹감을 느낀 나머지 이른바 뒷문을 통해 언어학자가 되기도 한다. 그러나 언어에 관한 철학적 물음이 과학에 관한 물음으로 되는 것은 거의 불가피하며(그렇다고 전문 언어학자들이 관심을 갖는 문제들이 철학적인 문제가 아니라는 뜻은 아니다), 그것은 과학의 경우도 마찬가지이다.

그리고 나는 예술의 경우도 그와 같다고 믿는다. 아무리 풍부하게 예시적인 경우에도 예술철학은 예술에 관한 인간적인 관심과는 단지 표면적으로 혹은 수직적으로 교차할 뿐이고, 예술에 관한 철학적 저술은—가장 모범적인 것이라 할지라도—결국 예술철학이 예술의 삶과는 심오한 의미에서 연관성을 갖지 않는다는 것, 즉 예술에 대해 알아야 할 가치가 있는 많은 것들은 결국 이 건조하고 골자를 빼버리는 것 같은 분석에 의해 전혀 조명될 수 없다는 것을 깨닫게 만들기 때문이다. 그러므로 예술철학자들과 예술계 자체는 마주보는 곡선처럼 한 지점에서 만난 다음 영원히 다른 방향으로 각기 돌진한다. 이러한 사실은 음유시인 이온(Ion)의 시대에서 10번 가(街)와 사교클럽의 고집스런 비합리론자들에 이르기까지 예술가들의 구미에 맞는 활동을 이론적으로 그리고 지적으로 다루는 것에 대한 적개심을 강화시킨다.

만일 예술의 지위에 대한 철학적 물음이 거의 예술의 본질 자체가 되지 않았다면, 즉 예술철학이 주제 바깥에서 분리된 객관적 관점에서 주제에 대해 서술하는 대신, 주제의 내적 원동력을 명료화하는 방식으로 예술 자체가 진화하지 않았다면 상황은 여전히 똑같았을 것이다. 오늘날 예술을 그 자신의 철학과 구별하기 위해서는 각별한 노력이 요구된다. 바야흐로 예술작품 전체가 철학적 관심을 끄는 어느 한 부분으로 압축되고, 그 결과 예술 애호가들을 즐겁게 할 만한 것이 거의 남아 있지 않은 것은 사실인 것 같다. 정신은 자기 자신을 의식하게 된다고 말한 역사에 관한 헤겔의 교훈을 예술사는 사실상 정확하게 반증한다. 예술이 자의식 자체로 변모했다는 것, 즉 철학이 자기 자신에 관한 자의식 자체가 된 것에 비견할 수 있는 반성적인 방식으로 예술이 자신에 관한 의식 자체가 되었다는 점에서 예술은 역사의 이 사변적인 경로를 재연(再演)해왔다. 그리하여 이제 예술을 그 자신의 철학으로부터 구별짓는다는 것이 과연 무엇을 의미하는가 하는 물음이 남는다. 이어서 이 물음은, 예술작품들이 예술철학의 실천으로 변모했다고 보는 한, 예술철학의 실천 사례라고 할 수 있는 이 책과 본래부터 예술작품인 것을 구별짓는 것은 무엇인가 하는 물음을 야기한다. 그러나 이 물음은 왜 어떤 것은 예술작품이면서 그것과 똑같이 닮은 다른 어떤 것—우리가 흔히 보는 병따개와 고상한 조각작품의 지위에 오른 다른 병따개의 경우처럼—은 예술작품이 될 수 없는가라고 우리가 제1장에서 제기한 물음들을 새로운 수준으로 끌어올린다.

어쨌거나 예술의 정의는 매우 명시적인 방식으로 예술의 본질의 일부가 된다. 그리고 예술을 정의 내리는 것이 항상 철학적 관심사가 되어왔다면(정의 내리려는 것은 철학적 편견의 결과가 아니다. 왜냐하면 철학은 단순히 사전 편찬법 같은 것이 아니며, 우리가 관심을 갖는 문제는 다음과 같이 서술될 수도 있기 때문이다. 즉 예술은 왜 철학자들이 정의 내리는 일에 관심을 기울여온 것들 중 하나였는가?)—철학이 스스로 주제가 되는 경우를 제외하고 철학과 예술의 주제가 일치한다는 것은 놀라운 일이 아닐 수 없다. 이 사실은 철학과 예술이 동일하다는 제안을 거의 거부할 수 없게 만들며, 따라서 예술철학이 존재하는 이유는 철학이 항상 자기 자신에게 관심을 가져왔고, 예술은 잠시 자신으로부터 소외된 철학의 한 양태라는 것을 깨달았기 때문이다. 그것은 거의 거부할 수 없는 제안인 듯하다. 그러나 그것은 우리가 지혜롭게 극복할 수 있는 제안이다. 그럼에도 불구하고 그 제안이 우리에게 주어질 때 우리는 자의식을 갖고 예술의 정의를 부여하려는 기획 쪽으로 향하는 편이 낫다. 예술과 철학의 경계들은 소멸될 위험에 이르렀기 때문에, 예술의 정의가 곧 철학의 정의가 되는 것, 진실로 내적인 자기-규정을 피할 수 없기 때문이다.

그러므로 철학과 그 주제가 갖는 논리적 공생 관계라는 견지에서 볼 때, 철학에 관해—그리고 예술에 관해—우리가 가진 최고의 철학자들 중에서 예술을 정의할 수 없다고, 경계가 없기 때문이 아니라 평상적인 방식으로는 경계를 그을 수 없기 때문에 정의를 내리려는 시도는 오류라고 주장하고 싶어하는 사람들이 있다는 것은 일종의 충격이다. 혹은 예술을 정의할 수 없는 한, 그리고 예술철학과 예술 간의 경계가 말살되는 한, 예술철학뿐만 아니라 철학 자체가 하는 일에 대해서도 정의는 내려질 수 없다.

비트겐슈타인에게 있어서 세계의 최종적 표상에서 철학의 명제들(그것이 명제라고 **불릴** 수 있다면)을 위한 자리를 발견할 수 없는 한, 철학은 『철학 논고』(*Tractatus*)에서 무의미하다고 낙인찍힌 문제였다. 철학이 『철학 탐구』(*Philosophical Investigations*)에서 불필요한 것으로 그리고 결국 무의미하다고 낙인찍히게 된 것은 우리가 사는 삶의 양식에서 철학의 언술들을 위한 자리를 발견할 수 없기 때문이다. 『철학 탐구』에서 철학은 '언어가 무의미하게 될' 때 시작된다. 『철학 논고』에서 우리가 자연과학이 가진 가장 첨예한 칼날들을 무의미의 공허 속으로 물러나게 할 때 철학은 시작된다. 철학은 그 전문가들의 믿음과는 달리 사실들을 표상하지 않으며, 철학에 열광하는 사람들이 당위적인 것으로 믿는 것과는 달리 아무런 효용성도 없다.

그러므로 철학은 잘못 사용된 언어이거나 미숙하게 사용된 언어이며, 플라톤의 눈에 비친 시인들처럼 철학에 관해 말하는 사람들은 외부 세계의 침묵 속으로 추방되어야 한다. 그리고 철학이—과학과는 대조적으로—무엇인가 알려주는 체할 때, 그리고 참된 어떤 것—예컨대 예술에 관해—을 말해주는 체할 때 그것은 우리가 이미 아는 것을 말하는 위장술이거나—그 경우 철학은 쓸모없는 것이며—또는 우리가 아는 것과 반대되는 것을 가감 없이 말하는 것인데 그 경우 철학은 거짓이다. 철학은 인간적 지식을 반복하거나 부정하는 일일 뿐이며, 예술철학에서만큼 그런 일이 많았던 곳도 없다. 따라서 나는 솔직히 말해서 우리가 회피할 수 없는 이 문제에 관해 비트겐슈타인의 입장을 탐구해

보고자 한다.

내가 이해하는 한, 비트겐슈타인의 논제는 예술의 정의가 정식화될 수도 없고 그럴 필요도 없다는 것이다. 정의가 정식화될 수 없는 까닭은 우리가 다루고 있는 개념의 성격 때문인데, 예술이라는 개념은 예술작품을 위한 기준이 존재할 수 있는 가능성을 배제하고, 따라서 예술작품에게 필요하고도 충분한 조건들의 집합이 있을 수 있는 가능성을 배제하는 종류의 개념이다. 비트겐슈타인주의자들이 우리에게 설득하고자 하는 것은, 그러한 기준은 결코 발견될 수 없다는 것, 그리고 필요성과 충분성에 대한 전통 철학의 요구를 충족시키는 종류의 정의를 추구하는 것은 방향 잃은 지성이 착수한 거대하고 무익한 원정이었다는 것이다. 왜냐하면 철학자는 목표물을 충분하게 살피지 못했고 예술작품들의 집합을 일종의 얼룩말 같은 종(種)으로, 즉 동종성의 원리를 발견할 수 있는, 논리적으로 동질적인 대상들의 집합을 이루고 있는 것이라고 선험적으로 가정했기 때문이다.

만일 그것이 참이라면 그 원리가 수세기 동안 최고의 지성들에게 포착되지 않았다는 것은 얼마나 놀라운 일인가? 물론 그 과제는 초인적인 능력을 요구하는 지난한 일일 것이다. 그러나 우리에게 필요한 설명은 오히려 문제의 집합이, 흥미롭게도 숨겨져 있는 난해한 어떤 원리에 따르는 방식으로 구성되어 있는 것이 아니라, 철학자들이 상상하지 못한 방식으로 구성되어 있는 완전히 상이한 종류의 집합일 수도 있다는 가능성에서 발견될 수 있는 것이 아닐까? 그 집합은 그 구성원이 되기 위해 요구되는 어떤 공통된 특징 같은 것을 전혀 공유하지 않은 것들로 이루어진 논리적으로 열린 집합은 아닐까?

비트겐슈타인의 가장 유명한 사례들 중의 하나를 인용한다면 게임의 집합 같은 것은 어떨까? "그것들 모두에 공통된 것은 무엇인가?" 『철학 탐구』에서 그렇게 묻고 비트겐슈타인은 이렇게 말한다. "'공통된 어떤 것이 있음이 틀림없다거나 또는 그것들 전부가 게임이라고 불리는 것이 아닐 수도 있다'고 말하지 말라—그 대신 모두에 공통된 것이 있는지 **살펴보라**—왜냐하면 만일 당신이 그것들을 살펴본다면, 당신은 모두에 공통된 어떤 것이 있는 것이 아니라 유사성, 관계들…… 서로 겹치고 교차되는 복잡한 유사성의 망조직을 보게 될 것이기 때문이다" (Sec. 66~67).

그렇다면 모든 게임들이 공통된 속성을 갖고 있다는 것은 역사적인 우연의 문제로서 참일 수 있으며, 우리는 이 우연성에 속아서 게임의 정의가 주어진 것으로 생각할 수도 있다. 사실을 말하면 우리가 가정하는 정의에는 부합하지 않지만 우리가 직관적으로 게임으로 인지할 수 있는 내일이라도 창안될 수 있는 게임이 존재할 가능성은 항상 있다. 그리고 정의 내리려는 어떤 노력이든 불필요한 것으로 만드는 것은 바로 이러한 직관에의 호소이다. 즉 언어에 숙달함으로써 우리는 어떤 것이 게임이고 어떤 것이 게임이 아닌지 식별하는데, 이때 우리가 정의를 적용하지 않는 까닭은 정의 같은 것은 없기 때문이다. 그리고 어떤 정의도 우리를 더 지혜롭게 만들지 않는다. 왜냐하면 우리는 정의 없이도 쉽게 잘살기 때문이다. 그러므로 게임의 정의는 주어질 수도 없고 주어질 필요도 없다.

이러한 분석은, 비트겐슈타인의 정식화에 따라 **친족 유사성의 집합**(family-resemblance class)이라 부를 수 있는 것에 해당하는 예술작품들의 집합에도 힘들이지 않고 확장될 수 있다. "나는 이렇게 말하겠다. '게임은 친족을 형성한다'"고 그는 말하면서 종(種)과의 대조를 시사한다. 왜냐하면 한 친족의 구성원들을 연결하는 유사성은 그와 같은 방식으로 교차하기 때문이다. 그리고 모리스 와이즈는 다음과 같이 말하면서 이 점을 바로 우리의 주제와 연결짓는다. "만일 실제로 우리가 예술이라 부르는 것이 무엇인지 살펴본다면 우리는 어떤 공통된 속성들도 발견하지 못할 것이다——오직 유사성의 가닥들밖에는…… '예술'이라는 개념 자체는 열린 개념이다. 새로운 조건들(사례들은 항상 나타났고 의심할 여지 없이 끊임없이 나타날 것이다), 새로운 예술 형태, 새로운 운동들이 나타날 것이다……. 미학자들은 유사성의 조건들을 규정하겠지만 결코 그 개념의 정확한 적용을 위한 필요하고도 충분한 조건들을 규정하지는 못할 것이다."[1] 그 불행한 친족들의 집합인 예술은 바로 비트겐슈타인이 친족이라 부른 것의 한 사례로 생각되는데, 왜냐하면 불행한 친족들은 각기 나름대로 불행하므로 그 불행한 친족들이 이루고 있는 집합을 불행한 친족이라고 부르지 못할 것도 없기 때문이다. 그 반면에 모두 비슷비슷하게 행복한 친족들은 아마도 필요하고도 충분한 조건들 아래 닫혀 있는 집합을 구성할 것이다.

표현형적(表現型的, phenotypical) 성질들의 이러한 교차를 지시하기 위해 사용된 친족 개념은 거의 섬뜩할 만큼 잘못 선택되었다고 할 수 있는데, 왜냐하면 친족의 구성원은 아무리 많이 또는 조금 닮았다고 해도 그들의 '친족 유사성'을 설명해주는 공통된 유전적 관계를 가져야만 하며, 만일 어떤 사람이 이 관계를 갖지 못한다면 그가 아무리 다른 구성원을 닮았다고 해도 (현저한 유사성이 유전적 기준을 충족시킬 만한 증거가 될 경우에도) 그는 한 친족의 구성원이 아니기 때문이다. 그리고 "살펴보라"는 명령도 몇 가지 불길한 함의를 갖는데, 그것은 정의의 문제를 어떤 의미에서 인지적 기술(recognitional skill)의 수행으로 보는 것이다. 게임들이 다분히 그러하듯이 서로 닮은 대상들의 집합에 대해 우리가 '같은 친족에 속하는 것으로' 인지하는, 어떤 인지적 기술이 포함되는 경우들을 보는 것은 의심할 여지가 없다. 그 가족의 구성

---

[1] Morris Weitz, "The Role of Theory in Aesthetics," *Journal of Aesthetics and Art Criticism*, 1956, p.27.

원들이 대단히 밀접한 관계를 갖고 있어서, 딸이 아버지의 눈을 닮고 (우리는 여기서 아버지가 딸의 눈을 닮았다고 말하지 않는 점에 주목하라) 아들이 어머니의 턱을 닮았다는 뜻이 아니다.

인생의 다른 시기에 찍은 동일한 인물의 사진들을 알아보려 할 때 어떤 것들이 동원되어야 하는지 상상해보라. 어린아이와 노인들 간에는 명백한 차이점들이 있지만, 어릴 때의 이디스 워튼[2]은 노부인이 된 이디스 워튼과 대단히 비슷했다. 혹은 여러 화가들에게 자신의 모습을 그리게 한 디드로의 초상화나 버지니아 울프의 초상화들처럼 인생의 특정한 시점에 여러 사람들이 그린 한 인물의 초상화들에 대해 생각해보라. 그리고 서로 일치하는 것은 아니지만, 모차르트나 들라크루아 또는 그 누구이든 같은 사람으로 착각할 만큼 유형상 너무나 비슷한 특정 화가의 그림들을 상상해보라. 그리고 마지막으로 서로 아무리 다르더라도 스타일적 유사성을 가진, 루이 14세나 로코코 시대와 같은 특정 시대의 모든 오브제들에 대해 생각해보라.

물론 우리는 합스부르크(Hapsburg) 가문의 사람들, 워튼의 사진, 디드로의 초상화, 모차르트의 작품, 바로크 오브제들을 식별하는 법을 배울 수 있고, 실제로 만일 우리가 잘 '살펴본다면' 그런 것들을 우리가 잘 식별해낼 수 있는 까닭은 그것들을 각기 정의 내릴 수 없음에도 불구하고, '워튼 룩' '모차르트 스타일' '로코코 분위기' 같은 어떤 공통

---

[2] Edith Wharton(1862~1937). 미국의 소설가. 뉴욕의 부유한 가정에서 태어난 그녀는 가정교사에게서 기본교육을 받았고 부모와 함께 유럽을 여행하며 어린 시절을 보냈다. 열네 살 때 처음으로 소설 *Fast and Loose*를 썼지만 이 작품은 마흔 살에야 발표되었다. 공식적인 문단 데뷔작은 1902년에 발표한 *The Valley of Decision*이다. 워튼의 소설은 거의 언제나 미국인들의 삶에서 발견되는 교양과 도덕의식, 그리고 사회적 변화에 초점을 둔다. 그녀는 1930년에 미국 학술원 회원이 되었다. 대표작으로 *The House of Mirth*(1905), *The Custom of the Country*(1913), *The Age of Innocence*(1920) 등이 있다.

된 속성을 갖기 때문이라고 결론지을 수 있다. 뿐만 아니라 그러한 특질이 그 '친족'의 구성원들을 특징짓는다는 것, 즉 그것들이 같은 인물에 의해 또는 동시에 같은 문화 안에서 탄생하게 되었다는 것은 우연한 일이 아니며, 이것은 인지적 고찰을 넘어서는 일이다. 그리고 이 공통된 인과적 또는 발생적 고찰을 받아들일 때, 어떤 것은 모차르트에 의해 발생한 것이지 결코 그에 의해 다른 어떤 것과 닮은 것이 아니라는 것, 따라서 인지적 기준에 의하면 모차르트의 작품들은 열린 집합인 반면, 인과적 기준에 의하면 닫힌 집합이 되는 것은 물론 가능하다. 그러므로 이것은 인지적 고찰의 적합성에 관한 물음들을 야기한다.

비트겐슈타인적 분석의 다른 부분을 살펴보자. 그 부분의 핵심은 우리가 어떤 것을 게임으로—또는 예술작품으로—쉽게 알아본다는 것, 그리고 여기에 어떤 정의도 필요하거나 요구되지도 않는다는 것이다. 여기에 과연 어떤 종류의 직관이 개입할 수 있을까?「전통미학은 오류에 기초하는가」라는 논문에서 윌리엄 케닉이 서술하는 다음의 사고실험을 생각해보라.

온갖 종류의 물건들—여러 가지 제목의 그림들, 교향악과 무용과 찬송가를 위한 악보들, 기계, 연장, 보트, 집, 조상, 항아리, 시집과 산문집들, 가구와 옷, 신문, 우표, 꽃, 나무, 돌, 악기 등—이 가득한 아주 큰 창고를 상상해보라. 우리는 어떤 사람에게 그 창고에 들어가 그 안에 들어 있는 예술작품을 죄다 꺼내오라고 명령한다. 미학자들조차 인정하는 일이지만, 그가 어떤 공통분모에 의거한 만족할 만한 예술의 정의를 갖고 있지 않다는 사실에도 불구하고, 그는 상당히 성공적으로 그 일을 해낼 수 있을 것이다. 이제 똑같은 사람에게 창고에 들어가서 유의미한 형식을 가진 오브제나 표현적인 오브제들을 모두 꺼내오라고 명령했다고 상상해보라. 그는 금방 혼란에 빠질 것이다. 어떤 것을 보았을 때 그는 그것이 예술작품이라는 것을 알지만, 유의미한 형식을 가진 오브제를 가져오라는 말을 들었을 때 그는 무엇을 보아야 하는지 거의 또는 전혀 알 수가 없다.[3]

케닉은 시간에 대한 아우구스티누스의 유명한 주장을 흉내 내면서 이렇게 말한다. "예술이 무엇인지 아무도 묻지 않을 때 우리는 예술이 무엇인지 안다. 즉 우리는 '예술'이라는 낱말과 '예술작품'이라는 어구를 올바로 사용하는 법을 매우 잘 안다." 지나는 길에, 우리는 방금 말한 '즉'이 일상언어 분석에 의하면 다시 말해서(c'est à dire)에 해당한다는 것에 주목해볼 수 있다. 우리가 시간이 무엇인지 안다는 아우구스티누스의 주장과 연관해서, 누군가 시간을 물어볼 때 지금 몇시라고 대답할 수 있고, 웨스트엔드 바에서 자발 씨네 가게까지 걸어가는 데 시간이 얼마나 걸리느냐고 누군가 물어볼 때 대답할 수 있으며, "몇 시간이 흘렀는지 나는 모르겠다"는 것 같은 말을 할 수도 있고, 메나르가 "진리, 그의 어머니는 역사, 시간의 경쟁자"라고 쓴 것을 볼 때도 특별히 당혹감을 느끼지 않는다는 의미에서, 우리가 '시간'이라는 낱말의 사용법을 알고 있다는 것에 대해 적당히 얼버무릴 수 있다.

나는 만일 이것이 '예술이 무엇인지 아는 것'이 의미하는 바라면, 즉 우리가 '예술'이라는 낱말을 올바로 사용하는 법을 안다는 것을 뜻한다면, 예술철학은 '예술'과 '예술작품'이라는 낱말의 기능에 관한 언어사회학이 되고 말 것이라고 굳이 항의하지는 않겠다. 그러나 지금까지 내 글을 읽은 독자에게는 그 낱말이 함의하는 것 같은 사용법 안내책자가 창고에 심부름 간 사람에게 도움을 주지 못할 것이라는 것이 분명해졌

---

[3] William Kennick, "Does Traditional Aesthetics Rest on a Mistake?" *Mind*, 1958, p.27.

을 것이다. 왜냐하면 케닉이 묘사한 창고와 완전히 똑같은 창고이지만, 그 창고에 있는 예술작품들과 똑같아 보이는 우리의 창고에 있는 그것의 상대역들은 예술작품이 아니며, 그 창고에 있는 예술작품이 아닌 어떤 것이든 우리 창고에서는 예술작품으로 존재하는 경우를 쉽게 상상할 수 있기 때문이다. 그 결과 케닉의 창고에서 가져온 예술작품들의 무더기는 우리의 창고에서 가져온 비예술작품의 무더기와 식별 불가능할 것이다. 아마도 창고에 심부름 간 그 사람은 "예술은 길고 인생은 짧다"는 것 같은 표현을 만들어내는 재인(才人)일 수도 있고, 미켈란젤로에 관해 여성 철학자들과 이야기를 나눌 수 있을지도 모른다.

그러나 그는 두 창고에 대해 완전히 혼란을 느낄 것이다. 어느 것이 예술작품이고 어느 것이 예술작품이 아닌지 그가 말하지 못한다고 해서 그가 '예술이 무엇인지'를 안다는 사실이 부정되는 것은 아니다. 그렇지만 어떤 사람이 사례들을 알아볼 수 있다는 것은 예술 개념에 대해 완전한 이해하고 있다는 것을 보여주는 것은 아닐 것이다. 그러나 우리는 지금 어떤 지각적 기준도 주어질 수 없다는 것—어느 것이 예술작품인지 아는 이해에 무엇이 포함되든—은 케닉의 창고를 통해 연습해본 종류의 인지적 식별력이 야기하는 문제라고 말할 수 있을 만큼 당면한 문제의 성격에 대해 충분히 이해하게 되었다. "우리는 완전히 혼란에 빠져서 이 낱말(예술)과 이 어구(예술작품)의 논리를 멋지게 보여줄 수 있는 어떤 간단한 공식이나 복잡한 공식도 만들어낼 수 없다"고 말한 케닉이 옳을 것이다.

그리고 그가 말한 것은, 우리가 빵집에서 베이글을 골라낼 수 있듯이 우리로 하여금 예술작품들을 골라낼 수 있게 해주는 어떤 공식도 우리에게 없다는 것, 그리고 정말이지 어떤 공식도 있을 수 없다는 것을 의미한 것이라면 그의 말은 지당한 것이다. 왜냐하면 만일 '베이글'이 '예술작품'과 동일한 논리를 갖고 있다면 호박파이도 베이글이 될 수 있을 것이기 때문이다. 그러나 근본적으로 아주 쉽게 수행할 수 있을 것으로 케닉이 믿었던 인지적 과제의 무익함을 우리가 깨닫게 되었고, 그리고 어떤 가능한 공식도 그 기능을 수행할 수 없게 된 이상, 우리는 예술의 정의에 대해 무엇을 기대할 수 있는지 생각해보아야 한다. 결국 예술의 정의가 예술작품을 식별하기 위한 시금석을 우리에게 제공하리라고 기대할 수 없다. 또 우연한 일이지만, 만일 게임이라는 개념이 비트겐슈타인의 분석을 확장하여 제시하는 것만큼 예술작품의 개념과 밀접한 것이라면, 게임의 정의는 우리로 하여금 게임을 식별할 수 있게 하지도 못한다고 말할 수 있다.

케닉은 "신비가 없는 곳에 신비를 제거할 필요도 없고, 물론 신비를 만들어낼 필요도 없다"고 말한다. 그리고 그가 그의 창고에 대해 짐작한 대로 사실상 뚜렷한 어떤 신비도 없다. 그러나 존재론적으로 구별되지만 지각적으로 식별 불가능한 상대역을 구상할 수 있게 하는 원리를 우리가 이해하게 된 지금, 그의 창고 직원이 예술작품을 잘 골라낸다는 것은 운 좋은 우연의 일치일 뿐이다. 그 사람은 어쩌다 길을 제대로 찾은 플라톤의 장님과도 같다. 무엇에 대해 그는 눈이 먼 것인가? 그가 예술작품으로 골라낸 것이 예술작품이었다는 바로 그 토대를 그는 볼 수 없었다. 왜냐하면 그는 눈으로 알아볼 수 있는 어떤 예술작품들과 똑같이 닮은 것을 잘못 고를 수도 있었기 때문이다.

예술의 정의는 그로 하여금 우리의 인공적인 사례들의 함정을 피할 수 있을 만큼 별로 도와주지 않겠지만, 그렇다고 해서 그 경험이 그를 전혀 지혜롭게 하지 못할 것이라고 말하는 것은 터무니없는 일일 것이다. 왜냐하면 상황이 전혀 달라지지 않았을 경우에도 그는 오류를 범할 수 있었기 때문에, 그가 옳았을 때 왜 그가 옳았는가 하는 문제가 여전히 남아 있기 때문이다. 창고-상대역 실험은 지각적 식별 능력을 전적으로 적합한 것으로 가정하는 예술 개념의 분석들을 무너뜨리는 데에 대단히 강력한 도구이다. 예를 들면 그것은 우리가 귀납 추론을 실행함으로써, 또는 어느 것이 예술작품인지 알고 있는 어떤 사람을 흉내 냄으로써, 아니면 모종의 단순한 열거를 통해 예술작품을 골라낼 수 있을 것이라는 제안을 와해시킨다. 어떤 사람을 따라 창고에 들어가서 그가 고르는 것들을 주시해보라. 그리고 그 다음 창고로 가서 그것과 똑같은 것을 골라내보라. 그러면 당신의 목록들은 일치하겠지만, 그는 예술작품들을 골라낸 반면 당신은 그 집합의 여집합에 속하는 것들을 골라냈다는 것을 알게 될 것이다.

그리고 이 상황은 와이츠와 케닉이 처음에 발견한 바로 그 현상보다 좀더 앞으로 전진한 것이다. 왜냐하면 우리는 예술적으로 안정된 시대였다면 귀납적인 방법으로 어느 것이 예술작품인지 식별할 수 있고, 우리가 가진 것이 단지 우연한 일반화일 뿐이라면 우리는 예술의 정의를 가졌다고 생각했을 것이기 때문이다. 케닉과 와이츠 그 두 사람은, 어떤 것이 예술계에 들어오면 참으로 예술작품이 되고, 그런 사건이 항상 일반화를 막을 것이라는 것을 예상하기 때문에 일반화가 불가능하다고—예술의 경계에서는 언제든지 혁명이 일어날 수 있기 때문에—결론 내린다. 오늘의 일반화는 혁명을 겪고 내일의 망각 속으로 사라질 것이다. 예술작품을 골라낼 수 있는 어떤 어린아이는, 아네모네처럼 미술관 여기저기에 놓여 있는, 70개의 애매모호한 오브제들로 이루어진 산만한 집합이 하나의 예술작품을 이룬다는 것을 발견하고 놀랄 것이다. 바로 똑같은 그 대상들은 알 수 없는 어떤 이유로 미술관의 그 똑같은 지점들에 놓인 모형 연마기 받침들이며, 예술작품을 구성하는 것이 아니라 단지 받침들을 나열한 것일 수도 있는 것이다.

그러나 어떤 것이 과거의 것들과 닮지 않은 예술작품이라는 사실을 기초로 예술작품들에 대해 일반화할 수 없고 따라서 정의도 내릴 수 없다는 것이 함축되는가? 물론 우리가 정의의 구성요소들을 눈에 포착되는 속성들에게만 한정할 경우에는 그럴 수 있다. 만일 우리가 눈에 보이지 않는 속성들에게까지 영역을 넓힌다면, 이제까지 비트겐슈타인의 논지에 따라 이질적인 것들의 친족에 불과한 것으로 생각되었던 대상들의 집합에서 놀라운 동질성을 발견할 수도 있다. 예를 들면 게임들에 대해 모리스 만델바움(Maurice Mandelbaum)이 제안한 것처럼 어떤 것이 다른 것과 특별한 관계를 충족시킬 때 그것이 예술작품이 된다고 가정해보라. 또 하나도 닮지 않은 것들이 종국에는 바로 그 관계를 충족시키고, 그 결과 그것들이 예술작품이 된다고 가정해보라. 그렇다면 비트겐슈타인주의자들이 맹목적으로 적합한 것처럼 가정한 종류의 속성들에 토대한 것은 아닐지라도, 어떤 다른 종류의 정의가 제시될 수 있을 것이다.

단순한 열거에 의해 누가 자기의 삼촌인지 알게 되는 어떤 어린아이를 생각해보라. 자기의 삼촌들을 알아내라는 요청을 받을 때, 그 어린아이는 배운 대로 그 일을 해낼 수 있다. 그러나 단순한 열거에 의해 예술작품을 골라내는 것이 예술 개념에 관한 이해를 함축하지 않듯이, 골라내는 것은 삼촌의 개념에 대한 최소한의 이해도 함축하지 않는다. 그렇지만 그 어린아이가 삼촌들 사이에서 '친족 유사성'을 감지하고, 그것을 토대로 귀납 논증을 구성하여 오래 전에 잃어버렸던 한 삼촌을 알아낼 수 있었다고 가정해보라. 그때도 그 어린아이는 여전히 삼촌의 개념을 갖고 있지 못한 것이라고 나는 생각한다. 그의 삼촌들은 모두 중년의 백인인데, 그의 할머니가 중국인과 결혼하기로 하여 그녀는 아이를 낳고 이 동양적인 외모의 갓난아기를 그 어린아이에게 삼촌이라고 소개했다고 상상해보자. 이것은 그 어린아이가 귀납에 대해 가졌던 자신감을 뒤흔들어놓을 것이고 그는 데이비드 흄이 가장 혐오한 것에 직면할 것이다. 혹은 그 어린아이가 철학적인 사고전환을 한다면, '삼촌'

이라는 낱말은 기술적 술어(descriptive predicate)가 아니라, 어쩌면 '선'(good)처럼 수행적 용법(performative use)을 가지며, 따라서 당신이 누군가를 삼촌이라고 부를 때 당신은 그 사람을 기술하는 것이 아니라 그에 대해 갖는 어떤 우호적인 태도를 표현하는 것이라고—그 어린아이가 왜 친지들이 특별한 대접을 받을 자격을 갖는지 의아하게 생각한다고 해도—결론 내릴지도 모른다.

의심의 여지 없이 케닉의 창고 직원과 마찬가지로 삼촌들이 공통된 어떤 것, 즉 숙부성(叔父性)이나 유의미한 삼촌성의 속성을 갖고 있다고 말하는 것은 무익한 일이겠지만, 실제로 일단 우리가 삼촌의 개념을 이해하고 나면 우리가 삼촌들을 골라낼 수 있는 토대가 되는 단순한 속성들의 집합은 없다는 것을 깨닫는다. 다만 (아마도) 예컨대 어떤 사람들이 여자이기 때문에 (성전환은 이것까지도 타협할 것이다) 삼촌이 될 수 없다고 거부할 수 있는 토대가 되는 단순한 속성들의 집합이 있을 뿐이라는 사실을 알게 될 것이다. 왜냐하면 어떤 복합적 관계들을 서로 충족시키는 복잡한 대인관계가 성립할 때만 어떤 대상은 삼촌이 되기 때문이다. 삼촌들이 서로 어떤 친족 유사성을 갖는다는 것은 유전적인 동시에 제도적인 사실이다. 그러나 그 사실에는 어떤 필연성이 없으며, 우리의 세계와는 상이한 세계에서 삼촌들은—예술작품들처럼—일항 술어 아래서는 이질적이지만 다항 술어 아래서는 동질적일 수도 있다.

철학자들은 늘 관계를 다루는 일을 대단히 어려운 것으로 생각해왔고, 그것과 고군분투해온 역사는 그들의 무능력의 목록에서 얻을 만한 가장 작은 교훈들 중 하나이다. 바로 『철학 논고』에서조차도 비트겐슈타인은 관계적 술어들을 사용하는 명제들은 '기본적인' 것이 아니라고 추정했는데, 그러나 그러한 명제들이 일항 술어만을 사용하는 명제로 환원될 수 있는 것은 아니지만 그의 주장이 정당화된다고 보기는 어렵다. 추상적으로 말해서 만일 F와 G라는 속성이 있고 H(*ab*)가 "*a* is F" 와 "*b* is G"에 의해 대치될 수 있으며, 이것이 완전히 일반적이라면 그 결과는 역설적으로 될 것이다. 왜냐하면 일차 논리(first-order logic)[4]는 결정 불가능하지만 일항 술어들의 일차 논리는 결정 가능하며, 따라서 대치법은 일차 논리 전체를 자신의 적합한 부분으로 해소시킬 수 있기 때문이다.

그러나 이것이 전혀 불가능한 일이라는 것을 보여줄 수 있다. R*ab*가 "*a* is married to *b*"라고 상정할 경우, F와 G가 일항적일 때, 즉 암묵적으로 관계적 술어들이 아닐 때, 그것이 "*a* is F"와 "*b* is G"로 대치될 수 있다고 가정해보라. 그러면 R*ab*는 (F*a* & G*b*)와 동치이다. 그러나 또한 R*cd*도 참이라고 가정해 보라. 그렇다면 만일 밥과 캐럴이 서로 결혼한 사이이고, 테드와 앨리스가 서로 결혼한 사이라면, 밥과 앨리스는 서로 결혼한 사이이고 테드와 캐럴은 서로 결혼한 사이가 된다. 그것은 참일 수 있지만, 결코 그들의 최초의 위치가 빚는 사소한 결과에 의거해 참이 되는 것은 아니다. 따라서 이 추론은 부당하다.

만일 어떤 것이 어떤 것 또는 다른 것과 어떤 관계를 충족시킴으로써만 예술작품이 된다면, 대상들을 알아내는 능력은 어떤 사람이 예술 개념을 이해하고 있다는 증거가 되지 않는다는 것은 거의 틀림없다. 정말이지 그것은 그 사람이 그 개념을 이해하고 있지 않다는 증거에 가깝다고 말할 수 있다. 왜냐하면 그러한 대상들을 알아내는 토대가 되는 속성들은 기껏해야 예술작품들이 직접 갖는 속성들일 뿐이지만, 어떤 것이 예술작품이라는 것은 그러한 종류의 속성에 달려 있는 것이 아니며, 이것이 우리가 늘 예술의 혁명에 대해 개방적이어야 하는 이유가 된다.

---

[4] 대상의 속성을 직접 지칭하는 술어들로 이루어진 논리 구조를 말한다. "*x*는 빨갛다"는 문장에서 '빨갛다'는 *x*의 속성을 지칭하는 비관계적 일항 술어이다.

그러나 이것은 우리에게 그다지 놀라운 일이 아닌데, 왜냐하면 식별 불가능한 것들 중에서 그것들이 그 제작자와 갖는 다양한 관계들의 성격을 구별해내는 것을 유일한 토대로 삼아 예술작품이 될 가능성이 있는 것을 골라낼 수 있기 때문이다. 그러한 경우 제작의 조건들 같은 것은, '예술작품임'(being an artwork)이라는 술어를 귀속시킬 때 그런 조건들이 전제된다는 점에서 어떤 대상의 정체성을 예술작품으로서 밝혀내는 것처럼 보인다. 이러한 이유에서 만일 '예술작품임'이라는 술어가 그 논리 면에서 깊이 관계되어 있다면 '유의미한 형식을 가짐'이 단자적(monadic) 술어일 뿐이고, 따라서 '예술작품'을 분석하는 데 사용될 수 없는 한, 나는 '유의미한 형식을 가짐' 같은 술어가 왜 예술에 대한 분석으로서 대단히 부적절한지 누구나 이해할 수 있다고 생각한다.

그런 반면 케닉의 다른 예를 들면 그것은 창고 직원에게 표현적인 대상들을 찾으라고 말하는 것이 왜 아무 도움이 되지 못하는지를 설명해 준다. '표현임'(being an expression)이라는 술어는 어떤 것과 특별한 관계에 있음을 함축하며, 그러므로 단순한 관찰이나 직관에 기초하여 표현적인 사물들을 골라낼 수는 없을 것이기 때문이다. 연인은 사랑을 표현할 수 있고 따라서 연인들을 쉽게 골라낼 수 있겠지만, 그것이 반드시 사랑의 모든 표현들을 골라낼 수 있다는 것을 함축하는 것은 아니다. 양(?)고기 한 접시도 사랑의 표현일 수 있다. "나는 너를 미워해"라는 문장은 증오의 표현일 수 있지만 마찬가지로 한 접시의 양도 증오의 표현일 수 있으며, 혹은 그득히 담긴 양고기는 그저 양 한 접시일 뿐 아무것도 표현하지 않을 수도 있다. 그 문제에 관해 미학의 고전적인 문헌에 나오는 다른 사례를 들었을 때, 만일 실제로 모방이나 재현이 관계적 개념이라면, 그 창고 직원은 모사물이나 재현물을 고르는 데도 어려움을 겪을 것이다.

방금 내가 말한 것은 관계적 술어란 그것에 대해 일항 술어로 이루어진 정의가 주어질 수 없는 것이긴 하지만, 그럼에도 불구하고 어떤 속성 F에 있어서 만일 a가 F가 아니라면 a는 G에 대해 관계 R을 가질 수 없는, 그러한 어떤 속성들이 있을 수 있다는 것을 함축한다. 그런 의미에서 아버지들은 남자이고 딸들은 여자여야만 한다. 그리고 예술적 안정성을 누렸던 시대에는 어떤 속성들을 결여할 경우 예술작품으로서의 지위가 심각하게 의문시될 수 있는 그런 속성들을 예술작품이 갖는 일이 아주 흔했다는 것은 거의 의심의 여지가 없다. 그러나 그런 시대는 지나갔고, 어떤 것을 표현 사례로 만드는 규약과 표현으로서의 그것의 지위를 설명할 수 있는 원인들을 우리가 알고 있는 한, 어떤 것이든 다른 어떤 것의 표현이 될 수 있으며, 그런 의미에서 어떤 것이든 예술작품이 될 수 있다. 따라서 일항적 필요조건 같은 것은 없다.

물론 모든 것이 예술작품일 수 있다는 사실이 모든 것이 예술작품이라는 것을 함축하는 것은 아니다. 나는 우주적 창조의 예언자로 자처하고 싶은 생각이 없다. 내가 글을 쓰는 데 사용하는 타자기는 예술작품이었을 수도 있지만, 우연히도 예술작품이 아니다. 예술을 그렇게도 흥미로운 개념으로 만드는 것은 내 타자기가 예술작품일 수도 있다는 것 같은 식의 어떤 의미에서도 그것은 햄샌드위치가 될 수 없다는 것이다. 물론 어떤 햄샌드위치는 예술작품일 수 있고, 어쩌면 이미 예술작품이 되었는지도 모르지만. 그러나 이것은 오로지 관계적 개념으로서의 예술작품의 개념에 의거해서 설명할 수는 없으며, 그 이유는 좀더 깊은 고찰이 필요하다.

그 반면에 어떤 대상이 다른 어떤 것과 특정한 관계를 충족시킬 때 그 술어가 그 대상에 적용된다고 해도, 그 사실은 철학자들이 예술의 친족 유사성 이론을 제안하게 된 토대가 되는 피상적인 현상들을 해명할 수는 있겠지만, 우리가 이 논의를 시작할 때 제기한 물음, 즉 왜 예술은 자신의 철학을 가질 수 있는가 하는 물음에 대한 답을 향해 조금도 다가가지 못한다. "삼촌이다"(is an uncle)는 암묵적으로 관계적인 반면, 삼촌은 철학적 반성을 위한 주제로서 자연스럽게 마음에 떠오르는 종류의 것이 아니라는 것을 주지할 때 깨닫게 되듯이, 관계 자체에 철학적인 측면이 있는 것은 아니다. 관계적 개념의 사례로서 삼촌의 개념은 철학적 예시로서 어떤 중요성을 가질 수도 있지만 그 때문에 그것이 철학적 개념이 되는 것은 아니다.

우리의 논의가 보여준 것은 다만 예술의 정의에 반대하는 훌륭한 논증이 논리적 단견(短見)에 의존한다는 것뿐이다. 이것은 예술의 정의가 그 정의항에 어떤 관계적 개념을 포함해야 한다고 말하는 것이 아니다. 만일 그 방향으로 선회하려 한다면 관계적 개념만으로 반(反)정의적인 입장에서 응수하지 않을 수 없는 난점들을 해명할 수 있어야 한다고 주장할 뿐이다. 실제로 나는 예술의 정의가 반드시 고려해야 할 속성들은 특별히 관계적이 아니라는 것, 또는 적어도 문제의 그 관계는 예술작품들이 속해 있고 자신에 관한 철학을 가질 수 있는 종류의 사물들의 집합과 특별한 관계라는 것을 보여줄 것이다.

그러므로 이렇게 논리 형식을 훑어봄으로써 조금이나마 계몽된 상태로 출발점으로 되돌아가 소크라테스 정신의 맥을 따라가보자. "어떤 사람이 우리에게 묻는다고 가정해보자. 어떤 지혜로운 일들에 대해 화가들이 지식을 갖고 있는가"라고 소크라테스는 『프로타고라스』(Protagoras) 312-d에서 자신에게 수사적인 질문을 던진다. "우리는 이렇게 답해야 한다. 닮은 것들을 만드는 일에 관한 것에서라고." 여기서 유사성은 관계이며, 따라서 (우리가 알듯이) 어떤 닮은 것들은 예술작품이 아니고 또 물론 모든 닮은 것들이 예술작품이 아니라 하더라도, 만일 유사성이 예술작품들의 집합을 특징짓는다면 무엇이 그것을 철학적으로 흥미롭게 만드는지 생각해보는 것도 나쁘지 않다. 소크라테스가 닮은 것들을 모사물들과 동일시한 것은 거의 틀림없다. 그러나 모방의 개념이 그 핵심부에 유사성의 개념을 갖고 있지만, 그 개념에는 그보다 더 많은 것들이 포함되어 있다.

오늘날 모방의 개념이 오로지 유사성이나 닮음을 갖고 설명할 수 없다는 것은 상식적인 일이다. 만일 i를 모사물로 갖는 어떤 o가 있다면, 아마도 i는 o와 닮아야만 하거나, 또는 그것이 특별히 훌륭한 모방일 경우, 더욱 그래야만 할 것이다. 나쁜 모사물의 한 가지 기준은 유사성을 결여하는 것이지만, 유사성이 너무나 미미하여 모사물로서의 지위가 의문시되는 시점이 언제인지 결정해야 할 것이다.

내가 팔을 거칠게 휘저을 때, 그것은 뱀의 형편없는 모방인가, 아니면 뱀이건 그 무엇의 모방으로도 분류될 수조차 없는 것인가? 친족 유사성의 경우, a는 b를 닮고 b는 c를 닮아도 a가 c를 닮지 않을 수가 있지만, 어쨌거나 유사성 자체는 대칭적(symmetrical) 관계이며, 대개의 경우 전이적(transitive)이다.

그 반면에 모방은 비대칭적이고 분명히 비전이적이다. 어떤 여배우를 흉내 내는 여자는 단순히 여자를 흉내 내는 것이 아니다. 옥타비안의 역할—「장미의 기사」(Der Rosenkavalier)에서 젊은 남자와 마샬린의 애인 역할—은 여성 콘트랄토가 노래하는 것이 보통이다. 그녀의 역할은 옥스 남작을 속이기 위해 옥타비안에게 하녀인 체할 것을 요구한다. 그러나 그 장면에서 콘트랄토 자신은 여자를 흉내 내고 있지 않다. 오히려 그녀는 여자를-흉내 내는-남자를-흉내 내고 있다. 따라서 그 장면에서 그녀의 연기에 대한 서술은 옥타비안으로서의 연기에 대한 서술보다 두 배나 복잡하다.

모사물이 자신이 소유하는 속성들을 갖는 까닭은 모사 대상이 그 속성들을 갖기 때문이라고 말하기 쉬운데, 그것 못지않게 인과적인 또는 적어도 설명적인 관계의 비대칭성을 통해 그 모방의 비대칭성을 설명하려는 유혹을 느끼기 쉽다. 그러나 아버지가 그가 가진 속성들을 갖는다는 사실은 그의 자식이 왜 그 속성들을 갖는지를 설명해줄 수 있고, 더구나 자식은 아버지의 모사물이 아니면서도 서로 닮을 수 있다. 자식은 시간이 지나면 자연히 아버지를 흉내 내겠지만, 그때 아버지가 자신을 흉내 내는 사람의 인과적 역사 속에 진입하는 방식은—이 경우 그 두 사람은 결국 동일 인물이지만—그가 자기 자식과의 인과적 역사에 진입하는 방식과는 다를 것이다. 수상(首相)인 아버지를 정확히 흉내 내는 아들이 병이 나자, 그 아버지는 마음 좋은 아버지인 까닭에 정치적 풍자극에서 아들의 역할을 대신 맡아서 결국 자기 자신을 흉내 내는 경우들을 상상해볼 수 있지만, 전형적으로 모방은 비반사적(irreflexive)이라고 생각할 수 있다.

언젠가 채플린은 웨이터의 역할을 맡았는데, 그 사실을 그의 연인에게 비밀로 한 상태였다. 그녀가 어느 날 저녁 빈민가를 둘러보는 명랑한 친구들과 함께 찰리가 일하는 식당에 들렀을 때, 그는 얼른 자기도 빈민가를 둘러보는 체하면서, 자기의 진짜 신분인 웨이터 역할을 맡는 체하기 시작했다. 나는 심지어 착시적 모사물을 흉내 내기 위해 진짜를 사용하는 것, 즉 자신의 모사물이 되기 위해 진짜의 역할을 하고 그럼으로써 자기 자신을 모방하는 것도 상상할 수 있다. 그러나 이런 사례들은 우리가 모방 개념을 다소나마 분명하게 밝힐 때까지 당분간 도외시해도 좋을 논리적 혼란을 야기할 것이다. 이 모든 것은 모방이 처음부터 관계적 개념이라는 것을 전제하는데, 그것은 분명히 의문에 부쳐질 수 있다.

어느 사회에서 여자들이 옷을 입고 행동하는 방식에 따라 그대로 따라하는 한 남자를 상상해보라. 그러나 단순히 습관과 걸음걸이가 그 여자들과 비슷하다고 해서 여장남자일 뿐인 사람이 흉내꾼이 되는 것은 아니다. 왜냐하면 아주 우연하게도 그는 그렇게 하는 것이 젊은 남자가 옷을 입고 행동하는 방식이라고 믿을 수도 있고, 또는 아킬레스처럼 여자들과 함께 자랐기 때문에 자기의 성정체성을 확립하는 일에 놀랄 만큼 미숙한 젊은 남자일 수도 있다—그는 헤라클레스의 경우와는 다른데, 헤라클레스가 옹팔의 여자들과 함께 실을 잣게 되었을 때, 자기의 정체성을 기꺼이 페티코트 및 실패와 맞바꾸었지만, 헤라클레스는 그냥 여자 옷을 입고 여자처럼 행동했기 때문에 (베로네세의 그림에서 볼 수 있듯이 간혹 그는 턱수염이 있는 채로 묘사되기도 한다) 그가 여자를 흉내 낸 것은 아니다. 여자 흉내꾼과 여장남자가 각기 여자들을 모방하는 것이라고 가정할 때, 그들의 차이는 어디에 있는가?

부분적으로 여장남자는 여자인 체 가장하면서 형편없는 주름장식 뒤에 자기의 정체성을 숨긴 채, 다른 사람들이 자기를 여자로 믿기를 바란다고 나는 생각한다. 그 반면에 여자 흉내꾼은 사람들이 자기가 여자가 아니라는 것을 믿기를 바라는 경우로서 그는 사람들을 즐겁게 하기 위해 여자인 체하는 것인데, 그렇지 않을 경우 그의 행동이 유발할 수 있는 어떤 즐거움이건 여성의 행동이 유발할 수 있는 즐거움에 불과하며, 그가 사람들을 속이려 한다 해도 아리스토텔레스의 추론에 의하면 이것은 일종의 실패작이기 때문이다. 그러나 우리는 지금 이것보다 한 걸음 더 나아갈 수 있다고 생각한다. 흉내꾼의 제스처는 여자들에 관한 것인 반면, 여장남자의 여성스러운 모방은 어떤 의미론적 성격도 갖지 않는다. 모방은 그것이 다른 사람의 행위를 표상할 때 흉내가 된다. 그리고 모방이 거울 이미지처럼 어떤 것과 닮을 뿐만 아니라 흉내 내기의 경우처럼 그것이 닮는 것에 관한 것일 때, 모방은 일반적으로 마침내 예술의 지위를 획득할 가능성을 갖게 된다.

그러나 이제 우리는 한 걸음 더 나아가도록 하자. 어떤 사람은 어떤 사물을 모방할 수 있고, 앞에서처럼 형편없는 모방 때문이 아니라—「장미의 기사」의 경우처럼—닮아야 할 대상이 존재하지 않기 때문에 유사성의 문제가 사라질 경우에도 그 모사물은 바로 무엇인가를 모방한다고 기술될 수 있다. 모사물이 현재의 속성들을 갖게 된 사실을 설명하거나 모사물에 대해 설명할 수 있는 원본이 있어야만 한다는 것은 모방 개념에 대한 올바른 분석이 될 수 없다. 그러한 원본 같은 것은 없을 수도 있으며, 설명 자체가 올바른 종류의 설명항의 결핍으로 인해 와해될 수도 있다. 불의 신의 행동을 모방하는 인도의 무당을 생각해보라. 그 무당은 불춤을 추고 몸을 뒤흔들면서 불길처럼 뛰어오르지만, 그는 불을 흉내 내는 가장무도회에 참여한 것이 아니다. 그는 불의 신 자체를 모방하는 것이다.

그리고 우리는 불의 신 같은 것이 존재하지 않는다는 것을 안다. 원본이 없더라도 마임배우는 원본이 존재한다고 믿는 것이 틀림없다고 말할 사람도 있을 것이며, 인도 무당의 경우에는 그것이 참일 것이다. 그러나 그것은 「일각수 길들이기」라는 연극에서, 아가씨 행세를 하는 숙녀 앞에서 얌전해질 때까지 궁지에 몰린 동물들을 고삐가 매여 있는 뿔로 찔러대는 체하는, 일각수의 역할을 맡은 사람에게도 참일 수 있을까? 물론 답은 부정적이다. 어떤 것은 일각수 자체의 행동이나 성격의 모방이 아니면서도 일각수-모사물이 될 수 있는데, 그 이유는 멀리서 찾을 필요가 없다. 모방은 처음부터 내포적(intensional) 개념이며, 따라서 어떤 것은 모방의 원형인 x가 존재한다는 것을 함축하지 않고서도 x-모방이 될 수 있기 때문이다. 따라서 모방이 유사성과 상이한 종류의 관계라는 주장은 참이 아니다. 그것은 전혀 관계가 아닐 수도 있다.

만일 모방이 내포적 개념이라면 물론 우리는 연극이 어떤 행동의 모방인가 묻지 않고서도—왜냐하면 그런 행동은 아예 존재하지 않을 수도 있으므로—연극이 행동의 모방이라는 아리스토텔레스의 개념을 받아들일 수 있다. 호머의 고전에 묘사되어 있듯이 『아가멤논』(*Agamemnon*)은 클리템네스트라와 아가멤논의 행동을 모방하지만,

그들에 대해 말하는 이야기 자체는 허구일 수 있고, 따라서 어떤 실물도 없다. 그것을 어떤 이야기의 모방이라고 말할 수도 있겠지만, 아리스토텔레스가 입버릇처럼 말했듯이, 그 이야기는 어떤 행동의 모방으로 의도된 것이 아니라 그 자체가 행동의 모방이다. 만일 문제의 행동이 존재하지 않는다면, 어떻게 이것이 우리가 모방을 외연적 개념으로—물론 그렇지는 않지만—볼 때만 비로소 발생하는 문제가 될 수 있겠는가? 오히려 **지향성의** 적합성이 함축하듯이 모방은 **표상적** (representational) 개념이다. 모방은 닮아야 할 어떤 것도 존재할 필요가 없다. 과연 그것이 **참**이라면 여기서 요구되는 것은 모방이 무엇에 관한 것이건 그 무엇과 닮는 것일 뿐이다.

모사물 x는 x가 아닐 수 있다는 의미에서 앞에서 언급한 의미에서뿐만 아니라 어떤 모사물이 대상 o를 모사하고 있다고 생각될 때, 그런 대상 o가 존재한다는 것을 함축하지 않고서도 그것이 o의 모방일 수도 있다는 의미에서 모방은 내포적이다. 이러한 견지에서, '~의 모방임' (imitation of)은 '~의 그림임'(a picture of)과 매우 비슷한데, 여기서도 어떤 그림-x는 그림의 그림들의 경우를 제외하고는 x와 동일하지 않다는 것—즉 소년-그림은 소년이 아니고, 제욱시스(Zeuxis)의 새들이 실망스럽게도 깨닫게 되었듯이 포도-그림은 포도가 아니다. 또한 그것을 o의 그림으로 기술하는 것이 옳을 경우 그 사실이 그 그림이 묘사하는 o가 존재한다는 것을 함축하지 않는다는 것을 널리 받아들이기 때문이다.

마사초의 작품이 훌륭하게 또는 형편없이 묘사하고 있는 성삼위 (Holy Trinity)가 과연 존재하는지, 또는 생식기에 아무런 변화 없이도 그리스도의 어머니가 될 것이라고 동정녀에게 알려준 천사가 정말로 존재했는지에 대해 논란이 분분했다. 그러나 결국 대부분의 사람들이 마사초[5]의 성삼위에 관한 그림을 비롯한 초기 걸작들에 대한 회화적 동일시—또는 수태고지에 관한 무수히 많은 회화적 동일시—를 받아들였다는 사실을 상기해보아야 한다. 만일 이런 일들이 사실이라면, 소크라테스의 영리한 거짓 정보에도 불구하고 거울 이미지는 모방이 아니다. 왜냐하면 어떤 것도 (적어도 우리의 세계에서는) 이미지가 반사하는 x 없이는 x의 거울 이미지가 될 수 없기 때문이다. 거울 이미지들이 실물과 닮은꼴이듯이 모사물이 실물의 닮은꼴이라는 사실은 모방에 대해 아무것도 확립해주지 않는데, 왜냐하면 전자는 논리적으로 또는 개념적으로 실물을 필요로 하지만 후자는 반드시 그렇지는 않기 때문이다.

물론 거울로 자연의 모든 것을 볼 수는 없다. 나르키소스가 물속에서 보았다고 믿었던 것들처럼 거울은 마술적으로 매체에 구현된 이미지들이 눈앞을 지나가는 수정 구슬이나 텔레비전 튜브 또는 환상적인 유리 같은 것일 수도 있다 (어쩌면 가능 세계들[6]에서는 그럴 수 있을까?). 거울이 이미지들을 갖기 위해 실물을 필요로 한다는 것이 거울에 관한 사실인지 혹은 개념적 진리인지는 여기서 고찰하려는 문제가 아니다. 모방 이론을 계승했을 무렵 아리스토텔레스는 모방이 때때로 거울 이미지와는 다르다는 것, 즉 그의 놀라운 분석을 인용하면 역사가 시에 대해 갖는 것과 같은 관계를 거울 이미지가 모방에 대해 갖는다는 것을 깨닫게 되었지만, 아마도 소크라테스는 실물 없는 모방을 본 적이 없었던 것 같다. 왜냐하면 시는, 모방적이기는 하지만 역사와 같은 방식으로 특정한 개체에 매어 있지 않고, 따라서 행동의 일반화된 형식을 예

---

5) Masaccio(1401~28). 이탈리아 화가. 이탈리아 르네상스 회화의 창시자로 불린다. 브루넬레치에 의해 발전된 일선적 원근법 체계에 따라 작품을 구성한 최초의 인물이다. 또한 조토의 회화와 고대 예술에서 많은 영감을 받았다.
6) possible worlds. 현실세계의 구조와 현상에 있어서 논리적으로 비정합적인 것은 아니지만, 현실화되지 않은 논리적으로 가능한 세계들을 가리킨다.

시할 수 있으므로 역사보다 보편적이기 때문이다.

모방 개념이 비외연적이라는 것을 분명히 드러내기 위해서는 한 걸음 더 나아가 모방이 실제로 한 번도 예시된 적이 없는 형식에 관한 것일 수도 있다는 가능성을 확인하기만 하면 된다. 그때 비로소 우리는 모방을 거울 이미지와 동일시하려던 소크라테스의 노력이 양자의 구별에 의해 철학적으로 가장 중요한 어떤 구조를 은닉했다는 것을 깨닫게 된다. 즉 '참된'이라는 용어가 기술적으로 사용되기보다는 의미론적으로 사용될 때, 그리고 거짓된 모방도 모방일 수 있다는 것이 허용될 때— 거짓 명제가 명제일 수 있듯이— 소크라테스는 우리가 참된 모방이라고 부를 수 있는 것을 말했다고 보아도 좋을 것이다. 메나르의 「돈키호테」가 세르반테스의 「돈키호테」의 모방이 아니듯이, 또는 조지 워싱턴의 옆얼굴을 닮은 이끼 얼룩이 이끼라는 매체를 통해 묘사된 미국 초대 대통령의 회화적 모방이 아니듯이, 기술적 의미에서 거짓된 모방은 실제로 모방이 아니고 우리가 모방인 것처럼 간주할 수도 있지만, 분명코 그것은 참된 모방이 아니다.

그럴 수 없다. 거짓된 모방은— 적어도 그것이 모방이라면— 실물이 없는 모방일 수 있다. 그리고 놀랄 것도 없이 모방과 명제에 영향을 미치는 똑같은 의미론적-기술적 애매성은 그림에도 영향을 미친다. 조지 워싱턴을 닮은 이끼더미는 그림처럼 보이기는 하지만 그림이 아니어서 거짓 그림인 반면, 귀스타브 카유보트[7]의 어떤 그림들은 묘사된 공간들이 묘사된 것처럼 보이는 기하학을 실제로 갖지 않는다는 의미에서 거짓된 것으로 간주될 수 있다. 그러나 회화적 의미론은 우리의 영역

---

[7] Gustav Caillebotte(1848~94). 프랑스의 화가·수집가. 아카데미즘에 반발하여 인상주의자로 알려진 젊은 반항아들의 혁신적인 실험들에 매료되었다. 그의 최초의 중요한 그림인 「평면도 그리기」(Planning the Floor, 1895)는 인상주의적 혁명의 결정체라고 부를 만한 새로운 리얼리즘을 추구한다.

너머에 있다. 여기서 우리는 어떤 것의 모사물이 있을 때, 1) 그 모사물이 o라는 어떤 것을 지칭하고, 2) o는 모방에 관한 설명에 포함되며, 3) 모사물이 o를 닮을 경우 그것이 참된 모방인 경우에만 논의를 한정하기로 하자. 그렇게 한정할 경우 어떤 것을 o의 스냅사진으로 만드는 것과 어떤 것을 o의 모방—중대한 차이를 가진 것—으로 만드는 것의 차이를 구별하는 것에는 별로 토를 달 것이 없다.

만일 지칭적·인과적 조건들이 충족되지 않는다면 우리가 가진 것은 결국 o의 스냅사진이 아니라 그것과 비슷하게 보이는 사물에 불과한 반면, 후자의 경우 앞의 세 가지 조건들이 충족되지 않는다면, 즉 그것이 모방으로서 의도된 것이라면—예를 들면 만일 인도사람이 그가 모방하고 있는 신에 관한 사실들이 모방적인 퍼포먼스에 대한 설명에 포함되고, 그것이 바로 그가 신이라고 믿는 것을 지칭한다면—실물의 존재 여부가 미지수임에도 불구하고 그것은 여전히 x의 모방인 채로 남는다. 러셀이 이름(names)의 특징들을 설명했듯이 만일 담지자(bearer) 없는 이름이 단지 무의미한 소음에 지나지 않는다면 단순한 스냅사진은 이름과도 같다. 그러나 모방은 실물에 관한 것이 아닐 때도 반드시 무의미한 회화적 소음으로 해소되어버리는 것은 아니다. 따라서 모방은 대단히 특별한 종류의 유사물로서 이미지와도 다를 뿐만 아니라 그림자나 메아리와도 다르다.

모방이 지칭적 기능을 가져야만 한다는 것은 실제로 『크라틸루스』(*Cratylus*)에서 소크라테스에 의해 고찰되었는데, 거기서 그는 이름은 모방이며 따라서 이름 자체가 "그림같이 그리고 음악같이" 모방적 예술일 수 있다는 놀라운 이론을 구상해냈다. 사실상 그는 "이름은 어떤 대상을 목소리로 모방하는 사람이 부르는 음성-이름이거나 음성-모사물이다"라고 추정하는데—이름과 그것이 지칭하는 지시대상은 모사물이 됨으로써 비로소 이름을 부여한 사람이 발견한 어떤 **원형**을 찾기라도 하는 것처럼 말하기 때문에, 이 주장은 거의 옥스퍼드 운동 분위기를 풍긴다. 비고츠키(Vygotsky)는 별과 행성의 화학적 구성이 어떤지를 천문학자들이 발견했다는 사실에 그다지 놀라지 않았던 어떤 농부의 이야기를 들려준다. 그를 놀라게 한 것은, 이제야 세상빛을 보게 된 심오한 파라켈수스의 비밀[8]이라도 되는 것처럼 그 천체 대상들의 이름이 무엇인지를 그들이 도대체 어떻게 알아냈는가 하는 것이었다.

그러나 소크라테스는 "우리는 양이나 수탉 또는 다른 동물들을 모방하는 사람들이 그들이 모방하는 대상의 이름을 짓는다는 사실을 인정해야만 한다"는 흥미로운 근거에서—만일 그것이 참이라면—그 이론을 즉각 철회한다. 이것은 분명히 반직관에 의한 반박인데, 그것에 대해 소크라테스는 목소리 모방이라는 관념을 정련시켰지만, 내가 제안한 것에 비추어볼 때 그것은 전혀 반직관적인 것이 아니다. 어떤 사람이 참으로 어떤 것을 모방하기 시작할 때, 그의 직관이 참이라면 그는 그 대상을 지칭하는 것이다(흐릿한 사진이 거짓 사진이 아니듯이 형편없는 모방이 반드시 거짓 모방은 아니다). 소크라테스가 거울 이미지와 모방을 동일한 것으로, 그리고 모방과 이름은 그렇지 않다고 가정한 것은 놀라운 일이다. 그는 분석을 위한 요소들을 모두 갖추었지만 완전히 잘못 조합하고 말았다.

모방은 의미의 수단이며 전통적으로 의미에 대한 이해의 두 가지 방식이 있었던 것처럼, 우리가 모방을 무엇인가를 재현하는 것으로 말하는 방식에도 두 가지가 있다. '의미'의 한 가지 뜻은 이것이다. 즉 어떤

---

[8] Paracelsus(1493~1541). 본명은 Philippus Aureolus Theophrastus Bombast von Hohenheim. 독일 태생 스위스의 의사·연금술사. 그는 의학에서 화학의 역할을 확립했다. 1536년에 『대외과서』(*Die grosse Wundartzney*)를 출판했으며, 1530년에 매독을 임상적으로 서술했다.

낱말은 그것이 가리키는 것을, 또는 그것이 지칭하는 것을, 아니면 친숙한 논리적 표현에 의하면 그것의 외연(外延)을 의미한다. 그리고 낱말이 가리키는 것이나 그것이 지칭하는 것 또는 그것의 외연은 때때로 그 낱말의 의미로 간주된다. 그러나 때때로 어떤 낱말은 실제로 아무것도 가리키지 않거나 외연을 갖지 않는데, 따라서 외연을 갖지 않는다는 이유로 우리가 그 낱말이 무의미하다고 단정하기를 꺼릴 때, 이 상황을 설명하기 위해서는 그것의 지시체나 외연이 아닌 다른 것을 불러내야만 한다.

철학자들은 이 다른 것이 무엇일지에 대해 의견을 달리하지만, 그것이 무엇이든 의미의 두 번째 의미를 구별할 필요가 있다. 그 두 번째 의미는 뜻(Sinn)과 지시체(Bedeutung)를 구별한 프레게의 정신에 부합한다. 모방도 뜻과 지시체를 가지며, 어떤 것을 재현하는 것으로 특징지을 수 있는 방식에는 두 가지가 있다. 슈트라우스의 콘트랄토는, 그녀가 재현해야 할 실제의 청년은 존재하지 않지만 여장남자인 한 청년을 재현하는데—그것은 그녀의 모방이 '참된' 모방이 아니라는 것을 의미한다—그 경우 그녀의 모방을 참된 것으로 만들 만한 것은 존재하지 않지만, 그녀의 표상 행위의 내용에 의해 그녀는 여장남자인 청년을 재현한다. 따라서 우리는 모방이나 그림 또는 행위의 내용과 관련된 재현의 내적인 뜻 그리고 모방이나 그림 또는 행동이 지칭하는 것과 관련된 재현의 외적인 뜻을 구별해야 한다.

그러나 넬슨 굿먼이 재현 개념을 분석하면서 유사성의 중요성을 약화시키기 위한 뚜렷한 목적으로 그렇게도 강하게 도전한 것은 바로 재현의 둘째 의미 또는 외적인 뜻이다. 그는 『예술의 언어들』 제1장에서 이렇게 말하고 있다.

분명한 사실은 그림이 어떤 대상을 재현하려면 반드시 그것을 상징하고, 그것을 가리키고, 그것을 지시해야 한다는 것, 그리고 어느 정도의 유사성도 지칭의 필수적인 관계를 성립하는 데 충분하지 않다는 것이다……. 어떤 대상을 재현하는 그림은—그것에 대해 기술하는 문장처럼—그것을 가리켜야 하며, 특별히 그것을 지칭해야 한다.[9]

그러나 그림은 위에서 구별한 첫 번째 의미에서 어떤 것을 재현할 수 있고, 두 번째 의미에서 전혀 다른 것을 재현할 수 있다. 어떤 것을 가리키기 위해 우리가 우연찮게도 그림을 사용한다는 점에서 그림은 전혀 다른 것을 재현할 수 있다는 것이 분명하다. 예를 들면 나는 나의 소대원들의 위치를 테이블 위에 표시하고 싶은데 하필이면 압핀이나 깃발이 모자란다고 가정해보라. 그러나 마침 한 묶음의 스냅사진들이 있어서 나는 그것을 특정한 방식으로 배열한다. 이것은 스미스의 정찰대이고, 저것은 라인스도르프의 탱크 부대라는 식으로 사진들을 배열하는 것이다. 우리의 담론이 얻은 우연한 행운에 의해 나는 철모 아래 미소 짓고 있는 스미스와 그의 동료들의 스냅사진을 갖고 있었고, 그리하여 그 스냅사진은 스미스의 정찰 모습을 재현하지만, 그것은 현재의 경우 사실상 서로 아무런 연관이 없는 두 가지 의미에서 그럴 뿐이며, 따라서 유사성은 지칭의 맥락에서 전혀 불필요할 뿐이다.

뉴욕을 지칭하는 작은 뉴욕 그림이 들어 있는 지도는 바로 그런 이유로 반드시 더 정확하다고 할 수 없고, 다만 커다란 점이 들어 있는 지도보다 화려한 지도에 지나지 않는다. 그렇다고 뉴욕이 점처럼 생겼다고 생각할 사람은 없겠지만, '닮게 보이는 것'은 굿먼이 그의 분석에서 중심적인 것으로 만들고자 한 종류의 지칭을 위해서는 충분하지도 또 필요하지도 않다. 유사성이 충분하지 않다는 것은 닮은 한 쌍의 사물들

---

9) Nelson Goodman, *Languages of Art*, p.5.

중 어느 것도 서로를 지칭하지 않는다는 사실에서 분명해지며, 굿먼은 "거의 모든 것들이 다른 어떤 것을 가리키기 위해 사용될 수 있기" 때문에 유사성은 필요하지 않다고 이해한다. 그리고 재현의 적합성에 있어서 그것은 너무나 명백히 참인 까닭에 굿먼의 문장에서 '거의'가 어떤 효과를 노린 것인지 의문을 갖지 않을 수 없다.

세계무역센터를 갖고 집파리를 지칭한다든가 휘파람 소리로 쿠푸의 피라미드를 지칭하는 것은 불편하기 짝이 없겠지만, 실용성의 관례들은 접어두더라도 가리키는 것(standing for)은 단순히 제시하거나 지정하는 것이다. 그러한 재현의 본질은 사실상 바로 그러한 지칭 기능으로 완전히 용해되는 까닭에, 재현은 모든 기술적인 함의들로부터 추상된 전라적 명명점(全裸的命名點, bare point of nomination), 즉 러셀이 논리적 고유명사라고 부른 것에 해당한다고 볼 수 있다. 따라서 라인스도르프를 가리키기 위해 목단추가 사용되는 경우 목단추의 속성들은 불가해한 것이 된다.

그러나 스미스가 정찰 업무를 수행하는 모습을 찍은 스냅사진에 의해 스미스의 정찰이 재현되는 극적이고도 우연적인 사례 옆에, 스미스의 정찰 사진에 의해 스미스의 정찰이 재현된 비우연적인 사례를 나란히 놓는 경우, 스미스의 정찰 모습과 그 스냅사진이 보여주는 것 사이에는 어떤 연관성이 있는 것처럼 보인다. 왜냐하면 지칭의 건조한 의미에 의하면 어떤 그림이든지 어떤 것이나 재현할 수 있는 반면, '재현'의 다른 의미에 의하면 어떤 그림이든 무엇이나 재현할 수 있다는 것은 거짓이기 때문이다. 「톨레도의 전망」은 톨레도를 재현하고 「비극적 뮤즈로서의 시든스 부인」은 시든스 부인을 재현한다. 그리고 전적으로 자의적인 결정의 문제로서, 우리가 전자로 하여금 그 도시를 가리키게 하고 후자로 하여금 그 여인을 가리키게 할 수도 있지만, 「톨레도 전망」이 시든스 부인을 묘사(picturing)[10]한다든가, 또는 조슈아 레이놀즈[11]의 초상화가 그 에스파냐 도시를 묘사한다고 말한다면 그것은 분명히 거짓이다.

그리고 묘사가 그것이 지시하는 대상을 닮을 필요가 없는지는 그다지 분명하지 않으며, 모방이 실제로 닮음을 필요로 한다는 것이 불분명하다고 말할 수도 없다. 그러므로 모방이나 그림은 어떤 구조를 지정해야 할 뿐만 아니라 모방이나 그림이 참일 때 그것과 지시되는 것 사이에는 어떤 투사 관계가 지정되어야 한다. 낱말에서와 마찬가지로 그림과 모방에도 뜻뿐만 아니라 지시체가 있다고 말했을 때 내가 의미한 것은 바로 그것이다. 그리고 성공적인 의사소통을 위해 그 양자는 올바른 방식으로 연결되어야 한다. '저녁별'이라는 낱말을 사용하여 달을 가리킬 수는 있지만, 실제로 달은 '저녁별'의 지시체는 아니다.

물론 굿먼 자신이 어떤 의미론적 이데올로기를 갖고 있든 그는 누구 못지않게 그 점을 잘 알고 있다. 왜냐하면 그 자신도 그림의 의미와 지시체의 차이를 어떻게든 구별해야 하기 때문이다. 갓난아기로서의 처칠의 그림과 말년의 수상으로서의 처칠의 그림은 공동 지시체를 갖지만(두 그림은 동일한 인물을 가리킨다), 전자를 말년의 수상으로서의 처칠의 그림이고 후자를 갓난아기로서의 처칠의 그림이라고 말하는 것은 터무니없는 일일 것이다. 그것은 '새벽별'과 '저녁별'이 공동 지시체를 갖지만, 전자는 우리가 저녁별-기술(evening-star-description)이

---

10) 묘사(picturing, depiction)는 재현의 한 양태로서 흔히 기술(description)과 대조된다. 기술은 재현되는 대상을 인지적으로 알아보는 것을 요구하지 않는 반면, 묘사는 실물을 보는 것과 유사한 시각적 인지를 요구한다.
11) Sir Joshua Reynolds(1723~92). 영국의 초상화가·미술이론가. 영국 왕립 미술아카데미 초대 회장. 신고전주의 정신에 입각한 미술교육이론을 전개하는 한편, 문학적 성격의 역사회화(history painting)를 장려했다. 왕립 미술아카데미에서 있었던 강연을 모아 편집한 『미술강론』(*Discourses on Art*)으로 유명하다.

라고 부르는 것이 아니고, 후자가 새벽별-기술(morning-star-description)이라고 부르는 것이 아닌 것과 같은 논리이다. 이와 같은 것들은 각기 그 그림들의 지시체에 관한 기술들이거나, 또는 재현의 첫 번째 의미, 즉 그 그림 자체에 관한 기술들이다. 그리고 양자의 차이는 두 번째 의미의 재현이 관계적 개념인 반면, 첫 번째 의미의 재현은 그렇지 않다는 것이다.

굿먼이 주장하듯이 그것은 재현을 분류하기 위해 사용된 개념이다. 그 개념 아래 포섭되는 술어들은 그림들을 상이한 종류, 즉 피크위크[12])를 재현하는 그림들, 그리스도를 재현하는 그림들, 돈키호테를 재현하는 그림들 같은 것으로 분류하는 데 사용된다. 그리고 우리는 보통의 경우 이것이 무슨 그림인지 말할 수 있는 반면, 우리가 구체적인 정보를 얻지 않는 한, 두 번째 의미에서나 관계적 의미에서 이것이 무슨 그림인지 말할 도리가 없다. 피크위크의 그림은 그리스도나 그 무엇이든 가리키는 데 사용될 수 있기 때문이다. 그리고 다른 경우와 마찬가지로 여기서도 어떤 관계의 조건들 중 하나를 검토한다고 해서 과연 문제의 관계가 충족된 것인지 말할 수 없다. 어떤 것을 x의 그림으로—또는 x-그림으로—동일시하는 것은 인지적 수행이지만, 그런 의미로 우리가 이름들을 인지하는 것은 아니다.

이와 관련하여 어떤 어린아이가 사물들을 분류하는 교육을 받고, 집 안에 있는 의자와 테이블, 깔개, 컵 등을 구분할 수 있기 위해—이것은 '의자' '테이블' '깔개' '컵' 같은 낱말들의 사용법을 단순히 익힌 다음에 자연스럽게 이어지는 활동이라고 볼 수 있다—필수적인 인지적 기

---

12) Pickwick. 찰스 디킨스의 소설 『피크위크 클럽의 기록』(*Pickwick Papers*)에 나오는 주인공. 착하고 익살스러운 노인이다.

술을 충분히 갖춘 경우를 재연해보기로 하자. 한 대상이 두 가지 방식으로 분류될 수 있다든가 또는 어떤 식의 분류법이 적용되고 있는지 분명하지 않은 경계 영역에는 늘 문제가 있게 마련이다.

그러나 이런 문제들은 그다지 심각하지 않는데, 왜냐하면 똑같은 동일시의 기준을 사용함으로써 어린아이는 집 안에서 그림들을 골라낼 수 있을 테지만, 그 사실을 근거로 그 아이가 그림 개념을 갖고 있다고 말할 수는 없을 것이기 때문이다. 즉 그 아이는 어떤 것이 무엇의 그림인지 말할 수 있고 집 안에 걸린 그림들 가운데서 여자를 그린 그림을 골라낼 수 있어야만 한다. 참으로 이것은 헤플화이트(Heppelwhite)와 셰러턴(Sheraton)을 구별하는 것처럼 분류 훈련에 불과할 수도 있지만, 분명한 것은 '~의'(of)나 '~에 관한'(about)—즉 내용에 관한 술어들—같은 표현이 책 같은 것을 제외하고는 집 안의 다른 항목들에는 적용되지 않는다는 점에서 구별해야 할 차이를 가진다는 사실이다. 인지적 기술은 매우 일찍부터 습득되며 아마도 거의 생득적일 것이다. 『사물들과 사람들의 재현』에서 심리학자 줄리앙 호크베르(Julian Hochberg)는 19개월 된 아기에 대해 이렇게 말한다.

그 어린아이는 오로지 입체적인 대상들을 사용해서 어휘를 배우고, 그림의 의미나 내용에 관한 어떤 교육이나 훈련을 받은 적이 없는데도(사실 그 아이는 그림을 본 일도 없다) 사진은 물론이고 이차원적으로 윤곽을 그린 그림에 묘사되어 있는 대상들을 알아보았다……. 따라서 학습은 별개의 과정으로 발생하는 것이 아니라, 현실세계에서 대상들의 윤곽을 알아보기 위해 필요한 학습이라면 그 무엇이든 이미 그 학습의 정상적인 경로 안에 들어 있음이 틀림없다. 윤곽을 그린 그림에서 예술가는 완전히 자의적인 언어를 창안하는 것이 아니다. 참으로 그는 시각 체계가 시역(視域) 안에 있는 대상들의 이미

지를 정상적으로 기호화하고, 의도된 행동으로 유도하는 특징들에 상응하는 자극을 발견한 것이다.[13]

침팬지 님 침스키는 그림으로 둘러싸인 옥외 환경에서 친숙한 개와 공 같은 대상들의 그림들을 식별하는 데에, 그리고 올바른 기호를 사용하여 그 둘을 지칭하는 데에 아무런 어려움이 없었다(지나는 길에 하는 말이지만, 님 침스키는 그 사용법에서 혼란을 겪은 적이 없었다. 예를 들면 그 침팬지는 개의 그림을 못살게 굴거나 공-그림을 던지거나 하지 않았다). 동일한 어휘가 그림과 그림이 아닌 현실의 상대역에 적용된다는 것은 놀라운 사실인데, 어린아이는 존재하지 않는 대상들—지하동굴의 괴물이나 악귀, 또는 도깨비—의 그림을 구별하는 능력을 조금씩 익혀가기는 하지만, 만일 그런 것들이 존재할 경우 호크베르의 설명에서 제시된 종류의 인지적 유사성에 의해 그런 것들을 식별해내는 데에 별로 어려움을 겪지 않았을 것이다. 따라서 우리는 모든 어휘를 그림을 통해 배우고 입체적 대상들을 실제로 대면한 적이 없음에도 불구하고 삼차원의 세계로 보내졌을 때 별로 어려움 없이 자기의 술어들을 확장시키는 어린아이의 경우를 상상해볼 수 있다.

그리고 이런 종류의 인지적 기술이 설명될 수 있다면, 똑같은 이름으로 불리는 두 대상들에서 발견되는 것과 같은 정도의 유사성은 그 대상들 중의 하나와 그것을 그린 그림 사이에 전제되는 것이 분명하다. 물론 이런 종류의 인지적 기술을 토대로, 그림들이 무엇에 관한 것이라는 것을 알게 된 어린아이나 침팬지가 그 그림들이 그것의 내용을 가리킨다는 것을 알게 된 것인지는 분명하지 않는데, 왜냐하면 양자는 논리적

---

[13] E.H. Gombrich et al., *Art, Perception, and Reality*, Johns Hopkins, 1972, p.70.

으로 독립적이기 때문이다. 그러나 바로 그 이유 때문에 언제 그림이 무엇인가를 지시하는지를 아는 것은 그것이 무엇에 관한 것인지를 아는 것과 무관하다는 것이 분명해진다. 따라서 우리는, 초상화의 경우처럼 그림이 그것과 닮은 것을 **지칭한다**는 재현의 고정적(designatory) 의미 외에도 재현의 회화적 의미가 필요하다. 어린아이는 엄마의 그림들을 골라낼 수 있을 것이고, 심지어는 고정적 의미의 가능성을 포함하는 초상화의 개념을 배우기 오래전부터 그러한 그림들의 집합에 다른 구성원을 덧붙이는 법도 알 수 있을지도 모른다. 엄마-그림을 그리는 것과 엄마의 초상화를 그리는 것은 별개의 일이기 때문이다.

흔히 그림은 어떤 것을 고정하는 기능을 하지 않고서도 어떤 것의 그림으로 인지될 수 있고, 또 지금 우리의 목적을 위해서는 그래야만 한다. 상형문자의 예를 생각해보라. 이집트 상형문자에는 오두본의 매-그림과 비교할 때 스타일을 갖춘 전형적인 매-그림이 있는데, 그 문자가 수행해야 할 목적을 위해 오두본의 것은 새겨넣는 행위를 멈춰야 할 것이다. 전형적으로 매-그림은 우연히도 상형문자 음절표에서 하나의 음표문자로서 기능하며, 매와는 아무 관계없는 낱말에 속하는 어떤 음운적 가치를 갖는 기능을 한다. 그와 마찬가지로, 'concatinate'라는 낱말에서 'c-a-t'라는 글자들은 고양이와는 관계없지만, 만일 우리가 고양이 그림을 그 맥락에 갖다 놓는다면, 그 고양이 그림에 **동반하는** 것은 'cat'이라는 **낱말의 소리**일 것이다. 이런 관점에서 그림들은 그것들이 글자 맞추기에서 수행하는 것과 거의 똑같은 종류의 기능을 한다고 생각한다.

그러나 때때로 매-그림은 우리가 그것이 무엇을 그린 것인지 으레 가정하는 것에 관한 것, 즉 매에 관한 것이고, 그렇게 소리 나는 낱말은 상형문자의 열에서 그 형태에 의해 채택된 것이 분명하다. 그 그림이 그렇게 기능할 때 특별한 부호—일종의 **내용부호**(inhaltsstreich)—

로서 그것은 음향 전문가를 위한 수단으로서가 아니라, 본디부터 그것이 보여주려고 의도한 회화적 형태소로 간주되어야 한다. 그러나 그것이 반드시 무엇인가를 지칭할 필요는 없지만, 그럴 경우 그것은 영어의 'hawk'에 해당하는 이집트어 낱말의 외연에 포섭되는 것을 지칭한다. 그리고 그림은 그림이기 때문에 그것이 지칭하는 것을 닮는다. 틀림없이 그림은 그 외연에 포섭되지 않는 것—예컨대 다른 매-그림들—도 닮을 수 있지만, 이집트어의 유사성 규약에 따르면 어떤 것도 그 그림과 닮지 않은 외연에는 포섭되지 않는다.

그림이 대상을 닮지만 지칭하지는 않는 것들이 있다는 사실은 회화적 애매성이 초래하는 결과들 중의 하나일 뿐이다. 『철학 논고』에 의하면, 하나의 문장은 그것이 반영(mirror)하는 것으로 간주되는 사실과 유사한 만큼 동일한 논리적 형식에 속하는 다른 문장을 닮을 것이다. 그러나 그 문장이 그런 식으로 의도적으로 만들어지지 않는 한 다른 문장을 반영하지는 않을 것이다. 그리고 어떤 그림은 대상을 지칭할 경우 그것이 지칭하는 대상을 닮는 것만큼이나 다른 그림을 닮을 수도 있지만, 그렇다고 해서 그 그림이 반드시 다른 그림을 지칭한다는 것을 함축하는 것은 아니다. 많은 경우에 그림들은 지시체를 전혀 갖지 않도록 의도되고 적합한 의미에서 어떤 것을 재현하기 위해 사용되지 않지만, 만일 그림들이 그림으로서 지칭한다면—모방의 경우와 마찬가지로— 유사성은 **개념적 필수조건**이 된다.

니체가 묘사했듯이 만일 적절한 종교적 공학에 의해 실제로 신이 다시 현전하도록 불려나오는 디오니소스 제식에서 전형적으로 예시된 것 같은 종류의 마술적 재출현(re-presentation)을 통해 모방적 재현이 발생한 것이 사실이라면 그 밖에 다른 길은 없었을 것이다. 신은 현현할 때마다 서로 유사하며, 현재의 현현 사건에서 비극적 구조들에 의해 그 현현이 지칭된다는 것을 제외하고는 신의 현현에 관한 모방적 재현은 다시금 현재의 현현과 유사하다. 그리고 만일 형상이 있는 곳이면 어디에서나 그 왕이나 신을 현전하게 만들 수 있다는 정신에 입각하여—그 상(像)은 재출현한 왕이나 신으로 생각되는 것을 닮았다고 믿을 수 있어야만 할 것이다—원래 왕들과 신들의 상이 세워진 것이라면 역시 결과는 마찬가지일 것이다. 그리고 이 복잡한 동일성의 마술적 관계가 와해될 때, 그리고 그 상들이 단지 왕들과 신들의 재현으로 해석될 때 그것들은 의미론적 기능의 변화를 겪기 위해 반드시 형상의 변화를 겪을 필요는 없다. 혹은 마술적 구조 아래서 이 상들과 제식들은 어떤 의미론적 구조도 갖지 않았다고 말하는 편이 더 나을 것이다. 그것들은 오직 그것들이 닮은 것으로 믿어지는 것을 지칭한다는 의미에서 재현이 될 때 비로소 그 정체성을 획득했을 뿐이다.

그리하여 시간이 흐르면서 특별한 기념행사, 초상화, 역사회화 같은 것들을 제외하고, 상징이나 지칭은 예술작품이 수행하는 덜 중요한 일로 변모했다. 그러나 이것은 우리의 분석을 상당히 앞질러 가는 것이다. 이 시점에서 내가 강조하고 싶은 것은 우리가 상(像), 카타쿰의 그 라비어(gravure) 인쇄물, 제식 등으로 부르는 것들은, 특별한 힘을 가진 것으로 생각되는 것들이 여러 번이나 재출현함으로써 마술적으로 창조된 실재의 일부가 되었던 것이 이제 실재의 바깥에 그리고 반대 영역에서 실재와 대립되는 것으로 변형되었다는 것, 즉 실재 자체가 우리의 눈앞에서 그 마법을 잃어버리는 것과 똑같은 변형을 겪었다는 사실이다. 언어—낱말들—조차도 한때는 실재의 마술적인 일부분이었고 현재 우리가 외연을 이루는 것으로 부르는 것들의 실체에 참여했지만, 이제 예술작품은 우리가 언어를 개체로 보는 것과 같은 종류의 재현이 되었다.

만일 니체의 설명이 최소한의 역사성을 갖는다고 가정한다면, 재현의 수단이 마술적 육화(肉化, incarnations)에서 단순한 상징으로 변화된 사건은 일찍이 고대 그리스에서 발생했다. 따라서 예술 개념 자체는 변형을 겪었거나 차라리 그때에서야 형성되기 시작했다고 볼 수 있는데, 왜냐하면 예술 개념에 선행한 것은 예술 개념이라기보다는 마술 개념에 가까웠기 때문이다. 이미지들은 전에는 그것들이 참여한다고 믿었던 실재와 대조되는 것으로 밝혀졌다―그리고 놀랄 것도 없이 이러한 관계들은 모두 플라톤의 형상론에 예시되어 있다. 거기서 비로소 예술과 실재 사이의 거리가 인식되기 시작했기 때문에, 몇몇 물음들이 처음으로 예술에 관해 제기될 수 있었고, 처음으로 예술은 세계와 새로운 관계를 갖는 것으로 설명되었다. 우연한 일이지만 언어도 실재에 대해 그러한 관계를 갖는 것으로 제시되었다.

이러한 의미론적 관계는 아마도 철학 자체의 여명기에 싹트기 시작한 것 같다. 이집트와 메소포타미아, 그리고 다른 지역에도 예술이 있었지만, 그것이 오늘날 우리가 예술이라 부르는 것―마술적 의미에서가 아니라 의미론적 의미에서의 재현―이었는지는 분명하지 않다. 그러나 실제로 이집트와 메소포타미아에는 철학이 없었고 오직 과학만이 있었다. 실재와 구별되는 것으로서 참으로 예술이라 부를 만한 것이 왜 철학과 함께 발생했는가, 그리고 왜 예술이 철학적 문제와 연관되는가 하는 물음은, 부분적으로 왜 철학이 역사적으로 모든 문화에 나타나지 않고 일부의 문화권에서만 나타났으며, 특히 그리스와 인도에서 등장했는가 하는 물음과 필연적으로 만나게 된다고 나는 확신한다. 이 물음은 철학의 구조 자체를 파악하지 않고서는 우리가 답할 수 없으며, 우리가 철학의 구조를 이해하게 될 때 비로소―단순한 마술이 아닌―예술이 왜 자연스럽게 철학적 주제가 되는 것인지, 참으로 그것이 필연적으로 철학의 주제가 되는지를 어렵지 않게 알 수 있을 것이다.

철학은 그것이 발생한 사회가 실재의 개념을 성취할 때 비로소 나타나기 시작했다고 나는 생각한다. 어떤 사람들의 집단이나 문화이든 결국 실재를 규정짓는 개념이나 믿음들의 집합을 획득하는 것은 분명한 일이지만, 그 사실 때문에 곧 그들이 실재의 개념을 갖는다고 말할 수 있는 것은 아니다. 오직 실재와 다른 어떤 것, 실재와는 완전히 다르고 실재와 거리를 갖는 것—현상, 환영, 재현, 예술—을 대조할 수 있을 때만 실재의 개념을 가질 수 있다. 내가 보기에 여러 측면에서 철학적 이론의 패러다임을 『철학 논고』에서 발견할 수 있는데, 거기서 한편으로는 세계와 다른 한편으로는 담론에 나타나는 세계의 거울 이미지가 서로 대조되어 있다(그뿐만 아니라 그 담론은 세계 자체를 구성하는 사실들과 일대일로 대응하는 문장들로 구성되어 있다). 그것은 비트겐슈타인이 제시한 문제들로 가득 차고 난해하기 짝이 없는 이론이지만, 특별히 그것을 철학적이라고 말할 수 있는 것은 그 이론이 언어와 세계의 관계, 특히 그 이론 자체에서 사용되고 있는 언어로서는 표상될 수 없는 관계에 대해 보여주기 때문에, 나는 오직 그것을 그 철학이론의 형식으로 보고자 할 따름이다.

비트겐슈타인에게 있어서 언어는 '완전한 자연과학'이며 철학은 어떤 면에서도 그것의 일부가 아니다. 세계에는 철학적 사실들이 없기 때문에 언어는 어떤 사실도 반영하지 않으며, 따라서 세계의 명제들은 과학의 명제들처럼 세계에 속하지 않는다. 명제들은 세계의 어떤 부분도 기술하지 않고, 따라서 세계의 단 하나의 어떤 비밀스런 부분도 기술하지 않는다. 『철학 논고』에 그려져 있는 언어는 『철학 논고』를 구성하고 있는 명제들을 위한 어떤 공간도 갖고 있지 않다. 참으로 그러한 언어에 상대적일 뿐인, '완전한 자연과학'에 상대적인 철학적 명제들은 해독 불가능하다. 그것들은 그 언어의 문장으로 대치될 수 없다. 그러므로 그 언어에 상대적인 철학의 명제들은 말할 수 없는 것이며, 따라서 우리는 침묵해야만 한다. 즉 그것들은 언술될 수 없다. 우리가 옥스퍼드 운동식의 어투로 말하면, 실재를 전체적으로 표상할 수 없으면서도 실재 전체를 표상할 수 있어야 할 것이다. 그렇게 하기 위해서 우리는 그 언어 바깥에 자리 잡고서 그 언어와 세계에 대해 말할 수 있어야 할 것이다. 그리고 옥스퍼드 운동의 명제는 우리로 하여금 오직 세계에 관해 말할 수 있도록 허용할 뿐이지만 결코 그것은 그 세계 자체는 아니다.

전혀 철학이 없는 문화들에서 볼 수 있는 실재의 표상은 얼마쯤 의미론의 더러운 때가 벗겨진 옥스퍼드 운동적 언어일 것이다. 물론 그 문화의 구성원들은 세계를 표상할 수 있고, 당연히 일종의 자연과학을 소유할 수 있을 것이다. 그러나 철학을 소유할 수는 없다. 왜냐하면 철학을 갖기 위해서는 실재와 거리를 두는 어떤 방식이 요구되고, 따라서 한편으로는 실재에 대해 얼마간의 거리를 두고, 다른 한편으로는 총체적으로 실재와 대조되는 다른 어떤 것을 놓을 수 있는 여백이 필요하기 때문이다. 모종의 과학이 없는 문화는 없었지만 세계 역사에서 철학이 오직 두 번 발생했다는 것은 흥미로운 사실인데, 한 번은 인도에서 그리고 또 한 번은 그리스에서였고, 그 두 문명은 공통적으로 현상과 실재 사이의 간격에 몰두했다.

한동안 나는 철학이 근본적으로 '언어와 세계 사이의 공간'이라고 은유적으로 부르는 것에 관심을 둔다는 입장을 견지해왔다. 그 은유가 의도한 바는 낱말들이 사람들에 의해 여기저기서 사용되고, 원인과 그 필연적인 결과들을 가지며, 언어적 종파에 속한 여러 학문들의 주제가 된다는 점에서 분명히 세계의 일부이긴 하지만, 그럼에도 불구하고 세계—그리고 세계간적(interworldly) 존재 양상들을 포함하는 낱말들 자체—가 낱말들에 의해 표상된다(또는 그릇 표상된다)는 점에서, 그리고 세계는 낱말들이 표상 능력을 갖고 사용될 때 그 자신을 참 또는 거짓으로 만든다는 점에서 세계에 '외부적인' 것으로 생각될 수 있다는 사실을 극적으로 보여주기 위한 것이다. 낱말들이 표상적 속성들을 갖는 것—즉 어떤 것에 관한 것, 또는 어떤 것에 속한 것—그리고 그에 따라 의미론적 동일시에 종속되는 것으로 간주될 때, 낱말들과 사물들 사이에는, 즉 표상과 실재 사이에는 근본적으로 차이가 존재하는데, 세계는 표상성을 결여하기 때문에 항상 그러한 평가가 논리적으로 면제되어 있기 때문이다.

낱말들이 사물들에 대해 갖는 것과는 매우 다른 관계들을 서로 갖는 것처럼(서로를 함축하는 문장들은 잉크자국들로서의 문장이 아니다), 사물들은 그것들이 서로 갖는 것과는 매우 다른 관계(또는 관계들의 집합)를 표상들과 갖는다. 우리는 의미론적 어휘—'추론' '지칭' '충족' '예증' 등—로 불리는 용어들의 집합과 의미론적 연결의 성공이나 실패를 기록하기 위한 낱말들—'참' '존재하다' '빈'(empty) 같은 것들과 각각에 상응하는 반대어들—의 집합을 갖고 있다. 모든 그리고 오직 철학적 개념들만이 그 분석에 있어서 그런 종류의 용어 하나씩을 필요로 한다고 나는 주장해왔다. 나는 여기서 이 일반적 주장을 변호하거나 심지어 옹호할 의도조차 없으며, 다만 그러한 의미론적 개념들은, 적절한 변화를 가미하여 낱말이나 명제들의 집합들을 넘어서 온갖 종류의 의미론적 수단들—그것들이 무엇에 속하는가 또는 무엇에 관한 것인가 하는 물음이 자연스레 떠오를 수 있는 몇몇 사례들만을 열거하자면 이미지, 개념, 관념, 제스처, 믿음, 느낌, 그림, 지도, 도표 등—에게로 확장될 수 있을 것이라고 덧붙이고 싶다.

서로 닮은 한 쌍의 사물들, 예컨대 까마귀 두 마리, 대리석 두 개, 동일한 문장 유형에 속하는 두 부호들이 있을 때, 보통의 경우 그들 중 어느 것이 진짜인가 하는 문제는 발생하지 않을 것이다. 하나의 사례에 참인 것은 무엇이든 다른 사례에도 참일 것이다. 라이프니츠의 원리에 의하면, 그 사물들은 어떤 점에서 다를 것이 틀림없고 바로 그 점에서 서로 닮지 않을 수밖에 없겠지만, b가 a와 다르지 않은 만큼 a는 b와 전혀 다르지 않을 때 실재성의 문제는 일어날 수 없다. 그러나 앞의 예에 나온 각 쌍처럼 서로 완전히 닮은 두 사물이 있고, 그런 문제가 발생하는 경우를 가정해볼 수 있다. 두 개의 대리석이 있는데, 하나는 다른 것의 초상이고 다른 하나는 실물, 즉 '진짜' 대리석이라고 가정해보라. 그것들 각각의 상이한 역사가 없다면, 그리고 그들 중 하나가 다른 것의 역사 속으로 들어왔다는 사실이 없다면 그것들을 구별할 아무런 근거도 없고, 따라서 관찰과 비교를 통해서는 그것들 중 하나가 진짜이고 다른 것은 그렇지 않다고 말할 수 있는 아무런 기준도 없을 것이다. 각기 무게와 부피, 원인과 결과 같은 것을 가질 뿐이다.

존 오스틴은, "형이상학자의 계략은 '그것은 진짜 테이블인가'(전혀 가짜처럼 보이지 않는 종류의 대상인데도)라고 묻고, 그것에 무슨 문제가 있는지 전혀 상술하거나 한정짓지도 않은 채 나로 하여금 그것이 진짜 테이블이라는 것을 '어떻게 입증해야 할지' 몰라 당혹감을 느끼게 만드는 데에 있다"고 말했다. 그리고 그는 그 점을 예시하기 위해 자기의 모자가 완벽한 보통 모자라는 것을 스스로 확신해야만 하는 어떤 마술사의 이야기를 하는데, 우리는 이런 경우 '어떻게 응수해야 할지 도무지 알 수 없기' 때문에 그러한 요구는 '우리를 당혹스럽고 불편하게 만든다'.

그렇듯 두 번째 대리석은 첫 번째 것과 완전히 똑같아 보인다. 따라서 어느 것이 진짜 대리석이고 어느 것이 표상인가 하는 물음은—'진짜'라는 낱말이 '표상'이라는 낱말과 대조된다는 것, 그리고 그 가상적 사례에서 어느 것이 어느 것인지 말해주는 기준이 없다는 것, 즉 하나는 그것과 유사한 다른 것을 상징한다는 것을 깨닫기 전까지는 그 둘을 구별할 수 없으므로—우리의 인식론적 탐색망을 빠져나간다. 우리는 한 소년이 어떤 흰 대리석에 매우 애착심을 갖고 있는데, 그의 어머니가 그것의 기념물이 될 만한 흰 대리석을 발견하기 전까지 심각한 우울증에 빠지는 것을 상상해볼 수 있다. 새 돌은 유물처럼 특별한 전시물로 마음에 자리 잡고 그에게 잃어버린 보물을 상기시킨다(그것은 그가 잃어버린 그 대리석일 수도 있다). 대리석들은 서로 아주 비슷하기 때문에 그들 중 어느 것이 진짜이고 어느 것이 가짜인가 하는 문제는 해소될 수 없는 것 같다.

그러나 실제로 '진짜'는—진짜 화폐와 위조 화폐의 경우처럼—단순한 '위조품'(fake)과는 극도로 대조된다. 그것은 또한 '표상'과도 대조되며, 미국의 조각가 조지 시걸의 유명한 작품에서 보듯이 나무토막 세공을 표상하기 위해 진짜 나무토막 세공을 사용할 수도 있다. 이 경우 표상이라는 것은 그 나무토막 세공에게 예술가가 맡긴 역할이지만, 또 다른 의미에서 그것은 진짜 나무토막 세공과 전혀 다를 것이 없다. 그것 역시 나무토막 세공인데 어떻게 그렇지 않을 수가 있겠는가? 그렇다면 '진짜'가 표상과는 다른 방식으로 사용될 경우 그것은 거의 전도(顚倒)된 의미론적 술어라고 부를 수 있다. 사물이 이름으로 사용될 때 의미의 '담지자'가 되는 것처럼 사물은 그것이 자신의 표상을 충족시킬 때 '진짜'가 된다. 존 오스틴은 독자의 주목을 거의 받지 못한 다음의 단락에서 그 점을 훌륭하게 보여준다.

> 의사소통이 이루어지려면 모종의 기호들의 집합이 있어야만 하고 …… 물론 그것들이 흔히 낱말이라고 부르는 것과 반드시 비슷할 필요는 없지만—그것들은 신호 깃발 같은 것일 수도 있다—그것들을 우리는 '낱말'이라고 부를 수 있을 것이다. 또한 낱말이 아닌 다른 것도 있어야 하는데, 그것은 그 낱말을 사용하여 소통되는 것으로서, 이것은 '세계'라고 부를 수 있다. 모든 의미에서 특별한 경우 세계에 관해 실제로 주어지는 진술 자체의 의미를 제외하고는 왜 세계가 낱말을 포함하면 안 되는가 하는 이유는 없다.[14]

'모든 의미에서'가 함축하는 것은 다음과 같다. 어떤 사물이 다른 사물에 관한 것이라는 것을 제외하고, 그것이 세계에 있는 품목들이 갖고 있는 모든 속성들을 갖고 있다고 가정해보라. 그러면 후자는 그 사물이 가진 속성들의 내용이 되는데, '지향성'은 중대한 차이를 갖는 속성이며—따라서 그것은 눈으로 쉽게 관찰될 수 없는 것이다. 전에 상상해 본 적이 있는 언어로 방향을 전환해보자. 그 언어의 구성요소들은 사람들이 지칭하고자 하는 대상들의 모사품이며, 사람들은 각기 그것들을 한 보따리씩 갖고 있다. 불편함의 문제는 접어두고, 물론 그것들은 모사품처럼 손쉬운 복제품일 수도 있는데, 따라서 지칭하는 것과 지칭되는 것 사이의 지각 불가능한 관계를 제외하고는 그 무엇도 기호(sign)와 기의(signified)를 구별할 수 없다. "실재적이라는 것은 지정된 변항의 값이다"라고 윌러드 반 오먼 콰인은 꽤나 짓궂게 말했다.

실재적이라는 것은 어떤 의미론적 기능을 충족하는 것이지만 그것은 의미론적 수단으로서가 아니다. 즉 "(Ex) x is a word"에서 변항을 충족시키는 사물이나 변항의 값은 주어진 문제를 변화시키지 않은 채 다만 문제를 복잡하게 만들 뿐이라는 사실을 보여준다. 사물들은 세계를 구성하지만, 어떤 것들은—낱말의 개념에 대한 일반화에 대해 오스틴이 염두에 두었던 것—그것들을 참인 것으로 만드는 것이 세계라는 의미에서 세계 바깥에 있다. 언어적 사실들, 즉 비트겐슈타인의 '완전한 자연과학'에 등재되고, 따라서 세계의 안과 밖에 동시에 있으면서 한 차원에서는 실재의 일부이고 다른 차원에서는 표상의 일부로서 이중적 역할을 향유하는, 언어에 관한 사실들이 존재하지 못할 이유는 없다. (버클리는 모든 것이 표상이고, 신의 눈으로 볼 수 있는 언어〔Divine

---

14) John L. Austin, *Philosophical Papers*, Oxford University Press, 1970, p.55.

Visible Language]로 만들어진 세계에 대한 그림을 갖고 있었다. 그 반면에 유물론자는 모든 것이 실재적이고, 표상성은 세계의 중대한 또는 기초적인 속성이 될 수 없는 세계를 보여준다.)

이렇듯 지극히 개괄적이고 취약한 진술들을 토대로 내가 제안하고자 하는 것은, 예술작품은 그것이 어떤 것에 관한 것이라는 점에서 (또는 "그것은 무엇에 관한 것인가" 하는 물음이 합당하게 제기될 수 있다는 점에서) 단순한 실재적 사물의 상대역이긴 하지만, 언어로 괄호 치기에 논리적으로 적합한 종류의 것이라는 것이다. 예술작품 집합은 '또 다른 의미에서' 실재적이긴 하지만 낱말들의 경우와 마찬가지로 실재적인 것들과 대조를 이룬다. 예술작품들이 실재에 대해 낱말들과 똑같은 거리를 두고 있다는 것, 따라서 예술작품으로서 그것들과 관계하는 사람들을 비슷한 종류의 거리에서 발견하게 된다는 것—그리고 이 거리는 철학자들이 작업하는 공간에 항상 걸쳐져 있으므로—예술이 철학적 연관성을 가질 것이라고 예상할 수 있다.

의식적으로 모방적인 예술은 마치 철학이 모든 영역에 속한 문제들의 답의 모형을 형이상학에서 발견하듯이 그리스에서 철학과 함께 탄생했다. 예술과 실재 사이의 관계를 올바로 포착했다는 것은 고대 철학의 위대한 공헌이다. 재현을 모방적 구조에 국한된 것처럼 가정하는 것은 단순히 틀린 것이거나 편협한 것으로서, 예술 이론이 재현적인 예술을 다룰 때 재현적이지만 전혀 모방적이지 않은 예술작품들을 수용할 수 없게 만든다. 그러나 생색을 내지 않도록 주의해야 한다. 모방의 마술적인 힘은 비트겐슈타인처럼 가장 현대적인 정신을 가진 철학자까지도, 만일 언어가 세계를 표상한다면 그것은 가장 문자적인 의미에서 세계를 묘사해야 할 것이라고 믿게 만들었다. 이 믿음은 비트겐슈타인으로 하여금 그러한 연관성을 관철시키기 위해 세계를 사실들의 집합으로 받아들이게 했고, 따라서 실제로 세계는 문장 도상(sentential icons)

에 의해 즉시 반영할 수 있는 명제들의 구조를 갖는다고 결론짓게 만들었다.

그러나 그런 종류의 언어는 결국 이념화된 것이고 그 언어로 구성된 문장들의 논리적 구조는 놀라울 정도로 선명한 것이었기 때문에, 우리가 일상적으로 사용하는 자연언어가 어떻게 세계를 표상할 수 있는가 하는 문제는 그대로 남겨둔 채였다. 후기 비트겐슈타인은 자연언어가 실재를 전혀 표상하지 않는다고 주장함으로써 그 문제에 답한 것으로 해석될 수도 있겠지만, 그럴 경우 그것은 마치 그가 표상에 관한 그림 이론을 결코 포기하지 않았고, 따라서 그 이론은 그것에 부합하지 못하는 일상언어가 과연 세계와 어떤 연관성을 가질 수 있는지를 고찰하게 만드는 기능을 하는, 즉 현실세계에는 있을 수 없는 모델일 뿐인 것처럼 간주하는 것이다.

그렇다면 비트겐슈타인 이후의 의미론은 문장들이 그림이 아니면서도 어떻게 표상적일 수 있는가를 모색한 것으로 이해될 수 있다—그리고 예술철학은 거의 같은 종류의 문제에 직면한다(시는 회화의 모델과 일치해야 한다[*Ut pictura poesis*]는 이론이 전통적으로 얼마나 강력했는지 기억해보라). 그러나 우리의 논증이 보여주듯이 심지어 모방적인 예술의 경우에도 그것이 모방적이라는 사실에서 그것에 대응되는 궁극적인 어떤 것이 존재해야 한다는 것은 함축되지 않는다. 대응은 참·거짓의 문제가 발생하는 경우에만 재현의 적합성을 위한 조건이 될 것이다.

어쨌거나 우리의 관심은 어떻게 예술작품이 실재와 일치하는가 하는 문제에 있기보다는—심지어 우리는 과연 일치의 문제라는 것이 존재하는가 하는 문제에도 관심이 없다—오히려 실재와 예술의 차이에 있으며, 언어가 기술적으로 사용될 때와 마찬가지로 예술이 실재와 다르다는 사실에 그 차이가 있음이 틀림없다는 것을 보여주고자 했다(따라서 예술작품이 참인가 아닌가 하는 문제는 적어도 정당한 문제이다). 이것은 예술이 곧 언어라고 말하는 것이 아니라 다만 예술의 존재론은 언어의 존재론과 동일하며, 실재와 예술의 차이는 실재와 언어 사이에 존재하는 차이와 같은 종류의 것이라고 말하려는 것뿐이다. 그렇기 때문에 그림자로만 만들어진 세계를 상상할 수 없듯이, 오직 예술작품으로만 구성된 세계를 상상할 수는 없다. 예술작품이 없는 세계 또는 적어도 그 거주자들이 어떤 것에 대해서도 예술작품으로 간주하지 않는 세계를 상상할 수 있는데, 그러한 세계는 바로 실재의 개념이 아직 생겨나지 않은 세계이기 때문이다. 예술의 철학적 가치는 예술이 실재의 개념과 함께 우리의 의식의 대상으로 만드는 데에 결정적인 도움을 주었다는 역사적 사실에 있다. 그럼에도 불구하고 그 역사적 사실은 왜 예술의 정의가 철학의 문제인지를 보여주지 못했을 뿐만 아니라 예술의 철학적 정의를 개진시키지도 못했다.

재현적 특징을 가진 것—즉 어떤 것에 관한 것, 또는 그것이 무엇에 관한 것인가 하는 문제가 논리적으로 배제되지 않는 것들과 연관된 것—들의 집합은 예술작품의 집합보다 상당히 크기 때문에, 예술작품과 재현의 다른 수단들을 구별해야 하는 문제는 최소한 무엇이 실재적 사물들과 예술작품을 구별하는가 하는 문제만큼 어려울 수밖에 없는데, 나는 그 문제를 제6장에서 논의할 것이다. 그러나 우리가 예술작품을 올바른 존재론적 공간에 놓았다고 가정할 때, 적어도 플라톤의 도전에 대한 응수로서 예술과 실재 사이의 간격을 메우려는 기획이 논리적으로 그릇된 생각이라는 것을 알 수 있는 입장에 있다. 시는 의미를 갖는 것이 아니라 그저 존재할 뿐이라고 말하는 사람은 일종의 비일관성을 보여준다. 그러므로 우리는 분석의 다음 단계로 넘어가기 전에 마지막으로 현대 예술계가 창의성을 발휘하여 보여주었던 놀랄 만한 시도들 중 한두 가지를 생각해보는 것이 좋을 것이다.

화가 재스퍼 존스[15]는, 언뜻 보기에 모방될 수 있는 것이라고 생각하기 어렵지만 모방으로 간주될 만큼 다른 사물과 충분할 정도로 닮은 것이면 무엇이든 즉각 그 사물이 속한 집합의 구성원이 된다는 사실에 의해 논리적으로 실재적인 것처럼 보이는 대상들의 집합을 이용한 적이 있다. 예를 들면 과녁이나 깃발 또는 숫자는 바로 그런 놀라운 특징을 갖는 것처럼 보인다. 깃발의 모방적 재현이 될 수 있을 만큼 깃발과 충분히 비슷한 것은 무엇이든 깃발이 된다. 그리고 과녁이나 숫자 또는 지도도 마찬가지이다. 이런 대상들이 있을 때 실재의 창조를 위한 통로로서 예술을 사용하려 한 피그말리온[16]의 꿈이 거의 확실히 실현되는 것처럼 보인다. 베르메르는 여인들에게서 성취하지 못한 것을 자기의 그림의 지도들을 통해 성취했다. 그 여인들은 결코 물감자국에서 피와 살로 변형되지 않았지만 그의 지도는 지도 그림이 되기를 멈추고 처음에만 재현이었을 뿐 즉시 그 대상 자체로 변했다. 존스 역시 제한적인 성공만을 거두었다고 언급해두는 것이 좋겠다. 그의 전구와 손전등 불빛의 재현들은 그 대상들의 직접적인 사례로 변화되지 않았다. 그리고 그의 동판화 「사바랭 깡통」[17]은 베르메르의 여인 그림들과 지도 그림을 성공적으로 융합한 것이다.

잠시 그 사례에 대해 생각해보기로 하자. 「사바랭 깡통」의 도상성은 당시의 예술계에 대해 잘 알고 있는 사람이라면 누구에게나 확연할 것

---

15) Jasper Johns(1930~). 미국의 화가 · 조각가 · 판화가 · 만화가. 라우센버그와 더불어 미국 팝아트 운동의 대표자로서, 특히 그는 과녁, 깃발, 지도 등 즉각적으로 알아볼 수 있는 소재들을 시각 모티프로 사용한 것으로 유명하다.
16) Pygmalion. 자기가 만든 상아상 갈라테이아를 연모한 것으로 알려진 키프로스의 왕.
17) 프랑스 미식가의 이름을 딴 것으로, 럼주나 매실즙 등을 넣고 만든 둥근 스폰지형의 케이크.

이다. 빌헬름 데 쿠닝[18]은 사바랭 깡통에 붓을 넣어두었는데, 사교계의 경쟁적 성향에 의해 사바랭 깡통은 뉴욕 화가들이 붓을 넣어두는 사랑받는 용기가 되었다. 존스는 붓을 넣은 커피 깡통을 동상처럼 이용해서 이것으로 기념비적인 일을 했는데, 그 주형(鑄型)은 진짜 사바랭 깡통과 붓을 주형으로 사용해도 될 만한 것이었다. 그 다음에 그는 원본과 비슷하게 보이도록 실감나게 물감을 덧칠했는데(그리스 상처럼), 그 결과 동(銅) 주형은 물감 밑으로 냉소적으로 가라앉았다(이것은 소재의 완전성에 관한 또 하나의 예술사적인 또는 적어도 미학적인 풍자였다). 그러나 S-A-V-A-R-I-N이라고 적힌 것은 원래의 글자였지만, 그 작품은 그것의 진짜 상대역의 사례가 되지는 못했다. 그리하여 그것들은 경계선을 넘었다가——조각가가 자기의 작품의 일부로 간주한 그림자들이 결국 진짜 그림자였던 것처럼——다시 현실세계로 안전하게 되돌아온 것이었다.

모든 것을 논의하고 난 지금 논리적인 문제들은 존스의 놀라운 실험 이전과 다름없이 그대로 남아 있다. 어떤 것이 자기의 모델과 아무리 닮았거나 설혹 그 대상이 그림이라 해도 그것은 논리적으로 구별되는 다른 질서에 속한 개체로 남는다. 화가 드가는 그림들이 있는 방에서 역시 화가인 자기 친구 티소의 초상화를 그렸는데, 그 중의 하나인 플랑드르 사람의 초상화는 티소 본인과 꽤 닮은 것이었다. 그 그림을 치우고 이 플랑드르 사람의 그림만을 남겨놓았다고 상상해보라. 그것은 플랑드르 그림처럼 또는 아마도 플랑드르 그림의 19세기 복제화처럼 보이겠지만, 사실상 둘 다 아니다. 그 그림은 그것이 지칭하는 것과 비

---

[18] Willem de Kooning(1904~97). 네덜란드 태생의 미국 화가·조각가. 형태와 추상에 대한 관례적인 정의를 초월하는 회화적 행위주의를 표방하는 추상표현주의를 대표하는 작가이다.

숫한, 플랑드르 그림을 그린 그림이다.

그 그림 자체는 어떤 플랑드르 신사에 관한 것일 수 있겠지만, 드가가 그린 티소 초상화의 상응하는 부분은 전혀 그에 관한 것이 아니다. 그것은 플랑드르 신사에 관한 플랑드르 그림에 관한 것일 뿐인데, 왜냐하면 **지향성**은 전이적(transitive)이지 않기 때문이다. 더 극적인 사례를 들면, 벽에 추상 표현주의 그림이 걸려 있는 다락방에서 필립 펄스타인[19]이 한 추상 표현주의자의 그림을 모델로 삼아 그리고 있다고 상상해 보라. 그 그림을 떼어내보라. 그러면 그것은 여느 추상화와 똑같아 보이겠지만 사실상 그것은 어떤 추상화에 관한 그림일 뿐이며, 그 자체는 펄스타인의 탁월한 초현실주의적 경향을 실천한 것에 불과하다. 즉 그것은 추상화에 대한 사진적-사실주의적 묘사이다. 존스의 이야기로 되돌아와도 상황은 똑같다. 어떤 숫자와 똑같은 모양을 가진 숫자의 그림은 반드시 숫자일 필요가 없고 아마도 숫자가 아닐 것이다.

의심의 여지 없이 그것은 한 숫자를 지칭하지만, 숫자들(numerals)은 숫자들을 지칭하는 것이 아니라 수(numbers)를 지칭한다. 그러므로 '2'와 'II'는 상이한 기호체계에 속한 숫자로 간주될 때 공지칭적(codenotational)이 된다. 그러나 '2'의 그림은 'II'의 그림이 아니며, 물론 모방도 아니다. 그리고 그것은 지도의 경우에도 마찬가지이다. 예컨대 보르네오 지도를 사용하여 베르메르가 그린 그림은, 그 연관성 있는 부분에서 그 지역을 가리키는 지도처럼 보르네오를 지칭하지는 않으며, 그 지도에서 그것과 정확히 닮은 다른 지점에 대해서도 마찬가지이다. 똑같은 대상들의 집단이 있는 가장 명백한 경우에도, 그 중 하나

---

[19] Phillip Pearlstein(1924~). 미국의 화가·판화가. 인체에 관한 추상 표현주의적인 실험을 시도했다. 그는 표현주의 화가들이 인체를 가학적이고 고통스러운 조건에 몰아넣었다고 느꼈으므로 그 자신은 왜곡 없는 사실주의적인 누드를 추구했다.

를 무작위로 추출하여 표본으로 삼고 나머지와 따로 놓을 때도 그것은 여전히 그 동질적인 집단의 구성원이며, 따라서 만일 그것을 그 집단의 대표로 삼는다면 충분히 그렇게 할 수 있음이 틀림없다.

그러나 바로 그 구성원은 그 기능—그 집단을 대표하는 것—을 수행할 수 있고, 어떤 구성원이라도 그것 대신 추출되었을 경우에 똑같이 그렇게 할 수도 있는 반면, 그 집단의 나머지 구성원들은 그 기능을 수행하지 못한다. 우리는 색칠된 낱말들이 지칭하는 색깔에서 색깔 술어들을 끌어내기 위해 존스가 만든 익살스러운 조크에서 그 논리적 차이를 볼 수 있다. 즉 파란색으로 '파랑'을, 노란색으로 '노랑'을 칠하는 것이다. 그러나 이따금 그는 노랑으로 '파랑'을 써서 일종의 자기 지칭적 거짓을 만들어낸다. 그러면 'English'가 영어 낱말을, 그리고 'Writing'이 표기된 낱말을 직접 예증하고, 'French'가 영어 낱말을, 그리고 'Speaking'이 표기된 낱말을 거짓 예증하듯이, 이 경우—즉 자기 지칭적 거짓의 경우—우리가 어리석게도 글자가 예증하는 것으로 추정한 것에 관한 것이 아닌 어떤 것도 거짓일 수 없다.

예술작품이 어떤 의미에서든 연관성 있는 부분으로 환원되지 않으면서도 자신과 연관된 실재의 일부를 포함하는 것은 물론 항상 가능하다. 내가 말한 '자신과 연관된 실재의 일부'라는 말이 가리키는 것은 결코 예술작품 자체의 속성들이 아니라 그것이 표상하는 부분이 지칭할 수 있는 속성들이다. 실제로 나는 앞에서 언급한 존스의 그림에서 색깔 술어들을 구성하는 파란색 물감은 그 낱말 자체가 지칭하는 것으로 만들어졌으므로 적절한 사례라고 생각한다. 그것들은 문장의 내용이 곧 문장-실재(sentential reality)가 되는 경우, 즉 "이 문장은 거짓이다"와 같은 유명한 의미론적 역설을 만들어낸 난해한 문장들과 정확히 똑같은 구조를 갖고 있다. 낱말들의 사용은 그러한 자기 지칭성으로 하여금 즉석에서 하나의 작품을 구성할 수 있게 해준다. 미국의 착시 예술가 페토는, 사실적으로 다양하게 만들어진 하루살이-작품들 가운데 고양이가 달려들어 할퀼 정도로 너무나 '사실적인' 예술작품에 대해 언급하는 신문 스크랩 그림을 그린 적이 있는데, 그 작품은 고양이가 긁은 자국을 그린 그림이 들어 있는 문제의 그림이었던 것으로 나는 기억한다. 그리고 그 계열의 다른 구성원들 가운데서 나는 자기 자신의 등을 그린 작품, 즉 캔버스와 들것, 배달 주소, 그리고 뒷면에서 눈에 띌 만한 것이면 무엇이든 그린 그림들을 본 적이 있다.

그러나 프랭크 스텔라의 작품들을 통해 확인할 수 있듯이 이보다 훨씬 더 미묘한 것도 가능하다. 마이클 프리드가 훌륭하게 해석한 스텔라의 작품들은 일종의 **연역적 구조**로 응축됨으로써, "그 그림은 틀을 이루는 가장자리의 상이한 모양들에 의해 **하나의 전체로서 창발**하게 되었다." 스텔라의 초기의 전형적인 작품은 흑백 바탕에 얇게 색칠해진 일련의 원심적 선분들처럼 보인다. 참으로 그것들은 명백히 무엇에 관한 것으로 볼 만한 것이 전혀 없다는 점에서 수없이 많은 천조각들처럼 보이고 철두철미한 추상화처럼 보이는데(그것들이 줄들 자체라기보다 줄들에 관한 것이라고 가정하지 않는 한)——그때 갑자기 그 선들은 자신의 물리적 토대의 형태에 관한 것이라는 생각이 떠오를 수도 있다. "나는 예술비평이 관대할 때조차도 연역적 구조 자체의 유의미성을—그리고 아마도 그 존재를—깨닫게 해줄 수 없을 뿐만 아니라, 그의 그림을 형식적인 용어로 해독할 수 없다는 것을 스스로 보여주었다고 말해도 무방하다고 생각한다"고 프리드가 말했을 때, 그가 옳았다면 "생각이 떠오를 수도 있다"는 말은 마음에 없는 빈말인 것이 분명하다. 이 시점에서 『세 명의 미국인 화가』에 나오는 프리드의 논증은 논구해볼 만한 가치가 있다.

스텔라의 처음 세 편의 연작 그림에서 그가 검정 알루미늄에서 동금속 물감으로 옮겨간 일은, 나중에 나온 두 편의 연작에서 상이한 모양의 캔버스들을 사용한 것과 함께 이 그림들이 어떤 규약적인 특징들(나무 받침대 위에 걸쳐져 있고, 그 자체는 대개의 경우 직사각형 캔버스로 구성되어 있는 경향 같은 것)을 가진 전통—그 자의성이 일단 인지되고 나면 제거할 것을 주장하는—에 의해 부과된 사물들의 하부집합에 속한, 과거 100년 동안 존재한 가장 진보적인 그림이나 마찬가지라는 것을 깨닫게 해주었다고 보는 모더니즘적 해석은 대단히 적절한 것처럼 들린다. 이 견해에 의하면, 마네에서 스텔라에 이르기까지 그림 받침대의 사실적인 면모들에 관한 진술은, 그림이 어떤 근본적인 면에서도 세계의 다른 대상들의 집합과 다르지 않다는 '진리'를 점차로 인식하게 된 것 외에 다른 것은—그 이상도 그 이하도—전혀 표상하지 않는다.[20]

자기에게는 부조리하게 느껴진다고 프리드가 말한 이 견해를 스텔라의 작품들에 의해 확증할 수 없는데, 그것들은 회화적인 내용으로 가득하고 내용의 거의 대부분이 그림의 가장자리에 대한 정의로 간주될 수도 있기 때문이다. 그러한 정의는 화이트헤드가 대단히 많이 시도한 것과 대조된다. 즉 그것은 화이트헤드가 많이 사용한 포괄적인 추상 방법과는 반대되는 것으로서, 그가 구역들의 집합을 통해 정의 내리려 한 바 구역들의 집합에 속한 임의의 두 구성원이 있을 때 하나는 다른 것을 비접선적으로(nontangentially) 포함하고 그 집합의 어떤 구성원도 구역을 전혀 포함하지 않으며, 그 구성원들은 점과 선과 면적으로 수렴함으로써 포개진 동심원적 '구역'을 이룬다. 그리고 너무나 역설적이게

---

20) Michael Fried, *Three American Painters*, Fogg Art Museum, Harvard University, 1965, p.43.

도 만일 그림들이 자신들만이 세계에 존재하는 유일한 사물들이라고 스스로 말하는 것으로 해석된다면, 그림들이 그렇게 말했다는 사실은 그들 자신을 모순적인 것으로 만들 것이다. 즉 보통의 경우 사과는 자기가 그저 사과일 뿐이라고 주장하지 않는다.

어떤 의미에서 어떤 것도 자기 자신의 물리적 토대와 동일할 뿐인 작품을 만드는 것보다 더 쉬운 일도 없고 그와 동시에 그보다 더 어려운 일도 없다. 왜냐하면 후자는 사실상 그 작품의 주제인 반면, 물리적 토대는 논리적으로 어떤 주제도 갖지 않기 때문이다. 그 문제는 현대 미술가들이 그림에서 평평한 표면을 추출해내려고 고군 분투한 문제와 비슷하다. 왜냐하면 어떤 일도 그보다 쉬운 일은 없는 것처럼 보이는 반면—그 표면들은 늘 **평평했다**—아무리 물감을 매끈하게 칠하더라도 그 결과는 비확정적인 외연을 가진 회화적 깊이가 된다는 점에서 그 과제는 불가능한 것이었기 때문이다. 그리고 선을 그림으로써 (뉴먼의 작품에서 보듯이) 표면을 고정시키려는 노력은, 우리가 곧 이어서 다룰 것이지만, 선과 표면 사이에 어떤 관계가 있는가 하는 문제를 즉각적으로 야기한다.

가장자리는 항상 그림에서 중요했고, 가장자리는 그것들이 표시하는 공간을 차지하는 구성 전체를 창출시킨다고 말할 수 있는데, 왜냐하면 초점(focus)과 안점(eye point)들이 구성적으로 연관성을 갖는 것은 가장자리와의 관계에서이기 때문이다. 가장자리의 이러한 연관성은, 가장자리가 곧 그림이 끝나는 곳이어서 공간을 한정짓는 경계가 되어버리는 보나르의 작품에서처럼, 가장자리가 무시될 때만큼 더 분명하게 지각되는 적도 없다. 정교하게 구성된 「사비니 여인들의 겁탈」은 폭력 장면에 관한 그림이며, 가장자리에 대한 묘사에 포함되는 요소 같은 것들을 주제로 삼고 있지 않다. 그러나 스텔라는 자기에게 주어진 한계 내에서 결단력 있고 창의적이었던 반면, 그림의 가장자리가 또한 그림

속의 커튼들이 믿을 수 없을 만큼 뒤로 부풀어 올라 만들어진 환영적인 틀의 가장자리이기도 한 베르메르의 놀라운 몇몇 작품들에서 보듯이, 게르치노[21]의 「성녀 페트로닐라의 매장」은 그림의 가장자리가 때때로 물리적 세계의 가장자리들을 지칭하는 역할을 한 전통을 발전시켰을 뿐이다.

그러한 그림들은 사실상 존재론적 논증을 선명하게 체현한 사례로서 자신의 구조에 의해 그림의 내용을 보여주는 자기 예증적인 개체들이다. 그러한 개체로서 그 그림들은 **불가능한 그림들**, 즉 에스헤르[22]의 전형적인 그림들과 시각 심리학에서 중심적인 역할을 하게 된 것들과 비슷한 종류의 있을 수 없는 불가능한 대상들처럼, 자신이 예증되는 것을 배제하는 구조를 가진 그림과는 논리적으로 대조된다. 그러한 그림들은 거의 순수한 재현으로 간주되어야 하는데, 그것들은 한 가지 의미에서 그것이 내용으로 삼을 수 없는 대상들을 다른 의미에서 **내용**으로 삼기 때문이다. 한마디로 말해 삼차원적 공간에서는 그 그림들이 닮을 수 있는 것이 전혀 없기 때문에 그것들은 '참'일 수 없는 그림이다. 따라서 필연적으로 거짓인 까닭에(스텔라의 그림들이 '필연적으로 거짓'이듯이) 그 그림들은 형식상으로는 비일관적인 것은 아니지만, 그럼에도 불구하고 어떤 세계에서도 참일 수 없는 문장들에 대한 회화적 상대역으로 보는 것이 적절할 것이다.

---

21) Guercino(1591~1666). 이탈리아의 화가·도안가. 폴로네즈학파의 대표적 화가의 한 사람이며 이탈리아 바로크의 가장 탁월한 도안가이다. 그의 그림에서는 명암의 미묘한 효과를 구사하면서 또한 인간의 심리에 대한 화가의 깊은 통찰의 결과로서, 폭넓은 제스처나 얼굴 표정을 나타내는 인물들을 볼 수 있다.
22) Maurice Cornelius Escher(1898~1972). 네덜란드의 판화가. 무어인의 예술의 영향을 받아 자연의 기저에 있는 수학적 원리에 주목하면서 이미지를 창안해내기 시작했다.

다른 예술에서도 그와 유사한 것들을 찾기는 어렵지 않다. 「트리스탄과 이졸데」 2장의 사냥소집은, 3장에서 목동의 노래가 목동의 노래에 관한 것이듯이 사냥소집인 동시에 사냥소집에 관한 것이다. 그리고 『비평론』에서 포프의 재치 있는 347행—"그리고 하나의 무미건조한 행에서 열 개의 저급한 낱말들이 기어가곤 한다"—은 우연히도 하나의 무미건조한 행 속의 열 개의 저급한 낱말들로 이루어져 있는데, 그것은 재치와 자기 예증 때문에 전혀 무미건조하지 않고, 오히려 그 예술가의 풍부한 자의식을 통해 무미건조함으로부터 구조되어 초월하고 있다.

현대 예술가들이 그림에서 낱말들을 사용할 때 그 낱말들의 지위에 관해 복합적인 결정을 내려야 하는데, 왜냐하면 낱말들은 의미의 전달 수단인 동시에 물질적 대상이기 때문이며, 간단히 말해서 한 낱말의 그림은 낱말 자체와는 구별되어야 하기 때문이다. 호퍼가 멈춤 표지판에 'Stop'이라는 낱말을 그렸을 때 'STOP'은 그림 자체가 아니라 그림의 주제에 속한 것임을 보여주듯이, 로버트 인디애나의 「EAT」는 낱말의 그림이라기보다는 물감으로 칠해진 낱말이다. 이러한 가능성들 간의 미묘한 긴장은 슈사쿠 아라카와[23]의 장대한 작품 「의미의 메커니즘」에서 널빤지 구조물의 상당부분을 이루는데, 그 작품은 내가 방금 기술한 종류의 결정에 관한 것이라는 사실로 인해 거의 철학의 수준에 올라와 있다.

아라카와의 널빤지들은 어떤 바보 같은 지능검사 실연(實演)에 나오는 광고전단과 비슷한데, 그 위에 쓰인 낱말들은 단순한 형태들이 아니라 관객이 따라야 하는 진짜 명령어로서, 그것은 단순히 관람하는 그림

---

23) Shusaku Arakawa(1931~). 미국에서 활동하는 일본인 화가·퍼포먼스 아티스트·영화제작자. 주제가 없는 작품을 통해 그림 표면의 영역들을 강조했다. 대표작으로 Untitledness No.2, Diagrams S, Alphabet Skin No.2 등이 있다.

이 아니다. 그러나 실제로 명령어를 그림으로 그려야 할 이유는 전혀 없지만, 그 그림에서 그 명령어들을 삭제할 수는 없다. 명령은 구두로도 주어질 수 있다. 그렇기 때문에 만일 그것이 단지 지시를 내리는 문제일 뿐이라면, 아라카와는 미술관에서 빌려주는 녹음기를 켜거나 팻말을 사용했을 것이다. 로널드 펠드먼이 그림 옆에 서서 지시사항을 말하거나, 아니면 그 문제에 관한 한 지시사항을 인쇄한 종이를 관람자들에게 나눠줄 수도 있었을 것이다. 그러나 그럴 경우 그 명령들이 그림의 일부라고 주장하고, 따라서 그 명령문들이 단순한 의미로 증발해버릴 수 없게 만드는 그림들에게 무엇이 남는 것일까?

그리하여 결국 당신은 단순히 경청해야 할 것이 아니라 바라보아야 할 것으로서 그 물감에 응답해야 하는데, 그때 비로소 그 글자들 자체는 색칠된 것에 대해서 충분히 보상을 받게 된다. 그러나 글자들은 단순히 그런 방식으로만 다루어질 수 없고, 다른 언어 공동체에 속한 청중들도 이해할 수 있도록, 즉 그 작품이 내리는 지시에 따를 수 있도록 번역되어야 한다. 독일어 책 『의미의 메커니즘』(*Der Mechanismus der Bedeutung*)을 발행한 출판사는 그 그림을 번역해야만 했는데 그것은, 예컨대 꽃을 그린 그림을 복제한 책이었을 경우라면 전혀 이치에 닿지 않는 일이었을 것이다. 의심의 여지 없이 그 꽃들의 이름을 알아 두는 것은 좋은 일이지만 이름으로서 그 글자들은 그 작품들의 구조에서 아무런 역할이나 위치도 갖지 못한다.

제시되는 것과 제시되는 방식 간의 복잡한 상호관계는 더 논의되어야 할 문제로 남지만, 당분간 나는 우리가 얻은 통찰들을 심화시키고, 이어서 그 관계들을 이제까지의 분석에서 아직 다루지 못한 영역에서 찾아볼 것이다.

4 미학과 예술작품

비올레르뒤크(Viollet-le-Duc)의 최근작 『몽블랑의 장대함』(*Le massif de Mont Blanc*)을 읽은 후, 러스킨[1]은 『라이트 브리게이드에 대한 비판』에 대한 그 프랑스인의 답변에 대해 심술궂게 비꼬는 논평을 했다. "그것은 대단히 장엄하지만 지질학이라고 할 수 없다." 정말이지 그것은 지질학이 아니었다. 그것은 몽블랑을 최초의 장대한 모습으로 재건하려는 비전을 가진 구상이었다. 일종의 유토피아적인 향수—빛나는 미래를 향한 전진에 대한 믿음의 어두운 뒷면—는 점점 더 19세기를 규정짓는 모티프가 되었던 것 같다. 그리고 이러한 시각에서 고딕 건축물의 위대한 복원자인 비올레르뒤크는—비록 실제로 그가 성취한 것은, 그 중세 건축가가 자신의 건축술적·사회적 완전성이라고 믿었던 것이라기보다는 19세기라는 한 시대가 그렇게 믿었던 것이었지만—그 시대를 증언하는 예술가였음이 틀림없다.

비올레르뒤크가 손을 댄 것은 무엇이나 '고딕적인 것 자체보다 더 고

---

[1] John Ruskin(1819~1900). 영국의 비평가·저술가·미술운동가. 『근대건축가론』(*Modern Architecturer*, 1943), 『건축의 일곱 등불』(*Seven Lamps of Architecture*, 1949), 『베네치아의 돌』(*Stones of Venice*, 1951~53) 등을 통해 예술 비평의 대가로 명성을 얻었다.

딕적인 것'이 되었다. 그러나 그것은 결코 '고딕적인 것 자체'에 충실할 수는 없었다. 우주 최초의 건축가에 대한 그의 찬양을 고려한다면, 그것은 상상을 통해 자연의 원시적 장엄함의 기념비적인 일부를 회복하려는 것이었다. 그러므로 석공과 벽돌을 나르는 인부, 조사원과 지질학자들의 군단을 그 거대한 계곡에 파견하면서 그의 인심 좋은, 그러나 제정신이 아니었던 루트비히 왕이 초바그너적인 광기를 가라앉히는 모습을 바라보는 그를 상상해보는 것은 흥미로운 일이다. 그리하여 그 산은 태초의 날에 서 있던 그 모습대로, 아니면 비올레르뒤크가 상상한 모습 그대로 거기에 있다! 비올레르뒤크는 하나의 산으로부터 다른 산을, 좀더 극적으로 말하면 하나의 산봉우리로부터 하나의 예술작품을 만든 것이었다.

동일한 산을 시간적 단계별로 늘어놓고, 그리하여 참된 유년기의 몽블랑과 우리가 유년기의 몽블랑이라고 부름직한 것을 비교하는 일은 실제적일 뿐만 아니라 형이상학적인 난점들을 갖는다. 그러나 적어도 우리는 그것들을 식별 불가능한 두 대상처럼 상상해볼 수 있다. 이 탐구를 시작할 때부터 나는 둘 중 하나만 예술작품인 쌍들의 사례들에 사로잡혀 있다. 분명히 비올레르뒤크가 호의적이었던 신학적 견해들이 있는데, 그것에 따르면 신은 예술가이고 몽블랑은 그의 걸작품들 중의 하나였다. 그러나 이것이 거짓이라고 가정해보자. 비올레르뒤크—그리고 러스킨—이 아무리 그 산 앞에서 환상에 사로잡혔다고 해도, 몽블랑은 논리적으로 전혀 언술적이지 않지만 '유년기의 몽블랑'은 자연의 장대한 측면들에 관한 진술이다.

비올레르뒤크는 장엄한 사고를 통해, 우리로 하여금 미학적으로 말해서 하나는 예술작품이고 다른 하나는 단순한 사물이긴 하지만, 외견상 정확히 똑같은 대상들에 대해 우리가 똑같은 반응을 할 것인가 하는 획기적인 물음을 생각해볼 수 있는 극적인 기회를 준다. 그러한 물음은 심오한 철학적 문제들을 야기하는데, 만일 우리가 다르게 반응할 경우—나는 다를 수밖에 없다고 주장하겠지만—미적 반응이 궁극적으로 감각-지각의 형태와 동일한 것이라고 상정하기란 지극히 어려우며, 만일 우리가 둘 중 하나가 예술작품이라는 것을 알고 있을 때 우리가 반응하는 방식이 달라진다면 더욱이나 양자는 불일치할 것이기 때문이다. 그 경우 미적 반응은 동일시를 위한 지침으로 기능하는 방식으로 개념적 매개를 갖는 것이 틀림없다.

그뿐만 아니라 우리에게 더 큰 계기가 될 만한 또 다른 결과가 초래될 것이다. 만일 어떤 것이 예술작품이라는 사실을 알게 될 때 그 대상에 대한 미적 반응의 양태에 차이를 가져온다면—즉 하나가 예술작품이고 또 하나는 자연 대상인 식별 불가능한 대상들에 대해 주어지는 상이한 미적 반응들이 있다면—예술을 정의하는 역할에 미적 반응에 대한 지칭이 포함되는 예술의 정의들은 논리적 순환성의 위협을 받게 될 것이다. 왜냐하면 그것은 자연 대상이나 브릴로 상자(예술작품이 아닌 보통의 브릴로 상자) 같은 평범한 인공물에 속한 것들과는 전혀 다른 부류의 예술작품에 주어지는 단순한 미적 반응이 아닐 것이기 때문이다—그러므로 우리는 적절한 종류의 반응을 규정하기 위해 '먼저' 자연 대상이나 단순한 인공물들로부터 예술작품을 구별할 수 있어야만 할 것이다. 따라서 우리는 예술작품을 정의 내리기 위해 그런 종류의 반응에 의거할 수 없다.

아무튼 미학적 고찰들은 항상 예술에 관한 논의에서 자연스럽게 어떤 위치를 차지하는 것으로 생각되어왔고, 지금은 이 용이한 연합의 성격을 규명하기에 더없이 좋은 자리이다. 문제는 미학적 고찰들이 예술의 정의에 포함되는가 하는 것이다. 만일 그렇지 않다면 그러한 고찰은 예술 개념의 논리와 관련 없이 우연히 그 개념과 연합된 것들에 속할 뿐이고, 희귀성이나 수집 가능성 같은 셀 수 없이 많은 다른 것들보다 그것이 특별히 철학적으로 더 중요하다고 말할 수 없을 것이다.

예술제도론이라는 영향력 있는 이론에서 조지 디키가 정식화한 예술의 정의에서 필수적인 것으로 간주되었던 미적 조건 한 가지가 있다. 예술작품은 '감상의 후보'의 지위를 갖는 인공물인데, 즉 예술작품이란 예술계(Artworld)—디키의 용어법에 의하면 전 세계의 예술작품들이 그 거주자인 이른바 보편화된 가상의 전시관에서 이사(理事)로 봉사하는, 제도적으로 공인된 개인들의 그룹—에 의해 인공물에게 수여된 지위를 말한다. "만일 우리가 어떤 것을 감상할 수 없다면 그것은 예술작품이 될 수 없다"고 디키는 말한다. 디키는 감상이 특별히 미적 감상을 의미하는 것이 아니라고 부정하지만, 그가 의미한 것은 바로 그것이었다고 테드 코헨(Ted Cohen)이라는 뛰어난 비판자가 지적했는데, 코헨의 논증이 타당하다면 그 논증은 우리에게 매우 의미 있는 것이 된다.

디키 자신의 이환 공식(contrapositive formula)에 의하면 감상될 수 없고 따라서 예술작품이 될 수 없는 대상들이 존재한다는 것이다. 그러므로 예술계의 시민권은 감상 가능성의 조건들에 의해 제한받으므로 포고령에 의해 그저 아무것이나 예술작품으로 선포할 수는 없다. 따라서 "예술작품이란 무엇인가"라는 물음에 대해서는 적어도 부정적인 조건들이 있으며, 분명히 그것은 디키가 생각하는 것처럼 제도적인 문제가 전혀 아니다. 짐작건대 감상 불가능한 대상이 있다는 것은 모든 대상이 실제적으로 또는 미적으로 지각될 수 있다는 주장을 뒷받침하지 않는 것들이 존재한다는 것이다. 이 대상들은 심적 거리에서 지각할 수 없고, 따라서 그러한 반론은 디키의 이론을 넘어서는 영역에 관한 것이며, 그 결과 그 주장은 철학적으로 매우 중요하다.

그럼에도 불구하고 코헨이 옹호하는 이 입장에는 두 가지 난점이 있다. 미적 감상과 무관한 것으로 주장된 대상들 가운데, 코헨은 "평범한 제도용 압핀, 싸구려 흰 편지봉투, 드라이브인 레스토랑에서 받은 플라스틱 포크", 그리고 가장 특이한 것으로 '변기'를 거론하고 있다. 나는 이 주장이 그러한 사물들을 감상할 수 없다는 것인지, 아니면 단지 그것들이 호의적으로 감상할 수 없다는 것인지 분명하지 않다고 느낀다. '싸구려' '평범한', 그리고 '플라스틱' 같은 낱말들은 폄하적인 표현들이며, 따라서 디키의 기준을 따를 경우에도 예술계에 의해 예술작품의 지위에 오른 모든 대상이 사실상 호의적으로 감상해야만 하는지는 분명하지 않다. 텍스트적 전거를 들어보면 디키는 다음과 같이 말하고 있다. "내가 말하는 것은 모든 예술작품이 최소한의 잠재적 가치를 갖고 있어야만 한다는 것이다."

그러나 내가 보기에 실제로 미적 성질들은 부정적인 고찰들까지 포괄하는 것 같다. 우리는 어떤 예술작품들에 의해 거부감을 느끼고 불쾌해지며, 심지어 정나미가 떨어지기도 한다. 호의적인 반응의 경우에만 국한하여 '예술작품'이라는 수식어를 적용하는 것은 어떤 '최소의 잠재적 가치'를 가진 사람이나 행동에 대해서만 도덕적 고찰을 할 수 있다고 말하는 것과 다를 것이 없다. 그리고 모든 것에는 좋은 점이 있는 것이 사실이지만, 도덕 이론은 비열한 사람, 사악한 사람, 생각을 실천에 옮기지 못하는 사람, 나쁜 사람, 악한 사람, 반항적인 사람, 그리고 평범한 사람을 모두 포괄하는 편이 낫다. 따라서 '감상'은, 적어도 그것이 미적인 것이라면 부정적일 수도 있으므로 디키가 사용하는 미적 형용사들은 코헨이 일회용 포크, 평범한 편지봉투, 그리고 평범한 제도용 압핀(보통 압핀과는 다른 것인가?)을 우리가 어떤 태도로 감상하는지에 대해 많은 것을 우리에게 시사한다. 만일 부정적인 미적 감상은 그 대상들이 예술작품이 아니라는 것을 논리적으로 함축한다고 말한다면 나는 놀라지 않을 수 없다.

이러한 문제들은 분명히 미적 감상—또는 짤막하게 '감상'—에 관한 정밀한 논의 없이는 해결될 수 없지만, 이 문제들이 코헨의 반박에 전혀 응수하지 못하는 식으로 해소될 경우에도 여전히 남는 또 다른 치명적인 난점이 있다. 평범한 제도용 압핀이 미적으로(긍정적이든 부정적이든) 감상될 수 없다는 주장을 받아들인다고 해도, 그것은 제도용 압핀이 예술작품일 수 없다는 것을 함축하지는 않는다. 물론 예술작품으로서의 제도용 압핀은 모든 외적인 면에서 그와 똑같지만 예술작품이 아닌 다른 제도용 압핀들과 어떤 점에서든지 달라야만 할 것이다. 우리는 이것을 처음부터 알고 있었다. (병따개를 기억해보라.) 그러나 그 경우 어떻게 사물들이 감상의 대상이 되는지는 전혀 분명하지 않다. 제도용 압핀 자체가 감상할 만한 것이 못 된다는 것을 받아들인다 해도, 그 사실로부터 평범한 제도용 압핀과 물리적으로 똑같이 닮은 예술작품(으로서의 제도용 압핀)이 감상 불가능하다는 것, 그리고 우리가 감상을 통해 반응하는 대상은 반드시 그 제도용 압핀의 속성들이 아니라 그 예술작품이 가질 만한 특별한 속성이라는 것을 함축하는 것은 아니다. 분명히 그 둘 간의 관계는 쉽게 파악할 수 없다―그 관계는 아마도 인격체와 그의 몸의 관계만큼이나 난해할 것이다. 우리는 뒤샹의 유명한 「샘」의 사례와 그것에 대한 디키 본인의 분석을 고찰함으로써 그 관계를 좀더 분명하게 밝힐 수 있을 것이다.

디키는 "특별한 종류의 미적 의식, 주목, 또는 지각" 같은 것은 없다고 대담하게 주장한다. 그리고 계속해서 그는 말한다. "예술의 감상과 비예술의 감상 사이에 차이가 있다고 말할 때 유일하게 합당한 의미는 두 종류의 감상이 각기 상이한 대상들을 갖는다는 것이다." 분명히 그가 의미하는 '상이한 대상들'이란 예술작품과 단순한 사물들 간의 차이는 아닐 텐데, 왜냐하면 그럴 경우 그의 정의는 순환적이 되기 때문이다. 즉 그는 예술 감상의 의미를 그 대상들에 의해 정의하는 한편, 감상의 후보의 의미는 왜 어떤 것이 예술작품인가 하는 것에 대한 설명에 포함될 것이기 때문이다. 그러므로 사방에서 모여든 신사들의 편의를 위해 배달된 수없이 많은 변기들 가운데서 「샘」이 만들어진 것처럼 실제로 우연히 물리적으로 서로 똑같을 때, 우리가 예술작품에서 감상하는 속성들을 예술 아닌 것에서도 감상할 수 있다고 그는 주장하는 것 같다. 디키는 "「샘」의 평범한 성질들—번쩍거리는 흰 표면, 주위의 사물들의 이미지를 반사할 때 드러나는 시각적 깊이, 기분 좋은 타원체—이 왜 감상할 수 없겠는가? 그것은 많은 사람들이 감상한다는 사실을 굳이 떠들어대지 않을 뿐인, 콘스탄틴 브란쿠시[2]와 헨리 무어[3]의 작품들과 비슷한 성질들을 갖고 있다." 그 성질들이란 「나는 새」(Bird In Flight)가 가진 성질들과 다르지 않은, 흰 도자기로 만들어진 다른 변기들과 공유하는 문제의 그 변기의 성질들이다.

그러나 문제는 예술작품 「샘」이 정말로 그 변기와 동일한가, 따라서 그 번쩍거리는 표면과 깊은 반사 이미지들이 참으로 그 예술작품에 속한 성질들인가 하는 것이다. 코헨은 뒤샹의 작품은 결코 그 변기 자체가 아니라 그것을 제시하는 그의 제스처이며, 그리고 만일 참으로 그것이 작품이라면 그 제스처는 앞에서 언급된 그 번쩍거리는 표면 따위는 갖지 않을 것이며—제스처가 놋쇠나 동(銅)조각과 다르듯이—무어와 브란쿠시가 만든 오브제들과는 다를 수밖에 없다고 말한다. 그러나 분명한 것은 그 예술작품 「샘」은 변기들이 결여하고 있는 속성들을 갖

---

[2] Constantin Brancusi(1876~1957). 루마니아 태생의 프랑스의 조각가·도안가·화가·사진작가. 그는 20세기의 가장 영향력 있는 조각가이다. 「나는 새」는 연작으로서, 최초의 버전은 1923년에 발표되었다. 그는 부드러움, 독창성, 깊은 애정을 가미하여, 그리고 때로는 장난기 어린 유머 감각으로 동물들을 묘사했다.

[3] Henry Moore(1898~1986). 영국의 조각가·도안가·판화가. 20세기의 가장 중요한 영국 조각가로, 일반적으로 알려져 있는 그는 평생토록 인체를 중심 주제로 삼았다. 스타일의 혁명적인 변화와 새로운 조각 재료의 등장을 목격했으면서도, 그는 과거의 예술과 심오한 조화를 도모하기 위해 다양한 문화적 전통과 예술가들을 본받으려 했다.

고 있다는 것이다. 그것은 대담하고 뻔뻔스러우며 불경스럽고 기지에 넘치며 이지적이다. 뒤샹을 미치게 하거나 살상을 저지르게 할 수 있음 직한 것은 그가 인부를 시켜 전시장에 들여온 도자기 오브제의 번쩍거리는 표면 위에 어른거리는 탐미주의자들의 모습이었을 것이라고 나는 생각한다. "이 얼마나 킬리만자로와 비슷한가! 영원성의 흰 빛살과도 같지 않은가! 놀라운 북극의 숭고미이다!"(예술가 집단의 조소가 터진다.) 천만에! 그 오브제의 속성들은 그것이 대부분의 산업 도자기 품목들과 공유하는 것을 예술계에 기탁한 반면,「샘」의 속성들은 예술작품으로서 미켈란젤로의「줄리앙의 무덤」과 벤베누토 첼리니[4]의「위대한 페르세우스」와 공유하는 것들이다.

만일「샘」을 예술작품으로 만든 것이 변기들과 공유한 속성들뿐이었다면, 무엇이 그것을 예술작품으로 만들고 다른 변기들은 그대로 놔두었는가 하는 물음이 야기될 것이다―그것은 이 책의 초반부에서 보았던 J의 정치적 분노를 격발시킨 바로 그 평등주의를 공격하는 것이다. 그것은 단지 예술계의 경솔한 실수였는가? 콜카타의 모든 고집쟁이들이 한꺼번에 불교로 귀의한 것 같은, 대규모의 변형이 있어야만 하는 것인가? 디키가 간과한 것은 그 물음―어떤 것을 예술작품으로 만드는 것은 무엇인가?―에서 볼 수 있듯이 '만든다'는 용어에 들어 있는 애매성이다. 그는 어떤 것이 어떻게 예술작품이 되는가 하는 문제를 강조했는데, 그 과정은 제도적일 수 있겠지만 그는 미적 고찰들을 옹호한 반면에, 무엇인가가 예술작품이 되었을 때 어떤 성질들이 미적 고찰의 대상이 되는가 하는 문제를 소홀히 했다.

---

[4] Benvenuto Cellini(1500~71). 이탈리아의 금세공인 · 메달 제작자 · 조각가 · 작가. 그는 16세기 이탈리아의 으뜸가는 매너리즘 예술가 중 한 사람으로서, 메디치 가의 코시모 1세, 로마의 여러 교황들, 프랑스의 프랑수아 1세를 위해 일했다.

내 자신의 견해를 피력해보면, 예술작품들은 대단히 많은 성질들을 갖고 있고 물리적으로 그것들과 식별 불가능하지만, 그 자체는 예술작품이 아닌 대상들에 속한 성질들과는 완전히 다른 종류의 성질들을 많이 갖고 있다. 그리고 그러한 성질들 중에는 미적 성질들이라고 부를 만한 것, 또는 미적으로 경험할 수 있거나 '가치 있고 희귀한' 성질들도 있다. 그러나 대개의 경우, 그러한 성질들에 미적으로 반응하기 위해서 우리는 먼저 그 대상이 예술작품이라는 것을 알아야 하며, 따라서 예술인 것과 예술이 아닌 것 간의 구별이 먼저 주어져야만 동일성의 차이에 부합하는 반응의 차이가 가능해진다. 왜냐하면 결국 우리는 아무리 원본과 모방이 식별 불가능하다고 해도 원본에서 그러한 즐거움을 얻을 수는 없기 때문에, 모방의 산물들에서 얻는 즐거움은 그것들이 모방이라는 것을 아는 지식을 전제로 한다고 말한 아리스토텔레스의 통찰을 처음부터 적시했다.

그리고 드니 디드로[5])의 훌륭한 주장에 의하면, 그 자체로는 전혀 우리를 감동시키지 못하거나 다른 점에서 감동적인 어떤 것들을 재현한 것을 볼 때 우리는 감동하여 눈물을 흘릴 수 있다. 우리는 자식의 주검 앞에서 절망하는 어머니의 모습을 재현한 것을 보고 울 수도 있지만, 그와 똑같은 현실 상황에서 방금 울고 난 사람은 그 재현적인 작품에 대해 무감각한 반응을 보일 것이다. 이 경우 필요한 것은 위로하고 달래주는 것이다. 내가 말하고 싶은 것은 어떤 반응이 예술작품에 관한 것인가 아니면 그것과 구별할 수 없는 단순히 실재적인 사물에 대한 것인가에 따라 미적 반응에는 두 범주가 있다는 것이다. 그러므로 단순히

---

5) Denis Diderot(1713~84). 프랑스의 작가 · 철학자 · 비평가. 그는 다재다능한 소설가이자 극작가, 또한 철학자였으며, 과학, 수학, 그리고 음악에 대저작을 남겼다. 디드로는 취미를 경험과 관찰의 산물로 생각했다.

실재적인 사물과는 대조적으로 예술작품들에 적합한 종류의 미적 반응을 동일시하기 위해 예술의 정의가 필요하지 않은 것과 마찬가지로 우리는 예술의 정의를 얻기 위해 미적 고찰들에 호소할 수 없다. 디키가 말한 것처럼 최소한의 잠재적인 미적 가치를 갖지 않는 것은 예술작품이 될 수 없을 것이다.

그러나 나는 도대체 그 말이 해당되지 않는 것이 있는지 모르겠다. 코헨에 반대하여 디키 본인은 "제도용 압핀, 편지봉투, 그리고 플라스틱 포크조차도 그것에 초점을 맞추려는 노력을 기울인다면 감상할 수 있는 성질들을 갖는다"고 시인한다. 그렇다면 무엇인들 그렇지 않겠는가? 그러나 나는 예술작품들을 위한 특수한 미학과 참으로 특수한 감상의 언어가 있으며, 그 양자가 예술 개념에 포함되는 것처럼 보이는 한, 설혹 우리가 찾는 그 정의를 발견하는 데 특별히 도움이 안 될지라도 미적인 그리고 예술적인 경험의 어떤 측면들에 대해 우리 스스로 밝혀 보는 것도 나쁘지 않을 것이다.

거짓일 수도 있지만, 미적 지각(aesthetic sense)이나 미감(sense of beauty) 또는 취미 능력(faculty of taste)이 존재한다고 많은 위대한 철학자들이 믿어왔던 것처럼 그런 것이 존재한다고 가정하고, 시각이나 청각 같은 이른바 외부 감각들과 마찬가지로 그런 능력이(또는 그러한 능력들이) 사람들 사이에 널리 분포되어 있다고 먼저 가정하면 우리가 분석하는 데 도움을 줄 것이다. 나는 그런 능력들이 사람들에게 생각보다 더 널리 분포되어 있다고 믿고 동물들도 사람들처럼 미적 선호에 의해 인도된다고 믿는데, 만일 그것이 사실이라면 우리가 생득적인 어떤 것을 다루는 증거로 가정해볼 만한 충분한 이유가 있기 때문이다. 그러나 생득적인 '예술적 감각'이 존재한다고 주장하는 사람이 있다면 나는 놀라고 말 것이다—그것은 어느 것이 바로크식 교회당인지 말할 수 있는, 미리 설치된 어떤 특별한 감각이 존재한다고 말하는 것과 같다.

이 문제는 그보다 훨씬 더 많은 것을 포함한다. '예술작품'이라는 어구가 때때로 어떤 찬사적 힘[6]을 갖든지 어떤 것이 예술작품인가 아닌가 하는 것은 결국 사실의 문제라고 가정하는 것이 합당하다. 그러나 어떤 것이 미적 가치나 훌륭함을 갖는 것이 사실의 문제라고 가정하거나, 어떤 대상이 가진 미적 가치에 대한 논쟁이 어떤 것이 과연 예술작품인가 아닌가 하는 물음과 연관된 종류의 증거에 호소함으로써 해소될 수 있다고 가정하는 것은 철학적으로 가능한 모든 종류의 선결 문제를 요청하는 것이다. 예를 들면 "x는 아름답다"는 것이 참이거나 거짓이라는 의미에서 기술적 의미(descriptive meaning)를 갖든 아니든, "——이 아름답다"를 표준적인 미적 술어로 볼 수 있는지도 불분명하다.

아마도 이 술어가 사용된 문장들은 일종의 비인지적 담론에 속하고, 그저 지정된 대상들에 대한 느낌을 표현하기 위해 사용되는지도 모른다. 어쩌면 우리는 대상들의 특징들에 대해 말하는 것이 아니라, 그 대상들을 마주할 때 그러한 언어적 표현을 통해 우리의 호의적인 감정을 표현하는 것일 수도 있다. 사실 윤리학의 언어에 관한 논쟁의 구조와 정확히 대응하는 미학적 언어에 관한 논쟁의 구조가 있다. 분명한 것은 도덕의 메타언어에 관한 모든 견해가 도덕적 감각이 존재한다는 주장과 양립 가능한 것이 아니듯이 미적 언어에 관한 가능한 모든 입장들이 미적 감각이 존재한다는 주장과 양립 가능한 것은 아니다. 따라서 정말

---

6) 찬사적 힘은 비언표적 힘(illocutionary force)의 한 사례이다. '예술작품이다'라는 술어는 의미론적으로 어떤 대상을 분류하기 위해 사용되지만, 이 어구의 암묵적인 화용론적 의미는 문제의 대상이——실제로 그것이 예술작품이건 아니건——예술작품이 가질 만한 훌륭한 면모를 갖는다는 것에 대한 찬사로 기능할 수 있다.

로 그런 감각이 있다면 우리는 미감이 어떤 종류의 감각인지 조심스럽게 생각해보는 것이 좋다. 결국 미감을 갖는 것은 예술을 위한 코를 갖는 것과 명백히 다르다는 것이 밝혀질 것이다.

그러한 감각이 시각 모델에 기초하여 이해되어야 하는지, 또는 그 못지않게 널리 분포된 것이어서 어떤 개인에게서 그것이 결여될 때 한탄스러운 것으로 여겨지는 유머 감각 같은 것에 더 가까운 것인지는 예비적으로 검토해볼 만한 주제이다. 물론 우리가 실제로 두 가지 다른 모델을 갖고 있는 것이 아니므로 유머감각은 시각과는 완전히 다르다고 주장하거나, 예컨대 청각이 시각과 다르듯이 그것은 오로지 그 정도로만 다르기 때문에 우리는 유머감각을 일상적인 '오감'의 목록에 단순히 첨가된 부가항목으로 다룰 수 있을 것이라고 주장할 수도 있다. 말하자면 우리는 제6의 또는 제7의 감각을 갖게 된다.

따라서 취미 감각과 유머 감각은 교육과 세련화가 가능한 것이 사실이다. 그러나 그렇다면 취미의 미적 감각에 대한 자연적인 은유라고 할 수 있는 미각이 그렇듯이 시각 자체도 점점 더 판별력을 갖도록 훈련받을 수 있다는 강한 반론이 있을 수 있다. 그럴 경우 교육은 결코 원래의 구조적 결함을 개선할 수는 없다. 우리는 교육을 통해 시각 장애자들이 볼 수 있도록 가르칠 수 없고, 오히려 처음부터 그들을 재조직해야 할 것이다. 혹은 같은 논리에서 취미 감각이나 유머 감각은 문화적으로 계발되기 때문에, 특정 종족의 사람들은 상처 입은 영양(羚羊, antelope)의 죽어가는 신음소리처럼 우리가 족히 기피할 만한 것들을 미칠 정도로 재미있어 할 것이라는 주장도 가능하다. 그리고 우리에게 혐오감을 줄 만한 것—예를 들면 거대한 귓불, 불균형적으로 작은 발, 지나치게 튀어나온 입술, 커다란 상처, 불룩한 배—들을 미적으로 가치 있는 대상으로 바라보는 사람들이 있다는 것은 잘 알려진 일이다. 그러나 색깔 술어들조차 종족마다 문화마다 다르며, 따라서 그러한 토대 위에 세워진 미적 차이들은 극히 사소하고 미미할 뿐이라고 반박당할 수 있다.

이러한 표면적인 차이에도 불구하고, 나는 위의 언급된 모델들 간의 차이가 지금 논의 중인 주제인 미적 감각에 대한 우리의 이해를 지대하게 변화시킬 정도로 심오하거나, 또는 우리의 전문 연구에서 중심적인 것은 아닐지라도, 그러한 차이들이 어디에서 연유하는지를 설명하는 것은 지나친 일탈이 아니라고 생각한다. 유머 감각의 경우, 그 차이는—적어도 부분적으로—어떤 것들이 그 자체로 재미있기 때문에 그것들에 반응한다는 사실에 있다. 어떤 대상이나 행위가 익살스럽기 때문에 그것에 대해 웃음으로 반응할 경우, 물론 다른 반응 양태들도 가능하겠지만 그것은 내가 의미하는 반응에 충분히 부합되는 사례이다.

그러나 이것이 전부가 아니다. 유머 감각은 한 사람의 삶에 총체적으로 영향을 미친다. 사람은 모든 것을 비극적으로 또는 의욕적으로 받아들이지는 않는다. 어떤 사람은 밝은 면을 보면서 불행을 조크로 완화시킨다—그렇기 때문에 유머 감각을 갖는 것은 어떤 철학을 갖는 것과 비슷하다고 말할 수 있다. 도덕감의 경우 그렇게 말할 수 있듯이 미적 감각에 대해서도 똑같은 식으로 말할 수 있는데, 따라서 유머 감각을 그런 것들 중의 하나로 가정하는 것은 상당히 정당화된다. 조지 산타야나[7]는 "아무 감정도 없이 자연의 변화를 있는 그대로 반영하는 마음들은" 전혀 도덕감을 갖지 않는다고 말한다. "어떤 형태로든 선이 존재하기 위해서는 의식뿐만 아니라 정서적 의식도 필요하다. 관찰은 그럴 수

---

[7] George Santayana(1863~1952). 에스파냐의 철학자·소설가. 오랫동안 하버드 대학에 머물렀다. 그는 철학자들이 상반된 경로를 통해—형이상학자는 자신의 체계를 완성하기 위해, 그리고 예술가는 자신의 경험을 일반화하기 위해—미학자가 된다고 보았다. 그는 사실상 양쪽에 다 속했다. 그는 시와 소설을 썼지만 시인-철학자로 남아 있었다. 주요 미학 저술로 『미의 의미』(*The Sense of Beauty*, 1896), 『예술과 이성』(*Reason in Art*, 1905)이 있다.

없고 감상이 필요하다." 그러나 반응성향에 관한 사실들은 감정의 개념에 내재된 것이므로 도덕적 삶이 과연 어떤 것인지, 또는 과연 도덕적 삶이라는 것이 있는지, 흔히 우리가 말하는 분노, 근심, 수치심 혹은 연민 같은 반응들이 정말 존재하는지 확신하기는 쉽지 않다.

비트겐슈타인이 가치란 세계 안에 있는 것이 아니라고 주장했을 때 관찰과 감상 간의 이러한 대조는 그가 말하고자 한 것의 일부분이기도 하다. 만약 그것이 참이라면—즉 가치가 세계 안에서 발견되는 것이 아니라면—가치들은 전혀 가치를 갖지 않을 것이라고 주장하면서, 어떤 것이 가치 있다는 것을 우리가 발견하는 것이 아니라고 넌지시 암시한다—"관찰은 그럴 수 없고." 그러한 반응들이 세계를 향해 투사되고 가치들이 세계 안에 존재한다고 생각하는 자연스러운 경향이 있기는 하지만, 우리가 아름답게 보는 대상들에 대해 반응할 때 그것들이 우리 안에 환기시키는 쾌의 객관화가 곧 미라고 산타야나가 생각했듯이, 가치는 우리 자신과 세계 사이의 관계를 포함한다.

내가 보기에 반응성향은 이른바 오감(五感)과 같은 부류가 아닌 것 같다. 따라서 황소가 반응하는 것과 똑같은 방식으로 어떤 사람이 붉게 보이는 대상에 반응할 수 있다는 것은 사실이다. 그러나 그 반응은 그 대상이 붉게 보인다는 사실보다는 붉은색이 그를 화나게 만들었다는 사실에 기인할 것이다. 그리고 분노란 본질적으로 격렬하게 소리를 지르거나 성을 내는 것 같은 반응을 하게 마련이다. 분노는 단순히 반응들의 집합일 뿐이며, 그 반응들과 분리된 어떤 내적 상태를 가리키는 것이 아니라고 주장하는 것도 있을 수 있는 철학적 입장이다. 그러나 붉은색을 지각하는 것에 대해 그렇게 말한다면, 그 주장은 오직 극단적인 검증론(verificationism)에 의해서만 참일 수 있다. 예를 들면 유머 감각을 갖는 것은 어떤 것들이 익살스럽기 때문에 그것들에 반응하는 것을 함축한다고 말할 때 나는 어떤 인식론적 기준을 부과하려는 것이 아니며, 또 어떤 사람이 정말로 즐거움을 느끼는지 우리가 어떻게 아는가 하는 문제에 답하려는 것이 아니다. 유머 감각이 반응들의 집합으로 이루어진다고 가정하는 이유가 무엇이든 그러한 이론은 인식론자가 내미는 붉은 조각을 보고 "Red"라고 말하는 것 같은 그런 조건에 의해 붉은색의 감각 경험이 정의된다고 말하는 것만큼 극단적이지는 않다. '자연적 변화들을 반영하는 것'은 오직 오감만을 가진 인지 주체들에게 적합한 자연스러운 은유이다.

  미적 감각—혹은 유머 감각—에 비견될 수 있는 동물적 반응의 한 영역은 바로 성적 반응의 영역이다. 『성애론』(*Erotics*)은 『시학』에서 자매편으로 기획되었으나 실제로 집필되지 않은 아리스토텔레스의 걸작이다. 어떤 것에 대해 성적인 자극을 느끼는 것은 그것이 그러하다는 사실을 수동적으로 받아들이는 것이 아니라 실제로 흥분되는 것이고, 따라서 어떤 사람이 우리가 흔히 아는 것 같은 신체적 반응을 나타내지 않으면서 성적 흥분을 느낄 수 있다는 것을 상상하기는 어렵다. 흥분된다는 것은 바로 그러한 방식으로 반응하는 것이다. 성적 반응은 그것이 무사심적이 아니라는 사실에서 미적 감각과 다른 것처럼 보인다. 성적으로 반응하는 것은 성적으로 소유하기를 원하는 것인 반면, 미적 감각은 무사심적이고 순수한 관조적 경험으로만 만족한다고 널리 알려져 있다. 그러나 이런 생각은 관조에 대해 심오한 다른 대안이 주어져 있지 않은—예컨대 일몰(日沒) 같은—특정한 패러다임들이 사용되었다는 사실에서 기인하는 것이다. 그러나 그림을 그리거나 사진을 찍는 것—또는 기억에 남기고 싶어하는 것—은 모델이나 피사체를 소유하는 방식이라고 간주해도 과히 틀린 말은 아니다. 그리고 일몰을 소유할 수는 없지만 취미의 역사와 수집의 역사는 서로 많이 겹치며, 수집가들은 자기가 세계의 미를 소유했다고 주장할 정도로 희열을 느낀다. 웃음이 유머 감각의 한 양태이듯이 무엇을 소유하려고 애쓰는 것은 미적 반응의 한 양태일 수 있다.

일상적인 지각과는 전혀 다른 종류의 이러한 사례들은—성적 관계에서 여실히 나타나듯이—변태적 사례를 허용하며, 그 점에 있어서 궁극적으로 취미와 유머 감각, 그리고 도덕적 행동의 문제도 별로 다르지 않다. 변태적 기호(嗜好)는 나쁜 기호와는 다르다. 변태적 섹스는 나쁜 섹스가 아니며—그것은 놀라운 일이겠지만—나쁜 취미와는 달리 변태적 취미는 비록 일탈적이긴 하지만 고도의 세련됨의 표시이다. 그러나 나는 변태적인 청각이 어떤 것일지에 대해서는 전혀 짐작할 수도 없다. 우리가 붉은 것을 볼 때 어떤 사람이 초록색을 본다면 그것은 색맹이지 색채학적 변태가 아니다.

물론 변태의 개념은 당위적 명령을 적용할 수 있는 여지가 있는 규범적 판단의 함의를 충분히 갖는다. 우리가 반응해서는 안 된다고 생각되는 것에 반응하는 것들이 있고, 반응할 수 없는 것에 우리가 반응해야 하는 것들이 있다. 도덕적 결함이 있듯이 일종의 미적 결함이 있다—그 문제에 있어서 일종의 정서적 아크라시아[8]가 있는 셈이다. 그러나 다시 말하지만 전통적으로 적어도 의지의 개입에 좌우되지 않는다고 생각되어 온 일상적인 감각들에는 이런 것들이 전혀 해당되지 않는다. 이러한 논의들은 미적 감각을 생득적인 것으로 보는 관점과 일관되기는 하지만, 미적 감각을 생득적인 것과 차별화하고 있는 나의 관심사는 거기에 있지 않다.

우선적으로 나의 관심은 대상에 대한 어떤 지식도 그것을 달리 보이게 만들 수 없으며, 어떻게 분류되든 혹은 어떻게 불리든 그 대상은 그

---

[8] 'akrasia'는 의지박약을 의미하는 그리스어로서, 도덕적 신념을 일관되게 실천에 옮기지 못하게 만드는 취약한 의지를 가리키기 위해 아리스토텔레스가 사용한 용어이다. 흔히 도덕적 지식과 행위 사이에 간극을 야기하는 원인으로서 도덕적 취약성(moral weakness)이라고도 이해된다.

것의 지각적 성질들을 그대로 보전한다는 사실에 있다.

좀더 현대적인 어휘로 표현한다면 대상에 대한 기술(記述)이 달라짐에 따라 어떤 사람의 감각 경험도 변화될 것이라고 기대할 수는 없다. 철학적으로 편향적이기는 하지만 산타야나의 유익한 반사적 지성의 이미지가 시사하듯이 감각 경험은 기술의 변화 속에서도 변하지 않는 채로 있다. 만일 미적 감각이 다른 감각들과 유사한 것이라면 그것에 대해 똑같이 말할 수 있을 테지만, 실제로 어떤 사람의 미적 반응은 대개의 경우 그 대상에 대해 그 사람이 갖는 믿음들의 함수이다. 어떤 대상이 특별한 방식으로 기술되었을 경우, 나는 주의를 집중하면서 그것이 특별한 종류의 대상일 것이라는 믿음을 토대로, 또는 그것이 그러한 방식으로 기술되었다는 사실로 미루어 내가 처음 볼 때 놓쳤던 특정한 성질들에 주목한다는 의미에서 그 대상에 대한 나의 감각 경험은 물론 달라질 수 있다. 어떤 포도주가 나무딸기 맛이 난다는 말을 들었을 때, 나는 처음 맛보았을 때 구분하지 못한 그 맛을 식별해낼 수도 있다. 그러나 그렇게 기술된 이후는 물론이고 그 이전에도 그 포도주는 똑같은 맛을 갖고 있었다. 그 대상은 그렇게 기술됨으로써 그 성질들을 획득한 것이 아니며, 그럼으로써 그 지위가 달라진 것도 아니다.

그러나 어떤 대상이 예술작품이 되었을 때 갖는 성질들은 그것과 식별 불가능한 유사물이 단순한 실재적 사물이었을 때 갖고 있던 것과는 너무나 판이하다고 해서 후자가 그 성질들을 **잃어버렸다**고 가정한다면 터무니없는 일일 것이다. 잃어버릴 수 있는 것은 처음부터 아예 없었던 것이다. 어떤 대상에 대한 지각적 검사는 그것이 예술작품이라는 것을 결코 말해주지 않는다. 왜냐하면 적어도 정상적인 감각들이 반응할 수 있는 성질들에 관한 한, 성질 대 성질에 있어서 그것은 예술작품이 아닌 대상과도 일치할 수 있기 때문이다. 이 정도면 나의 논증이 충분히 확립되었다고 생각한다. 만일 참으로 미적 반응이 예술과 비예술 간의 차이와 전혀 무관한 것이라면 다른 지각적 반응들도 마찬가지일 것이다. 그러나 그것은 거짓이다. 우리의 미적 반응은 우리가 상이한 성질들에 반응하는 까닭에 달라지는 것이다.

우연히 참일 경우도 있지만, 나는 어떤 대상이 예술작품이라는 것을 알게 되었을 때 그 대상에 대한 우리의 태도가 전혀 달라지지 않을 것이라고 말하려는 것은 아니다. 예술작품이 우리 앞에 있다는 것을 알게 되는 순간, 우리는 존경과 경외의 태도를 가질지도 모른다. 변장한 왕이라는 것을 깨닫자마자 우리는 늙은 거지에 대해 취한 것과는 완전히 다른 태도를 취하거나, 불쏘시개로 사용하려 한 것이 진짜 십자가라는 사실을 알게 될 때 우리는 나무 한 조각을 경외심으로 바라볼 것이다. 이러한 변화는 성격상 참으로 '제도적'이고도 사회적이다. 디키가 말했듯이 어떤 것이 예술작품이라는 것을 알게 되자마자 우리는 그 번쩍거리는 표면에 주목할 것이다.

그렇지만 만일 우리가 주목하는 것이 변용이 일어나기 전에도 주목받을 수 있었다면 유일한 변화는 우리가 특수한 미적 태도를 택했다는 사실일 뿐인데, 그것은 원칙적으로 우리가 그전에도 가질 수 있었던 것이다. 미적 태도란 본디 지각될 수 있었던 것—기곤다스(gigondas) 컵에 담긴 나무딸기 맛처럼—에 주목하는 문제에 불과하다. 중요한 것은 우리의 문제가 단지 제도적인 것이 아니라는 점이다. 그것이 예술작품이라는 것을 안다는 것은 그것의 변용되지 않은 물리적 유사물이 갖지 않은, 주목해야 할 어떤 성질들을 '갖고 있다'는 것과, 그러한 지식에 따라 우리의 미적 반응이 달라질 것이라는 것을 함축한다. 그리고 이 문제는 제도적인 것이 아니라 존재론적인 것이다. 우리는 전혀 다른 차원의 사물들을 다루고 있다.

그러한 차이를 명확히 보여줄 수 있는 사례들, 즉 인지적으로 식별 불가능한 대상들 중 하나가 예술작품인가 아닌가에 따라 또는 흥미가 덜하겠지만—앞에서 언급된 붉은 사각형들처럼—이미 예술작품이면서도 각각의 상이한 예술적 정체성에 따라 각기 매우 상이한 성질들을 갖는다는 것을, 그야말로 대단히 상이한 구조를 갖는다는 것을 입증해주는 사례들을 구상해보는 것은 어렵지 않다. 설혹 우리가 생득적인 어떤 감각을 갖고 있다고 해도 식별 불가능한 대상들이 어떻게 분류되는가에 따라 미적 감각은 동일한 개인의 경우에도 다르게 나타날 수 있다. 그 차이들은 몸의 움직임과 행위, 인격체와 좀비, 신과 우상의 차이만큼이나 심오하다.

예를 들어 근래에 들어와 대기의 질적 수준이 엄청나게 악화된 도시, 도쿄의 어느 아파트에서 여섯 장의 한지(漢紙)가 방의 칸막이용 가구로 사용되었다고 상상해보라. 지붕은 매연으로 검게 그을려 있고, 아파트가 비어 있는 동안 지붕에 물이 새는데, 그 결과 더러운 얼룩들이 만들어낸 불규칙한 무늬가 천장에 생겼다. 심미주의자인 새 입주자는 그 지저분한 광경을 보자 움찔했다. 그는 오물들을 치우고 그 장소가 '거주하기에 적합하도록' 보기 좋고 깨끗한 천장재로 교체해줄 것을 요구했다. 바로 그 즈음 한 위대한 예술가가 만든 여섯 개의 판자로 된 보기 드문 스크린이 시중에 나왔는데, 새 입주자는 그것이 아파트 공간에 딱 어울리는 것이고, 평생에 한 번 있을까말까 한 기회가 주어졌다고 판단했다. 곧 그것을 사서 설치하고 바라볼 때마다 전율을 느꼈다. 분명히 회색과 검정색의 똑같은 무늬는 전에 있던 것과 똑같은 가정용 천장재의 표면을 덮은 것일 수도 있는데, 우리의 논의의 목적을 위해 그 판자들은 실제로 완전히 똑같은 것이라고 해두자.

그러나 이 스크린에서 이 검정무늬들은 산이고 저 회색 얼룩들은 구름이었다. 판자의 가장 오른쪽에 있는 멋지게 물이 튀긴 자국들은 비가 안개 속으로 잦아드는 것을 상징적으로 재현한다. 앞쪽의 불규칙한 물줄기처럼 보이는 것은, 때로는 산과 합쳐지고 또 때로는 저편의 구름들과 겹쳐 신비한 길──도(道)──을 만들어내면서 끝을 알 수 없고 부드럽게 구체화된 우주를 통해 그것의 운명과 우리 자신의 운명을 인도하면서 날아오르는 용이었다. 그것은 깊이와 신비와 미가 응집된 철학적인 작품이다. 그 그림을 마주보는 사람은 그 힘에 의해 변화되어 가장 심오한 명상 속에 빠져들게 된다──그것의 식별 불가능한 물리적 상대역은 우리에게 금방 혐오감을 주겠지만, 우리의 심미주의자는 바다를 알 수 없는 그 경이로움을 관조하며 시간을 보내면서, 가끔 그 물리적 상대역에 의해 말살된 신성모독을 상기하며 몸서리치곤 했다. 그 더러운 판자들은 아무런 신비도 갖지 않았고 물론 어떤 깊이도 없으며 어떤 아름다움도 전혀 갖추지 않았다.

이 사례들이 불공평하다는 주장이 있을 수 있다. 화가 J는 일본판 야수파 미술과 관련된 일본 도플갱어[9]를 갖고 있다. 그는 퇴폐적인 봉건적 전통의 완전히 썩은 괴팍함에 항거하는 경멸 섞인 욕을 하면서, 구이도[10]의 천사를 닮은 하녀의 머리에 떨어진 새똥처럼 무례하기 짝이 없는 여섯 장의 더러운 한지를 우리 앞에 보여준다. 그것은 완전한 위장 자체라고 할 수 있다. 더러워진 한지의 많은 얼룩들도 마찬가지이다. 그것이 아름답고 신비하며 우주적이라고 말할 수 있을까? 나는 그것이 어떤 미적 성질을 가질 수 있을는지 전혀 짐작도 할 수 없는데, 왜냐하면 그것은 불충분하게 기술되었을 뿐만 아니라 『아트 인터내셔널』에 조그맣게 복제된 그림에서는 많은 것을 알아낼 수 없기 때문이다. 나는 그것에 대한 나의 반응이 그 거대한 스크린이 환기시킬 법한 것과

---

9) 살아 있는 사람의 유령.
10) Guido da Siena(1262~?). 이탈리아의 화가. 그는 피렌체의 예술적 우월성을 부여한 시에나 회화의 창시자로 알려지기도 했지만, 구이도의 업적은 시에나 밖의 회화에서도 큰 영향을 받은 결과이다.

는 판이하다고 생각한다. 그것은 단지 나의 상상일 뿐이고 반드시 이 작품이 혐오감이나 심지어 미적인 찬탄을 표현한 것이라고 볼 수는 없지만, 그럼에도 불구하고 그 그림은 미술 감정가에 의해 "불결하다"고 기술될 것이다.

그리고 그러한 어휘의 사용을 뒷받침하는 논리에 의하면, 나는 이 경우처럼 미적 술어를 단순히 '불결한 것'에 적용한 것이라기보다는 특정한 예술작품에 대해 참된 진리값을 갖는 예술적 술어로서 적용될 때 상이한 의미를 가질 것이라고 확신한다. 그리고 그것은 또한 관람자에게 매우 상이한 반응들을 유발할 것이다. 우리의 분석의 이 시점에서 나는 다만 그러한 차이가 있다는 것을 지적할 뿐이며, 뒷부분에서 예술적 감상의 언어를 위한 의미론을 개괄할 수 있는 좀더 나은 입장에 있을 때 그 차이를 밝혀내는 데 주력할 것이다. 그러나 그 대상이 불충분하게 기술되었다고 말했을 때, 내가 말하려 한 것은 그것을 예술작품으로 동일시하기 위해서는 수많은 결정들——지각적으로 똑같아 보이는 유사물로서, 오랫동안 버려두었던 더러운 판자더미에 대해서는 전혀 있을 수 없는 결정들——이 내려져야 한다는 것이다. 그와는 대조적으로 동양과 서양 사이에 어떤 차이들이 있든 동일한 철학적-미학적 문제들은 어느 예술 전통에서나 제기될 수 있다는 점이 밝혀졌다고 보아도 좋을 것이다.

내가 구성하고 있는 종류의 일련의 사례들에 속한 각 구성원은 일종의 공통분모를 갖는다——반마르크스주의적으로 말해서 그것들은 다양한 상부구조들을 떠받치는 토대이지만 그 토대를 공유하는 구조들을 불완전하게 결정한다. 그것들이 공통적으로 갖는 것은 단순한 실재적 사물들과 일치하는 것뿐이라고 생각할 수 있다. 일관된 나의 주장은 예술작품이 그 토대로 환원되고 단순히 그것과 동일시될 수 없다는 것이다. 왜냐하면 그럴 경우 그것은 단순한 사물 자체—붉은 사각형의 캔버스, 더러운 한지 다발, 또는 그 무엇이건—일 것이기 때문이다. 즉 작품 내부 어딘가에 예술의 본질이 있을 것이라고 가정하면서 무엇이 남을 것인지 알아보기 위해 예술작품에서 제거하기로 한 실재적 사물이다. 어느 경우이든 예술작품들은 고유하면서도 참으로 쉽게 상호 교환될 수 있는 부분들을 가진, 예를 들면 붉은 사각형을 가진 복합적인 개체인 것처럼 보인다. 우리가 고찰해본 일련의 사례들은 마치 여러 영혼들이 하나의 동일한 신체를 가진 경우와 같다.

그러나 여기서 우리가 탐구를 계속할 때 문제들이 가진 첫 번째 그림자가 나타나 비트겐슈타인류의 제거 논제에 어둠을 드리운다. 그 물리적 토대의 모든 부분과 성질, 즉 단순한 사물에서 예술작품으로, 또는 예술작품에서 예술작품으로의 변화 속에서도 불변하는 모든 감각적 성질들은 정말로 그 작품 자체의 일부이거나 성질인가? 만일 그렇지 않다면 우리는 그 작품이 그것을 소유한다고, 즉 "그 사물의 모든 성질과 부분들을" 갖고 있다고 말할 수 있을까? 만약 그 답이 부정적이라면 우리가 물리적 토대로 간주한 것이 외견상 그것을 공통된 토대로 갖는 예술작품들의 집합을 미흡결정(under-determination)[11]한다는 것은 별로 놀라운 일이 아니다. 왜냐하면 만일 그 작품이 그 물리적 토대의 어느 부분과 성질들이 자신에게 속하는지를 결정할 수 있다면, 사진처럼 서로 닮거나 또는 지각적 검사에 의해 모든 의도와 목적에 있어서 완전히 닮는 작품들이 어떤 물리적인 부분이나 성질도 공유하지 않는 경우를 충분히 상상해볼 수 있을 것이다. 따라서 그 작품이 예술작품으로 동일

---

11) '미흡결정'이란 작품의 물리적 토대가 가진 속성이 작품의 미적 속성이나 예술적 속성을 완전히 결정하지 않는 것을 가리킨다. 바꾸어 말해서 작품의 상부 속성과 하부 속성은 수반 관계로 설명되지 않는다. 따라서 물리적 토대의 특성에 의거하여 예술작품의 의미나 해석, 미적 가치를 예측할 수 없다.

시되기 전에는 과연 무엇을 제거할 수 있는지 말할 수 없기 때문에 예술작품의 복합성은 비트겐슈타인류의 제거 공식을 사실상 무익한 것으로 만들 것이다.

비교적 직설적인 경우를 생각해보기로 하자. 컬럼비아 대학의 아덴 하우스 컨퍼런스센터에는 동(銅)으로 만든 고양이상(像)이 있다. 그것은 아래층의 사교실로 연결되는 계단 입구의 마루에 있다. 추측건대 운영진이 그 주위를 쇠사슬로 둘러친 것으로 보아―싸구려 모텔의 텔레비전 수상기처럼 그 쇠사슬은 도둑을 막기 위한 것 같다―그것은 값진 것이거나 가치 있는 것이 틀림없다. 아마도 그것은 가장 손쉬운 해석일 것이다. 그러나 그것이 고양이 조각을 사슬로 두르고 있는 것이 아니라, 재기발랄하게도 사슬 끝 부분을 오브제에 부착한 사슬(우리가 찾고 있는 것은 예술과 실재를 잇는 사슬이다)에 묶인 고양이 조각(彫刻)이라는 제안을 나는 얼마든지 받아들일 수 있다. 물론 우리가 실재의 일부분으로 간주하는 것은 실제로 그 작품의 일부일 수 있고, 우리가 그것을 그 작품의 일부로 수용하는 순간 즉시 그것은 쇠사슬에-묶인-고양이-조각이 되는데, 그렇다면 그 작품은 거기서 끝나거나 끝날 수 있는 것일까? 이 문제는 우주를 한꺼번에 삼켜버리는 일종의 형이상학적 사갱(砂坑)이다.

어쨌거나 우리는 지금 쇠사슬이 둘러쳐져 있는 고양이상을 마주하고 있다고 가정하자. 문제는 이것이다. 만일 무엇인가 있다면 과연 무엇을 제거해야 하는가? 그 쇠사슬은 그 작품의 일부인가 아닌가? 긁힌 자국들은 그 작품의 일부인가 아니면 손상된 것인가? 형이상학자들은 쇠사슬에 묶인 오브제가 왜 하나의 오브제가 아니라 두 개의 오브제인가 하는 이유를 탐색했고, 우리가 어디에 경계선을 그을 것인지 알기 전까지는 기본적인 존재론도 구상할 수 없다는 것을 정직하게 시인했다. 직관적으로 말하면 상식이 말해주는 경계선들을 갖는 두 개의 사물이 있다.

그러나 어떤 힘든 결론을 내리든 예술작품에게는 모든 규칙들이 효력 정지가 된다. 예술계 바깥에서는 상이한 대상들이지만 고양이와 쇠사슬은 한 작품의 부분일 수 있다. 그 문제는 순전히 상상된 것이 아니다.

1979년 6월, 현대미술관에서 열린 현대 조각전에 리처드 세라[12]의 작품이 전시되었다. 거기에는 「코너 피스」(Corner-Piece)라는 제목이 붙어 있었고, 그것의 주요 부분은 두 개의 사변(斜邊)처럼 벽에 걸쳐진 철제 막대로 만들어진 것이었다. 그 아래는 납접시가 있었다. 그 작품은 커다란 갤러리의 중앙부에 놓여 있었고, 막대가 보일 수 있도록 방 가운데에 특별한 코너가 만들어져 있었다. 관람자들이 직면한 문제는 그 코너 자체가 「코너 피스」의 일부인가 아닌가 하는 것이다. 아니면 그림을 걸려면 벽에다 못을 박아야 하듯이 그 소유자가 스스로 자신의 벽 코너를 설치한 것일까? 어떤 사람이 「코너 피스」를 구매한다면 대금으로 얻는 것은 무엇일까? 얼린 파이를 보듯이 이 예술작품이 포함하는 것이 무엇인지 알아내기 위해서는 설명서를 들여다보아야 할 형편인데, 우연히도 거기에는 "납접시와 납을 씌운 철막대"라고 씌어 있었다. 그 순간 관람자는 소장품을 설치하기 위해 미술관이 그 사실주의적인 벽 코너를 설치했을 것이라는 생각을 머리에서 말끔히 지워버리게 된다.

거친 캔버스를 그대로 보여주는 틴토레토[13]의 작품들이 있는데, 그

---

12) Richard Serra(1939~). 미국의 조각가·공공미술가. 「물거품」(Splashings, 1968~69), 「캐스팅」(Castings, 1969) 등 1960년대 말기의 그의 작품들은 작품의 본질이 행위에 있고 소재와 그것들이 배치되어 있는 공간의 특수한 특질에 있다는 생각을 표출한 것이다.
13) Jacopo Tintoretto(1519~94). 이탈리아의 화가. 16세기 후반 베네치아의 가장 활발한 화가였다. 성숙기에 들어서 그는 도제궁과 스쿠올라그란데디산로코 회의장의 장식을 맡았다. 종교와 신화에 관한 작품들 외에도 그는 베네치아 유명 인사들의 초상화를 많이 그리기도 했다.

는 대충 성급하게 그리는 화가였기 때문에 미술관에서 취하는 평상적인 관람거리에서도 그 사실을 간과하거나 또는 「오병이어의 기적」에 집중하기 위해 그것을 부인하기도 매우 어렵다. 그 캔버스는 보이는 그대로 해석되어야 할까? 나는 그렇다고 생각하지만 그 문제에 가볍게 답할 수는 없다──「성녀 페트로닐라의 매장」의 하단 가장자리에 대해 생각해보자. 전에 나는 차세대 추상 표현주의자인 조지프 스테파넬리의 그림들을 본 적이 있는데, 그 캔버스들은 물감표면을 관통해 숨을 쉴 수 있다고 설명되었고, 따라서 그것은 단순히 물감자국들을 전시하기 위한 지지대가 아니라 자기 정체성을 위한 물감과의 투쟁으로서 일종의 예술적 삶의 공간이다. 즉 캔버스는 그 작품의 일부이고, 그 사실은 작품이 표면을 완전히 뚫고 나오는 데 성공하지 못한 경우에도 마찬가지이다. 잠시 후 나는 이러한 논리에 대해 해명하겠지만, 지금으로서는 슬로건을 제시하는 단계로서 우리는 작품에서 무엇을 제거할 것인지 말하기 전에 먼저 그 작품이 어떤 것인가에 대해 결정을 내려야 할 것이다.

그 밖에도 우리가 완전히 잘못 해석된 한 작품을 다루는가 아니면 두 작품을 다루는가 하는 문제가 있다. 재능 있는 화가 에바 헤세(Eva Hesse)의 두 작품은 「코너 피스」와 같은 전시회에서 전시되었다. 그 두 작품은 같은 작은 방에 놓여 있었다. 하나는 섬유유리로 만든 불규칙한 실린더 세트로 이루어진 것으로서, 작은 방의 바닥에 마치 교회 회중처럼 모여 있었다. 다른 하나는 바닥에서 천장까지 가파른 곡선으로 이어지는 굽은 철선으로 만들어진 것이었다. 그 곡선에는 불규칙한 간격처럼 보이는 정체불명의 몇 가지 소재가 딸려 있었다. 그 작은 방으로 들어갔을 때 나는 큐레이터의 결정에 따라 함께 전시된 별개의 두 작품이라기보다는 두 개의 주요 부분으로 이루어진 하나의 작품처럼 보이는 것을 마주하게 되었다. 만일 그것이 하나의 작품이었다면 솟아오르는 곡선과 취한 듯한 곡선 기둥들의 웅크린 무더기 사이에는 명쾌한 대조가 있었을 것이다. 그것은 거의 정치적인 알레고리일 수도 있었다.

그러나 유일한 대조는 고무 같은 철선 뭉치로 만들어진 「촌락 2」와 섬유유리로 만들어진 「반복 19」라는 두 작품 사이에 있을 뿐이다. 이것은 단순히 우리 시대의 극단적인 아방가르드 예술의 문제가 아니다. 로마의 산타마리아 델 포폴로에는 과장된 바로크적 환희로 보이는 눈이 뒤집힌 성자(聖者)의 그림이 있다. 그림보다 실재적 사물들 자체를 선호하는 사람들은 이 광경에 혐오감을 느끼는데, 그 작품이 박수갈채를 받을 때는 특히 그렇다. 그것은 카를로 돌치[14]만큼 염증을 불러일으킨다. 레오 스타인버그는 그 그림이 성당 장식의 일부라는 것을 발견함으로써 모든 것을 뒤바꿔놓았다. 천장에는 기적 사건이 그려져 있었는데, 천장이 사라져버린 이후로도 여전히 그 성자는 그것을 바라보고 있었던 것이다. 그리고 우리는 하나의 작품 전체가 아닌 작품의 일부분을 보았던 것이고, 따라서 그것을 잘못 판단한 것이다.

작품과 그 물리적 토대의 관계는 마음과 몸의 관계처럼 복잡 미묘하다. P-술어와 M-술어를 구별한 피터 프레더릭 스트로슨[15]에 의하면

---

14) Carlo Dolci(1616~87). 이탈리아의 화가. 17세기의 대표적인 피렌체 화가인 그는 생존 시에 국제적인 명성을 누렸다. 그는 재능 있는 초상화가였고 커다란 제단화도 많이 그렸지만, 그의 명성은 강렬한 종교성과 꼼꼼한 테크닉이 돋보이는 반신상의 단독 인물화에 근거한다.

15) Sir Peter Frederick Strawson(1919~). 영국의 철학자. 일상언어철학 운동의 중심적인 인물 중의 한 사람으로, 그는 1967년부터 1987년까지 옥스퍼드 대학의 웨인플레트 형이상학 교수로 재직했다. 러셀의 기술 이론을 비판한 「지칭에 관하여」(On Referring, 1950)를 통해 분석철학계에서 두각을 나타내기 시작했다. 앞의 단락에 언급된 P-속성과 M-속성은 그의 저서 『개별자』(Individuals, 1959)에 제시된 기술적 형이상학의 일부로서, 그의 형이상학에 의하면 사람은 물리적 속성과 심적 속성이 결합된 이원론적 존재가 아니라 비환원적인 인격적 속성(person-properties)으로 구성된다. 단토는 그의 인격적 속성의 논리적 구조를 예술의 작품 속성(W-속성)에 차용하고 있다.

우리가 W-술어로 부를 수 있는 것을 예시하는 작품의 속성들과 시각적으로는 작품과 식별 불가능한 것으로서 O-술어로 부를 만한 단순한 사물의 속성들이 있는 것처럼 보인다. 따라서 위에서 열거한 사례의 경우 항목별로 다르겠지만, 어느 O-술어들이 또한 W-술어들이고 어느 것이 그렇지 않은지를 결정해야 하는 과제가 남는다. 그러므로 "사슬에 묶여 있다"는 술어는 그 고양이에 대해서는 참이 아니지만, 동으로 만들어진 그 오브제에 대해서는 참일 수 있다. 그리고 그것이 고양이에 대해서 참일 경우, 우리가 곧 보겠지만, 그것의 논리적 지위는 그 오브제에 대해 참인 그 동일한 술어의 그것과는 현저하게 다를 것이다. 또 '사슬에 묶인 것'은 그 작품에 대해서는 참이지만 그 작품의 주제에 대해서는 참이 아니며, 물론 그 물리적 상대역에 대해서도 참이 아니다. 예술작품과 단순한 실재적 사물 간의 구별은 작품들을 기술하는 데 사용된 언어와 단순한 사물들의 언어 사이의 구별로서 다시 등장한다. 누군가가 작품을 구성하기 전까지——현상학자들의 표현대로——그가 미적으로 반응하는 것은 무엇이며, 결국 그것은 올바른 대상과 올바른 반응이라고 말할 수 있는가?

위에서 열거한 사례들 중에서 아무것이나 택하고, 그 물리적 상대역으로 구성된 예술작품의 부분들과 똑같은 속성들로 이루어진 단순한 사물에 대해 계속해서 이야기해보자. 그 작품 자체가 그 물리적 상대역에서 무엇을 제거해야 할지 자동적으로 결정해주는 것은 아니다. 그 사례들의 성격상 예술작품은 그 물리적 상대역이 갖지 않은 속성들을 가질 것이다. 예를 들면 우리가 보았던 최초의 사례에서「니르바나」만이 '깊이'를 가질 것인데, '깊이'라는 용어는 묽게 칠해진 캔버스로 이루어진 단순한 사각형에 적용할 수 없으며, 혹은 같은 용어를 은유적으로 사용할 때 그 의미가 자구적 의미와 다른 것만큼이나 그 용어는 상이한 의미를 가질 것이다. 예술작품을 감상의 후보로 명명한 디키의 제안에 대한 반대사례로서 코헨이 제시한 개체들을 내가 마지못해 인정하는 것은 결국 바로 이와 같은 이유에서이다. 단순한 대상으로서 제도용 압핀은 미적으로 추천할 만한 면모들을 별로 갖고 있지 않는지도 모른다.

그러나 예술작품으로서는 어떨까? 단순한 제도용 압핀을 물리적 상대역으로 갖는 예술작품을 상상해보라. 곧 우리가 보겠지만, 예술작품으로서의 압핀은 단순한 제도용 압핀에게 귀속시킬 경우 오류를 초래할 어떤 구조를 가질 것이다. 그런 작품을 구상해보기 전까지 그러기 위해 물론 상당히 진지한 예술사적·예술철학적 검토를 고려해야겠지만, 나는 그 구조에 대해 아직 아무것도 말할 수 없다. 지금 나는 그런 작품에 대해 어떻게 반응할 것인지를 말하려는 것이 아니다. 그 작품은 제도용 압핀에 대해 느끼는 것처럼 매우 친숙한 느낌을 주겠지만, 아무튼 나는 그것을 물리적 상대역으로 갖는 예술작품으로 다루어야만 한다. 그리고 세 개의 제도용 압핀으로 구성된 물리적 상대역을 가진 작품은 독특한 의미의 심연을 가질 것이고, 그것에 대한 적절한 미적 반응은 아마도 종교적–우주적 움츠림 같은 것일 것이다.

당분간 나의 관심은 우리가 예술작품을 다루는가, 아니면 그것의 물리적 상대역을 다루는가에 따라 상이한 미적 반응을 나타낼 가능성을 지적하는 데에 있을 뿐이다. 물론 이제 우리는 세상에 존재하는 어떤 것이든, 세상에 존재하는 것들의 어떤 조합이든 예술작품의 물리적 상대역이 될 수 있지만, 그 사실로부터 예술작품의 수가 세상에 존재하는 사물들이나 사물들의 조합의 총계와 똑같다는 것이 함축되지 않는다는 것을 알고 있다. 단순한 붉은 사각형 캔버스들이 얼마나 많은 동류들을 가질 수 있는지 생각해보라. 존 스튜어트 밀은 수많은 음(tone)과 음들의 조합이 있으며, 그렇기 때문에 가능한 음악적 조합들은 유한할 것이며 조만간 그 조합들은 고갈되어 음악이 종말을 맞을 것이라고 믿었기 때문에 세기말적 우울증에 빠졌다. 마치 음악적 구성과 음들의 조합의 관계가 예술작품과 그것의 물리적 상대역의 관계와 전적으로 다르기라도 하는 것처럼 말이다! 흥미롭게도 음악은 전혀 그처럼 유한하지 않다.

의심할 것도 없이 아름다운 물리적 상대역을 가진 예술작품들이 있는데, 그 중에는 위대한 예술작품들도 있다. 그것들은 최소한도의 미적 감수성을 가진 사람이라면 자연스럽게 반응할 만한 어떤 자연 대상들—보석, 새, 일몰—이 아름다운 것으로 간주되는 것과 같은 방식으로 아름답다. 어쩌면 이렇게 가정하는 것은 위험한 일인지도 모른다. 선원들은 그들이 앞으로의 일기상태를 예측할 수 있는 한에서만 일몰에 미적으로 반응할 것이며, 농부들은 자기가 밟은 꽃들에게 무관심할 수도 있다. 모든 사람이 미적으로 반응해야 할 패러다임 사례로 제시될 만한 대상은 없을 수도 있다. 그럼에도 불구하고 우리가 실제로 패러다임 사례로 제시할 만한 것들에 대해 사람들의 눈을 번쩍 뜨이게 하고, 우리가 반응하듯이 그들도 거의 무의식적으로 "아름다워라!"라는 표현을 유발하기에 충분한 수선화가 피어 있는 들판, 광석, 공작, 또는 광채를 발하는 사물들에 대해 실제로 미적으로 반응하는 사람들의 집단을 상상해보자. 그들은 우리와 마찬가지로 아름다운 것들을 그렇지 않은 것과 구분할 것이다. 그 사람들이 우연히도 예술 개념을 갖지 않은 '야만인'일 경우는 예외이다.

그러면 이 야만인들이 자연 대상들뿐만 아니라 어떤 예술작품들에 대해서도 우리와 똑같이 반응할 것이라고 가정해볼 수 있다—그러나 그들은 아름다운 물리적 상대역을 가진 예술작품들에만 그렇게 반응하는데, 그 까닭은 그들이 그 물리적 상대역들을 바라보듯이 예술작품들을 그저 **아름다운 사물**로 보기 때문이다. 샤르트르 성당의 장미 유리창이나 13세기의 보편적인 스테인드글라스, 에나멜이 칠해진 어떤 작품들, 그리스 대장장이가 만든 과자그릇, 첼리니의 소금그릇, 메디치 가

(家)와 이후의 합스부르크 가에서 수집한 것들——카메오, 장식물, 보석과 준보석, 레이스와 섬세한 장식물로 만든 것들, 반짝거리고 가벼운 소품들——그런 것들을 소유하는 것은, 그것이 돌무더기가 아니라 순수한 광채 자체로 생각될 경우 마치 달의 한 조각을 소유하는 것과 같을 것이다. 그런 것들이 우리의 마음을 끄는 어떤 깊은 이유가 있다고 나는 믿지만, 나는 융(Jung)적인 공상에는 빠지지 않을 것이다.

그런 것들이 옛 거장들이 마음을 사로잡았다는 것은 의심할 여지가 없다. 왜냐하면 그것들은 진짜 보석이 갖는 것과 같은 어떤 내면의 빛을 내뿜기 때문이다. 거장들의 그림은 그것들이 보여주는 광채뿐만 아니라 어떤 다른 종류의 빛을 갖고 있다. 칠장이도 빛을 보여줄 수 있겠지만, 그들의 그림은 진흙의 광채만을 가질 뿐이다. 위대한 그림을 평가하는 나의 개인적인 기준은 부분적으로 그러한 빛의 신비와 연관된 것이지만, 이 세상의 위대한 그림들 중에서 우리가 그 물리적 상대역을 지각하듯이 그것들을 지각할 뿐이라면, 그러한 흥미로운 우아함을 지니고 있으면서도 그런 식으로 지각될 수 있는 것들이 있을지 의심하지 않을 수 없다. 그 그림들이 어떤 빛도 보여주지 않는다고 주장할 경우 그것들의 물리적 상대역들은 과연 빛을 가질 수 있을까?

어떤 위대한 그림을 염두에 두고 그 다음에 당신이 일종의 회화적 난독증(難讀症)에 걸렸기 때문에 그 그림이 마치 수많은 얼룩과 번짐과 상처와 웅덩이처럼 당신의 눈에 비친다고 상상해보라. 형식주의 이론이 항상 모든 것을 예술적으로 보라고 권유하는 방식으로 당신은 그 그림들을 볼 것이다. 그러나 그 명령이 참으로 유의미하다면 그 작품이 그 물리적 상대역으로 환원되거나 뒤바뀐 공주처럼 그것에 의해 대체될 경우 그 작품의 아름다움은 사라지고 말 것이다. 참으로 예술작품의 미가 그 물리적 상대역의 미와 동일해야 한다는 요구는 스키타이인들(Scythians)의 금세공이 훌륭하게 예증하는 야만적 취미의 정의와 전혀 다르지 않다. 그러나 아름다운 물리적 상대역을 가진 작품은 작품으로서는 보잘것없는 것일 수 있다.

이제 그 감수성이 예민한 야만인들이 문명세계로 몰려와 훈족처럼 정복하고 파괴한다고 상상해보라. 야만인들이 자신들의 열정적인 침대를 위해 가장 아름다운 처녀들을 남겨두듯이, 우리는 이들이 자신들의 호기심 어린 재미를 위해 우연히도 아름다운 물리적 상대역으로 이루어진 예술작품들만 남겨두는 모습을 상상해볼 수 있다.

분명히 몇몇 그림들은 살아남을 것이다. 금 이파리가 많이 달린 그림들도 분명히 존속될 것이고, 매우 장식적인 윤곽을 가진 상(像)들도 살아남을 것이다. 카를로 크리벨리[16]나 아마도 안드레아 만테냐[17]의 것처럼 강한 금속적인 광채를 가진 물감이 칠해진 그림들도 마찬가지일 것이다.

그러나 이 기준에 따를 때 렘브란트의 그림이 얼마나 많이 살아남을 것이며, 바토나 샤르댕 또는 피카소의 그림들은 어떻게 될까? 그것들을 감상하는 데에는 그것들을 먼저 예술작품으로서 지각하는 것이 요구되며, 따라서 우리가 지금 이 사고실험의 대상들에게 허용하지 않는 어떤 개념의 적용 가능성이 전제되어야 한다. 내가 말하려는 것은 미학이 예술과 무관하다는 것이 아니라 미학이 어떤 적합성을 갖기 위해서는 예술작품과 그 물리적 상대역의 관계가 먼저 파악되어야 한다는 것이다.

---

16) Carlo Crivelli(1430~95). 이탈리아의 화가. 크고 여러 부분으로 된 제단화로 유명하다. 빛을 정서적으로, 세부사항들을 명랑하게 표현하며, 때때로 금테를 두른 장식화에서 표현의 강렬함을 볼 수 있다.
17) Andrea Mantegna(1430~1506). 이탈리아의 화가·판화가. 그의 전 작품에 스며들어 있는 고대 로마 문명에 대한 열광은 당시의 화가로서는 전대미문의 것이었다. 고대적 내용 외에도 그의 예술은 빛나는 구성적 해결, 원근법과 전경 단축법을 대담하고 혁신적으로 사용한 것, 정확하고 계획적인 수행이 특징적이다.

그리고 생득적인 미적 감각 같은 것이 있을지도 모르지만, 그것이 어떤 역할을 하기 위해 요구되는 인지적 메커니즘 자체는 결코 생득적인 것으로 생각될 수 없다.

로이 리히텐슈타인의 뛰어난 그림들, 1960년대 후반에 그린 그의 붓질(brushstroke) 그림들에 대해 생각해보자. 이것들은 붓질에 관한 그림들이며, 1950년대의 추상 표현주의에서 붓질이 한 역할을 알고 있는 사람이라면 리히텐슈타인의 그림들을 그 운동에 대한 논평으로서 보아야 한다. 그의 붓질은 물감에 대한 두 가지 관심사가 논리적으로 교차하는 지점을 보여준다. 첫째 관심은 그림들이 항상 붓으로 그려지는 소재이면서도 이상하게도 어떤 주제를 부각시키기 위해 그것을 지워버리는 화가들에 의해 감춰졌던 물감의 물질성 자체에 관한 것이다.

추상 표현주의자들이 그림이 곧 물감이라는 것을 선언한 것과 같은 방식으로 우리가 곧 육신이라는 것을 선언하려 한 데이비드 로렌스(D.H. Lawrence)에게서 볼 수 있듯이, 그림의 물질성에로의 시선 전환은 다분히 육체에 대한 빅토리아 시대의 억압에 대항하는 모더니스트적 저항정신에 따른 것이다. 그리하여 리히텐슈타인은 물감을 두껍게 칠했고, 물감이 변성(變性)하여 이미지와 주제들을 유도하지 못하게 하려 애썼다. 물감 자체가 그의 주제였으므로 화가는 칠장이였고 그의 기본적인 예술적 행위는 (베끼고 모방하며 재현하고 진술하는 것이 아니라) 색칠하기였다.

해럴드 로젠버그[18]의 진술에서 보듯이 화가는 캔버스를 경기장으로

---

18) Harold Rosenberg(1906~78). 미국의 비평가·작가·교육가. 로젠버그는 1952년 「아트뉴스」(ARTnews)와 함께 시작된 일련의 글에서 제시되었던바, 액션 페인팅의 개념으로 유명하다. 시적 언어를 사용하고 실존주의의 몇몇 측면들을 적용하면서 그는 미학이 액션 페인팅의 사건에 종속한다고 주장했다.

사용한다. 화가는 궁극적인 것을 시사하는 일이 전혀 없고 기껏해야 무엇에 관한 것을 의미할 뿐인 색칠하기를 자행한다. 그림 그리기가 행위라는 것은 물론 참이지만 스케치도 그렇고 베끼기·재현하기 등도 마찬가지이다. 그러나 이것은 현존하는 가장 기본적인 예술적 행위에 관심을 둔 거의 청교도적인 운동이었다. 그리고 재현하기와 베끼기 또는 다른 모든 것들은 색칠하기 행위를 함축하는 반면, 색칠하기는 그런 것들을 전혀 함축하지 않으며 따라서 그만큼 근본적인 것이었다. '기본적인 것으로 내려가기'위해 어떤 종류의 형이상학을 내면화해야 하는지를 생각해보라. 그것은 오직 기본적인 것만이 중요하고 그 밖의 것은 모두 위선이라는 도덕적 태도에 의해 복잡 미묘해진, 기본적인 것과 비기본적인 것의 형이상학이다. 직선은 어떤 심오한 기하학적 의미에서 기본적인 것일 테지만, 선들이 형태들을 발생시키고 따라서 재현적인 역할을 맡는다는 것은 아주 쉽게 알 수 있다.

그러므로 그는 그가 다룰 수 있는 가장 큰 붓을 들고 해낼 수 있는 한 최대로 크게 휘둘러 물감을 칠했고, 너무나 심혈을 기울인 붓질이었기 때문에 화가가 붓을 갖고 무슨 일을 한 것인가 하는 의문을 가질 수 없을 정도로 짙고 두껍게 물감을 칠하기 위해 사물을 사용했을 뿐이었다. 그러한 붓질을 통해 어떤 이미지의 일부를 형성할 수는 없었고, 오직 붓질만이 있었으며, 그림은 바로 그 자체일 뿐이었다(우연한 일이지만 데 쿠닝의 공헌은 부분적으로 어떤 재현적인 구조로 응결될 수 없는 듯이 보이는 제멋대로의 이러한 무정부적인 붓질조차도 실제로 여자들—모든 것들 중에서—의 이미지들을 만들어낼 수 있었다는 데에 있다. 그것은 비너스나 마돈나 또는 르누아르의 처녀들이 아니라 존재하는 것에 대해 화를 내는 것처럼 보이는 거의 사나운 성격의 물감-여인들이었다).

이러한 태도들의 복합물들을 응축시키고 상징화한 재료는 물감방울이었다. 물감방울은 1950년대에 일종의 신비한 신분상승을 성취했는데, 그 이유는 쉽게 알 수 있다. 과거 시대에 물감방울은 어리석음의 표시인 실수이거나 결함이었다. (그것은 물감방울을 지우기 위한 목적으로 조수들을 고용한 지하철 그라피토[19]의 '대가들'이 멋지게 재창안한 태도로서, 그 대가들은 물감으로 하여금 독립된 삶을 영위하게 허용하는 사람들을 경멸했는데, 그것은 1950년대 화가의 태도와는 정반대되는 것이었다.) 물감방울은 예술적 의지에 대한 위반이며 재현적 기능의 가능성을 전혀 갖지 않았고, 그렇기 때문에 그런 실수를 범할 때, 특히 그림이 의도한 것을 보여주기 위해 자신을 감추는 것을 매체의 기능으로 간주할 경우——철자상의 오류가 텍스트를 망치듯이——물감방울은 순식간에 그림을 망치고 만다. 전통적으로 예술가와 감상자 사이에는 어떤 공모가 있었는데, 감상자는 물감을 무시하고 변용(變容)된 것을 멍하니 바라보는 반면(냉소적으로 말해서), 예술가 편에서는 물감을 가능한 한 눈에 띄지 않게 만듦으로써 감상자가 그렇게 관조할 수 있는 완벽한 가능성을 위해 진력했다. (물론 예외가 있다. 렘브란트와 벨라스케스는 안료 중심적인 우연성의 뛰어난 대가들이었는데, 틴토레토는 그렇게 타협하기를 거부했다.)

그와는 대조적으로 물감방울은 물감으로서의 물감에 주목할 것을 집요하게 요구한다. 따라서 방금 암시한 전통에 따르면, 물리학이 허락하는 한 투명하게 음악의 원천과 청취자의 귀 사이를 매개하는 것이 음향공학의 역할이라고 가정할 경우, 물감방울들은 정지(靜止)가 음악의 전달 과정에서 맡는 역할을 했을 수도 있다. 그러므로 현대적 시청(試聽)의 편곡적인 면을 주목하고자 하는 사람이라면 정지를 음악적으로 들어야 할 미적 대상이 아니라 귀로 들어야 할 순수한 완벽함의 표시

---

[19] graffito. 벽에 긁어서 그린 그림을 말한다.

로 찬양할 것이다. 따라서 마치 물감을 떨어뜨리기 위한 기회를 제공하는 것이 색칠하기의 기능인 양 물감방울은 물감에게 그 자신의 삶을 부여하는 우연성, 즉 자연 발생성에 대한 기념비이며, 잭슨 폴록[20] 자신도 물감방울을 발견한 것을 자축했는데, 당시에 그것은 콜럼버스의 아메리카의 발견이나 프로이트의 무의식의 발견과 맞먹는 것으로 간주되었다.

그보다 더 중요한 것은, 물감방울 자체는 물감 자체가 유동적일 때만 가능하기 때문에, 그것은 물감이 칠해져야 할 방식뿐만 아니라 캔버스 위에 떨어지는 방식까지 결정한다. 그리하여 캔버스는 이젤 위에 수직으로 서 있는 위치에서 바닥과 수평이 되게 90도 회전한 위치에 놓이고, 화가가 캔버스 위에 개구리-신(神)처럼 웅크린 자세로 희석된 소량의 물감반죽을 체계적으로 칠하던 브러시는 이제 물감깡통과 계심봉(計深捧)에게 자리를 내주었다. 그러나 화가는 고리들과 동심원적인 아라베스크 무늬를 표면 위에 휘두르면서 물감을 뿌리고 튀겨야 했으므로 물감방울은 또한 빠른 속도와 정열에 의한 색칠하기 행위의 위급함에 대한 증거가 되었다. 그리고 화가는 **독립적인 존재**가 되려는 물감의 의지를 단순히 실행에 옮겼기 때문에 그는 자신의 것이라고 말할 수 있는 것이 없었다.

이것은 일종의 자폐증으로서 덤 아티스트(Dumb Artist)의 의도적인 야수성에 의해 거듭 입증되었는데, 당시의 예술계에서 진실로 매우 지적인 남녀들은 마치 복장 자체가 화가와 그의 작품 사이의 긴밀함을 입

---

[20] Jackson Pollock(1912~56). 미국의 추상 표현주의 화가. 그는 미술을 공부하러 1930년에 뉴욕에 갔다. 그는 지역주의자인 벽화 화가 토머스 하트 벤턴과 함께 아트스튜던트리그에서 수학했다. 폴록은 물감을 붓는 테크닉과 무겁게 물감이 묻은 붓, 막대기, 터키 배스터로 물감을 훑으면서 마룻바닥에 커다란 캔버스를 놓고 그림을 그린 것으로 유명하다.

미학과 예술작품 251

증하는 광고판인 양 물감범벅이 된 옷을 입고 돌아다녔다. 청바지와 운동화는—휘슬러 시대의 벨루어 재킷과 베레모와는 너무나 거리가 멀지만—일종의 프롤레타리아적 정직함과 철저함을 의미했다. 어쨌거나 물감방울은 리히텐슈타인의 그림에도 붓질과 함께 등장했다. 그 그림들은 붓질과 물감방울의 그 밧줄 같고 뚱뚱하며 육화된 자연 발생성을 보여주었고, 10번 가(街) 예술의 전성기에 친숙한 사람이라면 누구나 그것을 쉽게 알아볼 수 있었다. 그 도상성은 잠재적일 뿐이었고, 내가 길게 논의한 것은 그것이 어떻게 수용되었는지를 '인식'할 수 있기 위해 당시의 예술 주제를 이해하는 것이 절대적으로 중요하기 때문이다.

우리가 리히텐슈타인의 그림들에 관해 첫 번째로 주목해야 할 것은 그 그림들이 주제와 연관된 속성들을 전혀 갖고 있지 않다는 것이다. 풍경화의 미적 속성은 표면에 보이는 것과 일치하는 일이 드물기 때문에 전통에 따라 그런 것을 당연한 것으로 예상할 수도 있다. 예를 들면 그의 그림들은 붓질자국을 보여주지만 본디 그 붓질자국으로 이루어진 것이 아니며, 바로 그런 이유로 감상자는 보이는 것과 보이는 방식, 사실상 대조적인 표면과 주제 사이의 차이들을 포착해야만 한다. 그 붓질자국들은 여러 가지 상이한 점에서 그 자신과는 모순되는 것처럼 보인다. 레저의 작품이나, 더 나은 사례로 아이들의 색칠하기 공책에서 볼 수 있듯이 붓질자국들은 두꺼운 검은 윤곽 속에 갇혀 있다.

그러나 그 그림들의 내용이 되는 붓질자국들은 미리 존재하는 경계선들 안에 채워넣은 것이 아니다. 그것들은 자기 자신의 경계선을 긋는 단 한 번의 충동적인 제스처에 의해 캔버스를 격렬하게 휩쓸면서 만들어낸 것이다. 그 붓질자국들을 캔버스 위에 나타나게 만든 자유롭고 해방된 정신과는 대조적으로 그 붓질자국들은 마치 리히텐슈타인의 캔버스 위에 인쇄된 것처럼 거의 기계적으로 보인다. 사실 리히텐슈타인은 기계적 재생산 과정을 거친 벤 데이(Ben Day) 회사의 물방울무늬들을 사용했다. 그리하여 그 캔버스들은 생명력 넘치는 제스처들의 기계적 재현처럼 보인다.

그러나 올라가야 할 단계가 하나 더 있는데, 여기서 우리는 그 물방울무늬들이 인쇄된 것이 아니라 칠해진 것이며, 하나하나 손으로 표면에 바른 것이라는 것을 알게 된다. 그리하여 우리는 기계적 과정들의 예술적 재현들을 보게 된다. 그러한 것들을 그리는 과정의 단조로움은 리히텐슈타인이 러트거스(Rutgers) 대학에서 그의 수업을 듣는 많은 학생들을 고용함으로써 어느 정도 완화되었는데, 다시금 이러한 역사적 배경에 대한 지식은 붓질자국이 그와 같은 방식으로 기계적 과정을 보여주는 것과는 반대되는 것을 의미하던 시대에 그 화가에 대해 우스꽝스러울 만큼 영웅화된 견해에 대한 논평으로서 받아들여져야 한다. 포도주를 나누는 사진과 텔레비전 스크린을 통해 우리가 우리 시대의 주요 사건들을 지각하는 방식을 부호화한다면, 벤 데이 물방울무늬의 삽입은 자기 자신에 대한 심오한 상징주의를 갖고 있다.

베트남 희생자들에 대한 묘사는 기계적인 묘사 방식이 그 이미지의 일부로 융합될 때 공포의 또 다른 차원을 첨가하는데, 왜냐하면 우리의 경험들은—마셜 매클루언의 구호대로—적어도 메시지의 일부가 된 매체를 통해 변조되기 때문이다. 1950년대 거장들의 붓질자국들은 어떤 것을 재현하려는 것이 아니라 그저 존재하고자 했다. 그것들은 새롭게 창조된 실재들이었다. 그리고 리히텐슈타인은 예술가들이 항상 실재를 다루어왔듯이, 즉 예술작품에 영입되어야 할 것으로서 붓질자국들을 다루었다. 실재가 그렇게 희생되었을 때 값이 폭락한 보잘것없는 그 전리품들은, 미쳐버린 호스처럼 물감을 뿜어냄으로써 자기의 삶을 규정한 그 화가들의 의도를 모든 점에서 배반하는 재현적인 작품들 속에서 한때 살아 있던 것의 박제처럼 서 있다. 이 그림들은 실재와의 전투에서 얻은 작은 승리이다. 만일 캔버스가 참으로 그 전투가 벌어지는 장이라면, 실재는 리히텐슈타인의 캔버스 위에서 재현에게 굴복한 것이다.

내가 리히텐슈타인의 그림들에 관해 길게 서술한 이유는 부분적으로 그 그림들이 예술 이론의 적용에 있어서 유용한 점들을 풍부하게 갖기 때문이다. 그 그림들은 바로 그 그림들이 거부하는 이론들에 관한 것이며, 따라서 그 그림들을 감상할 만한 식견을 가진 사람이라면 반드시 이해하고 내면화해야 할 이론들이 있다는 것을 함축하고, 그뿐만 아니라 무지로 인해 그런 작품들에 대한 감상을 피폐하게 만들 수 있는 또 다른 이론들의 존재까지도 암시한다. 예를 들면 어떤 사람이 기계적인 재생에서 물방울무늬들이 하는 역할에 대해, 그리고 우리의 문화생활에서 기계적 재생의 역할에 대해 무지하다면 과연 그 물방울무늬들이 무슨 의미가 있겠는가? 그 그림들은 현대 문화의 수많은 흐름들이 교차되는 거점이기 때문에 우리 문화에서 소외된 이방인이 그것을 이해한다는 것을 상상하기가 어려울 뿐만 아니라 지금까지의 나의 분석에서 특징적인 예술적 실험의 형태를 일관되게 생각한다면, 이 그림들과 정확히 똑같지만 1860년대에 그려진 작품들이 의미하는 것이 무엇인지 알기는 어려울 것이다.

그리고 나의 주장은 우리가 미적 반응에 대해 어떻게 말하든 공통된 물리적 상대역을 가진 작품들이 매우 상이한 반응들을 유도하는 것을 상상할 수 있다는 것이었다. 그 그림들은 물질적 재료의 얼마나 많은 부분이 예술작품의 일부로 간주되어야 하는지 알기 어려울 정도로 자의식이 강한 심오하게 이론적인 작품이다. 그 그림들은 너무나 자의식이 강한 작품들이기 때문에 물질이 정신으로 변용되는 헤겔적 이상을 거의 반증하는데, 이 경우 예술작품 자체의 구성요소의 후보가 아닌 물리적 상대역의 구성요소는 별로 없다. 나는 나중에 이것에 관해 상세하게 분석하겠지만, 지금으로서는 리히텐슈타인의 그림들의 반사실주의적인 19세기 상대역들이 무엇에 관한 것이든 그것들은 리히텐슈타인이 표상한 것에 관한 것일 수 없다는 것만 강조하겠다. 설혹 그것들이 어떤 터무니없는 방식으로 붓질자국에 관한 것이라고 해도 그 붓질자국들은 1950년대의 난해한 예술 논쟁들을 알고 있는 사람들만이 가질 수 있는 일단의 연상들을 함의할 수는 없다. 물론 그 그림들은 미래의 예술을 흘낏 볼 수 있는 일종의 수정구슬일 수도 있겠지만, 거기서 들여다본 것에 대해 과연 무엇을 말할 수 있겠는가?

내가 말하고자 하는 것은 '미적 대상'이 미술 감정가의 황홀한 감상을 위해 영원히 존재한다거나 시간, 공간, 그리고 역사를 초월하는 영원한 즐거움, 영원히 고정된 플라톤적 개체 같은 것이 아니라는 것이다. 감상은 심미주의자의 인지적 발견의 함수가 아니라 작품의 미적 성질은 그 자신의 역사적 동일성의 함수이며, 따라서 우리가 어떤 작품에 대해 알게 된 것에 비추어 그것에 대한 우리 자신의 평가를 완전히 수정해야 할 수도 있다. 그것은 그릇된 역사적 정보에 비추어 특정한 것이라고 확신한 작품이 아닐 수도 있다.

토니 스미스[21]가 만들었던 종류의 오브제는 근대의 어느 시기에도 제작될 수 있지만—적어도 그 물리적 상대역은 그 시대에 언제나 만들어질 수 있었다—1630년대에 암스테르담에서 만들어진, 얀 스틴과 반 고엔의 황금기였던 당시의 예술계에는 발을 들여놓을 수조차 없던 어떤 작품이 마치 코네티컷 출신의 양키가 아서 왕의 궁전에 입성하듯이 예술계에 들어서는 모습을 상상해보라. 저마다 주름옷깃이 달린

---

21) Tony Smith(1912~80). 미국의 건축가·조각가·화가·건축가. 그는 1961년에 조각으로 전환했다. 그의 작품은 기하학적 추상과 원시적·근대적 건축의 원리에 기초한다. 조각가로서 스미스의 변신의 시점은 미니멀리즘 초기와 일치한다.

옷을 입고 포도와 굴과 죽은 토끼가 수북한 테이블, 또는 한 방울의 이슬이 맺힌 작약, 아르놀피니의 결혼식 초상화에서 볼 수 있음직한, 온 세상을 비출 것만 같은 돋보기를 보여주는 초상화에 기반한 예술 개념을 갖고 있는 사람들에게 그것이 예술작품일 수도 있다는 생각이 뇌리에 떠오른다고 해도 그것은 과연 무엇일 수 있으며 무엇에 관한 것일 수 있겠는가? 따라서 그것이 토니 스미스가 지칭한 어떤 것에 관한 것도 될 수 없다고 상정하는 내 생각이 옳다면, 그 오브제는 수많은 널빤지들에 못을 박아 한테 붙인 검정 합판 구조물 외에 다른 어떤 구조를 가질 수 있겠는가?

『존재와 시간』(Sein und Zeit)에서 하이데거는 연장(tools)이 상호 지시적인 연장들의 복합체인 일종의 총체적 체계——Zeugganzes——를 형성한다고 말하는데, 만일 우리가 비트겐슈타인을 따라 문장이란 본디 다양한 안무적 용도에 이용하기 위해 생겨난 연장이라고 생각한다면 그 체계는 언어게임과 특별히 다를 것이 없다. 그러므로 단순한 못은 있을 수 없다. 만일 못이 있다면 그것을 두드릴 장도리와 못을 박을 판자가 있어야 한다. 그리고 그 체계의 어떤 지점에서 생기는 변화들은 다른 지점들에서의 변화들을 함축한다. 비록 세르베트리에서 흑연이 묻은 실크 리본을 발견한다고 해도, 당신은 누군가 에트루리아족이 타자기 리본을 처음 소유했다고 말하는 것을 상상하기는 어렵다. 왜냐하면 그것이 청동기 시대 타자기의 리본감개처럼 보이는 청동 휠에 감겨 있는 것을 보았다 해도, 체계 전체——종이, 금속, 키 등——가 한꺼번에 존재해야 하기 때문에 그것은 타자기 리본일 수가 없기 때문이다.

얼마 전에 다빈치의 필사본 저장소가 발견되었을 때 만화가들은 다빈치 스타일로 전구와 전기 소켓들을 열심히 그려댔는데, 그것들은 클라스 올덴버그의 스케치에서 볼 수 있는 종류의 물건에 르네상스 형식을 입힌 것처럼 보였다. 그 누구도 자기의 시대를 앞서갈 수 없는 여러 방식들이 있기 때문에, 그것은 '시대를 앞서가는' 천재에 대해 우리가 갖고 있는 관념의 패러디일 뿐이다. 티베트의 발굴현장에서 발견된 자전거 사슬톱니바퀴와 똑같이 닮은 눈금이 새겨진 청동바퀴는, 인공물로서 그것의 정체가 무엇이든 강철보다 일찍 나온 자전거 사슬톱니바퀴일 수는 없다. 그리고 예술작품에 대해서도 똑같이 말할 수 있다. 기술적으로 제작할 수 있는 대상—물리적 상대역—들은 언제든지 얻을 수 있다. 그러나 우리가 결코 짐작조차 할 수 없는 방식으로 물리적 상대역과 연루되어 있는 예술작품은 지칭에서 예술작품과 실재적 사물들 자체의 체계와 너무나 긴밀하게 얽혀 있기 때문에 다른 시간과 공간에 밀어넣은 동일한 대상에 대한 반응들이 어떤 것일지 상상해보는 것은 거의 불가능하다.

예수회교도 화가가 그린 중국 황제의 애첩의 초상화는 그녀의 아름다운 얼굴 가에 음영을 넣었는데, 그것을 그녀는 불길하다고 하며 거부했다. 왜냐하면 우리가 보기에 그것이 레오나르도의 「제네브라 다 벤치의 초상」에 비견될 수 있다 해도, 그녀는 자기가 반(半)흑인으로 재현되었고 따라서 그 그림을 일종의 조크라고 생각했기 때문이었다. 어떤 현대 화가가 조토 스타일로 그린 그림은 조토에게 가능한 방식으로 그 '감동적인 순박함'에 대한 반응을 얻을 수 없고, 그 예술가가 예술사에 무지하고 또 어떤 우연적인 창조의 기적에 의해 15세기 스타일을 재창안하지 않는 한 그것은 불가능할 것이다. 그리고 이것은, 메나르의 경우와는 달리 우리가 짐작할 수도 없는 발명의 기원에 의해 원작에 대해서는 모르는 채 우리가 「돈키호테」와 구별할 수 없는 어떤 것을 집필한 사람의 경우와 비슷하다.

이상의 것들은 모든 것이 항상 가능한 것은 아니라는 뵐플린의 생각을 부연한 것으로서, 이제 우리에게 친숙해진 것들이다. 내가 여기서 이러한 점들을 다시 제기한 까닭은 우리가 이제 적어도 활용할 수 있는 이론적 도구를 갖게 되었기 때문이다. 즉 만일 우리가 예술작품과 그 물리적 상대역을 구별할 수 있다면, 완전히 다른 시기에 만들어진 두 작품—1965년에 만들어진 리히텐슈타인의 붓질자국과 1865년에 만들어진 그것과 똑같이 닮은 상상화—이 물리적 상대역을 공유함에도 불구하고 그것들이 동일한 것에 관한 것이라고 생각할 수 없기 때문에 **다른 작품일 수밖에 없는 상황을 상상해볼 수 있다.**

나는 리히텐슈타인의 그림에서 주제와 표면 사이의 미묘한 긴장을 개괄해보았는데, 그것은 그 그림들이 무엇으로 이루어져 있는지(사실 그것들은 부분적으로 바로 그 긴장 자체로 이루어져 있다) 말해보려는 노력의 일부였다. 1865년의 그 그림이 리히텐슈타인의 그림의 내용과 동일한 것에 관한 것이라는 말은 참일 수가 없다. 따라서 우리가 당면한 문제는 그 두 경우에 예술작품과 그 공통된 물리적 상대역 간에 어떤 연관성이 있는가 하는 것이며, 이것이 바로 내가 지금 서술하고자 하는 것이다. 그것은 분명히 내가 '해석'이라고 부르는 것을 포함하며, 감상이 어떻게 귀결되든 그것은 어떤 의미에서 해석의 함수라는 것이 나의 견해이다. 어떤 면에서 그것은 이론 없는 관찰은 없다고 하는 과학철학의 구호와 별로 다르지 않다. 마찬가지로 예술철학에서도 해석 없는 감상은 없다. 해석은 예술작품과 그 물리적 상대역의 관계를 결정한다.

그러나 이런 것은 단순한 대상들에는 결코 적용되지 않는 까닭에, 예술작품에 대한 미적 반응은 그 단순한 사물들에 대한 반응이 전제하지 않는 특별한 인지적 과정을 전제한다—그 문제는 일단 양자 간에 구별이 내려지고, 예술작품들이 단순한 실재적 사물들과 매우 유사하다는 사실로 인해, 우리가 단순한 사물들을 예술작품으로 오인하여 혼란이 빚어지는 경우, 해석유보(disinterpretation)의 행위가 필요할 수 있다는 사실에 의해 복잡해지는 것은 불가피하다. 물론 의심할 것도 없이 이것이 필요하지 않은 경우들이 있다. 예술적 고려에 의해 일몰과 저녁별을 물리적 상대역으로 갖는 예술작품들을 만들어내지 않는 한, 일몰과 저녁별은 결코 예술작품으로 간주되지 않는다. 그러나 실제로 아직 실행되지 않았다면 그 선택지는 언제든지 가능하다.

어쨌거나 미적 반응은 그러한 구별을 전제하므로, 따라서 예술의 정의에 무조건적으로 영입될 수는 없다. 우리가 앞으로 보게 되겠지만, 예술작품에 대한 미적 감상은, 그것이 아무리 아름답다고 해도, 그리고 미적 감각이 생득적인가 하는 문제와는 무관하게 단순한 사물들에 대한 미적 감상과는 다른 구조를 갖는다. 생득적인 미적 감각이 정말 존재하는지는 철학적인 문제가 아니라 심리적인 문제이다. 철학적인 문제는 그러한 감상의 논리가 어떠한 것인가, 그리고 예술작품에 반응하는 것과 단순한 사물에 반응하는 것 사이에 어떤 구조적 차이가 있는가 하는 것이다. 나는 여기서 잠시 멈추고 예술적 해석의 본성이라는 더 시급하고 중대한 문제를 충분히 다룬 다음에 다시 그 문제로 돌아갈 것이다.

5 해석과 동일시

 한 친구와 나는 안트웨르펜에서 엘더 브뢰겔[1]의 「이카로스의 추락」을 보며 감탄하고 있었다. 우리가 아직 그 제목을 보지 못했거나 또는 순수주의자여서 그림은 "스스로 말해야 한다"고 믿기 때문에 제목을 알아보려 하지 않았다고 가정해보라. 내 친구는 오른쪽 하단에 칠해져 있는 흰 물감반죽을 가리키면서 이렇게 말한다. "저것은 물속에서 내밀고 있는 누군가의 다리가 틀림없어." 그런 말들은 그림을 보고 있을 때 별로 드물지 않게 들을 수 있는데, 일단 우리의 눈이 습관화된 주사(走査) 운동을 시작하면 우리는 뭔가 놓친 것이 없다는 것을 확실히 해두고 싶기 때문이다.

 그래서 우리는 이렇게 묻는다. "「론다니니의 피에타」에서 보이는 여분의 팔에 대해 어떻게 생각하십니까?" 또는 "드가의 「욕조」에 나오는 여인이 세 개의 다리를 가졌다고 생각하지 않으십니까?" 현실의 삶에서와 마찬가지로 예술에서도 지각을 인도하는 자연스러운 가설에 부합

---

1) Pieter Breugel, the Elder(1525~69). 네덜란드의 화가·도안가. 브뢰겔은 새로운 주제들도 다루었지만 고전적인 주제들을 새로운 인본주의적 정신과 폭넓은 비전을 갖고 다루었다.

되지 않는 것들은 쉽게 간과된다. 지각이 생존을 위해 적응하고 경험의 인도를 받는 실제의 삶에서 합리적 도식에 맞지 않는 것이면 무엇이든 그리 시선을 끌지 않는 배경으로 보내버리는 식으로 우리는, 시역(視域)을 조직하고 시각 경험에 필수적인 주사 습관을 책을 읽는 서재에까지 연장하는 것처럼 그러한 시각 습관을 미술관에까지 연장하는 것이 보통이지만, 신문기사를 읽을 때 일어날 수 있는 것처럼 가끔 고의로 그런 습관을 바꾸곤 한다.

나는 그 여분의 팔을 보지 못한 채 「론다니니의 피에타」를 감상하는 사람들을 만난 적이 있는데, 그들이 그 여분의 팔을 보지 못한 까닭은 대체로 그들의 미리 형성된 상(像)의 개념 안에는 분리되고 절단된 팔이 들어설 여지가 없고, 따라서 그들이 생각하는 작품의 구조에는—그것을 놓치지 않았을 경우—귀납적인 습관에 의거할 경우, 일종의 지각적 혹 같은 것으로 읽힐 수도 있는 것을 수용할 공간이 없기 때문이다. 미켈란젤로가 두오모의 「성 니고데모의 피에타」에서 왼쪽 다리를 없앤 것처럼—그것이 없어졌다는 사실 또한 좀처럼 주목받지 못한다—그는 원하기만 했다면 그 팔도 없애버렸을 것인데, 추정하건대 그 팔의 존재에 대한 무관심했다기보다는 다른 더 심오한 이유로 그대로 남겨두었던 것 같다.

아마도 그 팔은 어떤 형태를 찾는 화가가 종이 위에 남겨둔 연필선과 비슷한 역할을 하는 것으로 보이는데, 그 스케치는 형태 자체의 표현 못지않게 형태에 대한 추구의 기록으로서 남아 있으며, 흔히 그러한 윤곽들은 그것(스케치의 내재적 특질)을 찾으려는 노력에 의해 사라져 버리고는 한다. 아마도 「론다니니의 피에타」의 팔도 그와 비슷한 이유로 거기에 남아 있었을 텐데, 그것은 형식을 가두고 있는 대리석 덩어리로부터 마침내 해방된 형태를 발견하려는 과정의 한 단계였다(우리는 그런 것들에 대해 미켈란젤로가 뭐라고 말할지를 짐작할 수 있다).

언젠가 우피치 미술관의 어떤 경비원이 말했듯이 미켈란젤로의 작품에서 미완성인 채로 있는 것은 없고—"미켈란젤로가 끝냈다면 그것으로 완성된 것이다"—따라서 모든 것이 나름대로 다 중요하며, 더구나 팔처럼 중대한 것이라면 화가는 어떤 식으로든 완결시켰을 것이 분명하다.

그러나 그런 확신은 「슬퍼하는 성모」와 아들의 돌 같은 이미지 속에 융합시키기는 어렵다. 성모와 아들은 서로를 흡수하면서 아들은 자기를 만든 근원 속으로 용해되는 것을 대부분의 사람들이 의심의 여지 없이 볼 수 있기 때문이다. 마찬가지로 어떤 사람이 드가의 작품에 있는 여분의 다리처럼 보이는 세 번째 사지를 보지 못한다면, 역시 그 사람의 개념적 도식에도 다리가 셋 달린 여자들이 수용될 여지가 없는 것이다. 그리고 우리가 피카소에 대해 친숙해질 때 이해할 수 있는 방식으로 드가가 여자의 몸을 재창안하고 있었으며, 그가 여성 혐오적인 감정을 가졌다고 전해지는 여성 신체에 대한 자기의 내면의 감정들을 조절하기 위해 사지를 재배열한 것이라는 배경지식을 듣지 못하는 한, 우리는 좀체 그것을 사람의 다리로 볼 수가 없다. 어쨌거나 그 경우 우리는 절단되거나 재부착된 사지를 주제로 다루는 듯한데, 지금 브뢰겔의 그림에서 절단된 다리들을 보는 우리들은 바로 똑같은 주제를 다루는 것이다.

드가의 세 번째 다리, 「론다니니의 피에타」의 여분의 팔 이런 것들은 비정상적이기 때문에 그것들의 존재가 지적받을 때 즉시 설명이 요구된다. 반면에 보티첼리의 비너스의 두 다리를 가리킨다면 그것은 참으로 기이한 일이 되는데, 왜냐하면 거기에는 다리가 가질 수 있는 여하한 흥밋거리를 넘어 주의를 끌 만한 것이 전혀 없기 때문이다. 두 다리가 있다는 것은 아무런 흥밋거리가 되지 않는다. 전투 장면을 그린 그림에서 절단된 팔 역시 특별한 설명이 요구되지 않을 것이다. 그 팔은 그것이 전투에 관한 그림이라는 것을 가리킬 뿐이다. 풍경화에서 나무들을 기대하거나 정물화에서 술병을 예상하듯이 전쟁화에서는 절단된 사지들을 예상하는 법이다. 그림의 제목이 가리키는 것처럼 그것이 풍경화였다면 모를까. 브뢰겔의 풍경화에서 다리들은 특별한 설명이 요구되지 않는다. 그러나 그 다리들이 이카로스의 것이라는 것을 확인하게 되면 작품 전체가 달라진다.

만일 우리가 그 다리들을 전혀 알아보지 못했거나 그것이 이카로스의 다리라는 것을 몰랐다면, 따라서 실제와는 다른 어떤 것을 그 그림에서 핵심적인 것이라고 우리가 믿는다면 그 그림은 보통의 경우 가질 수 있는 것과는 매우 다른 구조를 가질 것이다. 그 다리들이 주제이고 다른 것들은 배경일 뿐이라는 의미에서가 아니라 그 그림의 전체 구조는 이카로스의 그 다리들과 단순한 배경이 아닌 다른 어떤 것들의 함수라는 의미에서, 혹은 약간의 배경이 있기는 하지만 무엇이 배경에 속하고 무엇이 그렇지 않은지에 대한 결정이 내려져야 한다는 의미에서 그 다리들은 작품 전체의 초점이다. 예를 들어 우리가 오렌지빛의 태양을 보면서도 태양에 너무 가까이 날아갔기 때문에 날개를 매달고 있던 왁스가 녹아버린 불운으로 인해 물에 빠진 소년과 태양이 인과관계를 갖는다는 것을 몰랐다면 그 그림은 어느 맑은 날을 묘사한 것이라고 생각될 수도 있다. 만일 태양이 거기 없었다면 그 소년도 여기에 없었을 것이다. 그러나 한 단계씩 밟아보기로 하자.

우선 다리들이 쉽게 간과될 수 있다는 사실을 브뢰겔이 염두에 두었음이 틀림없는데, 여기서 이카로스가 추락했다는 사실을 말해주는 제목은 우리로 하여금 탐색에 나서게 하며, 누군가가 그 자체로는 별로 중요하지 않은 다리들을 가리키면서 그것은 이카로스가 틀림없다고 말할 때에야 그 탐색은 끝난다. 결국 그것은 매너리즘에 속한 그림이며 매너리즘의 특징들 중의 하나 바로 이것이다. 즉 주제가 사물의 스케일과는 반대로 더 중요하다는 것이다. 매너리즘은 라파엘로의 「보르고의 불」(Fire in the Borgo)에서 시작되었다고 전해지는데, 거기서 중심 인물들은 벽을 올라가려고 애쓰는, 공포에 질린 모습의 몸집 큰 근육질의 투사들이고, 전면의 투사들과는 대조적으로 조그만 몸집의 교황이 서 있는 그림의 배경 속으로 그 벽 자체는 적절한 원근법에 따라 뒤로 사라진다. 교황은 손을 위로 쳐들고 있고, 그렇게 함으로써 애당초 공포의 원인이 되었던 불을 끈다. 그 그림은 교황과 그의 행위에 관한 것이지만, 감상자로 하여금 그 그림은 투사들에 관한 것이고 교황은 아마도 구경꾼으로서 배경에 속할 뿐이라고 믿게 만들 수도 있는 일반적인 스케일의 규약에 따를 경우, 그 그림에 대해 그런 식으로 말할 수는 없을 것이다.

앙소르의 「그리스도의 승리의 브뤼셀 입성」에서 그리스도를 동일시하기 위해 근대 매너리즘 작품들을 많이 보아야 하는 것처럼 그 그림들이 처음이 나중이고 나중이 처음이라는 논제의 문자적 체현이듯이, 브뢰겔의 「소작농의 결혼식」에서 신랑을 찾아내는 일은 미술사적 과제이다. 아무튼 이카로스 자신에 관한 정보뿐만 아니라 그것이 이카로스의 다리라는 지식을 얻으면, 우리는 그 정보가 없었다면 불가능했을 방식으로 그 그림을 다시 조합할 수 있다. 예를 들면 만일 그 소년이 비극을 맞은 이카로스 같은 사람이 아니었다면 우리는 그 밭 가는 농부가 전혀 그 소년을 보고 있지 않다는 사실을 그 작품의 흥미로운 점으로 지적할 수 없을 것이다. 사실 그 밭 가는 농부는 그 그림에 들어 있는 많은 것들을 보고 있지 않으며, 이러한 부정적인 사실들 중 어떤 것도 특별히 흥미로울 것이 없고, 분명히 구성상으로도 연관성이 없다. 중요한 것은 밭 가는 사람이 아무것에도 주의를 기울이지 않는다는 것이 아니라 이카로스가 떨어졌고 이 비극에 무심한 채로 그의 삶이 계속된다는 것이다. 이 무관심이 갖는 심오한 유의미성, 그리고 그 그림에 부친 오든의 뛰어난 시의 관점에서 그 그림의 구성에 있어서 중심적인 인물과 인지적으로 중심적인 인물들 간의 관계에 대해 생각해보라.

만일 그것이 목가적인 그림이거나 초기 프롤레타리아 예술의 하나처럼 그저 「바닷가의 밭 가는 사람」과 같은 제목이었다면 이제는 그 그림이 얼마다 다르게 해석되어야만 하는지를 생각해보라. 혹은 그 문제에 관한 한 만일 그것이 「풍경 #2」였고, 그 다리들을 알아본 어떤 사람이 양치기의 개나 먼 길을 따라 터벅터벅 걷는 사람들을 보듯이 그것들을 플랑드르풍의 세부묘사로 생각한다고 상상해보라. 만일 그 장면에서 모두가 그 다리를 보고 있고 그들의 몸이 강렬한 바로크풍의 제스처를 취하는 것으로 그려졌다면 그것은 단순히 물에 빠진 소년의 그림에 불과할 것이다(그리고 「풍경 #2」는 잔인한 제목이 될 것이다). 그러나 등장인물들은 그런 식으로 뒤돌아서 있지 않기 때문에 그 그림의 구조에 관한 한 그들은 어느 쪽으로도 등을 돌리고 있지 않다. 즉 그들은 배나 성에 대해 등을 돌리고 있지 않은 것처럼 그 다리들에 대해서도 등을 돌리고 있는 것이 아니다. 그들은 등을 돌린 것이 아니라 담론이나 해석과는 전혀 무관하게 각자 자기의 성향에 따라 제 위치에 그저 서 있을 뿐이다.

알베르토 자코메티[2]는 이따금 서로 어떤 관계도 가질 수 없는 공간에 인물들을 곧잘 배치하는데, 이것은 작품에 대한 해석적 사실로서 어쩌면 그것은 고독과 군중에 대한 은유일 수도 있다. 만일 브뢰겔의 그림에 「육지와 바다의 산업」이라는 제목이 붙는다면 그 다리들은 진주잡

---

2) Alberto Giacometti(1901~66). 스위스의 조각가·화가·도안가·판화가. 아방가르드로 전환하기 전까지 그는 조각가로서 별로 두드러진 작품들을 만들지 못했다. 브란쿠시의 스타일의 형식적 단순성에 관심을 가진 후, 큐비즘으로 전환하여 자크 립시와 앙리 로랑스의 작품들을 1927년 작품에서 흉내 냈다. 그는 또한 아프리카 예술에서 영감을 얻었고, 그 결과 최초의 중요한 두 편의 조각 작품 「남녀」(Man and Woman, 1926)와 「스푼 여인」(Spoon Woman, 1926~27)을 발표했다.

이나 굴 캐는 사람의 것일 수도 있다. 그 다리들이 하늘에서 떨어진 사람의 것이라는 것 또는 그 문제에 관한 한 그것이 소년의 것인지조차 그 다리들에 대해 말해주는 것은 아무것도 없다. 내 자식들은 그것이 수영하는 사람의 다리일 것이라고 생각했다. 그럴 경우 그 그림은 「노동과 휴식」 같은 제목이 어울렸을 것이다. 밭 가는 사람은 소년과 대조를 이루고 그들의 관계는 달라졌을 것이며, '이 순간'이 가진 긴장감은 없었을 것이다. 그 소년이 수영한다거나 전혀 수영하는 것이 아니라고 우리에게 말해주는 것은 무엇인가?

만일 브뢰겔이 그 작품의 어디에도 전혀 다리를 그려넣지 않았다고 가정해보라. 그럴 경우 똑같은 제목에도 불구하고 그 소년이 물에 빠지고 난 뒤 물이 그를 삼켰으며 다시 정적이 찾아오고 무심하게 삶이 계속된다는 것을 (마치 「홍해를 건너는 이스라엘 민족」처럼) 누군가 말해주지 않는 한, 그 그림은 풀리지 않는 수수께끼가 될 것이다. 또는 이렇게 말할 수도 있다. 이카로스가 물속에 뛰어들었고 아직 그림의 표면에 떠오르지 않았다고. 만일 이카로스가 공중에서 떨어지는 모습으로 그려졌다면 그 그림은 제목의 의미를 말해주는 하나의 예시가 되었을 것이고, 그림의 형식적 측면들 대부분을 변경시키지 않아도 되겠지만 그 제목은 의미 있는 해석적 역할을 하지 못했을 것이다. 우리는 생뚱맞게 공중에서 불쑥 내려오는 이상한 물체를 볼 뿐이다. 또 그 제목은 다른 진술, 훨씬 더 진부한 진술이 되었을 수도 있다.

그 밭 가는 사람은 소년과 함께 해석되어야 한다. 오든의 시에서 밭 가는 사람과 배는 소년을 통해 연결되어 있지만 그 둘을 함께 해석하기는 어렵다. 만일 그 그림에 「아르마다의 출발」이라는 제목이 붙는다면 소년은 밭 가는 사람과 다른 방식으로 연결되었을 것이고, 그들 각각은 배와의 대조적인 관계를 갖게 되었을 것이다. 소년은 아르마다가 배를 타고 떠나는 여름날의 평범함을 더해줄 뿐이다. 그는 단지 그 풍경의 부산함의 한 요소로 생각될 수 있는 세부사항에 해당한다. 그림에 세부적인 것을 많이 넣는 플랑드르적 경향의 증거로서 그 다리들을 지적할 수도 있을 것이다. 아니면 아예 그 다리들은 격에 맞지도 않고 있으나 마나 한 요소라고 지적할 수도 있다. 아무것도 그것에 의존하는 것은 없다고 순수주의자들은 말할 것이다. 순수한 구도를 위해 그것은 제거되어야만 한다. 혹은 마지막으로 우리는 어떤 사람이 그 다리들을 혼란스러운 표정으로 보면서 그것이 거기 있어야 할 이유가 과연 무엇인지 의아해하는 것을 상상해볼 수 있다. 어쩌면 그 다리들은 지워졌어야 하는 것인데—「론다니니의 피에타」의 팔처럼—화가가 미처 보지 못하는 바람에 남겨진 것일 수도 있다.

 그 그림에 대한 오든의 해석을 문학적 성격을 갖는 것으로 보는 사람도 있는데, 매너리즘의 적용을 배제할 경우 그 화가 자신이 상당히 문학적인 것을 의도했음이 분명하다. 그 밖에도 그림이 도덕적 텍스트를 단순히 예시할 뿐인, 시각적 타성에 젖지 않은 색다른 해석이 있을 수 있다. 과거에 그것을 본 적이 없었다고 가정할 때, 그 그림을 문학적 관점에서 보는 것은 그 구조 전체를 변형시켜 다른 형태를 구성해낼 것이며, 해석의 혜택이 없었을 경우와는 완전히 상이한 작품을 만들어낼 것이다. 그 그림은 갑자기 이카로스를 중심으로 조직되고, 그러한 시각적 동일시가 이루어지기 이전에는 존재할 수 없었던 특별한 관계들의 집합이 형성된다.

 그 다리가 이카로스의 것이든 아니든 아무것도 달라지는 것은 없지만—그림에는 우주의 붙박이별들 같은 요소들이 있게 마련이다—'타성적 요소'라는 개념 자체가 내가 개괄해온 분석들을 전제로 한다는 점에서 참으로 그 그림에는 타성적인 요소들이 있다. 예술가가 아닌 사람들에게 위로상이라 할 만한 것이 있는데, 즉 그림에 대한 우리의 반응은 그림의 제작을 보완하며, 독자와 저자의 관계처럼 관람자는 화가에 대해 일종의 자연발생적 협력관계에 있다는 것을 강조하기 위한 부연 설명은 이것으로 충분할 것이다. 예술적 동일시의 논리에 의하면, 어떤 요소를 동일시한다는 것은 그것을 뒷받침하거나 그것을 배제하는 다른 동일시들의 집합 전체를 요청한다. 즉 전체가 한꺼번에 움직이는 것이다.

이카로스의 이야기를 몰랐을 경우뿐만 아니라, 예컨대 제목이 분실되었거나 아예 처음부터 제목이 붙여진 적이 없기 때문에, 그 이야기를 알고 있지만 그 이야기가 그 작품과 연관된다는 것을 몰랐다면 우리가 그 그림을 어떻게 보았을지 상상해보는 것은 유익한 일이다. 실제로 내가 시도했듯이 그 그림의 부분들을 특정한 방식으로 동일시하는 것은 어떤 의미에서 그림의 가능한 제목들을 암시하는 것이다. 헤라클레스와 여장남자인 옹팔을 그린 베로네세의 그림은 그 이야기를 모르는 사람에게는 수염 난 여자의 그림으로 해석될 수 있겠지만, 그럴 경우 그것은 헤라클레스와 옹팔의 그림이 될 수 없다. 간단히 말해 제목은 단순한 이름이나 이름표 같은 것이 아니다. 그것은 해석을 위한 **지침**이다.

작품에 중립적인 제목을 붙이거나 '무제'(無題)라고 부르는 것은 지금 내가 말하는 종류의 연관성을 파괴하는 것이 아니라 단지 비껴갈 뿐이다. 주지하듯이 '무제'는 적어도 그것이 예술작품이라는 것을 시사하며, 그런 제목은 우리 스스로 길을 찾게 만든다. 마지막으로 그러한 관행이 시사하는 것으로, 그 제목은 화가가 붙인 것이므로, 추측건대 작품을 구성하면서 화가가 의도한 것은 바로 그것이었다는 것을 함축한다. 그리고 그 제목은 상이한 구성 가능성을 시인하는 것이기도 하다. 만일 그것이 예술작품이라면 결코 그것을 중립적으로 볼 수는 없다. 바꾸어 말해서 예술작품을 중립적으로 보는 것은 그것을 예술작품으로 보지 않는 것을 말한다.

작품을 해석하는 것은 그 작품이 무엇에 관한 것인지, 그 주제가 무엇인지에 관한 이론을 제시하는 것이다. 그러나 이 주장은 우리가 훑어본 종류의 동일시를 통해 정당화되어야 한다. 브뢰겔의 그림을 단순히 이카로스에 관한 것으로 해석하는 것은 기껏해야 다리들과 그 다리들의 소유자와 태양의 관계에 대한 동일시를 포함할 뿐이며, 그 요소들을 하나로 융합하기 위해서는 그 그림이 전제하고 있으나 실제로 우리에게 보여주지 않는 어떤 이야기, 즉 어떤 담론적 구조가 요청된다. 따라서 해석은 작품의 중심적인 요소들과 별로 특별할 것이 없는 방식으로 상호작용하는, 거의 허구에 가까운 듯한 묘사로 이끈다. 오든처럼 그것을 고통에 관한 것으로 해석하는 것은—그 그림은 성 로렌스의 순교를 묘사한 그림처럼 수난을 묘사한 것이 아니고 차라리 '고통의 의미'에 관한 것이라고 말해야 할 것이다—그림의 많은 구조적 요소들을 그림이 보여주는 것과 무관한 것으로 재기술하지 않을 수 없게 만든다. 성 바오로의 회심을 묘사한 브뢰겔의 그림은 분명히 카라바조의 그림과 마찬가지로 말에서 떨어진 사람을 보여주지만, 그 그림의 주제는 단순히 그 특별히 중대한 순간에 관한 것이 아니다.

또한 그 그림은 그러한 획기적인 사건들을 보는 방식에 관한 것으로서, 말하자면 도덕적 시각에서 씌어진 회화적 에세이이다. 우리가 거의 즉각적으로 보는 것은 그 작품의 두드러진 측면인 말의 뒷부분이다. 그 다음으로 우리는 그 그림에서 무엇인가에 주목하는 사람들을 볼 수 있는데, 그것은 마치 우리가 거의 그 자리에 있기라도 한 듯이 그들을 흥분하게 만든 원인으로 우리를 인도한다. 어떤 이들의 무관심과 다른 사람들의 흥분은 그 작품의 구조의 일부로서 해석된다. 작품을 해석하지 않는 것은 작품의 구조에 대해 말할 수 없다는 것이며, 내가 예술작품의 물리적 상대역에 대해 말한 것처럼 예술작품을 중립적으로 보는 것은 곧 예술로서 보지 않는 것이라고 말한 것과 같은 뜻이다. 그리고 해석의 차이들에 따라 작품의 구조, 즉 예술적 동일시의 체계는 중대한 변형을 겪는다. 우리는 「이카로스의 추락」에서 발견할 수 있는 관계들을 참고하면서 이 작품을 해석해보았지만, 사실 이러한 해석은 이보다 훨씬 더 의미심장한 것을 말해줄 수도 있다. 나는 그 점에 대해 가상적 사례를 통해 설명해보겠다.

마주 보는 벽 위에 걸도록 과학도서관에서 의뢰받은 두 점의 그림에 대해 생각해보라. 이 벽들은 과학에 잘 어울리게끔 아주 현대식으로 만들어졌지만, 과학의 유명한 어떤 법칙들을 주제로 삼고 있으며, 아마도 과학이 발견의 역사를 갖고 있다는 사실을 기념하기 위한 것인 듯하다. 미술 감정가가 선택한 그 법칙들은 아이작 뉴턴(Isaac Newton)의 『프린키피아』(Principia)에 있는 제1법칙과 제3법칙들이다. 위임받은 예술가는 J와 그의 제일가는 경쟁자 K인데, 두 사람 사이의 경쟁심 때문에 제작 중인 작품을 상대방에게 보여주지 않으려고 각기 대단한 노력을 기울였다. 작품은 극비리에 제작되었다. 개봉하는 날 모든 베일이 벗겨졌을 때, J와 K의 작품들은 다음과 같았다.

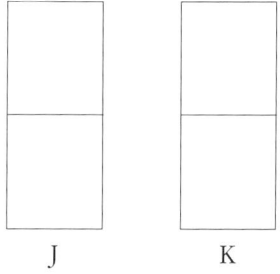

불가피하게 도둑질과 표절 시비 공방과 누가 먼저 아이디어를 냈느냐는 등의 논쟁들이 이어졌다. 그러나 시각적으로 아무리 식별 불가능하다고 해도 사실상 이 작품들은 독립적인 것이며, 엄청나게 상이한 작

품들이다. 일단 해석되고 나면 「홍해를 건너는 이스라엘 백성」이 「키르케고르의 기분」과 다른 것만큼이나 두 작품은 판이할 것이다.

J의 그림은 뉴턴의 제3법칙에 관한 것인데, 그것에 대해 J는 약간의 연구를 했다. J가 이해한바, 그 법칙에 의하면 모든 행위는 대등한 반작용을 갖는다. 즉 F에 대한 물리적 효과는 ma와 같다. 그 그림에는 두 질량이 재현되어 있다고 J는 말한다. 윗부분의 질량은 그것이 갖는 가속도와 정비례되는 힘으로 아랫부분을 누르고 있고 아랫부분의 질량은 반작용하는 힘에 반응하면서 똑같은 방식으로 위로 밀어내고 있다. 그것들은 대등하고—따라서 똑같은 크기로 그려져 있다—대립적이어야 하므로 하나는 위에 그리고 다른 하나는 아래에 있어야 한다(J는 하나는 왼쪽에, 그리고 다른 하나는 오른쪽에 그릴 수도 있었다는 것을 시인했지만, 그가 그것을 피한 것이 그가 읽고 던져버렸던 질량불변의 법칙과 혼동되지 않게 하기 위해서였다). 결국 힘을 보여줄 질량이 필요한데, 질량이 없이 어떻게 이런 종류의 힘을 보여줄 수가 있겠는가?

이제 K의 작품으로 전환하면, 뉴턴의 제1법칙은 충돌하는 힘들이 작용하지 않는 한 운동중인 물체는 직선으로 균등하게 움직이므로, 정지해 있는 물체는 영원히 그대로 있다고 말한다. 그것이 J의 그림이었다면 두 질량이 만나는 곳이었을 부분을 가리키면서 K는 말한다. "그것은 어떤 고립된 분자의 궤적이다." 어떤 것이 움직이기 시작하면 계속 움직인다. 따라서 그 선은 가장자리에서 가장자리까지 이어지는데, 사실 그 궤적은 무한정 연장될 수 있다. 그 선이 그림의 중앙에서 시작되었다 해도 여전히 제1법칙에 관한 것일 텐데, 왜냐하면 그것은 정지상태로부터의 일탈을 의미하기 때문이다. 그러나 그럴 경우 K는 방해하는 힘을 표시해야 할 것이고, '뉴턴처럼'이라고 겸손하게 덧붙이면서 극도의 단순성을 추구함에도 불구하고 모든 것이 복잡하게 되어버릴 것이라고 설명한다. 물론 그 선은 똑바르지만 그 선이 위에서부터 바닥까지 같은 거리에 있다는 사실은 대단히 기발하게 설명되었다. 만일 그 선이 한 편보다 다른 편에 더 가깝게 그려졌다면 설명이 더 필요하겠지만, 어떤 힘도 어느 방향으로든 그 선을 끌어당기지 않으므로 그 힘은 어느 쪽으로도 치우침 없이 그림을 정확히 균등하게 절반으로 가른다.

그러므로 이 그림은 힘들의 공백을 보여준다. 우리가 이러한 설명을 들었다면 그 작품들의 식별 불가능성을 문제로 느낀다는 것은 얼마나 이상한 일일 것인가! 물론 시각적 구별의 단계에서 그 작품들은 유의미한 방식으로 식별될 수가 없다. 그것들은 주제에 관한 해석에 의해 그 자체가 정당화되는 종류의 동일시를 통해서 상이한 작품으로 구성된 것이다. J의 작품에는 질량이 있는 반면, K의 작품에는 질량이 없다. K의 작품에는 운동이 있으나 J의 작품에는 운동이 없다. J의 작품이 역동적이라면 K의 작품은 정적이다. 미학적 견지에서 K의 작품은 성공인 반면, J의 작품은 실패라고 말할 수 있을지도 모른다. 단연코 J의 작품이 주제에 비해 시각적으로 너무 빈약하다고 말하고 아방가르드 저널 『예술작품과 단순한 사물들』의 한 비평가는 K에게 찬사를 보내면서, 다른 한편으로 그는 과연 J가 그런 과제에 적합한 사람인지, 심지어 그가 '감각을 상실하기' 시작했다고 의심할지도 모른다.

작품에 대해 중립적으로 기술하도록 노력하는 한편, 우리가 '중앙의 수평적 요소'로 지칭한 것이 과연 무엇일 수 있는지 생각해보자. 그것은 어떤 것의 가장자리일까? 그럴 경우 무엇인가에 속하지 않은 가장자리는 없으므로 논리적으로 우리는 그것이 어떤 형태에 속하는 것이라고 보아야 한다. 그렇다면 그 가장자리는 아래의 직사각형에 속하는가, 아니면 위의 직사각형에 속하는가? 사실로 말하면 J의 그림에서 그것은 '가장자리'보다 풍부하게 기술된다. 그것은 **접합부**로서 두 개의 가장자리를 함축하므로 두 개의 형태를 함축한다. 그러나 시각적으로 그것과 정확히 똑같은 다른 그림에서는 하나의 형태밖에 없을 수도 있다. 만일 아래에 있는 형태의 윗부분이 터져 있다고 상상해보라. 요점은 만일 문제의 요소가 가장자리라면 표면 전체는 두 개의 형태로 만들어져야 하며, 아니면 적어도 하나는 형태이고 다른 하나는 형태가 아닐 수도 있다는 것이다.

그러나 그럴 경우 그것은 가장자리일 리가 없고, 더욱이 접합부일 수는 없다. K의 작품에서처럼 그것은 선분일 수 있다. 물론 K는 그것을 궤적이라고 기술했고, 궤적은 공간의 한 경계를 가장자리로 정의하지 않은 채 이미 선행하는 공간으로 가른 것을 가리킨다. 그러나 그렇다면 그것은 그 궤적과 그것이 분할하는 공간이 어떤 관계를 갖는지를 결정할 것을 요구한다. 왜냐하면 선이나 심지어 궤적조차도 표면에 있거나 공간을 관통함으로써 표면 위나 아래에 있을 수 있기 때문이다. K의 해석은 우리로 하여금 그 궤적이 절대 공간을 관통한다는 것을 이해하게 하지만, 우리가 그것을 어떤 식으로 동일시하든 그보다 더 복잡한 다른 문제들이 해소되어야만 한다. 만일 우리가 K가 기술한 비행기를 직각으로 바라보고 있고, 위를 향해 날아가는 비행기는 점이며 그것이 이어진 것을 직선이라고 상상해보라. 그러면 우리는 다음의 네 가지 가능성 중에서 선택할 수 있다.

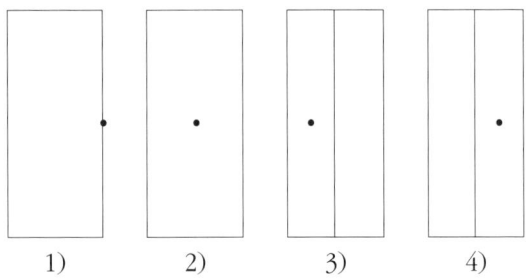

1)의 경우 K의 그림과 식별 불가능한 그것은 선이 표면에 나 있는 비

행기를 묘사한다. 그것은 사막을 가로지르는 도로를 공중에서 촬영한 것일 수도 있다. 실제로 K의 그림은 2)로 표상된다. 그것은 공간을 관통하는 궤적으로서 어떤 비행기도 묘사되어 있지 않다. 3)의 경우 비행기는 그것이 지나가는 길을 들여다볼 수 있을 만큼 투명한 것이 틀림없다. 그림의 표면은 바다의 표면이고, 그 궤적은 수영하는 사람의 것일 수 있다. 4)에서는 비행기가 투명하거나 불투명할 수도 있지만, 바다 표면을 나는 비행기의 궤적처럼 최소한 그 궤적은 표면에 있다. 물론 또 다른 가능성이 있다. 바넷 뉴먼을 추종하는 어느 수평주의자에 의하면, 그림의 표면은 문제의 비행기이고(그러나 그것은 묘사되어 있지 않다) 점은 그 위에 그려진 선을 뒤에서 본 모습이다.

먼저 '해석'에, 그리고 그에 따라 연관성 있는 요소에 대한 어떤 예술적 동일시에 준거하지 않는 한, 작품이 얼마나 많은 요소들을 포함하는가 하는 물음에 대한 합리적이거나 가능한 어떤 답도 얻을 수 없다. 이 그림에는 선과 비행기, 오직 두 요소만 있는 것일까? 또는 아마도 하나뿐일 수도 있는데, 그 경우 초상화 주위의 초록색 물감이 머리와 아무런 관계가 없는 것만큼이나 우리는 주위의 회화적 공간과 아무 관계가 없는 선의 초상화 같은 것을 갖게 된다. 그것은 그저 그림 안의 공간일 뿐으로, 신문지 위에 머리를 그렸을 때 종이와 머리의 관계처럼 머리와는 해석적으로 아무런 연관성이 없다. 또 어쩌면 J의 작품에서 보듯이 두 가지 요소, 즉 두 개의 직사각형이 있을 수도 있다. 가운데 있는 요소는 사실 전혀 요소가 아니고 한 요소의 일부일 뿐이며, 따라서 한 요소의 부분들이 그 자체로 독립된 요소들인지는 분명하지 않다.

그러나 그렇다면 어떤 것이 한 요소의 일부인지, 따라서 작품에 속하는지 아닌지에 관한 문제들이 항상 제기된다. 작품이 그려져 있는 표면의 가장자리들은 과연 그 작품의 일부인가? 우리가 보았듯이 물론 가장자리가 중요한 작품들이 있다. 예를 들면 푸생의 경우, 가장자리의 완전성에 의해 구성이 정의된다는 점에서 가장자리를 존중하는 것은 구성의 필수요소이다. 그러나 대개의 경우, 가장자리들이 작품의 일부가 될 수 없는 까닭은 그것들이 그 작품들 대부분에 관한 해석에서 배제되기 때문이다. 죽음은 우리가 체험하는 것('삶의 사건'의 정의에 의하면)이 아니기 때문에 삶의 일부가 아닌 것과 마찬가지로, 비트겐슈타인이 훌륭하게 관찰하고 있듯이 그 가장자리들 자체는 보이지 않는(그것이 보이지 않는 까닭은 시역에 포함되어야 하기 때문이다), 말하자면 시역의 경계처럼 기능한다.

그와는 대조적으로 가장자리들이 별로 중요하지 않은 그림들이 있는데, 구성이 주도적인 관심사가 아니기 때문에 그림이 끝없이 계속되어 가장자리를 넘어가는 경우이다. 어떤 구조적인 의미에서 종결된 것이 아니라 그냥 멈춰버린 설명들이 있는 것처럼 가장자리들에 의해 완결되는 그림과는 달리 그런 그림은 우연히 거기서 멈추었을 뿐이다. 나는 피에르 보나르[3]나 일반적으로 인상주의자들이 이러한 다소 솔기가 풀린 듯한 종류의 작품들을 만들었다고 생각한다. J의 작품에서 캔버스의 경계들은 그 캔버스가 보여주는 질량의 경계라는 점에서 가장자리들은 작품의 일부일 수 있다. 그것들은 그림틀이 장면 바깥에 그려졌기 때문에 캔버스의 가장자리와 그림틀의 가장자리가 일치하는, 피카소의 그림과 같은 방식으로 작품 속에 들어오게 된 가장자리들이다. 그러나 이런 일이 생길 때 작품 자체는 장르 변화를 겪는다. 즉 그것은 삼차원적인 작품, 아주 평평하게 양각(陽刻) 처리된 조각이 된다. 이런 점에서 우리는 대상을 우리 자신의 공간으로 끌어들임으로써 결국 우리가 살고 있는 공간은 푸생의 그림에서 보는 것과 같은 가장자리들을 포함하지

---

[3] Pierre Bonard(1867~1947). 프랑스의 화가·판화가·사진작가. 그는 특히 그림의 장식적 특질과 개성 있는 색깔 사용으로 유명하다.

만, 그 그림들에 포함된 공간은 포함하지 않게 만든다.

우리는 사비니 여인들의 겁탈이 하나의 사건으로서 발생하는 공간의 거주자가 아니며 또 그렇게 될 수도 없다. 더욱이 만일 그 가장자리들이 우리가 있는 공간의 일부라면, 푸생 작품의 표면이 작품 내부에서 볼 수 있는 어떤 것의 표면과도 겹치는 일이 없는 물감덩어리의 표면도 그러할 것이다. 다시 말해서 그려진 남녀들의 표면이나 논리적으로 말해 밑으로 가라앉아 대기 속으로 떠오를 수 없는 건물들은 그 표면과 전혀 만나지 않는다. 그림 표면은 우리에게 속한 것이지 그림에 속한 것이 아니다. 따라서 그림과 우리를 모두 포함하는 기하학은 없으며, 그 문제에 관한 한 시간적 척도 같은 것은 없다. 그러나 이것은 예술에 대해 일반적으로 참이다. 안나와 브론스키가 얼마나 멀리 있는가 하는 물음에 대한 답은 없다. 그들이 정열을 불태운 침실은 분명히 당신이 그 책을 읽는 방에는 포함되지 않는다. 그리고 네 모퉁이들은 어떠한가? J의 작품은 질량의 모퉁이와 겹치는 진짜 모퉁이들을 가질 수 있다 (네 개의 '진짜' 수직선과 네 개의 가상적 수직선들이 있고, 그 그림은 두 세계 안에 동시에 내재해 있다고 그는 주장한다). 그러나 표면도 경계도 없는 절대 공간 개념에 대한 조건들을 받아들일 경우, K의 그림은 모퉁이나 가장자리 같은 것이 있을 수 없다. 굳이 우리가 원한다면 K의 작품은 훨씬 '고전적'이므로 푸생의 양식을 따르고 있다고 말할 수 있다.

앞 장에서 나는 과학철학의 구호를 인용했는데, 그것에 의하면 해석 없는 관찰은 없다. 따라서 과학을 이상적으로 편견 없는 것으로 보는 입장에 화답하면서 중립적인 기술을 추구하는 것은 과학의 가능성을 전적으로 부인하는 것이라고 보는 한, 과학의 관찰 술어들은 근본적으로 이론-의존적이다. J와 K의 작품에 대한 나의 분석은—브뢰겔은 말할 것도 없고—그와 똑같은 논리가 예술에도 적용된다는 것을 보여준다. 중립적인 기술을 찾는 것은 작품을 **사물로서** 보는 것이고, 결국 그것을 예술작품으로 보는 것이 아니다. 해석이 주어져야 한다는 것은 예술작품의 개념에 분석적이다. 어떤 것이 예술작품인지 알지 못한 채 예술작품을 보는 것은 어떤 면에서 읽는 법을 배우기도 전에 인쇄물을 접하는 것과 비슷하다. 그리고 그것을 예술작품으로 보는 것은 단순한 사물들의 영역에서 의미의 영역으로 옮겨가는 것에 해당한다.

그러나 J의 작품에서 K의 작품으로 옮겨가는 것은, 양자가 겹치는 부분이 전혀 없는 이른바 불연속적인 동일시의 집합들을 갖고 있는 한, 세계를 바꾸는 것과 같다. 어떤 면에서 그것은 예컨대 프톨레마이오스적 체계에서 코페르니쿠스적 체계로의 전환처럼 과학사의 위대한 변혁들 중 하나를 체험하는 것과 같다. 이 세계에 있는 어떤 것도 변화되지 않았지만, 당신은 이론적 시차(時差)의 현기증 나는 변화에 의해 우주 중심에 고착되어 있던 상태에서 공중으로 내던져진 것이다. 지구 자체는 행성들 사이에 있고(과거에 그것은 전혀 이치에 맞지 않는 이야기였다), 태양은 우리를 중심으로 다른 별들의 주위를 돌지 않는다. 그리고 (시대착오적으로 말한다면) 실제로 그런 혁명이 있었든 간에 하늘에 초점을 맞춘 카메라가 여전히 똑같은 모습들을 보여준다고 해도 이 모든 것은 참이다. 설혹 상이하게 해석된 대상이 이론의 변화 속에서 하늘처럼 변함없이 남아 있다고 해도 각 해석은 새 작품을 구성한다는 의미에서 예술에서 새로운 모든 해석은 코페르니쿠스적 혁명이다.

그렇다면 대상 o는 오직 해석 I 아래서만 예술작품이고, 이때 I는 o를 하나의 작품으로 변화시키는 일종의 함수, 즉 $I(o) = W$이다. 따라서 o가 지각적 상항(constant)이라고 해도 I에서의 변이들은 상이한 작품들을 산출한다. o가 시각적인 것이어서 관찰자 편에서의 어떤 의식적인 노력 없이 즉각적으로 작품이 경험된다고 해도 해석된 작품은 성취되어야 할 종류의 것이다. 찰스 램은 윌리엄 호가스[4]의 판화들에 대한 글에서, 우리가 단순히 바라보는 그림과는 달리 그것들은 읽혀야 한다고 말한다. 그러므로 그 작품들은 텍스트의 힘을 갖고 있다는 것이다. 그러나 어떤 회화작품이든 또는 그 문제에 관한 한 우리가 읽기보다 그저 바라보고 있다고 생각하는 작품의 경우도 마찬가지이다. 그런 경우 우리는 보는 동시에 해석하는 것이다.

해석과 대상의 구별은 내용과 형식 사이의 전통적인 구별과 자동적으로 동일시될 수는 없지만, 개략적으로 작품의 형식이란 해석이 선별적으로 택하는 대상을 기만적으로 재조직한 부분들이라고 말할 수 있다. 해석이 없다면 그 부분들은 대상 속으로 스며들어 보이지 않거나 그냥 사라져버릴 수도 있지만, 그것을 비로소 존재하게 만든 것은 해석이다. 그러나 기만적으로 재조직한 부분들은 내가 작품의 의미로 보는 것과 거의 동일하며, 그것의 존재는 해석에 달려 있다(*esse* is *interpretari*[5]). 해석이 없을 때 작품의 의미가 사라진다고 말하는 것은, 다른 한편으로는 대상들의 본질이 지각에 있기 때문에(*esse* is *percipi*) 대상은 지각되지 않을 때 사라진다는 조지 버클리 주교의 생각에 비해 더 놀라울 것도 없다. 이것이 바로 예술계가 없이는 예술이 없다는 주장의 진리성의 맹아이다.

"작품은 곧 대상이다"는 주장이 해석을 통해 대상을 원래대로 되돌려놓을 때조차 대상을 보는 것과 해석을 통해 작품으로 변화된 대상을 보는 것은 완전히 상이한 일이다. 그러나 과연 이것은 어떤 종류의 동

---

4) William Hogarth(1697~1764). 영국의 화가·판화가. 그는 그림의 특질을 통해 그리고 영국 화가들의 지위를 향상시키려는 운동을 통해 영국 회화계를 정립하는 데에 중요한 역할을 했다. 그는 당시의 천민들의 삶에 대한 묘사에 대해 '호가스적'이라는 이름을 붙이게 된 풍자적인 판화작품으로 가장 잘 알려져 있다.

5) 이것은 조지 버클리가 라틴어로 표현한 유명한 명제 '존재는 지각이다'를 차용하여 '존재는 해석이다'라고 바꾼 것이다.

일시인가? 해석의 구성적 성격에 의해 대상이 작품으로 변하지 않는 한 그 대상은 작품이 아니다. 변화의 절차로서 해석은 명명한다는 의미에서가 아니라 선택된 공동체에 참여하는 새로운 정체성을 부여한다는 의미에서 세례와 비슷하다. 우리의 분석이 진척됨에 따라 종교적인 유비와의 연관성이 강해지겠지만, 현시점에서 나의 관심의 초점은 예술적 동일시의 논리에 있다.

단순한 사물이 예술의 영역으로 비상하는 논리적 기점(基點)은 내가 예술적 동일시(artistic identification)의 행위라고 부르며 자연스럽게 도입한 개념이다. 그것의 언어적 표상은 동일시적 용법의 '이다'로서, 나는 여기서 그것을 단순히 예술적 동일시의 '~이다'로 지정할 것이다. 어떤 사람이 물감이 칠해진 것을 보고 "그것은 이카로스이다" 또는 푸른색 물감이 번진 것을 가리키며 "그것은 하늘이다"라고 말하거나—무릎을 꿇은 한 배우를 가리키며—한 남자를 '햄릿'으로 부르거나 아니면 음악의 한 악절을 골라내어 그것을 "나뭇잎이 살랑거리는 소리"라고 부를 때 그것은 예술적 동일시의 사례가 된다. 유치원에서 어린아이가 고양이 그림을 가리키며 "고양이"라고 부를 때, 또는 아마도 동물 실험실에서도 침팬지가 자기 앞에 제시된 공 그림을 볼 때 '공'이라는 글자를 가리키면서 습득하는 용법이 바로 그것이다. 그러한 용법은, 충분한 자의식을 갖고 수행되는 경우 예술계에의 참여나 문자적 거짓을 기꺼이 묵인하는 것을 함축한다.

이것은 내가 예술적 동일시의 변용적 유의어 ~이다로 부르는 것으로서, 이와 비슷한 사례로 나무 공을 자기의 적이라 부르면서 핀을 무기로 사용해 공을 찔러대며 마치 적의 몸에 분풀이하는 것 같은 **마술적 동일시**(magical identification)가 있다. 또한 태양을 포이보스의 마차라고 부르는 것 같은(그저 말로만 그렇게 부르는 것이 아니라 그것을 비가시적인 엄연한 사실로 다루는 것을 말한다) 신화적 동일시(mythic identification), 떡과 포도주를 살과 피라고 말할 때의 **종교적 동일시** (religious identification), 그리고 줄리엣을 태양으로 부르는 은유적 동일시(metaphorical identifcation)가 있다(그렇지만 줄리엣은 포이보스의 마차가 될 수는 없는데, 왜냐하면 제아무리 은유라고 해도 그것은 줄리엣이 수레바퀴들을 갖고 있다는 식의 그릇된 추론이 될 것이기 때문이다). 물론 이러한 동일시는 각기 문자적 거짓과 일관적이지만, 그들 중 어떤 것들과—나는 은유적 동일시를 예외로 하겠다—예술적 동일시 사이에는 화용론적 차이가 있는데, 그 차이는 비예술적인 경우 동일시하는 사람이 문자적 거짓을 믿지 않는 편이 낫다는 사실에 있다.

떡과 포도주가 살과 피라는 것이 거짓이라는 것을 믿게 되는 순간 성만찬은 신화적 동일시가 아니라 제의적 재연(ritual enactment)이 된다. 더 이상 마술을 믿지 않는 순간 인형을 핀으로 찌르는 것은 정말로 해를 가하는 우회적인 방법이 아니라 진짜 해를 가하는 무기의 대용품이 된다. 그리고 세계에 대한 참된 믿음에 의해 인물들이 신화 영역에서 추방되는 순간부터, 태양을 포이보스의 마차로 동일시하는 것은 단순한 은유로 전락하고 만다. 그러나 a와 b가 예술적으로 동일시되는 경우, 문자적 동일성이 무너진다 해도 변함없이 그것을 믿을 수 있다는 점에서 예술적 동일시는 다른 것들과 다르다. 여기서는 문자적 동일시를 와해시킬 필요가 없다. 차차 우리가 보겠지만, 어떤 것은 이미 문자적으로 그것과 동일한 것으로서 예술적으로 동일시될 수 있다. 그러나 역시 곧 보겠지만, 그럼에도 불구하고 동일시의 두 진술 사이에는 주목해야 할 논리적 차이가 있다.

그러나 대체로 일종의 가상적 상상(make-believe)이 인정받을 경우, a는 예술적으로 동일시된 것, 즉 b와 동일하지 않다. 왜냐하면 예컨대 이카로스는 흰색 물감으로 만들어진 다리를 갖는 것이 아니기 때문이다. 물론 예술적 동일시는 자연스럽게 모방론을 택하는 예술에게 가장 잘 적용된다는 반론이 있을 수 있다. 그림과 조각, 연극과 무용과 오페라, 음악의 특정 사례들——이런 경우들은 플라톤이 디지시스[6]라고 말한 것과 대조적이다. 그렇기 때문에 내가 지금 설명하고 있는 해석의 구조는 그러한 장르에서만 발생한다는 것이다. 이 반론에 대응하는 것은 시기상조일 테지만, 그 적절한 방법이 될 만한 것은 예컨대 소설처럼 서술적 언어로 된 기술(description)을 예술적으로 동일시할 때, 그 기술이 만들어내는 그럴듯한 허구적 세계를 예시하는 것이라고 나는 생각한다. 이 때 우리는 허구 안에서 진짜 사실들을 얻는 것을 인정한다. 따라서 사실적 기술과 허구적 기술의 차이는 전자가 참이고 후자가 거짓이라는 데에 있는 것이 아니라——허구의 지위에 오르지 않고서도 어떤 것은 결국 사실로 제시되었으나 거짓일 수 있는 반면, 허구적인 이야기는 허구적임에도 불구하고 문자적으로도 참일 수 있기 때문이다——전자는 문자적 기술로 동일시되지만 후자는 예술적 기술로 동일시된다는 데에 있다.

  이것은 우리의 논의를 다소 앞지르는 것이다. 현시점에서 나는 동일시에 주어지는, 따라서 해석에 주어지는 몇 가지 조건들을 밝히는 데에 더 관심을 갖고 있으며, 차후에 이 장과 그 다음 장들에서 우리는 동일

---

[6] diegysis(디지시스) 또는 diegesis(디제시스). 원래 디제시스란 용어는 아리스토텔레스가 『시학』에서 이야기의 두 가지 개념을 디제시스와 미메시스(mimesis)로 구분했는데, 이야기를 서술하는 방법에 따라 이야기를 설명하는 것을 디제시스, 이야기를 재현하는 것을 미메시스라고 했다. 수리오(E. Souriau)는 이 개념을 영화에 도입하여 '상술된 이야기'(recounted story)란 개념으로 디제시스를 설명했으며, 기호학자인 크리스티앙 메츠(Christian Metz)는 영화의 언어성을 논하면서 영화란 외연적 의미화 과정을 거친 뒤 비로소 유의미한 언어가 되는데 이러한 외연적 의미의 집합체가 곧 디제시스라고 정의했다. 즉 영화 속에서 보이는 이야기의 외연적 요소(연기, 대사, 배경 등)에 의해 구성되는 허구의 시간과 공간을 말한다.

한 언어일지라도 그것이 예술인가 여부에 따라 상이한 조건들 아래 포섭된다는 우리의 직관을 상술할 것이다. 여전히 우리는 무엇이 단순한 표상을 예술로 변모시키는지를 설명해야 하는 문제, 즉 솔직히 말해서 예술적 동일시의 논리만으로는 해결할 수 없는 문제를 다루고 있다. 기민한 독자라면 이 시점에서 내가 예술적 동일시라는 의심적은 것이 예술로서의 지위가 상당히 의문시되는 표상들에게도 적용된다는 심각한 반론을 제기할 수 있다. 어린아이의 철자법 책에 있는 고양이 그림은 '고양이'라고 불리기는 하지만 문자적으로는 고양이가 아니며, 그렇다고 해서 그것이 예술작품인 것도 아니다. 그러나 아래에서 내가 말하려는 것이 우리를 문제의 핵심으로 인도할 것이라고 예고해두면서 나는 현 단계의 분석을 마치기로 하겠다.

상상의 한계가 지식의 한계이듯이 어떤 면에서 해석의 한계는 곧 지식의 한계이다. 어린아이가 막대기를 갖고 노는 모습을 상상해보라. 막대기는 말, 창, 총, 인형, 벽, 배, 비행기일 수 있다. 그것은 이른바 보편적인 장난감이다. 그러나 그 어린아이가 상상적 재구성을 실행에 옮기기 위해서는 두 가지 인지적 조건들이 충족되어야 한다. 첫째는 물론 그가 그 막대기는 말이 아니고 창도 아니며 인형도 아니라는 것을 아는 것이다. 다시금 이것은 아리스토텔레스의 요점으로서, 유희가 산출하도록 설계되어 있는 종류의 즐거움을 얻기 위해서 그 어린아이는 그 막대기가 자기가 갖고 노는 단순한 장난감이 아니라는 것을 알아야만 한다는 것이다. 내 생각에 여기에는 가장(pretense) 또는 상상과 연관하여 오직 한 가지 제한조건이 있다. 즉 그 아이는 그 막대기를 막대기인 체 가장할 수는 없다. 이것 외에도 문제와 더 직접적으로 연관되는 또 다른 제한조건이 있다. 즉 그 어린아이가 막대기를 말로 상상하거나 가장할 수 있으려면 그는 말에 관해 무엇인가를 알아야 하므로, 그의 지식의 한계는 유희의 한계가 된다. 이것은 모방의 인지적 조건에 관한 아리스토텔레스의 요점의 변형인데, 즉 모방에서 즐거움을 얻기 위해서는 실물을 알아야 한다는 것이다.

　물론 만일 어떤 사람이 실물에 대해 거짓 믿음들을 갖고 있다면 온갖 종류의 일들을 상상할 수 있다. 만일 그 어린아이가 막대기를 흔들면서 '츄-츄'라는 소리를 내고 그 막대기를 말이라고 주장한다면, 나는 그 아이가 기차를 말로 믿는 것이라고 결론 내릴 수밖에 없다. 그 아이는 다리 사이에 막대기를 끼우고 펄쩍펄쩍 뛰는 다른 아이들보다 상상력이 더 풍부한 것이 아니라 단지 사물들에 대한 지식이 부족할 뿐이다. 로크는 상상이란 주어진 자료들을 참신한 방식으로 조합하는 것에 있다고 생각했고, 그 주어진 자료들 자체가 상상될 수 있다는 것을 부정했다. 그는 전혀 경험한 적이 없는 색깔이 어떤 것일지 상상할 수 없다고 주장했는데, '상상하다'(imagines)라는 낱말은 '그릇되게 믿는다'는 뜻을 갖고 있지만—어떤 사람이 부엌에 도둑떼가 들어온 것으로 상상한다고 말할 때처럼 그 낱말은 실제로 부엌에 도둑떼가 있을 경우를 배제할 것을 요구하는 표현이다—어떤 사람이 엷은 자주색을 보면서 짙은 남색과 비슷하다고 상상하는 것은 반론으로 간주될 수 없다. 우리의 관심사는 요소들이 '상상에 의해' 조합될 수 있는 방식들에 한계가 있는가 하는 것인데, 여기서도 마찬가지로 상상할 수 있는 능력은 그 사람이 알고 있는 것 또는 적어도 믿고 있는 것에 의해 제한된다고 말한다면 그것은 로크의 이론을 어느 정도 반박하는 셈이다.

　내가 뜻하는 바는 만일 어떤 어린아이에게 앤 여왕인 체하라고 요구할 경우, 나는 그 아이가 앤 여왕과 샬롯 여왕의 차이에 대해 많이 알고 있으리라고 기대하지 않으며, 따라서 앤 여왕인 체하라고 요구했을 때 나는 그 아이가 샬롯을 흉내 낸다고 확신할 수 없다는 것이다. 나는 다만 그 아이에게 여왕이 할 만한 일을 하도록 요구한 것일 뿐인데, 거만하게 코웃음을 치는 것이 거기에 포함될 수 있겠지만, 자기가 "바늘을 찾고 있는 여왕"이라고 주장한다 해도 네 발로 기어다니는 것은 제외되어야만 한다. 왜냐하면 그것은 바늘을 찾는 사람인 체하는 행위와 구별되는 것이 전혀 없기 때문이다. 그러나 만일 내가 어린아이에게 개미핥기인 체하라고 요구한다면 그 아이가 네발로 기어다니면서 그르렁대는 소리를 내는 것을 충분히 받아들일 수 있는데, 왜냐하면 나는 그 아이가 개미핥기가 일종의 동물이라는 것 외에 달리 많은 것을 알고 있으리라고 기대하지 않기 때문이다. 그렇지만 만일 그 아이가 팔을 날개처럼 펄럭거린다면 내 요구대로 따르지 않는다고 말해야 할 것이다. 그리고 내가 양전자(陽電子)인 체하라고 요구했을 때 그 아이가 '줌'(zoom)이라고 말하면서 빙그르르 돈다면, 그 아이가 뭔가 알고 있거나 아니면 그저 운이 좋은 것으로 간주해야 할 것이다.

 그러나 그렇다면 뛰어난 상상력, 주어진 요소들을 참신하게 조합하는 능력은 무엇에 기반한 것일까? 그것은 분명히 다음과 같은 식으로 나타날 것이다. 어떤 어린아이가 자기가 날아다니는 개미핥기인 체한다고 말한다면, 그 아이는 개미핥기를 흉내 내는 것이 아니라는 내 주장을 거부해야 한다. 개미핥기가 날지 않는다는 사실을 그 아이가 안다고 내가 인정할 경우, 그때 비로소 나는 이 사례를 상상 행위로 받아들이는 것이다. 그렇다면 이것은 아리스토텔레스의 첫 번째 요점과 거의 일치한다. 어떤 사람이 그가 어떤 것이 x가 아니라는 것을 알 때만 x인 체할 수 있다. 그리고 그가 x들이 F들이 아니라는 것을 알 때만 x가 F인 것처럼 가장할 수 있다.

 그러나 어떤 제한조건들이 필요하다. 당신이 '말하는 개'의 이야기를 들려주거나 바둑판무늬의 말 그림을 그릴 때, 개는 말할 수 없고 말들은 좀처럼 그런 무늬를 갖고 나타나지 않는다는 것을 정말로 알 때, 그때 비로소 당신은 상상력이 풍부한 사람이라고 간주될 수 있다. 그러나 당신의 연기가 말하는 개를 연기하고 맥두걸스 같은 모습의 말을 연출하려면 당신은 말과 개에 대해 충분히 알아야만 한다. 여기에 완전히 도외시하기 어려운 허점이 있다. 당신은 말에게 촉수가 없다는 것을 알고 있을 경우 바둑판무늬의 말에게 촉수를 붙일 수 있겠지만, 우리가 그것이 더 이상 말이 아니라고 부인하지 않는다고 해도 그러한 변형이 얼마나 극단적인가 하는 문제가 여전히 남는다. 예를 들어 만일 그 말에 열 개의 촉수가 있다면 당신이 상상하는 것은 촉수 달린 바둑판무늬 말이라기보다 바둑판무늬 문어에 가깝다.

그리고 만일 그것이 말의 머리에다 여덟 개의 촉수를 갖고 있다면 그것이 문어의 몸을 가진 말인지 아니면 말의 머리를 가진 문어인지 결정하는 문제는, 왜 우리가 인어를 여자의 상체를 가진 물고기라기보다는 물고기 꼬리가 달린 여자라고 부르는가 하는 문제와 똑같은 방식으로 분석해야 한다. (실제로 로크는 인어를 일종의 물고기로 간주했다.) 보통의 경우 상상력이 풍부한 것으로 알려진 사람이 현실에 대한 지식을 갖추는 조건을 충족시킬 때만 비로소 가능한 상상력의 산물은 제재(題材)에 속하지 않는 속성을 그 제재에 귀속시킴으로써 참신한 방식으로 제재를 **조명할** 때 갈채를 받는다. 그렇지 않을 경우 상상력은 개념적 사치이거나 야만적인 무용지물일 뿐이다.

그러나 우리가 중심부를 떠나 이렇게 방랑하는 것은 오직 무엇인가를 확립하기 위해서인데, 즉 우리가 작가들의 마음에서 무슨 일이 일어나는지 알지 못하는 한——그들의 눈에 세계가 어떻게 보였는지 우리가 알지 못하는 한——작품이나 그 작가들에게 "뛰어난 상상력을 갖는다"는 술어를 적용할 수 없다는 것을 입증하기 위해서이다. 귀스타브 카유보트[7]가 광학적으로 불가능해 보이는 「유럽의 대지」를 그렸을 때, 그는

---

7) Gustave Caillebotte(1848~94). 프랑스의 인상주의 화가. 엔지니어 생활을

상상력이 뛰어난 것일까, 아니면 스스로 속은 것일까? 조반니 바티스타 피라네시[8]가 베네벤토로 가는 길에 서 있는 탑을 왜소한 실물보다 훨씬 크게 그렸을 때, 그는 상상력이 뛰어난 것일까 아니면 어처구니없는 짓을 한 것일까?

어쨌거나 내가 생각하기에 이와 같은 고찰들은, 적어도 부분적으로 예술가가 믿는 것에 지배되는 것이 틀림없는 해석 구조에 일반적으로 적용되는 것 같다. 바로 이것이 J와 K의 작품과 정확히 닮은 대상이, 그것이 뉴턴의 『프린키피아』가 출판되기 이전에 만들어진 사물로 밝혀지자마자 왜 그 작가들의 작품으로 간주될 수 없는가 하는 이유가 된다. 해석된 작품(work-as-interpreted)이란 그것을 만들었다고 믿어지는 예술가가 그 자신과 그가 작업한 시대에 통용되는 개념들에 의거하여 특정한 해석을 의도했다는 것을 의미한다면, 방금 언급한 이유가 의도주의의 오류(intentional fallacy)라고 부르는 것과 밀접한 관계가 있음은 물론이다. K의 그림을 당신이 해석한 것처럼 해석하기 위해서 당신은 뉴턴의 제1법칙을 알아야 할 뿐만 아니라, K가 뉴턴의 제1법칙을 알았다고 믿어야만 한다. 그렇지 않다면 해석은 구름 잡기나 다름없다. 당신의 상상의 한계는 당신의 지식의 한계이지만, 우리는 예술작품을 해석할 때 특별한 제한조건으로서 예술가의 한계를 고려해야 한다.

더욱이 뉴턴의 제1법칙이 의도되었을 때조차 우리의 해석의 한계는 K가 그 제1법칙에 관해 얼마나 알고 있었는가에 따라 결정된다. 예컨

그만두고 파리의 국립미술학교에 입학하여 미술을 배웠다. 그곳에서 드가, 모네, 르누아르 등과 사귀었는데, 스물다섯 살에 막대한 유산을 상속받는 행운으로 인상파 화가들의 전시회를 도와주는 등의 활동을 했다. 파리의 거리를 주제로 많은 작품을 남겼다

8) Giovani Battista Piranesi(1720~78). 이탈리아의 에칭 화가·판화가·건축가·고고학자·이론가. 그는 위상학적 판화의 최고 대표자로 간주되지만, 평생에 걸친 건축에 대한 애착은 그의 예술의 토대를 이룬다.

대 우리가 직선이 가장자리에서 가장자리로 이어진다는 사실에 대해 근거 있는 설명을 찾을 때, 만일 J가 그것이 한 방향으로 향하는 속도에 관한 것이라는 정도밖에 그 법칙에 대해 정말로 아는 것이 없다면 이 사실은 우리의 해석의 일부가 될 수 없다. 그의 무지는 정당화될 수 있는 우리의 동일시의 범위와 다양성에 제한을 가한다. 그러나 나는 지금까지 예술작품의 구조에 대해 별로 말한 것이 없기 때문에, 의도할 수 있는 것이나 의도할 수 없는 것에 준거하지 않고서는 무엇이 옳은 해석이나 그릇된 해석의 개념을 지배하는지 알기 어렵다는 것 외에는 예술적 의도라는 혼란스러운 문제를 해명해주는 어떤 단서도 얻을 수 없다. 직선은 움직이는 사물의 궤적이거나 가장자리일 수도 있고, 아니면 수평선일 수도 있으므로 당면한 우리의 논의를 위해서는 제1법칙에 관한 지식이 동일시와 해석을 진척시키는 것으로 충분하다. 그것은 막대기에 대한 예술적 상대역인 셈이다.

그러므로 그 직선을 수평선이라고 하고, 우리의 과학적 쌍둥이 같은 그림을 풍경화라고 부르기로 하자. 그림의 윗부분은 흰 하늘이고, 아랫부분은 흰 하늘을 반사하는 고요한 바다이며, 전자는 후자에 반사된 실재이긴 하지만 바다와 하늘은 시각적으로 너무나 똑같기 때문에 거의 비현실적인 수평선의 구획이 없었다면 그것들을 같은 것으로 간주할 수 있으므로 그 그림은 「바다와 하늘」 대신 「통일을 향한 희구」라는 제목의 우의적인 풍경화가 될 수도 있다. 그러나 이쯤 되면 누구든지 사례들을 상상해보는 충분한 인내심과 상상력을 시험할 수 있을 정도로 여러 장르들에 속한 식별 불가능한 작품들로 미술관을 채울 수 있을 것이다. 그러나 내가 상상할 수 없는 것은 「운명」이라는 제목의 작품들인데, 왜냐하면 나는 그 해석에 따라 예술적 동일시를 할 수 없기 때문이다. 마찬가지로 「봄 선인장을 심는 노인」이라는 제목도 특별한 독해를 필요로 할 것이다.

또는 나는 이런 비슷한 제목을 붙일 수 있는 닮은 그림을 상상할 수 있지만, 그런 식으로 변모된 그림을 본다는 것이 과연 어떤 것일지 도무지 상상할 수가 없다. 그것은 막대기를 푸른 얼룩이나 막힌 재채기로 가장하라고 어린아이에게 요구하는 것과 같다. 나는 어린아이가 그것을 가리키면서 "푸른 얼룩이 있다"거나 "이것은 재채기가 막힌 것이다"라고 말하는 것을 제외하고는 그가 막대기를 갖고 무엇을 할 수 있을지 도무지 상상조차 할 수 없다. 그 아이가 할 수 있는 일이 있다면 그것은 단순히 가장하는 것이라기보다 차라리 가장하는 체하는 것이다. 우리 마음대로 그림에 이름을 붙일 수 있다고 주장할 사람도 있겠지만, 지식의 한계가 해석의 한계라는 것을 함축한다면 모를까. 그 주장은 우리 마음대로 그림을 해석해도 좋다는 뜻이 아니다. 우리가 운명에 대해 또는 노인이 봄 선인장을 심는 것에 대해 많이(또는 적게) 알 수 있는 것처럼 그림에 대해서도 항상 마음대로 해석할 수 있는 것은 아니다. 물론 「폭풍」처럼 어떤 해석도 불가능한 그림들이 있기는 하지만, 그러한 사례들에 대한 고찰은 접어두기로 하고 아방가르드 작가들에게 응수하고자 한다.

해석에 대한 고찰을 통해 지금까지 우리는 예술작품이 무엇인지 정의 내리는 일에서 한 걸음도 내딛지 못했다고 말할 수 있다. 평범한 선 그림을 단순한 무늬로 보았다가 그 다음에 그것이 스케치라는 것을 알게 되면, 마치 네케르 정육면체[9]처럼 그림은 동시에 함께 성립할 수 없는 별개의 공간 축처럼 생각되는데, 이런 경우 우리가 처음에 앞면이라

---

9) 스위스 결정학 연구가 네케르(Louis Albert Necker)가 1832년에 처음으로 발표한 착시현상의 하나로, 인간이 시각적으로 해석할 수 없는 불가능한 정육면체를 가리킨다.

고 보았던 것은 나중에 다시 보면 뒷면이 된다. 또는 선들은 처음에 오리로 보이다가 다음에는 토끼로 변할 수도 있다. 이런 하찮은 것들은 과연 예술작품일까? 어떤 지도나 도표가 그렇듯이 이런 그림들은 해석이 필요하다. 이 반론은 반드시 해소되어야 하는데, 왜냐하면 그것은 해석 가능성이 과연 예술의 충분조건인지를 문제삼기 때문이다.

그러나 그보다 먼저 나는 그것의 필요성조차 의문시하는 반론에 응수해야 한다. 왜 해석해야 하는가? 왜 작품을 그냥 내버려두지 않는가? 물론 J가 설득하려는 것처럼 해석이 필요한 작품들이 있고, 그 사실을 내가 이 장의 앞부분에서 제안한 예술의 잠정적인 정의 공식에 슬쩍 끼워넣으려 한다면 아마도 조금 성급한 일일 것이다. 그 누구보다도 나는 편협한 고찰을 보편적 조건으로 승격시키는 일이 없도록 조심하는 사람이다. 그리고 J의 작품들은 무례하기 짝이 없는 그의 침대만큼이나 눈에 보이는 모습 그대로 너무나 내 주목을 끌었기 때문에 막대기를 막대기로 '해석하는 것' 또는 그 문제에 관한 한 막대기를 그것 자체인 양 '가장하는 것' 따위의 해석은 터무니없는 일이었다. 그러나 J는, 그 작품들은 그것들 자체이고 자기 자신들로 동일시될 수 있지만, 그럼에도 불구하고 예술작품들이라고 여전히 주장한다.

평범한 사람들을 생각해보라고 J는 말한다. 그의 그림 앞에서—또는 이 문제에 관한 한 K의 그림도 마찬가지이다—우리가 하는 이야기들을 어깨너머로 들을 때 그 평범한 보통 사람은 우리가 제정신이 아니라고 생각할 것이다. 물론 그의 최근작처럼 과도할 정도로 해석에 의존하는 작품을 만든 것은 그의 잘못이고, 그가 믿는 모든 것과 타협한 결과라는 것을 J는 인정한다—그리고 덧붙이기를, 또한 그것은 그 보통 사람이 믿는 바와 동일한데, 즉 사물들은 그것들 자체이며 다른 어떤 것도 될 수 없다는 것이다. 그것은 흰 캔버스 위에 그어진 검은 선일 뿐 다른 어떤 것도 아니라고 보통 사람은 말한다. 결국 나는 그 보통 사람이 어떻게 말할 것인지 확인하는 문제에 관해 궤변가들이 권위를 갖고 있다는 사실을 믿게 되었는데, 그들의 거만함은 두말할 필요도 없고 그 보통 사람이 일종의 예술적 실어증에 걸린 것으로 접어두기로 하고, 우리는 계속해서 앞의 장에서 언급한 바 있는 야만인들이라면 그런 작품들을 어떻게 볼 것인지에 대해 가정한 것을 검토해보기로 하자. 눈에 보이는 그것들은 아직 예술작품에 이르지 못한 미흡결정적인 물리적 상대역, 즉 우리가 해석하고 동일시할 수 있기 전에 마주하는 있는 그대로의 사물의 모습일 뿐이다. 그렇다면 이제 J가 인정하는 몇 편의 작품들을 설명해보자.

먼저 쿠릴로프라는 예술가가 몇 년 전에 전시한 작품에 대해 생각해보라. 그 제목은 「세탁가방」이었고, 누군가 해석을 요구할 경우를 대비해 밑에 '세탁가방'이라는 이름표를 붙여 세탁가방을 선반에 얹어놓았다. 물론 우의적인 관점을 가진 사람은 이 볼품없는 더러운 마직 자루를 눈에 보이는 것보다 그 이상으로 보기를 좋아하는 경향이 있다. 내 짐작에 그 이름표는 그러한 공상들을 일거에 물리치기 위한 것이다. 그 작품은 작가 자신이 그것에 대해 명명한 것, 그리고 보통 사람이 그것을 가리키며 분류하여 부르는 것이나 다름없다. 즉 그것은 세탁가방일 뿐 다른 어떤 것도 아니다.

또 다른 예술가는 앞에서 논의한 바 있는 리히텐슈타인의 억지스러운 「브러시스트로크」에 의해 치명상을 입은, 물감에 관한 유물론자들 중 하나일 것이다. 뒤샹은 물감의 냄새를 사랑하는 사람들이라는 의미로 그들을 '유화 화가들'이라고 힐난조로 불렀다. 프로망탱이 반에이크에 대해 그의 세계는 금으로 만들어졌다고 말했듯이, 1950년대 화가들에게 있어서 그 화가들의 세계는 물감으로 이루어진 세계였다. 비로소 예술이 시작되던 때였으므로 솜씨 좋은 화가가 이 세상에 존재하기를 원하는 것이면 무엇이나 마술적 실체이기라도 한 듯이 물감은 항상 무엇인가로―순교당한 성자, 배열된 사과, 산, 처녀―변형되었다. 그리고 항상 관람자들은 물감을 무시하고 표면을 뚫고 지나 예술가가 물감으로 만들어낸 것의 배후를 들여다보려 했다. 유화 화가는 물감이 불투명하기를 원했고, 그것에 대해 요지부동으로 고집스러웠기 때문에 관람자가 동일시하고 해석할 수 없는 형태를 만들어냈다.

 이 작품들에서 물감을 놓치는 것, 그 표면을 뚫고 들여다보려는 것은 작품을 놓치는 것, 즉 보통 사람 자신이 할 법한 말로 물감 자체를 완전히 놓치는 것이다. 보통 사람이 말하려는 요점은, 그것은 검은 물감과 흰 물감 그 이상이 아니라는 것이다. 그리고 이것은 바로 유화 화가 자신이 말하고자 한 것이기도 하다. 그 그림은 검은 물감과 흰 물감, 그리고 그 이상은 아니다. 그리하여 보통 사람의 무이론(no theory)의 이론에 대한 이 도가적(道家的) 찬양은 현대 아방가르드가 미친 두 가지 강한 영향을 가리킨다. 그리고 예술계가 근년에 다른 것들에게로 관심을 돌렸지만, 보통 사람과 다른 예술적 찬미자들을 분리시키려는 철학적 도전은 아직 그 결과를 두고 보아야 하며, 따라서 그 문제는 해석 없이는 어떤 것도 예술작품이 될 수 없다고 말하고자 하는 우리들 편에서 검토해볼 만한 가치가 있다.

 첫 번째로 주목해야 할 것으로 쿠릴로프의 작품은 처음 보기보다는 그렇게 급진적이지 않다. 예를 들면 그것이 세탁가방 그 이상이 아니라는 것은 어떤 명백한 사실을 잊거나 간과하는 것이다. 많은 세탁가방들 중의 하나인 그 세탁가방은 그가 전시한 작품의 일부일 뿐이라는 사실이다. 그뿐만 아니라 그 세탁가방이 얹혀 있는 같은 선반에는 '세탁가방'이라고 씌어 있는 상당히 눈에 잘 띄는 이름표가 붙어 있다. 우리 사회에서 세탁가방은 선반에 얹혀 있지 않고, 벽장에 넣거나 문 뒤에 걸어두는 법이다. 둘째로, 세탁가방은 집에서 흔히 보는 일상생활 용품이며 이름표가 필요 없다. 그 작품은 마치 외계인들을 위한 전시물의 일부인 것처럼 보인다. 그럴 경우 선반에 얹혀 있는 치약 아래에도 '치약'이라는 표지를, 그리고 선반에 얹혀 있는 의치 밑에도 '의치'라고 표시해야 할 것이다. 평범한 사물에 그렇게도 평범하고 친숙한 이름표를 붙이는 것은 그것을 다른 것으로 바꾸려는 것, 즉 상황을 왜곡시키려는 것이다.

그러므로 쿠릴로프는 달콤한 아이러니를 통해 그가 의심의 여지 없이 비난하려던 전통 자체의 일부가 되어버렸다. 그러나 J가 자기의 침대를 갖고 「침대」를 만들어 그것을 예술로 변형시켰을 때 그가 탈취한 논리적 입구처럼 더 급진적인 가능성이 남아 있는 한, 이러한 분석은 어느 정도 대인 논증(ad hominem)에 가깝다. 그의 작품에는 선반도 이름표도 없고, 라우셴버그가 했듯이 그것을 벽에 걸지도 않았다. 우리가 기껏 말할 수 있는 것은, 그것은 아무것도 아니고 어떤 해석도 갖지 않는다고 J가 주장할 것을 알기 때문에, 적어도 그것이 무엇에 관한 것인가라는 물음이 정당하게 제기된다는 것이다. 우리가 유화 화가들을 다룬 것과 같은 방식으로 마침내 이론적인 형제들의 영역을 일소하면서, 우리는 그와 같은 부류의 대상들을 다룰 수 있을 것이라고 믿는다.

유화 화가가 자기의 작품에 대해 그것은 검은 물감과 흰 물감일 뿐 그 이상은 아니고, 그 그림은 그림일 뿐이며 그것은 어떤 것에 관한 것도 아니라고 말할 때, 피상적인 관람자에게는 화가가 보통 사람이 말하는 것과 똑같이 말하는 것처럼 보일 것이다. 그러나 우리가 시각적으로 식별 불가능한 대상들이 중대한 어떤 차이를 가질 수 있다는 것, 즉 그 차이들은 너무나 심오하기 때문에 그 쌍들은 존재론적 경계의 마주보는 진영들에 속해 있을 수도 있다는 것을 알게 되었다면, 우리는 식별 불가능해 보이는 대상들에 대해 매우 상이한 진술을 할 수 있듯이 매우 상이한 효과들을 낳기 위해 사용하는 문장들에 대해서도 똑같은 전략을 사용하는 데 주저하지 말아야 한다. "저것은 검은 물감과 흰 물감이다"

라는 문장은 그 자체로 해석일 수 있고, 보통 사람의 경우와 마찬가지로 예술의 환원주의자에 의하면 그렇지 않다. 내가 지금 강조하고 싶은 것은 어떤 사람이 다양한 맥락적 요소에 따라 똑같은 문장을 사용하여 상이한 진술을 할 수 있다는 것이다. "저것은 검은 물감과 흰 물감이다"라는 문장은 예술적 진술들을 거부하기 위해 사용될 수도 있고, 아니면 그 자체로 예술적 진술일 수도 있다.

내가 제안하려는 것은 유화 화가들이 예술 이론들과 (그가 알고 있는) 예술사가 혼재되어 있는 분위기에서 물감의 물질성으로 귀환했다는 것, 그리고 그들은 진술들의 집합 전체를, 즉 예술적 오브제에 대해 취한 태도들의 전체 집합을 예술적인 방식으로 거부했다는 것이다. 나는 예술로서의 물감으로의 귀환을 다분히 불교적으로 생각해보고 싶다. 오랫동안 사람들은 예술이 어떤 실재를 드러내 보여주는 것으로 인식했다. 물감을 보는 대신 그들은 창문가의 소녀를, 사비니 여인들의 겁탈을, 동산에서의 고뇌를, 동정녀의 승천을 보았다. 그것은 이 세상의 대상들을 근본적으로 비실재적인 것처럼 본 것이다. 마치 우리가 높은 곳으로, 즉 저 세상으로 올라갈 때 뒤에 남게 될 것들처럼 보는 셈인데, 그것은 이 세계에 대한 특정한 종류의 종교적 태도를 반영하는 것이라 생각된다. 삼사라(Samsara)라는 세계는 니르바나(Nirvana)와 대조되며, 우리는 이 현실세계 자체를 지워버려야 할 것으로 보라는 가르침을 듣는다. 그러나 급진적인 불교의 더 고매한 가르침—『금강경』의 가르침—에서 니르바나와 삼사라의 구분은 무너진다. 이 세계는 더 높은 세계를 위해 지워버려야 할 것이 아니다. 현실세계는 더 높은 세계의 질적 내용들로 채워져야 한다. 우리는 칭유안(Ch'ing Yuan)의 글에서 그 관점이 훌륭하게 표현된 것을 볼 수 있다.

내가 30년 동안 선을 배우기 전에 나는 산을 산으로 보고 바다를 바다로 보았다. 좀더 직접적인 지식에 도달했을 때 나는 산이 산이 아니고 바다가 바다가 아니라는 것을 보는 경지에 이르렀다. 그러나 원리를 깨달았을 때 나는 멈췄다. 왜냐하면 다시금 산을 산으로, 그리고 다시금 바다를 바다로 보게 되었기 때문이다.

그는 산을 산으로 보았지만 그 사실은 그가 전에 보았던 산으로 보았다는 것을 함축하는 것은 아니다. 왜냐하면 그는 복잡한 영적 훈련들과 훌륭한 형이상학과 인식론을 경유하여 산으로서의 산으로 돌아왔기 때문이다. 칭유안이 산을 산으로 불렀을 때 그는 종교적인 진술을 한 것이다. 산과 종교적 대상의 대조는 산 자체를 종교적 대상으로 만듦으로써 사라진 것이다. 다시금 조지 에드워드 무어의 상식에 대한 유명한 옹호를 생각해보라. 그는 어떤 철학자들이 물리적 대상들의 존재를 부정했다고 주장한다. 만일 물리적 대상에 대해 그들이 이런 것들―지금 그는 자기의 두 손을 들어 올린다―을 염두에 둔 것이라면 잘못된 것인데, 왜냐하면 여기 분명히 두 개의 물리적 대상이 있기 때문이다.

그리고 물론 이것은 적어도 어떤 물리적 대상들이 존재한다는 증거, 참으로 유일한 종류의 증거이다. 무어는 계속하기를, 참으로 이 철학자들이 두 손이 존재한다는 것을 부정한 것은 아닐 것이다. 도대체 어떻게 그것이 가능하겠는가? 그리고 무어는 이어서 말하기를, 만일 그들이 '물리적 대상'이라는 말로 무어의 두 손 같은 것과는 다른 종류의 것을 의미한 것이라면, 그는 그들이 과연 무엇을 부정하는지 더 이상 확신할 수 없다고 본다. 여기서 "이 손은 존재한다"는 무어의 진술은 전혀 '상식적인' 진술이 아니다. 철학자들 외에 누가 그것을 부인할 것이며, 또 철학자들 외에 누가 그것을 긍정하겠는가?

어떤 사람이 자기의 손이 잘리는 악몽에서 깨어나 그것이 악몽이었을 뿐이라는 것을 깨닫고는 "내 두 손은 존재한다"고 말할지도 모른다.

그러나 그의 진술은 철학적 진술이 아닐 것이다. 엄밀하게 말해 그의 진술은 안도의 외침일 것이다. 우리가 무어의 설명에서 얻는 안도감은 형이상학적 안도감이다. 그다지 분명하지는 않지만, 우리는 이 세계가 우리의 사고에 의존하지 않으며, 더욱이 우리의 사고로 이루어져 있지 않다는 것을 느낄 수 있다. 이른바 보통 사람들은 그런 생각을 결코 해 본 적이 없으며, 만일 그가 그런 제안을 받는다면, 그는 "말도 안 되는 소리!"라고 말하며 자리를 박차고 가버릴 것이다. 그러나 그의 대답은 철학에 대한 공헌도 관념론에 대한 반박도 아니다. 철학적 용법은 사실상 일상적 용법과 정반대되며, 대단히 많은 낱말들은 서로 똑같기 때문에 평범한 사람들에게 철학적 주장들은 진부하거나 부조리한 것처럼 들린다.

안료에 관한 물리주의자의 주장, 즉 물감 자체에서 예술의 핵심을 발견한 사람의 주장은, 속물적인 사람이 "이것은 검정 물감과 흰 물감 그 이상은 아니다"라고 말하는 것과 똑같지 않다고 내가 주장한 것은 바로 그러한 견지에서이다. 그가 이 검정 물감이 검정 물감이라고 말할 때 그는 심지어 동어반복을 하고 있는 것도 아니다. 오히려 그는 이 '이다'(is)에 의해 예술적 동일시를 하고 있는 것으로서—그는 예술의 어휘 안에 머물러 있는 것이다. 결국 그는 예술이란 무엇인가에 관한 어떤 **이론**에 따라 다른 동일시들의 집합 전체가 틀렸다고 말하는 셈이다. 어떤 것을 예술로 보는 것은 다름 아닌 이것, 즉 예술적 이론의 분위기, 예술사에 대한 지식을 요구한다.

예술은 그것이 존재하기 위해 이론에 의존하는 종류의 것이다. 예술에 관한 이론이 없이는 검정 물감은 그저 검정 물감일 뿐 다른 어떤 것도 아니다. 아마도 우리가 세계에 대해 가질 수 있는 이론과 완전히 독립된 세계가 어떤 것인지를 말할 수는 있겠지만, 사물들을 궤도와 성좌로 나누어 구별하는 것은 모종의 이론을 전제하기 때문에 나는 그러한 물음을 던지는 것이 유의미한지조차 확신할 수 없다. 그러나 예술계는 논리적으로 이론에 의존하기 때문에 이론 없이는 예술계가 있을 수 없다는 것은 분명하다. 그러므로 사물들을 실재적 세계에서 떼어내어 그것을 다른 세계, 즉 **예술세계**, **해석된** 것들의 세계의 일부로 만들 수 있을 만큼 강력한 예술 이론의 성격을 이해하는 것은 우리의 탐구에 필수적이다.

이러한 고찰들이 보여주는 것은, 예술작품을 바로 그것으로 확립시키는 해석이 없이는 어떤 것도 예술작품이 될 수 없다면, 예술작품의 지위와 예술작품을 예술작품으로 동일시하는 데 쓰이는 언어 사이에는 어떤 내적 연관성이 있다는 것이다. 그렇다면 언제 하나의 사물이 예술작품이 되는가 하는 물음은 언제 하나의 사물에 대한 해석이 **예술적 해석**이 되는가 하는 물음과 동일하다. 왜냐하면 예술작품이 예술작품으로 해석되었기 때문에 예술작품이 된다는 것은 예술작품들을 부분집합으로 갖는 대상들의 전체 집합의 특징적인 측면이기 때문이다. 그러나 이 집합의 모든 구성원이 예술작품은 아니기 때문에 이 해석들 모두가 온당한 예술적 해석인 것은 아니다.

6 예술작품과 단순 표상

지금까지 이 책에서 사용된 방법들은 한때 '시각예술'이라고 불리던 것에 특별하게 아마도 유일하게 적용되는 것처럼 생각될 수 있지만, 예술 영역 전반에 걸쳐 똑같은 문제들을 제기해야만 한다는 것은 어렵지 않게 보여줄 수 있다. 특정 장르에 속한 개별적인 예술작품들의 집합을 미흡결정할 뿐만 아니라, 아방가르드에 의해 늘어난 선택사항들 덕택에 상이한 장르에 속하는—그림이나 음악 또는 소설처럼 상이한—예술작품들이 공통된 물리적 상대역을 공유하는 사례들을 충분히 상상해 볼 수 있을 것이다. 해석이나 예술적 동일시의 도움 없이 어떤 사람이 어떤 대상을 보면서 1980년도 맨해튼 전화번호부의 평범한 판본으로 믿는 상황을 상상해보라. 그것은 지역 자치구 전체의 구독자들에게 보내진 그 묵직한 책자들과 똑같다. 그럼에도 불구하고 그것은 예술작품이며, 내가 그렇게 승격시키는 이유는 그것이 어느 장르에 속하는지 분명하지 않고, 그리고 우리가 장르의 문제를 어떻게 해결하는가에 따라 그것을 감상하는 데에 상이한 기준들이 적용된다는 것을 강조하기 위해서이다. 그것은 종이 조각(彫刻), 인쇄 견본, 소설, 시, 또는 어쩌면 새로운 기보법의 정신에서 이름들을 영창조(詠唱調)로 부르도록 작곡한 음악의 악보—아마도 루치아노 베리오의 것?—일 수도 있다.

만일 그것이 소설이라면 우리는 플롯의 빈약함을 유감으로 여기겠지만, 만일 그것이 조각이라면 그런 일은 없을 것이다. 조각은 플롯을 갖지 않기 때문이다. 우리는 작품 전체에 걸쳐 단 하나의 동사를 사용하지 않고 시인이 성취한 것에 대해 갈채를 보낼 수는 있지만(그것은 오직 붉은색만을 사용한 화가에게 찬사를 보내는 것과 비슷하다), 그것 때문에 작가가 시인으로서 얻게 되는 평판은 판화 제작자에게 주어지지 않는다. 그렇지만 판화 제작자는 거친 갱지를 선호하여 고급 종이를 기피한 것 때문에, 그리고 콜드 타이프(cold type, 사진식자)의 미묘한 평범함을 선호하여 에칭 라인의 풍요로움을 버렸기 때문에 찬사를 받을 수도 있다―그런 고찰을 구체시(concrete poetry)에 적용한다면 그것은 초장르적인 평가에 해당한다.

그런 종류의 소설이 (또는 조각이나 그 무엇이든) 있을 수 있다는 사실이 곧 흥미로운 소설(또는 조각이나 그 무엇이건)이라는 것을 함축하지 않지만, 그럼에도 불구하고 그 사례는 제법 철학적인 흥미를 느끼게 할 것이다. 그러한 종류의 작품이 줄 수 있는 유일한 흥미는 그것이 만들어질 수 있었다는 사실에 있다. 그리고 그러한 작품들의 목적은 흔히 그 작품들이 가진 관념이 철학적으로 어떤 흥미를 가질 수 있는가와 긴밀하게 연관된다. 그러나 지금 「메트로폴리스 80」(Metropolis Eighty)이라는 소설만을 고려해보기로 하자. 소설로서 그것은 플롯이 거의 없고, 굳이 플롯을 찾으려 해도 등장인물들이 너무 많으며, 전형적인 소설에 적합한 긴장감이 거의 없다는 것을 볼 수 있다. 그러나 그것이 읽힐 수 있다는 것은 분명하다.

조안 디디언(Joan Didion)에 의하면, 제임스 파이크 주교(Bishop James Pike)는 "그가 다섯 살이었을 때 사전과 전화번호부를 첫 장부터 마지막 장까지 읽었다(그리고 열 살도 되기 전에 브리태니커 백과사전을 읽었다)"고 그의 세 번째 부인 다이앤이 전했다고 한다. 이 이야기는 그 주교가 일찍이 지식에 대한 열정이 컸다는 것을 보여주려는 것이었지만, 설혹 그가 "도저히 책을 덮을 수가 없었다"고 말하는 것을 상상하기 어려움에도 불구하고 그 전화번호부를 처음부터 끝까지 다 읽었다는 사실이 중요하다. 그 소설을 읽는 독자가—독자가 있기라도 하다면—'결말이 어떻게 되는지 알아보기 위해' 마지막 페이지를 먼저 훔쳐보는 유일한 동기라고 내가 상상할 수 있는 것은 그 소설가가 서사극을 Z로 끝마치려 의도한 것에 과연 충실했는지를 확인하기 위해서이다.

그러므로 집사가 아닌 정원사가 어떤 일을 했다든가, 또는 페미니스트인 주인공이 도예를 통해 자아 성취를 하는 대신 결국 결혼을 선택한다면 우리가 놀랄 수밖에 없는 것과 마찬가지로, 이 경우 만일 마지막 페이지가 M으로 끝났다면 우리는 놀랄 것이다. 또는 우리가 전화번호부 시리즈 중 한 권(A-M)만을 보고 있다고 믿을 경우, 그 책이 M이나 R로 끝난다면 역시 놀랄 만한 일이다. 그리고 우리는 왜 R라는 형태가 소설의 일반적 동일시에 의거해야 하는지, 즉 이야기적 순서를 지칭함으로써 소설로서 결정되는 방식을 따라야 하는가에 대한 설명을 요구할 것이다. 왜냐하면 그것을 소설로 분류하는 것은, 우리가 찾는 설명들을 얻어내는 데에 별로 성공하지 못한다고 해도 그러한 형태에 관한 설명을 적합한 것으로 만들기 때문이다. 우리는 적어도 전화번호부들이 어떤 형태를 띠는지 안다.

그러나 관례적으로 전화번호부는 Z로 끝난다고 해두자. 이것은 그것에게 일종의 고전적인 형태를 부여한다. 그 저자가 보여주듯이 그것은 A로 시작하고 중간에는 M들이 있고 Z로 끝난다. 그리고 그것은 알파벳 순서가 갖는 종류의 서스펜스를 갖는데, 왜냐하면 M에 도달할 즈음이면 우리는 토머스 하디(Thomas Hardy)에 비견될 만큼 너무도 큰 숙명의 힘을 느끼게 되고, N에 도달하고 나서 O를 거쳐 P에 이르기까지 강철 같은 필연성에 의해 가차 없이 이야기를 몰아가는 저자의 의지에 놀라기 때문이다. 저자가 시인하듯이 그 책은 낭만적인 흥미가 결여되어 있으며 서술을 기피한다—그러나 순수한 예술작품을 만들어내기 위해 기꺼이 희생을 감수하려는 부르주아적 허영심이 들어 있다. 즉 추상적인 이야기성을 가진 절대 소설을 추구하는 것이다.

슬프게도 정치학을 전공한 한 동료는 그에게 이렇게 말한다. 그는 너무나 고전주의적인 형식을 고수하려는 어떤 보수적 정신에 감염되어 있으며, 따라서 이야기적 시간과—그 누가 알랴?—일종의 부르주아적인 선형적 역사관의 노예이다. 발단부, 중반부, 종결부라는 문학적 구조와 유사한 과거, 현재, 미래의 구조가 심오한 경제적 결정소를 갖는 것은 아닌지 그 누가 알겠는가? 이에 폐부를 찔린 우리의 저자는 페이지들이 알파벳 순서로 이어지지 않고, 그의 말에 의하면 퇴락한 예술적 문화의 최후의 잔여물들을 파괴하는 방식으로 작품을 다시 쓰려는 반응을 나타낸다. 그래서 그는 "당신이 읽고 싶은 방식대로 읽으시오"라고 말한다. "발단부는 당신이 읽기 시작하는 곳이며, 종결부는 당신이 읽기를 멈추는 곳이다." 그는 독자 참여적인 픽션을 창안했고, 그리하여 그 순간 던(Dun)과 브래드스트리트(Bradstreet)의 철자 순서를 뒤바꾼다.

이 모든 일이 일어날 수 있고 아마도 늘 일어나는 것이겠지만, 우리의 현재 저자들과의 이러한 대화들을 오래 끌면서 그 실험이 그들이 몸담고 있는 장르의 규칙들에 의해 규정된다는 사실에 주의를 모으려는 것은 별로 흥미 없는 일이다. 예컨대 '발단부와 종결부'는 그것들이 읽기 행위와 일치한다고 해도 작품의 속성으로 남는다. 그 반면에 우리가 소설에서 종잇조각으로 옮겨갈 경우, '발단부와 종결부'는 '앞면과 뒷면'으로 바뀌며, 그리하여 완전히 상이한 예술적 실험의 집합이 가능해진다. 물론 어떤 의미에서 서술적인 조각이 존재한다는 것은 용인될 수 있는 일이며, 어떤 이야기가 주어질 수 있는가 하는 물음은 초장르적으로 적용될 수 있을 것이다. 이야기적인 것이라는 낙인에 분개한 추상주의 소설가와 추상주의 조각가 모두에 의해 그런 시도가 거부된다고 해도, 그들의 작품이 각기 이야기가 결여되어 있는 방식은 맨해튼 전화번호부가 이야기를 결여하는 방식과는 다른데, 왜냐하면 소설과 조각은 이러한 물음이 유의미하게 적용되는 장르에 각기 속해 있다는 사실에 정의 내려지기 때문이다.

다른 예술 장르들의 상이한 구조를 밝히는 것은 사뭇 탁상공론 같지만 내가 그 장르들을 언급하는 까닭은 단지 가능한 예술적 실험을 위한 지평을 마련해주는 논리적 경계들을 명확히 하기 위해서이며, 아방가르드 예술가들은 특정 장르를 규정짓는 것으로 간주되는 특징들 중 어떤 것을 결여하면서도 경계 내에 머무르는 사례들을 어느 정도까지 만들어낼 수 있는지 알아보기 위해 그 경계들을 골똘히 숙고하기 때문이다. 그리하여 이러한 범주 탐험에 있어서 기념비가 되었던 것들 중 몇 가지만 언급한다면 우리는 추상회화, 플롯 없는 소설, 각운 없는 시, 무조음악을 말할 수 있다.

마지막으로, 맨해튼 전화번호부와 닮은, 아주 이질적인 장르의 예술작품과 유사한 음악작품에 대해 생각해보자. 감당할 수 없으리만큼 길게 작곡함으로써 자기가 바그너 풍이라고 믿는 그 작곡가는 우정 어린 한 비평가로부터 그의 작품은 도저히 연주될 수 없다는 말을 들을지도 모른다. 어쩌면 연주될 수 없는 작품을 만드는 것이 그의 의도 중 하나일 수도 있겠지만("들리는 선율은 달콤하여라……"), 그렇다고 해도 우선적으로 적합한 의미에서 음악으로서 분류될 수 있을 때만 연주될 수 없는 작품이 된다. 맨해튼 전화번호부가 연주될 수 없다는 것은 적합한 의미의 음악의 관점에서만 그럴 뿐인데, 왜냐하면 그것은 음악이 아니기 때문이다. 세계의 대부분은 원칙적으로 연주될 수 없는 것들로 이루어져 있다.

　나는 혼동될 수 있는 대상들 중에서 적어도 하나가 표상적 속성을 가질 때 비로소 판이한 존재론적 질서에 속하는 식별 불가능한 상대역이 발생하는 현상을 상상하고 있다. 즉 적어도 그 상대역들 중 하나가 어떤 것에 관한 것이거나, 내용을 갖거나 또는 주제를 갖거나 의미를 가질 경우이다. 내가 염두에 두고 있는 그럴듯한 사례는 형태들의 두 집합 중 하나가 표기(inscription)인 경우이다. 다른 형태들의 집합은 그것이 의미를 갖는 것 자체가 모순이 되는 방식으로 세상에 존재한다고 가정해보자. 그 두 집합은 외견상 서로 일치될 수도 있지만, 그 중 하나만 읽힐 수 있다. 왜냐하면 그 중 하나만 한 편의 글로서의 자격을 갖추기 때문이다. 그 표기는 씌어진 것이 아닌 것이 분명한 그것의 상대역이 가질 수 없는 속성들을 가질 것이다. 그것은 라틴어로 씌어지고 문법에 맞지 않는 부분이 있으며 철자가 틀린 단어가 들어 있거나 그저 문장들의 편린일 수도 있다.

　그러한 속성들을 단순한 얼룩에 귀속시키는 것은 단순한 오류로 그치는 것이 아니다. 그것은 범주 오류이다. 표기에서 읽어낸 것을 통해 누군가 감동받고 동요되며 경고를 받거나 비난받을 수 있겠지만, 은유적으로 말해서 이런 반응들은 그것을 구성하는 요소들인 단순한 얼룩에 대해서는 그릇된 반응이다. 우리가 보았듯이 표기된 문장이 비표상적인 상대역이 갖지 않은 구조적 속성들을 갖는 것은 그것이 속한 집합이 표상적이기 때문이다. 만일 우리가 외관상의 모든 특수한 면모에 있어서 똑같아 보이지만 상이한 범주의 두 사물들을 갖고 있다면, 나는 그 차이를 그것들의 하부구조에서 찾아야 한다고 생각한다. 그것들이 동일하다는 것은, 물의 두 표본이나 금 두 조각의 경우처럼 그것들의 하부구조가 동일하다는 것이다.

　그러나 우리가 하나는 표기이고 읽을 수 있으며 다른 하나는 단순한 얼룩들의 집합인 두 개의 형태 집합을 가질 때, 그 차이는 분명히 하부 구조를 토대로 설명될 수 없다. 우리가 차이의 토대를 찾고자 한다면 결코 미시적 차원으로 내려가서는 안 된다. 오히려 그 구조들은 사실상 표상 체계 내에서 그 표기가 갖는 위치에 수반한다. 그것은 연관성 있는 표상 체계의 규칙과 규약들에 의해 부여되는 것이며, 하부적인 것에서 창발하는 것이 아니다. 따라서 이러한 것들이 애초부터 표상적인 것으로 간주될 경우, 상이한 규칙과 규약들의 집합은 식별 불가능할 수도 있는 상대역들에게 상이한 구조를 지정해준다.

그러나 이것이 유망한 사변이든 아니든—그리고 그것을 검토하는 것은 완전히 다른 작업에 속한다—이 문제는 우리를 앞앞의 장(章)에 남겨두었던 문제로 돌아오게 만든다. 어떻게 예술을 다른 표상과 구별할 것인가? 일상적인 표상과 예술작품 간의 차이를 낳는 표상성의 개념에 무엇을 첨가해야 할 것인가? 식별 불가능한 상대역들을 발견하는 방법은 여기서도 분명히 적용된다. 우리는 어떤 의미로든 시각적으로 식별 불가능하지만 그 중 하나만이 예술작품인 (적어도) 두 가지 표상을 발견해야 하는데, 그렇다면 문제는 무엇이 그것을 예술작품으로 만드는가이다.

『예술의 언어들』에서 넬슨 굿먼은 흥미로운 병치를 연출한다. 그는 우리에게 심전도에 나타난 곡선을 비교하라고 요구하는데, 그것이 안도 히로시게[1]가 그린 후지산 그림에서 보이는 곡선과 식별 불가능하도록 의도되었다는 사실에서 그 곡선에 눈금이 들어 있다는 것을 짐작할 수 있다. 그래프는 관계들에 의해 정의되는 좌표들로 이루어지는 점들

---

1) Ando Hiroshige(1797~1858). 아호는 Utagawa Hiroshige. 일본의 화가·판화가. 그는 완전한 컬러 풍경 판화와 최후의 위대한 우키요에(浮世繪: 부유하는 세계의 그림)를 그린 가장 위대한 작가 중 한 사람이다. 색깔과 구성의 대가로서 그는 감수성 있고 분위기 있는 디자인으로 명성을 얻었다.

(points)의 집합을 통해 수(numbers) 집합들 간의 관계를 표상하므로, 심전도가 단지 그래프일 뿐인 한 둘 중 하나는 분명히 예술작품이고 다른 하나는 단지 재현의 수단이다. 나는 결코 그래프로 이루어진 예술작품이란 있을 수 없다고 말할 생각이 없다. 그러나 나는 모든 그래프가 예술작품이 아니라는 사실에는 논란의 여지가 없다고 보면서, 히로시게의 그림과 일치하는 구불구불한 형태를 예술작품이 아니라고 가정하기로 하자. 그리고 논의를 간명하게 하기 위해 사례를 바꾸어 심전도 대신 그래프가 후지산 계곡의 눈금 자체를 표상한다고 가정할 경우, 우리가 가진 곡선 쌍 사이에는 형식이나 내용에 있어서 전혀 차이가 없게 된다.

굿먼은 그래프에서 점들의 값을 확정하는 일과 연관된 것이란 오직 상관된 방정식에서 x와 y변항을 위한 숫자값을 지정하는 것일 뿐이라고 보는데, 그렇다면 히로시게가 명시적인 계산으로 그 곡선을 얻은 것이 아니라고 생각될 수 있다. 여기서 의도된 방향으로 약간의 변화를 얻기 위해 그의 대단히 발달된 뇌가 얼마나 많은 샤를 푸리에[2] 시리즈들을 풀어야 했는가 하는 것은 논점에서 벗어나는 일이다. 숫자값들이 제도사의 손놀림과 갖는 관계는 망막 이미지가 시각과 갖는 관계와 같으며, 우리가 일반적으로 눈에서 무슨 일이 일어나는지 모르는 것처럼 히로시게는 의심할 것도 없이 자기의 뇌 안에서 일어나는 일을 전혀 의식하지 않았다. 우리는 그가 예술적 신비주의자 같은 퉁명스러운 말투로 "나는 내가 보는 것을 그린다"고 말할 것이라고 추정할 수도 있다. 우리는 그 곡선들의 차이를 구별하기 위해 역사적인 세부사항들을 열

---

[2] Charles Fourier(1772~1837). 프랑스의 사회주의자. 팔랑주(phalange)라는 자급적·독립적인 공동체로의 사회 전환을 주장했다. 1825~50년에 출현한 다양한 공상적 사회주의의 하나인 푸리에주의는 앨버트 브리즈번에 의해 연합주의(Associationism)라는 이름으로 미국에 전해졌다.

거하려는 굿먼 자신의 열의 어린 노력에 갈채를 보낼 수도 있겠지만, 이것은 여전히 왜 그것들 중 하나가 예술작품인가 하는 철학적 문제에 대한 답이 아니다.

뛰어난 솜씨, 신경 다발, 마니에라(maniera), 그리고 히로시게를 거장으로 만드는 감수성 같은 요소들을 제거해 버리고, '누구든지 따라할 수 있는' 예술적 도식을 만들어내려는 예술가가 있을 수 있다는 사실에 의해 이 문제는 더 복잡해진다. 분석 기하학의 도움을 받아 그는 후지산의 언덕들을 지칭하는 점들의 위치를 찾아내어 서로 연결함으로써 한 폭의 그림을 그리는데, 그 기계성이 그가 추구하는 바이며 그의 목표의 일부는 '손과-눈의-쓰레기를 모두' 예술로부터 씻어내는 것이다. 그것을 비아카데미즘적이거나 반아카데미즘적이라고 부를 수 있다 해도, 나는 그가 한 폭의 그림을 그렸다는 사실을 기꺼이 인정한다. 어쩌면 그가 이데올로기적인 원리들──후지산의 옛 윤곽을 보존하기 위해 일본 환경청이 의뢰한 것이라고 가정할 경우 그에게 영예를 안겨줄──을 표현한 것일 수도 있겠지만, 여전히 나는 그것이 예술작품이라는 것을 인정할 것이다.

굿먼은 '충만성'(repleteness)이라는 특수 용어를 도입하고 히로시게의 작품을 '비교적 충만한' 것이라고 부르기도 했지만, 그것은 그 작품의 종차(種差)를 밝히는 데 그다지 도움을 주지 못한다. 나는 충만성과 그 반대어인 '희박성'(attenuation)이 무엇을 의미하는지 완전히 확신할 수는 없지만, 굿먼은 적어도 도표와 그림의 차이를 다음과 같이 개괄하고 있다. "회화적 도식에서 구성적인 어떤 측면들은 도표적 도식에서 우연적인 것으로 격하된다." 그리고 이보다 조금 더 부연된 해설을 아래에 전부 인용하겠다.

도표에서 유일하게 연관적인 면모들은 선의 중심이 통과하는 점들의 세로좌표와 가로좌표이다. 선의 두께, 색깔과 강도, 도표의 절대적인 크기 등은 문제되지 않는다……. 스케치의 경우 이것은 참이 아니다. 선의 두께와 얇기, 색깔, 배경과의 대조, 크기, 심지어는 종이의 질까지—그 중 어느 것도 배제되지 않는다.[3]

도대체 무엇에 대해 연관적이라는 것인가? 내가 말할 수 있는 한, 굿먼에게 있어서 그 문제들은 유의성(類意性, synonymy)과 관계된 것이며, 따라서 좌표 상에서 지정된 어떤 선이든 다른 모든 측면에도 불구하고 도표와 동의어적인 반면 이것은 회화에 해당되지 않는데, 이 경우에도 대상의 어느 측면이 구성적이고 어느 것이 우연적인지 결정해야 한다—캔버스 위로 지나가는 그림자들이 그림의 충만성에 기여하는 전설적인 라우셴버그의 그림 같은 작품들을 떠올릴 수밖에 없는 현대 미술에서 이것은 손쉬운 결정이 아니다. 그러나 어느 경우이건 차이들은 정도의 문제이며, 따라서 그 도표는 완전히 '희박한' 것이라 할 수 없고, 희박성은 오직 실재적인 사물들을 특징지을 뿐이라고 나는 생각한다. 실재적 사물들은 표상적 술어를 충족시키지도 않고, 굿먼의 어휘에 따르면 어떤 '부호'(character)에도 부합되지 않는다. 그러나 바로 그러한 이유로 충만성에 대한 준거는 문제를 우리가 출발한 지점에 그대로 남겨두며, 오직 곡선이 통과하는 점들의 위치만이 중요할 뿐이고, 충만성의 견지에서 굿먼의 그래프와 식별 불가능한 그림을 우리가 상상해보는 데 성공했다는 사실에 비추어볼 때 더욱 그러하다.

따라서 굿먼의 관찰은 그림과 도표의 차이를 지적하기보다는 차라리 그림의 두 스타일을 동일시하는 데 더 도움이 된다. 그렇다면 우리가 시각적으로 식별 불가능한 곡선들을 다르게 동일시할 수 있는 것은 스

---

3) Nelson Goodman, *Languages of Art*, p.229.

타일의 개념 아래에서일 것이다. 그래프 자체는 그것이 그래프이기 때문에 어떤 스타일적 특징들을 결여하는 반면, 분석적인 방식으로 만들어진 그림은 스타일상 기계적인 것으로 특징지을 수 있는 것이다. 이것은 거의 심미적 평가에 가깝다. 한편 히로시게의 그림은 아마도 사무라이의 검술처럼 연마되고 제어된 것일지도 모른다. 물론 우리가 지각적으로 구별할 수 없는 작품들에게 스타일적 술어들을 귀속시키는 것은 오직 우리가 그 곡선들의 역사를 알고 있을 때만 가능하다고 반박할 수도 있다. 그러나 만일 우리가 원칙적으로 스타일 귀속의 가능성이 있음에도 불구하고 즉각적인 지각에 의해 구별되지 않는 작품들을 상이한 역사에 의해 구분할 수 있다면, 상이한 역사가 우리가 찾는 종류의 도구가 아니라는 것은 단언할 수 없다. 이제 실제 사례를 검토함으로써 이 점을 밝혀보도록 하자.

『세잔의 구성』(Cezanne's Composition)이라는 상당히 높이 평가받는 책에서 비평가 얼 로란(Erle Loran)은 그 대가의 그림들의 심층적인 형식 구조를 밝히며 유익한 도형들을 예시하고 있다. 특히 한 편의 도형이 유명하다. 그것은 그 자체로 유명한 초상화이기도 한 것으로서 세잔 부인의 그림을 도형화한 것이다. 그것은 화살표, 점선, 명명된 구역들로 이루어진 전형적인 도형이다. 그리고 방향과 비례에서의 변조를 보여주는데, 그 점이 바로 로란이 보여주고자 한 것이었다. 그 도형의 명성은 그 책이 출간된 지 몇 년 후 로이 리히텐슈타인이 「세잔 부인의 초상」(1963)이라는 캔버스 작품을 만들었다는 사실 덕택이었다. 그 작품은 스케일과 소재에 있어서 로란의 작품과는 다르지만, 시각적 식별 불가능성의 기준에 의하면 예컨대 두 장의 사진처럼 너무나 똑같아 보였기 때문에 로란은 표절 시비를 일으켰고 소소한 논쟁이 당시의 미술 잡지들을 휩쓸었다. 물론 그 당시 리히텐슈타인은 여기저기서 '표절'을 감행했다. 지금도 캣스킬 휴양지에 걸려 있는 광고판에 있는 목욕하는 여인의 그림, 여러 장의 피카소 그림, 그리고 너무나 친숙해져서 표절 시비가 웃음거리밖에 되지 않을 것들이 무수히 많다.

그와 비슷한 예술적 상대역이라 할 수 있는 인공물을 예로 들면 캠벨 수프 캔이 있는데, 그것은 적합한 방식으로 표절하는 것조차 거의 불가능하다. 어떤 수프 제조자가 그 공산품에 캠벨 상표를 붙임으로써 유명 상표를 도용하여 자신의 카레수프를 판매하는 경비를 줄이려고 유명세와 귀납법을 십분 활용한다면 그것은 전혀 적합하지 않은 방식이라고 할 수 있다. 더욱이 로란의 책은 1950년대 예술계에서 대단히 널리 논의되었기 때문에 표절의 가능성은 있을 수가 없었다. 그러나 문제는 실제로 특별히 도덕적이라기보다는 특정 예술작품에 관해 만들어진 도형과 그 도형과 완전히 똑같아 보이는 예술작품 간의 심오한 철학적 차이에 관한 것이고, 적어도 이 사례들에 있어서 그 문제는 명백하다. 로란의 도형은 특정한 그림에 관한 것이고 그 그림의 부피와 벡터를 내용으로 삼는다. 그 반면에 리히텐슈타인의 그림은 세잔이 그의 부인을 그린 방식에 관한 것이다. 그것은 세잔의 눈에 비친 그의 부인에 관한 그림이다. 세잔의 눈에 비친 세계를 수많은 이름을 붙인 구역들과 화살표, 직사각형, 그리고 점선으로 보여주는 것은 적절하고도 흥미로운 일이다. 우리는 세잔이 에밀 베르나르(Emile Bernard)와 나눈 유명한 대화를 알고 있는데, 거기서 감각이나 전통적인 회화들이 보여주는 것에는 전혀 개의치 않고 실재의 궁극적 형태들에 대한 일종의 피타고라스적인 비전이라 할 수 있는바, 세잔은 수많은 직육면체, 원뿔, 그리고 구체(球體)들을 통해 자연을 말한다. 그러한 기하학적 사변이 있은 지 몇 년 안 되어 입체파 화가들은 그러한 요소들을 통해 세계를 묘사하기 시작했다. 그렇다면 세잔의 부인을 마치 유클리드 수학 문제인 양 다루면서 그녀에게 그러한 기하학적 비전을 투사하는 것은 얼마나 적절한 일인가!

왜냐하면 우리는 내부에서 맑은 정신과 호색적 성향이 서로 다투었던 그 남자의 성적 기질을 알고 있고, 그리고 혼외관계에 있으면서 아들을 두었던 이 여인과의 열정적이고 격렬한 관계를 알기 때문이다. 만일 이 모든 느낌의 근원과 초점이 일종의 공식으로 환원될 수 있다면, 설혹 그것이 그 제재를 비인간적인 것으로 변용시킨다고 할지라도 이것은 그의 영혼의 충동이 거둔 최종 승리에 대해 엄청나게 많은 것을 말해줄 수도 있다. 사람이 마치 왁스로 만든 사과인 양 수많은 평면을 가진 사물처럼 강도 검사와 분석적 전복을 통해 관찰되었던 것이다. 그것은 자기의 모델, 사랑, 지주, 천사였던 죽은 아내 카미유의 주검 옆에 앉아서 비탄에 잠기기보다는 그녀의 눈까풀의 자줏빛을 탐구하던 모네의 고통스런 발견을 상기시킨다. 그는 자기가 어떤 식의 괴물이 되었는지 스스로에게 물었다. 이 비유가 허용된다면 리히텐슈타인은 세잔이 어떤 종류의 괴물이 되었는지를 보여주었다. 그러나 그것이 사실이든 어떻든 간에 그의 그림은 현대의 가장 위대한 화가의 지각 방식에 관해 묘사한, 깊이와 기지를 지닌 작품이다. 그 반면에 로란의 것은 결코 예술작품이 아니며, 결국 어떤 그림에 관한 도형일 뿐이다. 그 두 오브제는 표상의 수단으로 함께 분류될 수 있기는 하겠지만, 그 대상들이 상이한 하위 범주에 속하는 한 표절 시비는 터무니없는 일이 아닐 수 없다.

  그 점은 아직 입증되었다고 말할 수 없으며, 전자가 예술작품으로 받아들여지고 후자가 단지 도형으로 간주된다는 사실은, 철학적 양심에 비추어볼 때 아직 확정되지 않은 사례를 마치 확증된 것처럼 보이게 만들 뿐이다. 왜냐하면 지금까지의 분석에서 입증된 것은 두 표상들이 상이한 내용을 갖는다는 것뿐이기 때문이다. 전자는 세잔이 그린 그림에 관한 것이고 후자는 그런 방식으로 그림을 그린 사람이 가졌을 것이라고 추정되는 시각과 태도에 관한 것이다. 전자의 내용이 후자의 것보다 더 심오하다고 말할 수 있겠지만, 그 깊이의 차이가 우리가 찾는 종류의 차이에 해당되는 것은 아니다. 그리고 우리는 상이한 내용을 가졌음에도 불구하고 서로 똑같아 보이는 두 예술작품이 있을 수 있다는 것을 처음부터 알고 있었다.

그러므로 우리가 예술작품들을 다른 표상들로부터 말끔하게 구별해주는 어떤 특별한 내용이 있거나, 어떤 특별한 종류의 내용이 있다고 주장하지 않는 한, 내용에의 호소는 우리를 어느 곳으로도 인도하지 못한다. 그리고 그럴 경우 리히텐슈타인의 작품은 특별한 종류의 내용을 갖는 반면, 로란의 작품은('작품'이라는 단어가 갖는 애매성에 주목하라) 그렇지 않다는 것을 증명해야 할지도 모른다. 그러나 그럴 경우에도 나는 리히텐슈타인의 그림과 동일한 내용을 가진 것이 **실제로** 예술작품일 것이라고 생각하기 어렵다(세잔의 시각 방식에 대해 내가 기술한 것을 다시 기억해보라). 그러나 만일 그 차이가 내용에 있는 것이 아니라면, 그리고 다시금 눈에 보이는 것에 있는 것이 아니라면 그 차이는 어디서 찾을 수 있는가? 위의 사례는 의심할 것도 없이 아주 흥미롭긴 하지만, 그것이 밝혀주어야 할 문제를 다시 반복하고 있을 뿐이다.

그 사례가 우리가 찾는 차이점들을 드러내 보여주지 못한 것은 사실이지만, 그럼에도 불구하고 그 사실은 타당한 그 다음 행보를 제시해준다. 어느 정도의 유사성이 요구되든 겉으로 보기에 닮았을 뿐만 아니라 내용까지 똑같음에도 불구하고, 둘 중 하나는 예술작품이고 다른 하나는 예술이 아닌 한 쌍의 사물들을 마주한다고 가정해보라. 그때 예술작품과 단순한 표상 간의 차이는 그 쌍을 다르게 만드는 것이 무엇이든 바로 그것을 찾아내야만 밝혀질 것이다. 물론 우리는 필요한 사례를 제시하지 못할 수도 있고, 그 경우 예술 개념의 자의성은 부정의(injustice)와 다름없어 보일 것이다. 처음에 J가 가정했듯이 정의에 적합한 원리란 동일한 것을 평등하게 다룰 것을 요구하는 것이라면, 그러한 쌍은 형태의 일치와 내용의 동일성에 의해 둘 다 예술이거나 둘 다 예술이 아니어야만 한다. 그 점을 제외하면 내용에 있어서 다르면서도 형태가 일치하는 한 쌍의 대상들을 예술이라고 하는 것은 그리 자의적이라고 볼 수 없을 것 같다. 그리고 이런 식의 논의는 끝없이 계속될 수 있다. 우리는 예술 제도론을 가장 풍자적으로 정식화하는 쪽으로 체계적으로 내몰리게 될 것이다. 즉 예술이란 예술계의 퇴폐적인 속물들에 의해 지정된다는 것이다. 따라서 필요한 사례가 발견될 수 있는지 여부에 따라 대단히 많은 것이 결정될 것이라고 생각한다.

다행히도 이 장의 서두에서 시작한 논의를 통해 나는 어떤 장르에서든 가장 용이한 예술 장르에서 사례를 택할 수 있는 권한을 부여받았다. 따라서 이번에는 텍스트를 고찰해보기로 하자. 그 문제에 관한 한 수년 전 최초의 논픽션 소설로 등장한 텍스트인 트루먼 커포티(Truman Capote)의 『냉혈한』(*In Cold Blood*)에서의 활기 넘치는 집필 동기에 대해 생각해보자. "모든 소설은 픽션이다"라는 명제가 분석적이 아니라는 것을 그 반증사례를 통해 증명한바, 그 소설은 철학적으로 혁신적인 창작물이다. 그 저자는, 이 한 편의 놀라운 철학적 상상력을 제외하고는 적어도 등장인물, 사건, 상황, 그리고 플롯을 창안해내는 전형적인 소설가와는 대조적으로 아무것도 만들어내지 않았고, 또는 아무것도 만들어내려는 의도가 없었다. 커포티는 오늘날 수사 저널리즘(investigative journalism)으로 알려진 테크닉을 이용했고, 사건을 끈질기게 파헤침으로써 그 책의 주제가 되는 살인사건에 관해 그가 알아낼만한 모든 것을 알아냈다. 그 책은 지방검사국에 있는 누군가에 의해 씌어진 매우 자세한 법정 보고서를 내용으로 한다. 혹은 커포티 못지않게 모험적으로 활약한 신문기자가 쓴 기사를 내용으로 한다고 말할 수도 있다. 물론 커포티가 오류를 범할 수도 있었겠지만, 그의 서술에 오류가 있기 때문에 그것이 픽션 작품이 된 것은 아니다. 왜냐하면 그럴 경우 법정 보고서 또는 신문기사에 있는 오류는 저자들을 모두 창의적인 작가로 만들기 때문이다.

픽션과 논픽션을 구별짓는 것은 산문과 시를 구별짓는 것만큼이나 미묘하며, 그 텍스트들을 서로 대조적인 장르로 바꾸어놓지 않으면서도 픽션에 역사적 진리가 있을 수 있듯이 논픽션에도 역사적 거짓이 있을 수 있다. 그러나 나는 모험적인 독자라면 어떤 것을 더 부연할 수 있을지 탐색하는 것 외에 다른 관심은 없다. 중요한 것은, 추정하건대 지금 우리는 동일한 사실을 표상하는 세 편의 텍스트를 갖고 있다는 것이다. 그럼에도 불구하고 그 텍스트들이 씌어진 방식은 서로 다르기 때문에 그것들은 우리가 필요로 하는 사례가 가져야 할 중요한 한 가지 조건을 충족시키지 못한다. 그것들은 단지 내용만 공유할 뿐이다. 내용을 공유한 후 상이한 목적을 위해 서로 결별한다. 그에게 명성을 가져다준 문학적 재능과 워즈워스 시대의 고딕풍의 감수성이 풍부한 커포티의 책은 픽션 소설처럼 읽힐 것이다. 그러나 논픽션 소설을 실제로 그렇게 읽어야 할 필요가 있을까? 소설, 픽션 또는 논픽션을 읽는 특별한 방식이 있는가?

이제 '이야기'(story)가 문학작품을 함축하는 것으로 간주할 경우, 우리 앞에 논픽션 소설이 놓여 있다고 상상해보라. 그 가상의 저자는 예술적 실험성에 있어서 커포티보다 훨씬 더 앞서 있고, 페이지들을 채운 많은 다른 예술가들처럼 그는 이데올로기적으로 반예술적이다. 그를 M이라고 부르자. M은 문예적인 것으로 동일시할 수 있는 모든 것을 거부한다. 그는 자기가 탈취한 좋은 아이디어를 마지못해 건네주었던 커포티를 경멸한다. M은 문인(文人)의 평가기준에 못 미치면서도 예술 가연하는 작가들이 제대로 사용된 적이 없는 종류의 텍스트—전보, 증권거래 기록, 구인 광고, 신문 보일러 강판(鋼版), 빨랫감 목록 같은 것—들에게 찬사를 보낸다. 그의 주요 위업들 중 하나는 메릴린 먼로 달력이다. 그러나 현재의 사례에서 그는 장소, 시간, 필자 이름을 넣는 행, 헤드라인, 바이라인, 칼럼 등이 있는 신문기사 형식을 택했다.

신문기자가 일하는 방식을 채택한 그는 한 남자가 주유소 주인과 여러 명의 고객들을 죽인 뒤 자살해버린 사건을 수사하고 있다고 가정해 보자. 그리하여 우리는 그의 논픽션 소설이 가진 형식과 내용을 파악하게 되었다—필자 이름을 넣는 행을 똑같이 만들기 위해 M이라고 불러도 무방하고, 그의 소설은 「뉴스데이」의 지역 범죄 담당기자가 동일 사건을 쓴 신문기사와 특별히 다를 것이 없다. 그 기자는 자기의 임무를 수행할 뿐이다. 그러나 M 자신도 '예술을 창조하는' 자기의 임무를 수행할 뿐이라고 말한다. 물론 두 사람의 결과물은 완전히 일치한다. 더 정교하지만 개연성이 덜한 사례를 구상해볼 수도 있겠지만, 이 사례는 가능성이라는 이점을 갖는다. 지금 우리가 당면한 문제는 이렇게 표현해도 좋을 것이다. 그것들은 어떤 점에서 다르며, 만일 그 중 하나가 예술이 아니라면 다른 것을 예술작품으로 만드는 것은 무엇인가?

나는 어디서 그것들이 달라지는지 어렵지 않게 말할 수 있을 것 같다. 논픽션 소설은 주장(assertion)을 제시하기 위해 신문기사 형식을 사용한다. 그와 대조적으로 신문기사가 그런 형식을 사용한 것은 그것이 신문기사가 쓰여지는 관례적인 형식이기 때문이다. 신문기자는 그 형식을 사용함으로써 어떤 특별한 점도 보여주지 않는다. 신문기사는 문학이 아니라는 점에서 문예 소설과 총체적으로 대조된다. 신문기사의 형식을 이용하는 논픽션 소설은 뉴스기사가 속하지 않은 다른 집합에 속하는 종(種)이다. 그 저자 M의 추론을 우리가 구성해본다면 흥미로운 것이 아닐 수 없다. 그는 흔히 그런 지저분한 종류의 사실들에 깊숙이 뿌리 내린 세계를 전달하는 매체가 택하는 독점적인 방식이 바로 신문기사 형식이라는 것을 주장하고 싶었다. 따라서 종결부를 위해 커포티가 사건을 왜곡시킨 내용과 형식 간의 멋진 반어적 관계가 성립되었다. M에 의하면 그것은 논픽션이기 때문에 의도적으로 그는 논픽션이 씌어지는 통상적인 형식을 거부한 것이다. 그것은 분명 논픽션이지만 그렇다고 해서 (단순한 신문기사처럼) 비문학이 되는 것은 아니다.

우리는 팝 아티스트가 대중매체의 스크린과 래스터(raster, 브라운관에 나타나는 주사선의 화상)를 선취하여 우리의 역사를 이루는 이미지들을 보여줌으로써 어떻게 그 시대의 폭력성을 폭로했는지에 대해 이미 살펴본 바 있다. 옛 거장들의 명암 배합인 키아로스큐로(chiaroscuro), 바림칠, 광택 기술은 케네디 암살, 워터게이트 청문회, 베트남전쟁을 묘사하는 데에는 알맞지 않을 것이다(뉴스영화 장면이 제2차 세계대전을, 사진 요판술이 제1차 세계대전의 칙칙한 현실을, 그리고 목판술이 프랑스-프러시아 전쟁 사건들을 묘사한 것처럼 그러한 사건들에는 유선 서비스 사진이 적합할 것이다). 매체는 메시지가 아니라 메시지가 전달되는 형식이며, 이것은 매체의 구조를 의식하기 시작한 예술가들에 의해 스타일의 차원으로 올릴 수 있다. 우리 문화에서 너무나 흔한 것이기 때문에 우리가 거의 주의를 기울이지 않는, 뉴스기사의 형식이 M에 의해 채택된 것은 그것의 일상성 때문이다―그러나 그것은 (아직) 문학에서는 평범하지 않다.

이러한 차이에서 우리가 원하는 종류의 차이를 발견할 수 있는가 하는 물음을 생각해보자. 그것은 시각적 일치와 내용의 동일성을 넘어서는 차이이다. 그리고 그 사례를 태동시킨 원리는 확장되고 일반화될 수도 있다. 예술작품이 아닌 어떤 표상이든 예술작품인 표상과 일치될 수 있지만, 양자 간의 차이는 내용이 제시되는 방식을 강조하기 위해 예술작품이 비예술작품이 내용을 제시하는 방식을 사용한다는 사실에 있다. 물론 모든 예술작품이 닮은꼴의 비예술작품으로부터 비상(飛上)하는 것은 아니며, 그런 식으로 비상하는 작품들은 모더니즘적이라고 불러도 무방하다. 그럼에도 불구하고 만일 내용과 내용이 표출되는 방식의 관계가 예술작품을 분석할 때 항상 고려되어야 할 어떤 것이라면, 우리는 예술의 정의를 획득할 수 있는 지점에 거의 이르렀다고 말할 수 있다. 그 반면에 어떤 사람은 이 차이만으로도 예술작품의 모사품이 왜 예술작품이 될 수 없는지를 보여주기에 충분하다고 생각할지도 모른다. 모사품은 단지 예술작품이 내용을 어떻게 표현하는지 그 방식을 노정할 뿐이며, 자기 자신이 특별히 어떤 방식으로 주제를 제시하는 것은 아니다. 모사품은 이상적인 연주가처럼 순수한 투명성을 목표로 삼는다. 그러나 예술작품을 찍은 사진은, 만일 표현된 내용에 관해 무엇인가를 보여주는 방식으로 내용을 표현한다면 그 자체로 예술작품이 될 수 있다.

리히텐슈타인의 그림은 로란의 도형이 결여하는 많은 속성들을 갖지만 양자의 차이를 쉽게 발견할 수 있을 것 같지는 않다. 예를 들면 리히텐슈타인의 그림은 그 상대역보다 훨씬 더 클 수 있다. 그럴 경우 그 상대역-도형은 그림보다 훨씬 더 작아진다. 또 그 그림은 캔버스에 그려져 있다. 그렇지만 그 상대역은 종이에 인쇄되어 있다. 기타 등등. 이러한 것들 중 어느 것도 대조적인 속성의 각 쌍들 중 하나가 반드시 어떤 것을 예술작품으로 만드는 것은 아니다. 물론 우리는 그런 식의 대조가 즉시 효력을 나타내는 경우들을 상상해볼 수는 있다. 그러나 나는 이 책의 나머지 부분에서 근본적으로 다른 종류의 속성, 곧 내가 제안하고자 하는 속성을 밝힐 것이다. 리히텐슈타인은 어떤 주장을 하기 위해 도형의 형식을 의도적으로 이용했는데, 물론 그것 자체는 도형이 아니다. 우리가 도형적 스타일들을 말하는 한, 리히텐슈타인의 「세잔 부인의 초상」은 그러한 스타일을 전혀 갖고 있지 않다. 그 도형이 가진 스타일은, 그 스타일이 어떤 것이든—과연 스타일을 갖는다고 말할 수 있다면—그것은 도형을 사용하고 있다는 사실에 달려 있을 뿐이다.

문제의 그 스타일은 도형을 전혀 사용하지 않은 리히텐슈타인의 다른 작품들에서도 일관되게 발견된다. 여기서 리히텐슈타인은 도형적 어휘를 수사적으로 사용하고 있다. 그러나 로란은 도형의 어휘를 사용한 것이 아니다. 그는 단지 도형을 이용했을 뿐이다(그것은 도형이기 때문에 우연히도 도형 어휘로 구성되어 있다). 리히텐슈타인이 수행하고 있었던 행위가 무엇이든 그는 결코 도형을 만들고 있었던 것은 아니다. 도형 제작의 기준은 성공과 실패, 그리고 불운의 기준을 갖는다. 로란의 작품의 경우, 정말이지 그 도형이 안구 운동에 이상이 생긴 결과가 아닌가 하는 의구심은 후에 경험적 조사에 따라 거짓으로 판명될 수 있다. 그의 도형은 예술이 아니라 예술심리학에 기여한 바가 크지만, 예술의 경우에는 개별적인 작품들의 구조를 밝히면서 사례별로 검토해야 할 전혀 다른 종류의 인준 기준이 있다.

사례별로 검토하는 것이 중요하다. 그러나 그러한 인준 기준을 추구할 때 어떤 일반 원리들이 개입되는지 검토하지 않는 것은 철학적인 책임 회피에 해당할 것이다. 그 원리는 고유한 어떤 조건에 의해 각 예술작품을 검토해야 한다는 식으로 예술 감상의 일반적 공식을 창출할 수는 없다. 기껏해야 그것은 예술작품의 분석에 포함되는 용어들의 종류를 상술할 뿐이다. 그러므로 이제 나는 한 가지 논제를 제안하고자 한다.

그 논제란 예술작품은 단순한 표상과 절대적으로(categorically) 상이하며, 사용된 표상 수단에 대해 상술하는 술어로는 작품이 표상하는 것을 우리가 완전하게 상술할 수 없다는 것이다. 이것은 예술작품이 의미론적 고찰(즉 뜻[Sinn]과 의미[Bedeutung]에 관한 고찰)을 넘어서는 방식으로 표상 수단을 사용하는 것을 가리킨다. 리히텐슈타인의 작품이 궁극적으로 표상하는 것이 무엇이든 그것은 그 내용에 관해 무엇인가를 **표현한다**. 그 작품이 표현할 수 있는 까닭은, 부분적으로 도형들 자체가 우리 문화에서 갖는 경제, 통계, 기계 공학, 기술 기하학, 그리고 **사용설명서**에 속하는 함의들 때문이다. 이러한 함의들에 의거할 때 그 도형은 사실상 그것이 보여주는 것에 대한 은유이다. 그리고 최종 분석에서 밝혀져야 할 것은 그 작품이 바로 표상과 표현이라는 이중 역할을 수행한다는 것이다. 전형적인 경우, 단순한 도형으로서의 도형은 그것이 무엇을 보여주건 아무것도 표현하지 않는다. 그렇다고 도형이 전혀 표현적이지 않다는 것이 아니라, 단순한 표상의 경우 표현의 개념이 들어설 자리가 없다는 것을 말한다. 따라서 그 상황은 우리가 표현 변항(expression variable)에 영(Zero)을 대입하는 것과는 다르다. 가상적인 방정식에서 영을 배정할 수 있는 표현 변항 따위는 없다.

표현은 너무나 잘못 정의되어온 개념이기 때문에 우리가 그 개념을 통해 예술작품의 형이상학적 구조를 심도 있게 탐색할 수 있으리라는 기대를 전혀 할 수 없다고 생각한다. 또한 표현 개념 못지않게 스타일, 수사법 또는 은유 같은 개념들도 충분히 잘 이해되었다고 볼 수 없다는 사실에 주목해야 한다. 나는 자연스럽게 그 개념들을 들여와왔지만, 분석의 중대한 시점에서 그 개념들 모두가 자연스럽게 논의된다는 사실은 그것들이 어떤 공통된 구조를 가질 수도 있다는 것을 시사해준다. 그리고 만일 이 생각이 옳다면 그것은 우리가 은유나 표현을 따로 탐구하는 것보다는 함께 탐구하는 것이 각각에 대해서도 많은 것을 발견할 수 있다는 것을 뜻한다.

다음 장에서 나는 방금 예고한 야심 찬 기획에 천착할 것이지만, 그에 앞서 독자들이 마음에 느낄 수 있는 거부감을 가라앉혀야 할 것 같다. 그 개념들이 도입되었던 시점의 논쟁적인 맥락을 상기해보라. 나는 형식적으로 동치이고 동일한 내용을 가진 표상들의 쌍을 구성함으로써 예술작품을 다른 표상 수단들과 구별하려고 했다. 그 다음에 나는 예술 작품이 평범한 표상과는 대조적으로 내용에 관해 무엇인가를 표현한다고 제안했다. 그렇지만 내가 표현이라고 부른 것은 결국 작품의 내용의 일부가 아니기 때문에 결과적으로 리히텐슈타인의 작품이 로란의 도표보다 좀더 풍부하고 상이한 내용을 가지며, 논픽션 소설은 신문에 실린 범죄사실들 외에 신문기사 어휘가 차지하는 문화적 지위에 관한 어떤 정보를 담고 있다는 것을 나는 과연 어떻게 알 수 있는가? 결국 나는 내가 거부한 정의, 즉 예술작품은 그 내용에 의해 구별된다는 것으로 돌아가야 하는 것인가?

그러나 무엇으로 정의되든 예술작품은 내용에 관한 것일 뿐만 아니라, 그것이 내용에 관여하는 방식에 관한 것이라고—즉 일차적 내용과 이차적 내용을 갖는다고 가정해보라. 의미론적으로 말해서 예술작품은 자신 안에 자기-지칭의 미묘한 부분을 융합하고 있는 복합적인 개체이다. 그러므로 만일 모든 예술작품은 예술에 관한 것이므로 결국 자기 자신에 관한 것이라는 사실에 의해 성립된다는 것—내가 주장했듯이 예술이 존재하기 위해 예술 개념이 필요한 것이라면 그것은 결코 우연적인 일이 아니다. 대략 이상과 같은 것이 사실이라고 가정해보라. 그렇다면 나는 계속해서 적어도 부분적으로라도 자기-지칭적인 모든 표상이 예술작품이냐고 물어야 하지 않을까? 그렇다면 우리 앞에 놓인 과제는 끝없는 것일까?

이 심각한 반론을 어떻게 받아들이든 내가 아는 한, 예술철학의 역사 전체를 통해 이러한 방식으로 문제 제기를 한 적이 한 번도 없었다고 볼 때, 우리의 논의가 조금이나마 진전을 보였다는 것을 생각하면 위안이 될 것이다. 이제까지 그런 물음이 제기되지 않았다는 사실은, 표현 개념과 나머지 개념들이 포착하는 성질들이 무엇이든 그것들이 재현적 범주 또는 재현의 성질들이든 아니든 **예술 모방론의** 전통적인 틀 아래서는 그 성질들을 다룰 수 있는 공간이 없다는 것을 인지할 때 부분적으로 환기될 수 있다. 나는 그것이 바로 얼마간의 철학적 명성을 누려

온 그 이론의 결함이라고 믿으며, 더 나아가서 이 장에서 새로이 도입된 개념들을 다룰 여력이 없다는 것이 그 이론의 불행한 운명이라는 것을 보여주고 싶다. 예술 모방론은 예술작품이 아닌 표상과 (거울 이미지를 표상이라고 간주할 때) 예술작품인 표상을 구별할 수 없다는 것이 결국 소크라테스의 통찰의 핵심이었다. 따라서 플라톤이 예술 모방론을 참이라고 믿은 사람으로 동일시된다는 것은 아이러니가 아닐 수 없다.

이제 나는 소크라테스의 도전에 진지하게 응수하고자 한다. 이것은 예술작품의 성질들에 관해 알아야만 하는 점들을 제시할 것이며 우리로 하여금 그 반론에 어느 정도 대처할 수 있게 대비시켜줄 것이다. 문제는 한 이론을 죽이는 것이 아니라, 그 이론에 귀속되어야 할 요소들을 예술의 이론적 분위기 안에서 동일시하는 것이다. 나는 고대나 다른 시대에서 그러한 요소들이 얼마나 많이 해명되었는가 하는 역사적인 문제는 답하지 않은 채로 남겨두겠다.

예술 모방론은 회화에서 최고의 모형을 얻었고, 그것의 이상적인 정식화는 레오나르도 다빈치의 유명한 교훈을 통해 표현되었다. 레오나르도가 예술가와 모티프 사이에 유리판을 끼워넣을 것을 제안했다고 상상해보라. 그러면 유리판 위에 베껴진 모티프의 윤곽은 그 모티프가 우리 눈에 보이는 것과 똑같은 윤곽을 재산출할 것이다. 그리고 그 대상 자체가 유리를 통해 보일 때 우리가 그것이 갖는 성질들을 유리판 위에 다시금 재구성해낸다면, 눈은 결국 대상의 직접적인 지각과 가운데 끼인 유리판 위에 있는 대상의 복제물을 지각하는 것과의 차이를 구별할 수 없다. 만일 참으로 솜씨 좋은 화가의 손이 중재한다면, 눈은 그것이 유리를 통해 식별해낸 것을 유리 위에서도 정확히 식별해낼 것이다. 그 시각 자료들은 모티프 자체와 현실의 온갖 다양한 원천으로부터 눈에 닿는 정확히 동일한 정보인 이미지 간의 차이를 미흡결정할 것이 분명하다.

물론 레오나르도는 정지된 눈을 염두에 두었다고 여겨진다. 시차(視差)는 즉각적인 왜곡을 초래한다. 그리고 그는 또한 정지된 모티프를 염두에 두었다. 한 대상이 만들어내는 운동을 유리판 위에 고정시킬 수는 없다. 그 시점에서 화가는 움직이는 대상에 관해 관찰자가 선행적으로 갖고 있던 믿음들을 재확인하거나, 아니면 운동의 지표로 읽힐 수 있는 다양한 규약들을 도입해야 한다. 활동사진 기술이 등장하기 전까지 운동 자체는 지칭될 수 있을 뿐 복제될 수는 없었다. 그러나 가운데 끼인 유리판 위에 복제할 수 없는 속성들이 야기하는 복잡한 문제들을 이 자리에서 논의하는 것은 도움이 될 것 같지 않다. 복제될 수 있는 속성들에 관해서는 충분히 많은 문제들이 있다.

유리판 위의 이미지에 대응하는 똑같은 눈금을 가진 곡선을 그 자체로서 표상하기 위해 곡선이 사용되는 경우처럼 일종의 직접 표상을 다루고 있다고 생각하고 싶은 유혹을 느낀다. 이런 의미에서 표상이라는 속성이 표상된 속성의 사례가 될 때 그것은 직접 표상이다. 실제로 이것은 다빈치적인 이미지에는 거의 적용되지 않는다. 그러므로 모티프와 대응하는 표면이 사각형일 때 유리판 위에 그려진 것은 사다리꼴일 수 있다. 모티프가 빨간색일 때 이미지는 갈색일 수 있다. 실제의 사각형과 실제의 사다리꼴이 실제의 빨간색과 실제의 갈색이 산출하는 것과 똑같은 시각적 경험을 산출할 수 있는 것이다. 그 사다리꼴과 갈색은 **사각형과 빨간색**에 관한 것이며, 결코 그 자체가 사각형이나 빨간색인 것은 아니다. 정말이지 표상이 바로 "**그것의 내용이어야 한다**"는 것은 특별한 예술적 이데올로기 아래서만 그러하다. 따라서 인상주의 화가들은, 실제로 검은 것들이 전통적으로 검정색으로 표상되곤 했지만, 그림자를 관찰할 때 그것은 단순한 규약이라기보다는 관찰 상의 실패라는 것을 깨달았다. 그림자는 색깔을 갖기 때문에 그림자의 표상들도 색깔을 가져야 했다. 그리고 바로 그것이 인상주의 회화의 특징이다.

그러나 물론 대가를 치렀다. 그들은 아주 소수의 관람자들밖에는 얻지 못했는데, 관람자들의 눈에는 인상주의적인 그림 「옹플뢰르 항구」는 옹플뢰르 항구와 똑같고 「퐁투아즈의 센 강」은 퐁투아즈에 있는 센 강과 똑같아 보이기 때문이라고 나는 확신한다. 표상과 피표상체가 동일한 술어를 예화할 것을 요구함으로써—즉 빨강에 관한 것은 실제로 빨간색이어야 한다—인상주의 화가들은 비동치적 자극을 통해 동치적 경험들을 재산출한다는 재현 예술의 실제 전략을 고양시킨 것이 아니라 위반한 것이다. 엄밀히 말해서 관람자는 이미지를 지각할 때 모티프를 직접 지각할 경우 지각할 수 있는 것들을 지각하는 것이 아니다. 단지 그런 것처럼 보일 뿐이다. 상이한 원인의 집합들이 식별 불가능한 경험들을 산출할 수 있다는 것은 수세기 동안 환영론자(illusionists)들의 비밀이었다. 그러나 원인들을 미흡결정하는 것이 바로 지각 경험이므로, 감상자가 자기가 지각하고 있는 것이 이미지가 아니라 모티프라고 믿을 때만 환영이 발생한다. 문제는 무엇이 실제로 모티프와 표상 간의 차이를 낳는가가 아니라 어떻게 그것들이 눈에 와 닿고 마음을 유혹하는가이다.

환영이 발생할 경우, 관람자는 실제로 매체 자체에 속한 어떤 속성들도 의식할 수가 없다. 왜냐하면 우리가 그것이 매체라는 것을 지각하는 한, 환영은 효과적으로 제거되기 때문이다. 그러므로 매체는 비가시적이어야 하며, 이 요구조건은 투명한 것으로 가정된 유리판, 즉 우리가 직접 볼 수는 없고 다만 그것을 통해 볼 수 있는 것으로 완벽하게 상징화되었다(우리가 그 자체를 의식하지 못하지만 그 대상들을 의식한다는 점에서 의식이 투명한 것처럼). 만일 유리판이 하나의 모방 수단이 아니었다면 그것은 모방적 재현에 대한 은유일 것이며, 따라서 나는 매체의 논리적 비가시성이 모방론의 주요 특징이라고 생각한다. 성공적인 모방자는 단순히 모티프를 재산출하는 것이 아니다. 그는 재산출을 가능하게 하는 매체를 넘어서고자 한다.

그리고 이것이 요청된 환영의 가능성을 위한 필요조건이다. 형상을 인식하고 있을 때 실제로 실재를 인식하고 있다고 믿는 것처럼 만일 그 화가가 피그말리온이었다면 여인에 대해, 또는 그가 새였다면 포도에 대해서도 그렇게 믿어야 한다. 그렇게 파악될 때 그것이 모사물이라는 사실을 관람자에게 숨기는 것이 모방의 목적인데, 이것은 모방에 대한 지식이 우리의 쾌의 원인이 된다고 한 아리스토텔레스의 생각과 완전히 어긋난다. 아리스토텔레스의 도식에서 모방이 환영을 낳지 않았다는 것은 분명하다. 플라톤의 경우 모방은 단연코 환영적이었고, 내가 지금 검토하는 것은 바로 그러한 형태의 모방론이다. 모방론을 예술 이론으로 간주할 때, 모방론의 귀결은 예술작품이 그 내용으로 환원되고 다른 모든 것은 비가시적인 것으로 간주된다는 것이다—또는 부수적인 것들이 가시적이어서 불필요한 생성물이 있는 경우라면 그것은 또 다른 종류의 환영 생성 기술에 의해 극복되어야 한다.

나의 목적은 모방론이 바로 그와 같은 내용을 갖고 있다는 의미에서 그 이론이 시각적으로 정확히 똑같이 연관된 표상의 집합과 예술작품을 구별해낼 수 없는 이유가 부분적으로 바로 그 점에 있다는 것을 보여주는 것이다. 앞에서 제안했듯이 내용만으로 원하는 결과를 얻을 수 없다. 그리고 만일 예술이 다만 그 내용과 동일할 뿐이라면 우리는 이 장의 모두에서 도입한 개념들을 활용할 수 있는 여지가 없게 된다(지나는 길에 지적해둘 것은 마르크스주의 이론도 사실상 예술을 예술작품의 내용과 동일시하는 이론적 결함을 갖고 있다는 것이다).

방금 개괄한 이론과 정확히 일치하는 철학적 상대역은 버클리 주교의 마음 이론이다. 마음이 갖고 있는 것은 관념들뿐이며, 관념은 곧 그 내용과 똑같고, 따라서 결국 암소와 암소의 관념을 동일시하려던 버클리는 암소와 암소의 관념 간에 어떤 차이도 찾아낼 수 없었다. 관념에서 내용을 제거할 때 남는 것은 아무것도 없다. 그러므로 당신이 의식하는 것이 관념이라는 사실을 당신은 결코 의식할 수 없다. 당신은 다만 그것이 곧 암소의 관념이라는 것을 의식할 뿐이다. 그 점이 버클리의 이론에서 참으로 기발한 점인데, 바로 그런 까닭에 사람들로 하여금 자기가 의식하는 것이 관념일 뿐이라는 것을 믿게 만들기가 어려운 것이다.

또한 앞에서 언급했듯이 매체의 개념에도 철학적 상대역이 있다. 그것은 때때로 순수한 투명성으로 기술되기도 하고, 대상 그 자체가 되기에는 결코 완전히 불투명하지 않은 것으로 기술되기도 하는 의식의 개념이다. 따라서 매체는 결코 그림의 일부가 아니면서도 완전한 물러남과 자기 말살의 행위를 통해 자신을 희생시키고 내용만 남겨둔다는 점에서 의식에 대한 일종의 형이상학적 초상이다. 그러므로 예컨대 사르트르가 의식을 일종의 무(無)로 설명한 것과 상당히 비슷하게 예술작품은 메시지이고 매체는 무이다. 그것은 세계의 일부가 아니라 그것을 통해 세계가 주어질 뿐, 그것 자체는 주어지지 않는다.

이와 같은 비유들은 모방론이 항상 다분히 심오한 형이상학을 갖는다는 것을 보여줄 뿐만 아니라 우리로 하여금 상이한 예술 장르에서 수많은 종류의 투명성을 구별할 수 있게 해준다. 예를 들면 공연 예술에도 이와 비슷한 이데올로기가 있는데, 즉 배우가 그의 예술을 완벽한 정도로 실현할 때 그 자신은 사라지고 일종의 유리판이 됨으로써 그 위에 찍힌 페드르의 이미지를 대단히 선명하게 투사한다. 그 결과 관객들은 언어의 시차(時差)를 허용하면서, 자기들이 코미디 극장 무대를 보는 것이 아니라 현실세계의 테베 정경을 보고 있다고 믿는다. 그리고 음악 연주에 있어서도 어떤 연주가들은 청중과 소리 사이에 존재하는 공간에서 그들 자신이 사라지는 것을 목표로 삼는다. 청중이 연주가를 의식하는 만큼 음악 자체에 주의를 기울이지 못하기 때문이라는 것이다.

일반적으로 음악은 모방적인 예술로 간주되지 않지만 플라톤과 아리스토텔레스는 음악을 모방적이라고 생각했고, 만일 음악이 단지 감정만을 표현하는 것이 아니라면 그것은 어떤 식으로든 감정을 모방할 것이라고 가정하는 사람들이 있다. 그러나 매체 개념을 주제가 관객에게 전이되는 매개물과 통로로 이해하는 관점에서 볼 때, 음악은 중요한 측면들을 회화·조각·연극과 공유한다. 그리고 만일 우리가 글쓰기 행위에 대해 텍스트를 읽을 때 의식하는 대상이 아니라, 마음의 직접적인 시선 앞에서 우리의 공상과 꿈의 대상으로서 레빈과 키티[4]를 생생하게 보는 것처럼 느낄 수 있게 만드는 매체로 생각하는 한 문학도 마찬가지이다. 여기서 글쓰기 행위 자체는 일종의 부득이한 차선책, 즉 픽션의 이미지와 에피소드들을 좀더 직접적으로 보여줄 수 없는 사람들이 손쉽게 의존하게 되는 방편으로 간주되는데, 장난스런 제목을 익살스럽게 차용한다면 이상적인 스타일이란 글쓰기의 빙점(氷點)이다. 그것은 마치 활동사진이 글쓰기에 내재적인 문제들에 대한 해결책으로 등장했고, 어떤 사람이 영화는 보았지만 책을 읽지 않았다고 말하는 것을 아무런 문제 없이 받아들이는 것과도 같다.

매체는 우리가 어둠 속에서 내다보는 유리판, 형이상학적 폭포, 우리가 대리물을 내던져버리고 실제로 존재하는 것을 직접 마주볼 수 있도록 도와주는 시각적 보철(補綴)이라는 것이다. 이렇게 이해된 모방론은 사실상 플라톤주의의 유의어인데, 왜냐하면 매체는 우리가 직접 그리고 절대적인 밀착성을 갖고 지각할 수 없는 형상들을 희미하게 그리고 반사를 통해 보게 하는 물웅덩이 같은 것이기 때문이다. 플라톤이

---

[4] 톨스토이의 소설 『안나 카레니나』에 나오는 등장인물. 레빈과 키티의 행복한 결혼은 브론스키 백작과 카레니나의 간통이 극적으로 대비된다.

예술을 혐오한 것은 놀라운 일이 아니다. 그리고 예술이 플라톤주의의 경고에 귀를 기울였다면 예술이 자기 자신을 혐오해야만 했을 것이라는 것도 이상한 일이 못 된다. 왜냐하면 기껏해야 예술가는 최고의 절대적 투명성을 성취할 때 사라져버리게 될 것을 최상의 소망으로 삼아야 할 그 공간을 응고시켜버리기 때문이다. 즉 예술로부터 실재를 단절하는 것이 매체이다. 그리고 종국에 가서 모방론을 옹호하기 위해 필요한 것은 복제 개념 같은 것이라기보다는 차라리 올바른 종류의 복제가 매체를 초월할 수 있다는 약속이다.

청중이 예술작품에 대해 어떤 반응을 보여야 하든 그것은 사실상 예술작품의 내용에 대한 반응이라는 것이 이 이론의 명백한 결과이다. 기술적으로 말해서 예술작품이 어떤 속성을 갖든 그것은 예술작품이 보여주는 속성들일 뿐이며—이상적으로 매체는 공허하고, 그것들이 그 투명한 야망들에 굴복하는 한에서만 자기 자신의 속성을 가질 수 있다. 미적 속성들만을 고려해보라. 모방론은 '아름답다'(is beautiful)는 술어를 정확히 분석해낼 수 없겠지만, '아름다운 작품이다'(is a beautiful artwork)라는 술어를 충분히 설명할 수 있을 것이다. 분석은 간단하다. 즉 x가 y에 관한 것이고 y가 아름답다면, 그리고 그때만 x는 아름다운 예술작품이다. 따라서 예술작품을 아름답게 만드는 일 역시 간단하다. 즉 아름다운 것을 찾아서 그것을 유리판 위에 베끼면 된다.

"현명한 그리스인들은 그림을 미의 모방에만 엄격하게 한정시켰다. 그리스 예술가는 아름답지 않은 것은 전혀 모방하지 않았다"고 레싱은 말했다. 그러한 견해는 오늘날에도 찾아볼 수 있는데, 예를 들면 왜 어떤 그림이 아름답지 않은지를 설명해야 할 경우이다. 먼로 비어즐리는 「미와 미적 가치」라는 논문에서 "그뤼네발트[5]가 묘사한 십자가는 아름

---

5) Matthias Grunewald(1480~1528). 독일의 화가. 종교적 주제를 다룬 그의 작

답지 않기 때문에 그것을 그린 그림은 아름답지 않다"고 말하고 있다. 물론 십자가를 그린 아름다운 그림들이 있을 수 있다는 것을 비어즐리는 인정한다. 그러나 그 경우 그 그림들은 아름다운 십자가에 관한 것이어야 한다——"아니면 십자가를 묘사한 구역이 아닌 다른 구역을 그 그림에 첨가해야 한다."[6]

나는 후자의 권고를 실제로 어떻게 따를 수 있을는지 상상도 할 수 없다. 그림 전체를 아름답게 만들기 위해서 그뤼네발트의 그림에서 초록색 얼룩처럼 보이는 고통스러운 그리스도를 어떻게 부드럽게 만들 수 있을지도 모르겠다. 바토나 니콜라 랑크레가 한 것처럼 화환을 쓴 춤추는 남녀들을 그려넣을 수도 있을 것이다——그렇지만 그 끔찍한 모습의 예수는 시큼한 물을 마실 것이고, 따라서——마치 은둔한 여인이 '여성적인 느낌을 주기 위해' 허리에 두르는 옷에 붙인 나비넥타이처럼——그 아름다운 구역들은 갑자기 그 그림을 한층 더 끔찍스런 것으로 만들어버릴 것이다. 그 첨가된 구역들은 공포감을 더 심화시키며, 아무리 그 의도가 좋다 해도 일종의 예술적 사디즘 행위가 될 뿐이다. 그러나 '아름다운 십자가'에 관한 한, 나는 더욱 당혹감에 빠진다. 십자가형(刑)은 대단히 끔찍스런 사건이다.

르네상스 시대의 종교화에서 화가들은 종종 핏덩이를 감추려 애쓰곤 했다——그리스도는 허리에 두른 옷을 걸치고 기계체조를 하듯이 매달려 있는 근육질의 운동선수 같은 모습으로 묘사되었다——그리고 미술사에는 수난의 광경이라고는 말하기 어려운 수많은 십자가 형틀 위의 인물들이 나타났다. 신앙을 드높이기 위해 수난당하는 성자와 순교자

품은 강렬한 색채와 결정적인 선을 통해 환상적 표현을 창조했다. 성 안토니우스 교단 수도원의 제단화는 그의 대표작이다.

[6] Monroe Beardsley, "Beauty and Aesthetic Values, *Journal of Philosophy*, 1962, p.621.

들의 고통을 좀더 실감나게 표현할 것을 요구한 것은 다름 아닌 트렌트 공회의 신학적 미학자들이었고, 그 이후로 예수는 골고다에서의 모습대로 찢기고 피 흘리는 모습으로 바뀌었다. 그러므로 비어즐리가 염두에 두었음이 틀림없는 것은 십자가형이라기보다는 십자가형의 재현이었을 것이고, 물론 그것은 아름다울 수 있다—그러나 그 그림이 아름다울 수 있는 것은 모방이 아니기 때문이다. 사실 그런 것은 별로 중요하지 않다. 그 공식은 레싱의 것과 거의 동일하며, 그리하여 우리는 아마도 이렇게 말할 수 있을 것이다. w=예술작품, 그리고 c=내용이라고 하고, c와 c가 모방하는 것의 관계에 대해서는 잠시 잊어버리기로 하자.

$$beautiful(w) \rightarrow (beautiful(c))$$

이 이론에는 두 가지 중대한 난점이 있다. 첫 번째로, 엄밀히 말해서 조건 명제의 전건(前件)은 실제로 결코 충족될 수 없다. 왜냐하면 우리가 미적 술어를 예술작품에 귀속시키는 순간 작품 자체는 그것의 내용이 되어버리므로, 우리는 작품 자체가 아니라 작품의 내용에 미적 술어를 귀속시켰다는 것을 알 수 있기 때문이다. 따라서 작품에 반응할 때 우리는 작품의 내용에 반응하는 것이다. 그런데 이상하게도 이것은 미술관에서의 우리의 경험과 부합되지 않는 것처럼 보인다. 두 명의 화가가 아름다운 마돈나를 묘사한 경우에도 우리가 반응하는 대상은 라파엘과 무리요이지 그림 속의 아름다운 마돈나가 아니다. 그리고 모방 이론은 작품을 이루는 내용을 제외하고는 우리에게 제공하는 것이 아무것도 없기 때문에 그러한 경험을 설명할 수가 없다. 그러나 두 번째로, 많은 경우에 예쁜 그림이 예쁜 것에 관한 그림이라는 점에서 '아름답다'라든가 또는 '예쁘다' 같은 평범한 미적 술어들은 모방론과 가장 잘

부합된다. 그렇지만 만일 우리가 공식을 다음과 같이 일반화할 경우,

$(F)\ (F(w) \rightarrow (F(c))$

우리가 그림들에 대한 반응을 표현하는 순간 자연스럽게 입에 올리게 되는 미적 술어들의 광범위한 집합과는 상당히 비일관적인 추론 형태를 얻는다. 미적 술어들의 범위는 엄청나게 넓다―참으로 너무나 넓기 때문에 미적 언술에 있어서 억지로라도 쓰일 수 없는 형용사는 거의 없다고 말할 수 있다. 그러나 이 범위의 정도를 깨닫는 순간 우리는 이 술어 중에서 작품 자체에 귀속되는 것에 비해 작품의 내용에 귀속되는 것이 별로 많지 않다는 사실을 주지할 필요가 있다. 이제 나는 이 주장들을 확립하는 데에 주력할 것이다. 그럼으로써 우리가 예술작품을 말할 때 사용하는 언어의 논리를 조금이나마 밝혀내는 동시에 자연스럽게 예술작품 해부도의 일부도 밝힐 수 있을 것이다.

다음은 앙드레 래츠[7]의 그림 전시회에 대한 리뷰 비평에서 따온 용어들의 목록이다. 우연하게도 그 그림들은 꽃을 그렸고, 내가 열거하려는 술어들 중에는 쉽게 꽃에 적용할 수 있는 것들이 별로 없다는 것을 염두에 둘 필요가 있다. '강력한'(powerful), '민첩한'(swift), '유동적인'(fluid), '심오한'(have depth), '견고한'(have solidity), '날카로

---

7) André Racz(1916~94). 미국의 판화가·화가. 루마니아 출생으로 부쿠레슈티 대학에서 수학했다. 파리로 이주한 후 스탠리 윌리엄 헤이터에 의해 창립된 유명한 판화제작소 아틀리에 17에서 작업했다. 아틀리에의 주요 경향은 초현실주의였고 제작된 작품들은 대체로 꿈과 무의식에 관한 것이었다. 래츠는 1951년부터 1983년까지 컬럼비아 대학에서 회화를 가르쳤다. 대표작으로「메두사의 목을 자르는 페르세우스」8부작이 있다.

운'(sharp), '웅변적인'(eloquent), '섬세한'(delicate). 이와 비슷한 목록은 어느 미술 잡지의 칼럼에서나 어떤 평론집에서도 쉽게 추려낼 수 있다. 또한 이와 유사한 것들은 음악 잡지, 건축 저널, 정기 문예지 등에서 얼마든지 찾아낼 수 있고, 음악회의 휴식시간에도 들을 수 있을 뿐만 아니라 갤러리와 미술관에서 사람들이 중얼거리는 소리에서, 또는 열변을 토하는 것은 아니더라도 평범한 강의나 세미나 시간에도 들을 수 있다. 한마디로 이 낱말들은 예술계에서 통용되는 화폐이다.

그 용어들은 다음과 같은 용어들—'약한'(weak), '머뭇거리는' (halting), '뻣뻣한'(stiff), '얕은'(shallow), '공허한'(hollow), '단조로운'(dull), '어수선한'(clumsy) 등—의 반대어들이 적용되는 그림들의 컬렉션을 상상할 때 얻을 수 있는 것처럼 전적으로 서술적인 것은 물론 아니다. 나는 '웅변적인'이라는 용어의 정확한 반대어를 찾아내기가 쉽지 않다고 느껴진다. 예를 들면 '평범한'(plain)은 '정직한' (honest)이라는 말과 짝을 이룰 때 찬사적 속성들을 함의하므로, 나 같으면 그냥 편리하게 '웅변적인 것이 없는'이라는 말을 대신 사용할 것 같다. 이 낱말들은 일상생활에서는 찬사의 의미로 쓰이는 일이 많다. '강력한'이라는 낱말을 비난조로 말하게 되는 맥락은 상상하기가 어렵다. 힘·속도·확실성·유연성 등은 우리가 사물들에 관해 긍정적으로 평가하는 성질이며 또는 적어도 우리를 지탱해주는 성질로서, 여기서 특별히 그것들을 고찰해보는 것은 유익한 일이 될 것이다. 왜냐하면 적어도 이 낱말들은 철학이 표상하는 미적 담론의 평범한 어휘들보다는 훨씬 덜 상투적이기 때문이다.

예술계로 대변되는 언어 공동체의 구성원들은 이 낱말들이 표현하는 가치들을 공유하는 경향이 있을 뿐만 아니라, 주어진 용어가 어떤 특정한 작품에 적용되는지에 대해 서로 간에 불일치하는 경우가 드물다는 것은 거의 확실하다. 물론 어떤 사람이 강하게 보는 것을 보다 민감한 예술계의 거주자는 폭발적인 것처럼 느낄 수도 있다. 그러나 폭발적인 것은 강한 것과 약한 것과의 동일한 수위에 있기 때문에—그것은 강함을 가장한 약함일 수 있다—우리는 "그것은 정말로 강한 것은 아니라 아마도 유동적인 것 같습니다. 그렇게 생각하지 않나요?"라고 말하는 사람이 무슨 말을 하는지 이해할 수 없을 것이다. 그것은 미적 범주를 수정하는 것이 아니라 다른 것으로 바꾸는 것이다('줄줄 흐르는' [runny]과 '유동성'의 관계는 '폭발적인 것'과 '힘'의 관계와 같을 것이다).

이 용어들을 예술계에 적용하기 위해 어떤 규칙들을 고려해야 하는지 이해시키기는 어렵겠지만, 같은 용어들은 실제 상황에서 매우 쉽게 이해될 것이 틀림없다. 그 용어들을 쉽게 이해할 수 있는 까닭은 우리가 그 용어들을 사용함으로써 쉽게 서로 소통하기 때문이다. 실제로 위의 목록에 있는 낱말들을 전부 사용해보려 할 때, 우리는 그림에 적용할 수 없는 용어들이 있을 뿐만 아니라—그 용어들이 적용되는 그림이 어떻게 동시에 거만하고, 뜨겁고, 유치하고, 또는 기계적일 수 있는지는 이해하기 어렵다—또한 적어도 그림과 연관되는 미적인 사용법을 전혀 갖지 않는 것도 있다는 것을 깨닫게 된다. 우리는 이런 낱말들이 있다는 것에는 동의할 수 있겠지만 각각의 적용 사례를 찾아내기는 어려운데, 왜냐하면 우리가 생각할 수 있는 어떤 낱말이든—'뾰족뾰죽한' '짓눌린' '팽팽한' '불룩한'—그 용어들을 힘들이지 않고 적용할 만한 작품들을 상상해보라는 도전에 아주 쉽게 답할 수 있기 때문이다.

의미론적 관계에서 미적 술어들에 가장 가까운 것으로 생각되는 조크나 은유를 이해할 때처럼 참으로 우리는 그런 낱말들을 금방 이해한다. 왜 어떤 작품이 강력한 느낌을 주는지를 설명하는 것은 왜 어떤 것이 익살스러운지 설명하는 것과 비슷하다. 그러한 설명은 가능하다. 거의 틀림없이 그 설명은 그 작품을 강력한 것으로 또는 그 조크를 익살스러운 것으로 동일시할 때 경유하는 심적 과정을 반추하게 될 것이다. 그리고 우리가 흔히 그러한 것들을 즉각적으로 파악할 수 있다고 해서 마치 우리가 단순한 속성이나 용어들을 의미론적으로 다루고 있다고 생각하지 않도록 주의해야 한다.

예술언어와 일상적 담론의 관계는 예술작품이 실재적 사물과 갖는 관계와 별로 다르지 않다. 일상적 담론은 실제의 언술을 모방한 것이라고 생각하기 쉽다. 실재적 사물에는 적용되지 않지만 예술작품에 적용되는, 혹은 그럴 경우 은유적 확장에 의해서만 적용되는 용어들이 있다. 즉 키아로스큐로(chiaroscuro), 트리포리움(triforium, 교회 입구의 아치와 지붕 사이), 칸타빌레(cantabile, 노래하듯이) 같은 용어들이 그것이다. 이 용어들은 전문가들이 필요로 하는 구별들을 표시하기 위해 사용하는 전문용어이다. 그 용어들은 '들보'(joist)나 '기화기'(氣化器, carburetor)처럼 일차적 사용에 있어서 상당히 가치 중립적이라는 점에서 특이하다. 앞서 제안했듯이 그 점은 내가 동일시하려는 용어들에는 해당되지 않는다. 그 용어들은 모두 가치를 표현하며, 나는 우리가 같은 논리로 그것들을 평가하지 않고서는 예술작품의 특성을 밝힐 수 없다는 사실이 매우 놀랍다고 생각된다. 결국 미적 기술의 언어와 미적 평가의 언어는 한 몸을 이룬다.

우리가 즉시 당면하게 되는 문제는, 작품의 내용을 제외하고는 어떤 것도 적합한 기술의 주제로서 받아들일 수 없는 한, 어떻게 매체의 투명성 이론이 그러한 술어들을 다룰 수 있을까 하는 것이다. 이상적인 경우 이미지가 모티프와 식별 불가능하듯이 술어들은 이미지에 부착되어 있기는 하지만 그 술어들은 사실상 대개의 경우 모티프 자체에 부착되어 있는 종류의 것이 틀림없다. 그러므로 꽃으로서의 꽃에 대해 참이 아닌 어떤 것도 꽃의 표상에 대해서는 참이 아니다. 물론 엄밀하게 말해서 매체에 체현된 이미지는 그 자신의 독립적인 속성들을 가질 수 없다. 따라서 만일 재현된 꽃이 노랗다면 우리가 꽃의 그러한 면모를 보여주는 이미지에 대해 할 수 있는 말은 기껏해야 그것이 '노란색에 관한'(of yellow) 그림이라는 것뿐이다. 우리가 사용하려는 모든 술어들의 앞에는 무언의 'of'가 있다고 말할 수 있고, 이것은 투명한 매체의 신비 속으로 잠식되기 전에 우리가 접하는 모든 재현적 예술의 특징이다.

갈색 천조각은 반드시 그것 자체가 빨간색이지 않더라도 '빨간색에 관한 것'일 수 있다. 어떤 표상이 무엇에 관한 것인가 하는 정보에서 그 표상 자체가 무엇을 속성으로 가질 것인가에 관해 추론하는 것은 불필요하다. '빨간색에 관한' 천조각 자체는 갈색일 수 있지만, 그것은 또한 빨간색일 수도 있다. 그러나 완벽하게 투명한 매체라는 이상적이고도 불가능한 경우에 있어서 매체는 불가분적인 'of'를 필요로 하는 언어적 표상만을 속성으로 갖는다. 버클리의 관념은 항상 암소나 꽃에 관한 것이지만, 그것은 순전히 투명한 상태—버클리는 영혼에 대해 그렇게 말한다—이기 때문에 관념의 내용이 되는 속성들 중 어떤 것도 그 관념들 자체의 속성들에 관한 것일 수는 없다.

투명성의 개념 자체가 유발할 수 있는 철학적 부조리성은 무시하고라도 이러한 설명이 얼마나 불가능한 것인가 하는 것은 조금만 생각해 보면 알 수 있다. 우선 이 술어들은 제재를 가리키는 '관한'(of)이라는 말이 앞에 놓일 것을 요구하므로, 그 술어를 작품 자체의 내용에 적용할 수 있게 하는 종류의 분석에는 타당하게 적용될 수 없다. 우리는 '꽃에 관한 강한 그림'에서 '강한 꽃의 그림'을 도출할 수 없다. 그러므로 타당한 도출처럼 보이는 경우 어떤 근본적인 문법적 또는 어휘적 구조가 숨어 있다고 보아야 한다—예를 들면 '운동선수들에 관한 강한 그림들'로부터 '강한 운동선수의 그림들', 또는 비어즐리의 경우, 'x에 관한 아름다운 그림이다'에서 '아름다운 x의 그림이다'를 도출하려는 경우이다.

철학자들이 탐구한 미적 술어들——가장 뚜렷한 사례는 '아름답다'(is beautiful)이다——에 관해 전통적인 방식으로 경계를 설정할 때 직면하게 되는 난점은 우리의 언어적 감수성이 아무런 저항 없이 그 술어들을 예술과 단순한 실재적 사물들에 똑같이 적용하는 것처럼 보인다는 사실이다. 아름다운 그림과 아름다운 일몰에 대해서는 그럴 수 있을지도 모른다. 그러나 그림에 대해 강력하다고 말하는 것은 전적으로 타당할 수 있겠지만, 꽃에 대해 그렇게 말하는 것은 거의 난센스에 가깝다. 예술계의 언어를 사용하는 사람은 그 기원이 되는 일상언어를 사용하기도 하지만, 누군가 실제의 꽃을 가리키면서 유동적이라거나 강하다든지, 또는 희구하는 듯하다고 말하는 것을 듣는다면 그는 완전히 혼란에 빠질 것이다. 실제의 꽃이 그러한 속성을 가질 리는 만무하다. 물론 꽃들이 견고함을 가질 수는 있지만——최소한의 견고함을 갖지 않는 물리적 대상이 과연 있을 수 있는가?——꽃들을 보고 견고함을 갖는다고 말하는 것은 그라이스(Grice)가 '대화의 묵계'(conversational implicature)라는 용어를 통해 활성화한 직관에 어긋난다.

도대체 그렇게 말하는 취지가 무엇인가? 결국 우리는 꽃을 그린 강한 그림에서 강한 꽃에 관한 그림을 쉽게 추론할 수 없다. 물론 나는 말 그대로 꽃들이 강하다고 말할 수 있는 완전히 타당한 맥락이 있을 수 있다는 것을 부정하는 것은 아니다. 우리는 꽃들이 말 그대로 땅을 뚫고 나오는 것처럼 생각할 수도 있다. 『위대한 유산』(*Great Expectations*)에서 디킨스가 재거 씨의 '강력한 손수건'에 대해 말할 때, 그는 또한 하찮은 액세서리에 대해서도 그렇게 특징지을 수 있다는 것을 음미할 수 있는 맥락을 독자에게 제공했다. 그러나 꽃이 래츠의 그림을 위한 모티프로 사용되었다는 것을 전혀 암시하지 않으면서도 '강력한'이라는 술어를 꽃에 관한 그림에 적용하기 위해서는 어떤 특별한 맥락도 필요하지 않다―어쩌면 필요한 맥락은 오직 예술계라는 맥락뿐일 수도 있다. 물론 예술계의 일원이 예술계의 술어를 실재적 사물에 전이시키는 것을 어색하게 느낄 수 있듯이 예술계의 어휘 사용에 서툰 사람은 그러한 언어 사용법에 당혹스러움을 느낄 것이다.

제4장에서 우리가 예술 개념을 갖기 전까지 흔히 우리는 예술작품의 미적 성질과 그것의 물리적 상대역의 미적 성질이 상이하다는 것을 지각하지 못한다고 지적한 바 있다. 그러나 나는 이 점을 한 단계 더 발전시켜보겠다. 예술작품에 적용되지만 실재적 사물에는 적용되지 않는, 또는 그 문제에 관한 한 예술작품의 물리적 상대역에조차 적용되지 않는, 표준적인 미적 술어들과는 다른 술어들의 넓은 영역이 있다. 왜냐하면 만일 꽃들에 대해 강력하다고 말하는 것이 이상한 일이라면, 낙서 같은 지저분한 종이를 보고 강력하다고 말하는 것 역시 이상한 일이기 때문이다.

이러한 고찰들은 또 다른 논변으로 발전될 수 있는데, 즉 비록 투명성 이론에 의하면 예술은 환영을 성취하고자 할 뿐이지만, 환영의 언어는 사실 예술적 술어와 아무런 관계가 없다는 것이다. 시각적 속임수에 대해 찬사를 나타내는 표준적인 용어들을 통해, 우리는 x에 관한 그림을 다음과 같이 격상시킨다. 즉 그것은 x처럼 보인다고. '먹고 싶을 만큼 좋아 보인다'라든가 '맛보고 싶을 만큼 달콤해 보인다'는 것은, 만일 제욱시스의 새들이 포도 그림이 시뮬라크라인 줄 알았다면 그 새들이 포도의 시뮬라크라에게 적용했을 만한 기술이다. 따라서 투명성 이론을 믿는 예술가의 목표는 포도 그림에 대해 'F처럼 보인다'(looks F)는 말이 참이게 하려는 것이 아니라, 실제의 포도에 대해 'F이다'(is F)라고 말하듯이 그림에 대해서도 그러한 기술이 참인 것처럼 믿게 만들려는 것이다. 즉 이 경우, 예술가의 놀라운 환영주의 테크닉을 발휘한 결과 관람자에게 거짓 믿음을 갖게 하려는 것이다. 그러나 이런 부류에 속하는 어떤 것도 우리가 검토하는 예술적 술어의 집합과 부합되지 않는다. 그림에 적용된 '강력한' 같은 술어들은, 아주 특별한 경우 그리고 상이한 의미 기준에 의거할 때를 제외하고는 그림의 내용이 되는 실제 사물에는 적용되지 않는다.

그러므로 어떤 사람이 그가 실제로 보는 것은 물감일 뿐인데도 진짜 꽃을 본다고 믿을 때처럼 환영이 효과를 발휘할 수 있지만, 그는 그 꽃들에 대해 그것들이 강력하다는 거짓 믿음을 가질 수는 없다. 이것은 이러한 술어들의 집합 전체에 대해 일반적으로 참인 까닭에 그것이 가진 특이함에도 불구하고 결국 예술의 개념과는 별로 관계 없는 환영이나 착시현상에 대해 잠시 생각해보는 것도 유익한 일이다. 환영이 발생하는 순간 예술계의 언어 전체는 무용지물이 되어버린다. 왜냐하면 예술 언어에 속하는 특징적인 용어들 중 어떤 것도 실재적 사물로 믿어지는 환영의 내용에는 적용되지 않고, 오직 실재적 사물에 적용되는 술어들만이 (그릇되게) 적용되기 때문이다. 그러나 아마도 가장 유용한 관찰은 래츠의 작품에 대해 그렇게도 흥미롭게 (그리고 그렇게도 주지주의적으로) 사용된 용어들은 그 그림들이 실제로 무엇인가에 관한 것이라는 것을 함축하지 않는다는 것이다. 어떤 점에서 루스 화이트 갤러리에 강력하고 유동적이며 활기에 넘친 그림들이 전시중이라는 말을 들을 때, 나는 그 그림들이 무엇에 관한 것인지, 또는 과연 어떤 내용에 관한 것인지에 대해 전혀 아무것도 말할 수 없을 것이다.

투명성 이론이 그렇게도 점잔빼는 태도를 취하면서 마치 그런 것이 존재하지 않는 것처럼 가장하고 환영을 통해 비가시적인 것으로 만들고자 하는 매체의 존재는 실제로 결코 제거할 수 없음은 물론이다. 순수한 내용으로 증발해버릴 수 없는 질료의 잔여물이 항상 남게 마련이다. 그렇다 하더라도 문제의 술어들이 내용 없는 그림들에 적용될 수 있겠지만, 그것들은 그 그림들을 구성하는 단순한 질료에 적용될 수 없는 사실에서 보듯이 매체와 질료 사이에는 어떤 구별이 있어야만 한다. 즉 미적 술어들은 실재적 대상들에는 직접 적용되지 않는다. 예술작품에 대해 참인 술어들은 예술작품의 물리적 상대역에 대해서는 참이 아니다. 과거에 투명성 이론이 그랬던 것처럼 현재의 예술계에는 환원주의적인 경향이 있다. 대칭성을 유지하기 위해 우리는 그것을 불투명성 이론(the Opaque Theory)이라고 부르도록 하자. 그 이론에 의하면, 예술작품이란 그것이 만들어진 물리적 재료일 뿐이라는 것이다. 예술작품은 캔버스와 종이, 잉크와 물감, 낱말과 소음, 소리와 운동일 뿐이다.

자신의 물리적 상대역과 동일한 것이 되기를 희구하는 그림이 있는데, 조지프 마셰크(Joseph Mashek)가 하드코어 회화(hardcore painting)라고 부른 것이 그것이다. 하드코어 회화는 하드코어 언어와 서로 잘 어울릴 것이 틀림없다. 전형적인 그림에 대해 사용할 수 있는 술어들 중 어느 것도 하드코어 회화에 대해 사용될 수 없고, 오직 실재적 사물들에 적용되는 술어만이 적용된다. 하드코어 회화에 관해서 우리는 다만 그것이 추구하는 것, 그리고 그림이 자기 자신과의 동일시에 성공한 물리적 상대역에 적용되는 기술구만을 제시할 수 있을 뿐이다. 그러므로 그런 그림들에 대해 비평가가 할 수 있는 일이란 고작해야 실재적 담론의 어휘로 기술하는 것뿐이다. 예술적 술어—예를 들면 '심오한'(has depth)—가 적용되는 순간 우리는 물리적 상대역을 제쳐두고 예술작품을 다루기 시작하는데, 예술작품은 그 내용으로 동일시될 수 없는 것처럼 질료와도 동일시될 수 없다. 설혹 작품이 내용을 갖지 않는 경우일지라도 내용의 문제가 예술작품에서 논리적으로 거부될 수 없는 것은 바로 매체가 질료와 동일시될 수 없기 때문이다.

언제나 그렇듯 나는 이와 같은 구별들을 아주 상이한 철학적 주제들에 사변적으로 끼워 맞춰 볼 수 있는 가능성을 상상해본다. 나는 예술작품을 그 내용으로 환원시키려는 이론과 사물들이 관념의 내용일 뿐인 버클리의 이론 사이의 유사성을 이미 언급한 바 있다. 버클리는 그가 타당하게 생각한 마음의 이론을 믿었는데, 그것은 마음을 너무나 투명한 것으로 만들었기 때문에 흄은 버클리가 마음의 존재를 용인할 준비가 되어 있지 않다는 것을 깨달았다. 물론 만일 자아가 곧 그 내용들이 주어지는 방식일 뿐이라면 마음은 그것이 제공하는 것의 일부가 될 수는 없고, 따라서 그 자료들과의 관계에서 필연적으로 비가시적이겠지만 흄은 자아가 의식의 내용으로 함몰되는 것에 대해 불만을 느꼈다.

우리는 버클리가 '영혼'이라고 부른 것과 흄이 '자아'라고 부른 것을 물리적 체현으로 보는, 아마도 마음을 신경체계 상태와 동일시하려는 유물론의 궁극적 환원에 대해 익히 잘 알고 있다. 그리고 이것은 훌륭한 이론이기는 하지만, 만일 자아가 매체와 어떤 유사성을 가진다면 그것과 신경체계의 관계는 단순한 동일성의 문제는 아니다. 왜냐하면 캔버스에 대해 참이 아니지만 매체에 대해 참인 술어들이 있고, 따라서 자아가 갖는 것으로 가정되는 특징들을 신경체계가 갖는 한에서만 신경체계에 대해 참인 술어들이 있기 때문이다. 다시 말해 마음은 신경체계를 갖고 있는 자아에게 세계가 주어지는 방식으로 이루어져 있다. 간단히 말해서 도덕심리학의 언어가 첨가되지 않은 신경생리학의 기술구들을 통해 자아를 기술할 때 잃어버리게 되는 것은 아마도 예술의 세계에서의 스타일과 표현의 질적 특질들에 가장 가까운 개성과 인격의 모든 측면들일 것이다.

우리들 내부에서 사랑과 미움, 매혹과 혐오 같은 감정을 불러일으키는 것, 그리고 철학적 전통에서 심신 문제를 규정짓는 틀에 박힌 구별들에 의해 분류되지 않는 것으로서, 우리들을 개인으로서 서로 그렇게 흥미롭게 만드는 것은 바로 인격과 개성의 특질들이다. 이러한 평행적인 구조의 견지에서 볼 때 예술이 우리에게 중요한 것은 우리가 서로에게 중요한 것과 마찬가지라고 생각할 수 있다—마치 예술작품이 그것을 만든 예술가의 외화(外化)이듯이 예술작품을 감상하는 것은 그냥 세상을 보는 것이 아니라 그 예술가의 감수성을 통해 세상을 보는 것이다.

이런 식으로 사변을 계속하는 것은 위험한 일이겠지만, 그 사변들은 이 시점에서 우리를 중요한 개념으로 돌아오게 만든다. 우리가 그 개념들을 설명하거나 또는 도덕 심리학에서의 그 상대역들을 설명하기는 아직 이르지만, 우리는 투명성 이론의 또 다른 난점에 대해 깊이 생각해봄으로써 그 길을 예비할 수 있을 것이다.

어떤 것이 모방이라는 것은 그 모방 대상의 존재를 필요로 하지 않는다. "i는 O-모방이다"라는 것은 이 세상에는 O가 없음에도 불구하고 참일 수 있다. 만일 O가 존재하고 i가 좋은 모방일 경우—여기서 말하는 좋음(goodness)이란 뚜렷함, 명료함, 결단성 같은 것을 의미할 경우—요구되는 것은 오직 우리가 i로부터 O를 알아보아야 하는 것이다. 매우 상이한 어떤 것도 O-기술구에 필요하지 않다. 우리는 참이 아닌 것을 기술할 수 있고, 따라서 그러한 기술구에 요구되는 것은, O가 존재할 경우 또한 그것이 좋은 기술이라면 우리는 그 기술구로부터 무엇이 O에 해당되는지 말할 수 있을 것이다. 모방과 마찬가지로 기술구들은 문법적 기준에 의해, 그리고 명료함과 판별성의 다른 다양한 기준들에 의해 좋음으로부터 멀어진다. 일반적으로 이러한 기준들이 충족될 경우 표상 R를 이해한다는 것은, 그것이 그림이든 명제이든 R가 참일 경우 R의 주제가 어떻게 참일 수 있는지를 이해하는 것이다. R가 세계에 적용될 때 R의 좋음은 인지(cognition)를 용이하게 해줄 뿐이다. 이해가 암중모색에 의해 협상에 이르는 것만큼이나 인지 역시 불확실성에 의해 협상에 이른다. 느슨하게 말해서 아마도 그것이 의미, 이해, 지식, 진리, 표상, 그리고 실재를 잇는 연결점들의 특징일 것이다. 다시금 느슨하게 말하면, 그런 것은 한마디로 철학 그 자체이다.

잠시 나는 모방에만 관심을 쏟을 것인데, 우리가 모방적인 재현으로 이해하는 집합은, 그것이 참일 때 실재와 일치하고 또는 적어도 대응하는 실재 자체가 유발하는 것과 동등한 경험들을 유발하는 것이다. 만일 i가 O-모방이고 그것이 우리로 하여금 기대하도록 만든 O가 등장하지 않는다면 i는 거짓이거나 나쁜 모방이다. 거짓이든 나쁘든 양자 간의 교환은 언제나 가능하고 때로는 필요하기도 하며, 좋은 모방일 경우 그것이 너무 나쁜 것이어서 거짓으로 믿을 정도라면, 우리는 그러한 모방을 참인 것으로 간주할 수 있다. 시각적 모방에서 다빈치의 유리판은 정물의 정적인—'정적인'의 두 가지 의미, 즉 부동성과 침묵 모두에 해당한다—모방을 위한 좋음을 규정해준다. 얼마 전에 언어 철학자들은 무엇이 기술적인 의미의 좋음을 규정하는가 하는 문제에 관심을 기울였다. 그들은 어떤 자연언어에도 도움이 될 만큼 충분히 명확한 문장들을 발견하는 일을 단념하고 그 다음에는 인공 언어 쪽에 호소하기로 했다.

비트겐슈타인은 문장들이 그림이 되는 이상적인 경우를 상정했기 때문에 양 진영에서의 탐색은 『철학 논고』에서 동시에 이루어졌다. 비트겐슈타인이 자연언어가 그 자체로 훌륭한 것이라고 생각하기 시작했을 때 투명하게 명료한 문장을 찾는 철학적 탐색은 대체로 막을 내렸고, 회화적 정확성의 문제들은 지각심리학에 내맡겨졌다. 어쨌거나 모방적 좋음의 기준이 주어질 때, 과연 우리가 이상한 사물의 좋은 모방을 가진 것인가 아니면 친숙한 것의 나쁜 모방을 가진 것인가 하는 문제가 늘 나타나게 마련이다. 머리의 같은 면에 두 눈이 그려진, 가자미 모양으로 묘사된 피카소의 여인들, 그 그림들은 우리의 인상학적 개념을 수정해야 하는, 실재하는 여인들의 좋은 모방인가, 아니면 평범한 여인들을 그린 나쁜 이미지인가? 우리의 인상학적 개념들이 건전하다고 가정할 경우, 그런 이미지들은 그것이 나쁜 모방일 때만 참이다.

물론 항상 놀라운 일들이 있다. 남송(南宋)의 산수화를 소장하고 있는 사람들에게는 가느다란 손가락으로 평야를 찌르는 것 같은 그 그림들과 닮은 산들이 실제로 중국에 있다는 사실에 충격을 받는다. 적어도 세계의 항구적인 개념들을 배경으로 삼을 때, 주어진 어떤 이미지가 좋은 것인가 또는 나쁜 것인가, 참인가 또는 거짓인가를 결정하는 문제를 투명성 이론가는 도처에서 직면하게 되는데, 왜냐하면 그는 그림들을 평가할 수 있는 다른 길이 없기 때문이다. 너무 형편없는 모방이어서 그것이 참인지 거짓인지 상상해보기 위해서라도 세계에 대한 우리의 관념에 대한 중대한 수정이 필요하다고 생각한다면, 예술가가 서투르다든지 궤변을 펼치려는 동기를 가졌다든지 또는 단순히 미쳤다는 식의 흔해빠진 이유와 함께 예술가에 대한 특별한 설명이 요구되는 것처럼 보인다.

그리고 마침내 다른 가능성을 제안할 수 있게 되었는데, 즉 문제의 예술가는 그릇되게 재현되어온 실재를 모방하는 데에 정말로 관심이 있었던 것이 아니라 실재에 관해 무엇인가를 표현하려 한 것이고, 그들은 그 일을 오히려 아주 잘하고 있다고 설명하는 현대의 이론들은 확실히 부적절하다. 다빈치의 유리판이 더 이상 적합성을 갖지 못하는 완전히 다른 방식으로 예술을 보는 방식이 뒤따르게 된 것이다.

그러나 물론 다빈치의 유리판은 새로운 체계 안에서조차 늘 적합성을 갖는다. 왜곡이 재현적으로 의도된 것이 아닐 때 표현은 다빈치적인 투사로부터의 일탈을 기준 삼아 평가될 수 있다. 불가피하게도 표현은 이미지의 왜곡을 초래한다. 그리고 뚜렷한 모방의 모델에 준거하지 않고서 달리 어떻게 일탈을 말할 수 있는가? 그러나 투명성의 이론가들은 재현에서 재현적 기능을 의도하지 않은 요소와 속성들을 설명할 수 없다는 사실에는 일말의 진리가 들어 있다. 반면에 그것이 마치 투명성의 이론가에게 부과된 것과 비슷한 어떤 결정을 유보하는 것과는 다른 문제이다. 우리는 어떤 왜곡이 재현적 무능력 때문인지 또는 어느 왜곡이 표현적인 힘 때문인지를 결정해야 한다. (모든 비정상성이 표현적 연관성을 갖는다는 대단히 무해하고도 터무니없는 이론이 있다.) 이런 것은 모두 참이지만 스타일과 표현, 그리고 심지어 은유의 개념들을 우리가 발견하게 될 지점은 투명성 이론가들이 부정적인 값을 매길 수 있을 뿐이므로 모방의 실패라고 단정 지을 만한, 이미지와 모티프 사이의 그러한 불일치점들이다.

예술가와 감상자 사이에는 문제의 재현이 어떤 대응하는 모티프와도 식별 불가능하다는 묵계가 있기 때문에, 그러한 불일치점들은 언제든지 비가시적일 수 있다는 것을 이 시점에서 주지하는 것이 좋을 것이다. 조토의 동시대인들은 그가 성취한 사실주의에 놀랐으며, 심지어 바사리까지도 조토와 르네상스 전체의 기원이 되는 것 사이에서 조토를 택하고는, 조토의 그림들 중 물 마시는 남자를 그린 그림에 대해 "그가 물 마시는 살아 있는 사람이라고 믿어질 만큼 놀랍도록 효과적으로 묘사했다"고 칭찬했다. 이것은 의례적인 형태의 찬사일 테지만, 그것은 우리가 조토를 바라볼 때 할 수 있음직한 종류의 찬사가 아니다. 그 인물들이 신성한 실재를 투시하는 유리판에 가까울 정도로 조토의 동시대인들에게 투명한 것은 지금 우리에게 불투명한 것이 되었고, 그리하여 우리는 그들에게 비가시적이지만 우리에게는 괄목할 만한 귀중한 어떤 것—즉 조토의 스타일—을 즉시 의식하게 되는데, 그 점에 대해 투명성 이론가는 조토가 외부 사물들에 대한 정확한 묘사기법이 덜 발달한 시대에 살았다는 사실 때문이라고 설명할 것이다. 내가 '스타일'이라고 부르는 것은 조토가 눈으로 직접 보았던 것이기보다는 그가 보았던 방식에 가깝고, 바로 그런 이유로 그 시대 사람들에게 비가시적이었음이 틀림없다.

틀림없이 당대의 예술계 거주민들의 상당히 큰 집단은 그 시각 방식을 공유했을 것이다. 그렇지 않다면 그들은 바사리가 한 것 같은 종류의 찬사를 조토에게 바칠 수 없었을 것이다. 이 점은 일반적인 것처럼 보인다. 프루스트는 위대한 여배우 베르마(Berma)를 그와 비슷한 방식으로 투명하게 서술했다. 그는 자기의 눈앞에 존재하는 것, 즉 그녀의 위대한 연기를 볼 수 없었다. 그 대신 그는 희망 없는 사랑에 괴로워하는 페드르 자신을 보았다. 베르마는 등장인물을 드러내 보여주는 일종의 유리판이 되었고, 마르셀은 등장인물이 무엇을 표현하는지를 의식하지 못하고 다만 등장인물 자체를 의식했을 뿐이다. 우리는 결코 베르마의 연기를 눈으로 본다고 말할 수는 없을 것이다. 그러나 나는 확신하건대 모종의 시간 전송(temporal transportation)의 기적에 의해 그 연기가 프루스트에게 주었던 놀라운 효과를 우리가 전혀 경험할 수 없다는 것을 깨닫는다. 낸시의 가구나 또는 툴루즈-로트렉 포스터의 독특한 스타일처럼 베르마는 벨 에포크(Belle Epoque) 연극계의 불투명한 연극적 인공물로 보일 것이다. 그 시대의 청중들이 모사물로 변화되었기 때문에 엘리엇 굴드(Elliot Gould)가 그렇게도 자연스럽게 보였던 것만큼이나 우리 눈에 자연스럽게 보이는 우리 시대의 배우들에 대해서만 우리는 확신을 가질 수 있다. 그러나 굴드가 베르마 시대의 무대로 전이될 경우 우리에게 그는 너무나 불투명해서 과연 그가 연기를 하고 있는 것인지조차 믿을 수 없다.

위의 논의를 통해 제시하고자 한 것들은 내가 각 시대와 동시대 인물들 간의 구조적 유비를 통해 어느 정도 고찰할 수 있는 것만을 보여줄 뿐이다. 인물들은 각기 일종의 내부와 외부, 대자(對自)와 타자를 갖는다. 내부는 세계가 주어지는 방식일 뿐이다. 외부는 전자가 이후의 또는 다른 의식에 대해 대상이 되는 방식을 가리킨다. 우리 눈에 보이는 방식으로 세계를 보는 한, 우리는 그것이 세계를 보는 하나의 방식이라는 것을 의식하지 못한다. 세계에 대한 우리의 의식은 우리가 의식하는 내용의 일부가 아니다. 아마도 나중에 우리가 다른 방식으로 보게 될 때 우리는 의식의 내용에 일종의 총체적인 색조를 가미하면서, 우리가 본 것과는 사뭇 다른 정체성을 가진 세계를 보았던 시각을 깨달을 것이다. 프레게는 의미의 수단을 말하면서 그가 색조(farbung)라고 부르는 것을 구별한다. 내가 추구하고자 하는 것은 바로 이 개념이다.

종종 문학작품의 인쇄본에 장식으로 등장하는 디킨스의 유명한 판화를 생각해보라. 그것은 의심할 수 없을 만큼 완벽하게 만들어졌기 때문에 그의 많은 찬미자들은 그 위대한 인물의 초상화를 가질 수 있었다. "그 자신과 똑같이 닮은 디킨스 씨가 있다"고 그들은 말할 것이다. 그러나 투명성의 기준에 의하면 그것은 그와 똑같이 닮을 수가 없고, 초상화가 그를 닮았다고 믿는 것은 우리의 의식이 현실세계에 어떻게 색조를 가미하는지를 의식하지 못하기 때문이다. 우리는 그 초상화를 초기 빅토리아식 작품으로 본다. 크기와 비례를 통해 그 시기를 알 수 있다. 고의적으로 시대착오적이 되고자 애쓰지 않는 한, 오늘날 그와 같은 크기와 비례로 인물을 묘사하는 사람은 없을 것이다.

그 대신 이렇게 말해보라. "그 그림은 디킨스의 모습과 정확히 닮은 쿤 씨이다." 그렇지 않다. 눈이 너무 크고 머리카락이 너무 곱슬곱슬하며 입술은 실제보다 두툼하다. 실제로 그렇게 보이는 사람이 있다면 괴물일 것이다. 한쪽으로는 오시안(Ossian)과 「첸치 가의 비극」(The Cenci)을 보면서, 다른 쪽으로는 빽빽하게 들어찬 가구와 무거운 에드워드풍의 현관을 바라보는 그의 머리는 낭만적이고도 화려한 머리이다. 그것은 그 시대를 "표현한다"—그 말은 특정 시대에 살았던 사람들이 믿었던 것처럼 세계를 규정짓는 믿음과 태도들은 디킨스 씨가 제시되는 방식 안에 함축되어 있기 때문에 그의 모습이 그런 방식으로 표현되었다는 것을 의미한다. 그러한 믿음과 태도들이 변할 때 그 시대는 끝나고, 더 이상 그 누구도 디킨스 씨를—또는 그 무엇이든—그런 식으로 보지는 않는다. 그리고 그 사실을 의식한다는 것은 그 시대에 속한 의식을 벗어나서 본다는 것을 가리킨다.

스타일과 표현의 속성이 첨가되는 것은 바로 이러한 종류의 색조를 뜻하며, 투명성 이론이 설명할 수 없는 것은 바로 이 색조이다. 그것은 실재의 일부가 아니라 재현의 일부이며, 투명성 이론 안에서는 그 차이를 위한 뚜렷한 자리를 마련할 수 없다. 내가 리히텐슈타인의 재현과 로란의 재현을 구별하기 위해 찾았던 면모들이 그 내용의 일부가 아니라고 말한 것은 물론 투명성 이론의 전제들에 호소하기 위해서였다. 내가 의미하는 내용에는 재현된 대상이 보여주는 것과 동등한 자극을 주는 것이면 어떤 것이든 포함된다.

이것이 이 장에서 제안하려던 것인데, 요점은 투명성 이론의 결함을 검토하는 가운데 내가 찾아냈던 색조가미의 그러한 측면들을 집중적으로 분석 검토하는 것이다. 그리고 재현 방식과 표현 방식 간의 다소 확장된 유비가 낳은 한 가지 특별히 매력적인 부산물은 아마도 다음과 같이 말할 수 있다. 즉 만일 그 유비가 타당하다면 우리는 심적 언어의 논리적 특수성을 깊이 생각해봄으로써 스타일과 표현 개념들에 대해 우리의 최상의 논리적 통찰력을 쏟아 부을 수 있다. 예술작품이 예술가의 의식의 외화라면 그것은 우리가 예술가가 본 것을 보는 것이 아니라 그가 세상을 보는 방식을 보는 것이다. 카날레토는 베네치아의 기념품들을 만들었고, 우리는 베네치아에서 우리가 보았던 것을 그 기념품들을 통해 들여다볼 수 있다. 평범한 여행자들이 그것을 사는 이유는 바로 그것이다. 그러나 그 그림에는 곤돌라와 살루타가 보여줄 수 없는 것들이 들어 있다. 거기에는 카날레토가 세계를 보는 방식이 있고, 만일 고객들이 그 그림을 베네치아의 모습을 회상하는 데 도움을 주는 기념품으로 생각할 경우, 그 그림은 그들의 시각 방식과 반드시 크게 다르다고도 할 수 없는 비전을 보여줄 것이다. 베네치아가 그렇듯이 그 그림들도 나름대로 마술적인데, 왜냐하면 아마도 그 그림들은 자의식 너머로 환기된 가상의 도시이고, 그 도시가 그 자체로 예술작품인 셈이기 때문일 것이다. 이제 논리적인 문제로 돌아가보자.

7 은유, 표현, 그리고 스타일

　우연히 예술작품과 닮았지만 예술작품의 지위를 누리지 못하는 다른 표상 수단들과 예술작품들을 구별하려고 모색하는 중에 나는 다른 길을 택하는 것보다는 우리를 예술의 정의에 더 가까이 인도해줄 수 있는 것으로서 수사법, 스타일, 그리고 표현 같은 개념들을 도입했다. 그 셋 중에서 나는 표현 개념이 예술의 개념에 가장 적합하다고 생각한다—**예술은 곧 표현**이라고 말한 것은 결국 예술에 대해 의도된 정의의 관점에서 말한 것이다—그리고 예술작품은 재현할 뿐만 아니라, 주제를 가진 작품일 경우 예술이 주제에 관해 무엇인가를 표현한다는 것 역시 참이다. 그러므로 만일 표현하지 못한다면 그것은 예술작품이 아니다. 그러나 스타일과 수사법이 앞의 논의에서 거의 동일한 구별 기준으로서 기능한다는 사실을 고려해볼 때, 보통 교과서에서는 이 개념들이 예술 이론으로서 별로 숭앙받지 않지만, 그 개념들을 명확하게 분석해봄으로써 우리에게 인도할 표현 개념과 공통된 어떤 특징들을 갖는지를 알게 될 것이다. 왜냐하면 표현이 예술의 핵심적인 측면이라는 것을 확신하는 철학자라면 예술철학에서 상당히 주변적인 함의를 가질 뿐인 표현 개념의 한 측면을 검토하는 데에도 많은 시간을 바칠 것이기 때문이다. 나는 스타일, 표현, 그리고 수사법이 서로 만나는 교차점이 우리가 추구하는 것에 매우 가깝다고 믿으며, 그 사실을 잊지 않는다면 우리가 매력적인 동시에 난해할 뿐만 아니라 또한 엄청나게 많은 문헌들을 통해 설명되어온 그 개념들 각각에 너무 깊이 빠져들지 않게 해줄 부적을 가질 것이다.

리히텐슈타인의 「세잔 부인의 초상」을 논의할 때 나는 그가 도형적 형식을 수사적으로 사용했다고 말했는데, 지금 수사법의 실천에서 흔히 관찰되는 몇 가지 측면들을 밝힘으로써 그 주장의 의미를 명확히 밝히고자 한다. 청중으로 하여금 담론의 주제에 대해 특정한 태도를 갖도록 이끄는 것, 즉 주제를 특정한 시각에서 보게 만드는 것이 실천으로서 수사법의 기능이다. 수사법을 조종술적인 것처럼 말하고 수사가를 불성실한 사람으로 보이게 하며, '수사적'(rhetorical)이라는 말이 유해한 것처럼 들리게 만드는 것이 거의 관례가 되다시피 한 것은 단순히 사실을 전달하는 것을 넘어서는 활동으로서 수사법이 얻는 불로소득임에는 의심의 여지가 없다. 분명히 수사가는—그리고 우리가 수사적 전략을 사용할 때 그 누구라도—단순히 사실을 주장하고자 하는 것이 아니다. 그는 사실들을 제시하지만 청중이 그 사실들을 받아들이는 방식을 변화시키기 위해 특별히 고안된 방식으로 사실을 제시한다(수사가가 사실을 전달하는 수준에 머무를 수 있다는 것은 전혀 논리적인 흥밋거리가 못 된다. 많은 경우 우리가 믿도록 권장되는 사실들은 제시된 대로 사실로서 존재하며, 오직 그것이 가설로서 받아들여질 때만 수사법은 시작된다).

개략적으로 말해서 로란의 도형은 「세잔 부인의 초상」을 보는 관람자들에게 유도하는 안구 운동을 사상(寫像)하는 기능을 하며, 무아경에 빠진 눈의 운동을 도표화시킬 때 그 기능은 완수된다. 도형으로서 그것은 참이거나 거짓일 것이며, 그것이 그 둘 중 어느 쪽인지를 결정하기 위해 실제로 실험할 수도 있다. 그 도형 자체가 예술작품이어야 할 필요는 없지만, 그것은 명확하고 깨끗해야 하며 심지어는 예쁘기도 해야 한다는 것—즉 어떤 심미적 특질들을 가져야 한다는 것—은 도형의 훌륭한 기능과 연관된다. 적어도 그것은 도형적 형태를 수사적으로 사용하는 경우는 아니다. 이와 동일한 종류의 의도를 갖고 구성된 담론이 대단히 많은데, 예컨대 과학적 담론들 전체가 그러하다고 볼 수 있다. 그런 종류의 담론은 청중에게 어떤 사실을 알리는 것 이상의 것을 목표로 삼지 않는데, 물론 사실에 대한 어떤 태도를 청중에게 유도할 수는 있지만, 그럴 경우에도 사실들로 하여금 스스로 말하게 하는 것으로 만족하는 저자나 연사의 어떤 간섭 없이도 제시된 사실만으로 그 태도를 유도하기에 충분하다. 그러므로 그러한 맥락에서는 관례적인 의사소통의 인지적·담론적 기술을 넘어서는 어떤 '기술'(art)도 특정한 태도를 유도하기 위해 영입되지 않는다. 그러나 가장 객관적인 종류의 글쓰기에서조차 수사법은 사실상 불가피하다. 객관적인 종류의 글쓰기 방식을 사용하는 것 자체가 수사적이며, 그것의 수사적 목적은 독자로 하여금 글의 내용이 스스로 사실을 말할 뿐이라는 것을 확신시키는 것이라고 볼 수 있다. 그럼에도 불구하고 그 구별을 그대로 두기로 하자. 우리에겐 철학적인 목적을 위해 이상적인 상황이 필요하다.

  지금 내가 개괄하는 수사법이 특징적으로 낱말과 그림을 구별하는 것으로 가정하고 있다. 그리고 나는 두 경우 모두가 표상된 것에 대한 어떤 태도를 갖게 하는 것이 목적이라고 가정한다. 특정한 사물들의 모양이 각기 어떠한가를 예시하기 위해 그림들이 사용되었을 뿐이라고 해도 맥주병을 묘사하는 그림은 갈증을 불러일으킬 수 있고, 여성 의류를 보여주는 그림은 호색적인 욕망을 환기시킬 수 있다. 그러나 보는 이로 하여금 맥주병이 차갑게 냉장되어 있다는 것을 추론할 수 있도록 병이 그려져 있다든지, 또는 그 옷을 입으면 그 사람에게 화려한 분위기를 기대하게끔 옷이 그려져 있다면, 관람자는 그 맥주가 시원한 맥주이고 그 옷이 멋지기 때문에 구매할 가치가 있다고 느낄 것이다. 그렇기 때문에 상업 미술가의 수사적 기술이 발휘되는 것은 정확히 바로 그러한 느낌들을 환기시키는 데에 있다.

그림들은 그것이 올바로 이해되기 위해서 실제로 수행되어야 하는 그런 추론들을 유도하게끔 그려져 있을 뿐만 아니라, 그렇게 추론된 대상에 대해 관람자가 가질 것으로 예측되는 종류의 느낌을 환기하게끔 그려져 있다. 맥주병 위에 그려져 있는 서리는 보는 이로 하여금 갈증을 느끼게 만들고 그것을 해소하는 상태를 상상하도록 유도하기 위해 그려졌고, 카를로 돌치의 그림에서 크게 부릅뜬 눈에 맺힌 눈물은 관람자로 하여금 경건한 슬픔을 갖게 하기 위해 그려진 것인데, 이 사례들은 우리가 수사법을 다룰 때 가정하기 쉬운 가장 탁월한 사례들이 못 된다. 나는 문제의 모티프들의 좋음이나 나쁨과는 상관없이 특정한 태도를 유도하는 것을 수사법의 목적으로 보는 논리적 고찰에만 관심을 두겠다. 물론 돌치가 그린 커다란 눈의 성자와 순교자들은 현대적 취미에 비해 너무나 감상적인데다 화가의 의도를 지나치게 확연히 노출시키기 때문에 우리를 바람직한 태도로 이끌기 어려운데, 그것은 관람자가 환기의 수단을 의식할 때 의도된 효과를 상쇄시켜버릴 수 있다는 것을 보여준다.

그러나 가장 고상한 예술에서도 수사적인 측면은 어렵지 않게 발견할 수 있으며, 세계를 표상하는 것 자체보다는 어떤 태도나 어떤 특별한 비전(vision)을 갖고 세계를 보도록 이끌기 위해 특정한 방식으로 세계를 표상하려는 것이 예술의 주요 임무 중의 하나이다. 그것은 후기 바로크 시대의 이탈리아 예술이 명시적으로 추구한 목표였고, 당시의 예술가들은 관람자들의 신앙심을 드높이고 견고하게 만들기 위해 그들에게 특별한 감정을 환기시킬 수 있어야만 했는데, 그것은 오늘날에도 사회주의 리얼리즘과 정치 예술에서 일반적인 목적으로 견지되고 있다. 그러나 어떤 효과도 의도하지 않는다거나, 또는 예술로부터 풍요로운 경험을 얻는 사람들에게 특정한 방식으로 세계를 제시할 때 어느 정도의 영향력이나 변형 또는 표현 방식에 대한 승인을 목표로 삼지 않는 예술을 상상하기는 어렵다.

나폴레옹이 로마 황제로 재현될 때, 조각가는 단순히 로마 황제들이 입었던 것으로 믿어지는 의상, 즉 옛날 복장을 입은 나폴레옹을 단순히 재현하려는 것이 아니다. 오히려 조각가는 관람자가 제재(題材)—즉 나폴레옹 자신—에 대해서 그보다 훨씬 위대한 로마 황제들—카이사르나 아우구스투스(만일 그것이 마르쿠스 아우렐리우스였다면 조각가는 조금 다른 분위기를 조성하려 했을 것이다)—에게나 적절하다고 생각되는 경외심을 갖고 바라볼 것을 소망한 것이다. 그렇게 차려입은 그 인물은 위엄, 권위, 영광, 권세, 그리고 정치적 절대성에 대한 은유이다. 사실 a를 b로 기술하거나 묘사하는 것은 항상 은유적 구조를 갖는다. 플로라[1]로서의 사스키아, 여자목동으로서의 마리 앙투아네트, 비극의 뮤즈 신으로서의 시든스 부인—또는 벌레로서의 그레고르 잠자(Gregor Samsa)—여기서 그림은 마치 b의 속성들의 견지에서 a를 보라는 일종의 정언명령으로 환원되는 것처럼 보인다(물론 반드시 타당한 것은 아니지만, 은유에서 a는 b가 아니라는 것이 함축된다. 앞에서 소개한 바 있는 예술적 동일시[artistic identification]의 개념도 이와 유사하게 은유적 구조를 갖는 것으로 볼 수 있다). 방금 인용한 사례들과는 대조적으로 우연히도 나폴레옹이나 사라 시든스, 또는 마리 앙투아네트 자신이 로마 황제, 비극의 뮤즈 신, 소박한 **목동**을 위해 모델 서기를 하는 경우, 두 경우는 흥미로운 차이를 보여준다. 왜냐하면 모

---

[1] 로마 신화에 나오는 꽃의 여신이다.

델 서기 그 자체는 일종의 재현 수단으로, 화가가 묘사하려는 인물을 표상하기 위해 그들을 모델로 사용할 뿐이기 때문이다. 모델의 정체성은 그 표상하려는 대상의 정체성에 의해 잠식되어 버린다. 이상적인 경우 모델은 투명해야 하며, 우리는 모델을 그가—또는 그녀가—표상하는 인물 자신인 것처럼 착각해서는 안 된다—물론 그림으로 그려지고 촬영되는 등 예술가가 직접 묘사하는 대상은 바로 모델 자신이지만 그가 곧 그림의 내용인 것은 아니다. 만일 모델이 너무나 잘 알려진 인물인 까닭에 동일성의 잠식현상이 일어나지 않는다면, 그 모델은 잘못 선택된 것이다. 엘리자베스 테일러, 제키 케네디, 또는 리처드 닉슨은 너무나 강한 정체성을 갖기 때문에 쉽게 증발하지 않는 나쁜 모델이 될 것이다. 몽파르나스의 키키라든가 르누아르 가(家)의 가브리엘처럼 모델은 모델로서의 어떤 정체성을 획득할 수 있다.

그러나 그들이 모티프가 아니라 모델로서 사용될 때, 그들이 해변의 누드모델로 선 것이 아니라 해변에서 실제로 누드가 되었을 때, 이런 경우조차 모델로서 그들이 무엇을 상징하든 예술가는 그들을 그것으로 보지 않는다. 사스키아는 때로는 모델이고, 때로는 모티프이며—렘브란트가 여름 모자를 쓴 사스키아를 그렸을 때, 또는 죽어가는 사스키아를 그렸을 때처럼—그리고 때로는 은유의 주제인 꽃의-여신으로서-사스키아가 된다. 제재가 지속적으로 자기의 정체성을 보전하며 그렇게 인지된다는 것은 은유적 변용의 구조적 특징이다. 즉 나폴레옹은 단순히 로마 황제로 변모하는 것이 아니라, 로마 황제의 속성들을 가질 뿐이다—바로 그 때문에 그레고르 잠자의 경우, 그는 은유화된 것이 아니라 완전히 변형된, 공상과학소설 작품의 영웅이 되는 것이다.

은유(metaphor)는 가장 흔히 사용되는 수사법의 하나이며, 상상력을 십분 발휘한다면 회화적 재현에서 모든 수사법의 상대역들을 발견할 수 있다. 그러나 실제로 구체적인 사례를 찾으려 하기보다는 왜 은유가 수사법의 수단이 되는가, 그리고 그 결과 로마 황제로서의 나폴레옹의 초상화는 왜 단순히 나폴레옹을 모델로 사용한 로마 황제의 재현이나 고답적인 복장을 한 나폴레옹을 묘사한 그림과 다른가라고 묻는 것이 우리의 논의에 더 도움이 될 것이다. 이 물음에 대한 답은 앞의 장에서 검토한 다른 문제에 관해서도 우리의 이해를 심화시켜줄 것이라고 나는 생각한다. 즉 예술작품(리히텐슈타인의 초상화)과 단순한 표상(로란의 도형) 간의 차이는 왜 단순히 내용의 차이가 아닌가? 여기서 그 물음은 이렇게 옮겨볼 수 있다. 즉 로마 황제로서의-나폴레옹 그림과 나폴레옹이 로마 황제를 위해 모델 서기를 한 경우 사이의 차이는 왜 단순히 내용의 차이로 수렴하지 않는가? 그리고 만일 그것이 단순히 내용의 차이일 뿐이라면, 우리도 알다시피 황제의 위엄을 전시하는 엄청나게 많은 액세서리에 둘러싸인 나폴레옹을 보여주는 대신 황제의 위엄을 갖춘 인물로서 나폴레옹을 묘사하는 은유를 사용하는 까닭은 무엇인가? 왜 '사실로 하여금 스스로 말하게' 하지 않고, 더구나 은유 자체가 새로운 사실을 제시하는 것이 아닌데도 우리가 그렇게 하지 않는 이유는 무엇인가? 이 물음은 "도대체 왜 은유를 사용하는가" 하는 근본적인 물음에로 우리를 돌아오게 만든다.

아리스토텔레스의 『수사학』은 다른 무엇보다도 도덕 심리학에 지대하게 의존하는 저술이다. 제2권에서 그는 감정을 분석하는데, 우리가 그의 분석을 넘어 한 발자국도 앞으로 나가지 못했다고 말한 하이데거의 평가가 나는 매우 공정하다고 생각한다. 아리스토텔레스는 서술된 것에 대해 청중으로 하여금 특정 태도를 갖게 하기 위해 동원하는 수사법의 효과가 곧 감정이라고 설명하고 있다――즉 수사법은 환기되어야 할 적합한 감정들을 유도하는 수단이다. 따라서 수사가는 다양한 감정들에 관해 충분한 개념적 이해를 가져야 한다. 즉 만일 환기해야 할 감정이 분노라면, 수사가는 대상에 대해 유일하게 정당화될 수 있는 반응으로서 분노를 환기시키는 대상들의 특징을 알아야만 한다. 따라서 어떤 사람이 특별한 방식으로 다른 사람을 모욕했다는 사실을 주지하는 것으로 그쳐서는 안 된다. 모욕이라는 개념을 이해하는 것은 문제의 대상에 대해 적절한 종류의 분노를 느낄 뿐만 아니라 모욕적인 사실에 대해 반응하는 것을 가리킨다. 그러므로 그것은 참된 것으로 인준할 수 있는 기술구를 획득하는 것 이상의 문제이다.

특별한 태도를 가미해야 한다고 느꼈던 수사가의 시각에서 그 사람을 보았다면 자연스럽게 가졌음직한 종류의 태도를 청중은 수사적으로 서술된 대상에게 가져야 하는 것이다. 실천적 삼단논증(practical syllogism)을 사용할 때 결론으로서 어떤 행동을 이끌어내고자 하고, 특정한 인식적 믿음을 결론으로 도출하기 위해 이론적 삼단논증을 사용하듯이, 『수사학』에서 아리스토텔레스가 목표 감정을 유도해내기 위해 비정상적 구조를 가진 삼단논증을 구상했다고 말하는 것은 틀린 말이 아니다. 결국 믿음과 행동의 관계처럼—순수한 지각과 단순한 신체적 운동의 관계와는 대조적으로—순수한 느낌과 구별되는 종류의 감정은 어떤 정당화의 구조를 배경으로 하고 있다고 생각된다. 우리가 처해 있는 삶의 조건들을 특별한 방식으로 조망할 때 반드시 우리가 느껴야만 하는 것으로 믿어지는 감정들이 있다. 그리고 우리의 공동체에 속한 모든 사람이 이해할 만한 상황에서 우리가 믿거나 행해야 하는 것이 있고, 또는 믿어서는 안 되고 또 행해서는 안 되는 것으로 우리가 알고 있는 것이 있듯이, 주어진 상황에서 느껴서는 안 되는 것으로 우리가 알고 있는 감정들이 있다.

믿음, 행동, 그리고 감정들은 논증의 단계라기보다는 인격의 상태이며, 아리스토텔레스의 분석 구조에서는 논리적인 고찰뿐만 아니라 인과적인 고찰이 중요한 자리를 차지한다. 수사가는 어떤 특수한 감정이 반드시 느껴져야 한다거나, 또는 당신—그의 청중—이 그것을 느낀다면 정당화되고 그것을 느끼지 않는다면 정당화되지 않을 것이라는 것을 증명하는 것만으로는 충분하지 않다. 만일 실제로 그가 당신으로 하여금 문제의 그 감정을 느끼게 만들고 또한 당신이 무엇을 느껴야 하는지 말해주지 않는다면 그는 수사가로서 무능할 뿐이다. 그는 어떤 놀라운 방식으로 당신의 마음에 개입하여 그가 의도하는 마음 상태로 당신을 이끌어야만 한다. 그는 자동인형이나 그저 이성적이기만 한 존재를 다루는 것이 아니다. 바로 그렇기 때문에 설득과 논리의 기술로서의 수사법은, 심리적인 증명 기술이 될 때 사실들과 그 상호 관계뿐만 아니라 청중들의 마음에도 개입해야만 하는 것이다.

심리적 논리에 관한 가장 흥미로운 관찰로 보이는 대목에서, 아리스토텔레스는 수사적 목적을 위해 가장 적합한 논리 형식으로 축약논증(enthymeme)을 제안한다. 이 논증은 처음에는 이상하게 보일 수 있지만, 핵심적인 것에 관한 열쇠를 쥐고 있다. 축약논증은 전제가 빠졌거나 결론이 빠져 있는 생략된 삼단논증으로, 삼단논증적 타당성의 정상 조건들을 충족시키기 위해 필요함에도 불구하고 빠져 있는 어떤 명제가 명백하게 참일 때, 또는 명백하게 참인 것으로 간주될 때, 즉 누구든지 특별한 노력 없이도 받아들일 만한 것으로 기대되는 것, 다시 말해서 지극히 상식적인 것일 때 타당한 삼단논증으로 변모한다. 그렇다면 축약논증은 그 결론이 참이라는 것, 그리고 연관된 사례에 대해 그 전제들이 명백하게 참이라는 것을 증명하는 것 이상의 의미를 갖는다. 그것은 축약논증의 구성자와 독자 사이의 복잡한 상호관계가 포함된다는 것을 의미한다. 독자는 화자에 의해 의도적으로 만들어진 여백을 스스로 채워야만 한다. 그는 빠진 것을 채워넣고 자기 자신의 결론을 이끌어내야 한다('자기 자신의 결론'이란 사실 '누구든지' 끌어낼 수 있는 것들이다).

독자는 수동적인 방청객처럼 거기에 무엇인가를 채워넣어야 한다고 지시 받는 것이 아니다. 그는 이성의 공통된 절차를 밟으면서 그것을 직접 찾아내어 스스로 채워넣어야 하는데, 마치 교회 회중이 기도의 대상이 아니거나 또는 단독으로 앞에 나가 있는 것이 아니라 함께 모여 있을 때 기도가 응답되는 것과 같은 방식으로 이성이 작용하는 것이다. 미미한 방식이지만 백지처럼 단순히 정보를 수용하는 것이 아니라 과정에 참여함으로써 축약논증의 청중은 이상적인 텍스트 독자들이 수행해야 하는 것과 똑같은 일을 수행한다. 축약논증 형식의 이상적인 예시에서 볼 수 있듯이 이때 가장 유혹적인 적(敵)은 명료성이다. 그리고 이것은 모든 수사법에 해당된다. '수사적인'(rhetorical)이라는 형용사가 언제 가장 자주 쓰이는지 머릿속에 그려보라. 그것은 '수사적 물음'(rhetorical question)이라는 딱지가 붙을 경우이다. 헨리 왓슨 파울러[2]는 그의 성마른 성질을 죽여가면서 그 낱말을 다음과 같이 설명한다. "흔히 어떤 물음은 정보를 산출하기 위해서가 아니라 진술을 대신하는 충격적인 대체제로서 제기된다. 이때 가정된 것은 오직 한 가지 답만이 가능하다는 것, 그리고 만일 듣는 사람이 마음속으로 직접 그 물음을 제기한다면, 그것은 화자의 사실적 진술 이상으로 그에게 깊은 인상을 심어줄 것이라는 점이다."

그러므로 소크라테스가 자기가 직접 채워넣을 수 없다고 주장한 명제를 그의 협조자가 제시하도록 했을 때, 그가 사용한 산파술이라는 대화 기술은 그의 논적이었던 소피스트들이 똑같은 목적을 성취하기 위해 고안한 수사기법들의 체계와 중대한 가정들을 공유한다. 그들은 공

---

[2] H.W. Fowler(1858~1933). 영국의 사전편집자. 옥스퍼드에서 수학했다. 1905년에 그는 동생 프랜시스 파울러(Francis G. Fowler, 1870~1918)와 함께 루시앙(Lucian)을 번역하기 시작했다. 이어서 두 사람은 현대 영어의 올바른 용법과 오류들을 망라한 재미있는 『킹스 잉글리시』(1906)를 펴냈고, 콘사이스 옥스퍼드 『현대영어사전』(1911)을 비롯한 여러 영어사전을 편집했다.

통된 설득의 심리학을 전개했고, 따라서 소크라테스적 대화의 구성법이 수사가의 표준 훈련과정이 되었던 것은 놀라운 일이 못 된다. 그러므로 청중은 스스로 그 간격을 채우고 거의 불가항력적인 마음의 운동력에 의해 추동되며, 수사가 자신은 단지 청중 자신의 계기를 이용할 뿐이다. 그리고 다른 사람들에 의해 설득되는 것보다 스스로를 설득하는 것이 훨씬 효과적이라는 그럴듯한 심리적 가정 아래 축약논증은 수사가가 애용하는 생략법의 한 사례에 불과하다. 오셀로가 질투심 때문에 스스로 미쳐버릴 수 있는 공간을 탁월한 솜씨로 창안해낸 것에 대해 젊은 이아고가 어떻게 말하는지를 관찰해보는 것도 도움이 될 것이다.

그와 똑같은 역동성을 가진 어떤 면모를 은유에서도 찾아볼 수 있다. 그것이 참이라 해도 아직 우리는 어떻게 우리가 은유를 이해하는가 하는 설명에는 미치지 못하고, 다만 마음의 어떤 특수한 행위가 개입한다는 것만 알 수 있다. 이것은 어쩌면 아리스토텔레스가 논리적 관점에서 너무 편협하게 본 것일지 모르지만 이해의 관점에서는 충분할 만큼 정확하게 설명한 문제인데, 즉 만일 a가 은유적으로 b일 경우 매개념 t를 찾아내야 한다면, a와 t의 관계가 t와 b의 관계와 같도록 만드는 t가 있어야 한다는 것이다. 아마도 어떤 개념의 쌍에 대해서든 언뜻 보기에 있을 수 있는 어휘들의 지도에서 서로 아무리 멀리 떨어져 있다고 해도 그것들을 서로 은유로 연결해주는 매개념을 찾을 수 있을 것이다. 따라서 아마도 축약논증처럼 특정한 진리 상정은 그것에 적합한 매개념을 규정하는 것처럼 보인다. 즉 은유가 언어의 살아 있는 가장자리(living edge)를 이룬다는 생각 자체를 심각하게 의심하게 할 만큼, 그것은 사실의 선택을 강력하게 제약한다. 그러나 여기서 주지해야 할 중요한 점으로서, 과연 아리스토텔레스가 은유의 논리적 형식을 성공적으로 제시했는가 하는 것보다 더 중요한 문제는 그가 실용적인 목적에 기여하는 중대한 어떤 것을 간파했다는 사실이다. 즉 매개념이 발견되어야 한다는 것, 간격이 채워져야 한다는 것, 그리고 마음이 행동으로 옮겨져야 한다는 것이다.

참여에의 선동은 불충분한 지식을 가진 사람에게는 불가항력적이거나 아니면 혼란스러울 뿐이다. 로마 황제로서의 나폴레옹은 일반적으로 나폴레옹이 어떤 복장을 했으리라는 것을 알고 있고, 나폴레옹에게 그런 식으로 옷을 입히는 것은 역사적 오류라는 것을 알며, 로마 황제들은 그런 식의 복장을 했다는 것 등을 아는 사람에게만 유의미한 시각적 은유가 된다. 그 밖에도 관람자는 왜 그 사람에게 화가가 저런 옷을 입혔는가 하는 물음—결국 왜 나폴레옹이 그런 옷을 입었는가 하는 것—과는 전혀 다른 종류의 물음에 대한 답에 해당하는 은유를 포착해야 하는데, 그 답 자체는 전혀 은유가 아닐 수도 있다. 간단히 말해서—그리고 이것은 우리가 반드시 되돌아가야 할 요점이기도 하다—은유적 표현이 발생하는 장소는 다시 재현된 실재, 즉 그런 복장을 한 나폴레옹에게 있다기보다는 재현 자체—즉 로마 황제로서의 나폴레옹이다. 물론 나폴레옹이 매우 권세 있는 인물이었다는 것은 전혀 비밀이 아니다.

수사적인 초상화의 목적은 그 공통된 지식 한 조각을 고전적인 개념의 모든 무해한 함의들과 더불어 로마 권력의 견지에서 보는 것이다. 정말로 그 개념은 완전히 파악하기는 힘든 매우 강력하고 풍부한 개념이었을 것이다. 만일 나폴레옹이 단지 로마인의 복장을 하고 있었다면—그 옷 자체가 그것을 입고 있는 그의 명시적인 초상화가 가질 수 없는, 그에 대한 어떤 은유적 유의미성을 갖지 않는 한—왜 그가 그런 복장을 했는지를 제외하고는 알아야 할 것이 별로 없을 것이다. 은유에 관한 그림은 반드시 은유적인 그림일 필요가 없으며, 거의 확실히 그렇지 않다고 말할 수 있다. 바로 그렇기 때문에, 또는 부분적으로 그런 이유 때문에 재현 형식과 재현 개념을 구별하는 것이 중요해진다.

이상의 예비적인 성찰의 견지에서 이제 우리는 앞의 장에서 언급되었던 사례로 다시 돌아가도록 하자. 세잔이 자기 부인을 그린 초상화에 관하여 그린 로란의 도형과 논리적 결정학(結晶學)의 연습으로 리히텐슈타인이 차용한 도형이 보여주는 상이한 구조들을 약간 굴절시켜보는 것은 도움이 될 것이다. 그 두 재현적인 도형의 주제는 똑같은 그림, 바로 그 초상화이다. 전자의 경우, 그 도형은 눈의 궤도와 어느 정도 일치한다. 후자의 경우, 우리가 보았듯이 그것은 도형으로서의 「세잔 부인의 초상」이다. 즉 그것은 그 초상화의 변용으로, 그 그림은―나폴레옹처럼―새로운 속성들 아래서 그것을 조명하도록 의도되었고 그에 따라 변화되었으면서도 동일성을 유지한다. 다시 말해 그 초상화를 도형으로 보는 것은 세계를 도식화된 구조로 보는 화가의 시각을 보는 것이다. 물론 관람자가 그러한 변용에 참여할 수 있기 위해서는 그 초상화에 대해 알아야 하고, 로란의 도형에 대해서도 알아야 하며, 그 다음에는 그것들이 갖는 함의들을 그 초상화 속에 융합시켜야 한다.

그러므로 예술작품은 단순한 재현이라기보다 변용적(transfigurative) 재현이며, 의식적으로 이루어졌든 아니든 내가 언급한 주요 작품에서 보듯이, 또는 아주 거칠게 말해서 화가가 뜻밖이지만 침투력 있는 속성을 주제에 덧입히는 데에 성공한 재현적인 예술작품의 경우 일반적으로 그것은 참이다. 예술작품을 이해한다는 것은 항상 그것이 갖고 있는 은유를 파악하는 것이다. 그러므로 사례를 바꾸어, 성 제임스의 시장을 그린 토머스 게인즈버러(Thomas Gainsborough)의 그림에 대해 생각해보자. 그것은 사실상 황궁의 여인들이 산책하는 모습을 그린 그림이다. 그러나 그 여인들은 또한 꽃으로 그려지고 산책길은 그들이 둥둥 떠다니는 물줄기로 변용되어 그 그림은 시간과 미에 대한 은유가 됨으로써 여가생활과 패션 기록 이상의 것이 되었다. 그러나 만일 나의 이론이 옳다면 모든 예술작품은 그 이론을 예시한다. 즉 예언자로서의 렘브란트, 볼록거울 이미지로서의 파르미자니노, 헤라클레스로서의 디오클레티아누스, 어린양으로서의 그리스도가 그 예이다.

그러나 내가 가장 위대한 은유로 생각하는 것은 감상자가 재현된 인물의 속성을 자신과 동일시하고, 작품에 묘사된 삶을 통해 자신의 삶을 조망하는 경우이다. 그리하여 그는 자신에게서 안나 카레니나, 이사벨 아처, 엘리자베스 베넷, 또는 O를 본다. 라임차를 마시는 자신의 모습, 마라바르 동굴에 있는 자신, 이스트에그 근처의 바닷물에 몸을 담그고 있는 자신, 붉은 방에 있는 자신을 보는 것이다. 여기서 예술작품은 삶에 대한 은유가 되고 관람자의 삶은 변용된다. 실제로 그러한 변용의 구조는 가상성(making believe)의 구조와 비슷한데——그것은 속이기 위한 것이 아니라 그것으로부터 얻는 즐거움을 향유하기 위해 가장(假裝, pretending)하는 것이다. 그러나 그렇게 가장할 때 그 사람은 자기가 가장하는 것 자체가 아니라는 것을 반드시 의식해야 하며, 만일 그가 가장하는 것 자체가 되어버린다면 게임이 끝나듯이 가장도 끝나버린다. 그러나 예술적 은유는 어떤 면에서 그 가장이 참일 수 있다는 점에서 가장과 다르다. 자신을 안나로 보는 것은 어떤 점에서 안나가 되는 것이며, 자신의 삶을 그녀의 삶과 동일시할 때 그녀가 되는 경험에 의해 독자 자신의 삶이 변하게 된다.

그러므로 예술이 거울(볼록거울!)이라는 생각에는 결국 일말의 진리가 있는데, 왜냐하면 우리가 탐구 과정을 시작하는 단계에서 보았듯이 거울은 그것 없이는 우리가 우리 자신에 대해 알지 못했을 어떤 것을 우리에게 말해주며, 따라서 그것은 자기 계시의 도구이다. 자기가 반드시 아름다운 여성일 필요도 없고 러시아인이나 19세기 사람도 아닐 뿐만 아니라 굳이 여성이어야 할 필요가 없다는 것을 잘 알고 있으면서도, 어떤 사람이 자신을 안나로서 볼 수 있다면 그는 자기 자신에 대해 무엇인가를 알게 된 것이다. 당신은 당신 자신에 관한 믿음을 당신의 정체성으로부터 완전히 분리할 수는 없다. 당신 자신을 안나라고 믿는 것은 당신이 그렇게 믿는 순간 안나가 되는 것이며, 당신의 삶이 욕정의 덫으로, 그리고 당신의 삶을 의무와 정념의 희생자로 보는 것이다. 만일 간혹 예술이 삶에 대한 은유가 되기도 한다면, 예술에 의해 자기 자신으로부터 벗어나는 드물지 않은 경험—오히려 흔한 예술적 환영—은 사실 자기 자신을 주제로 삼는 은유적 변용의 재연(再演)이다. 당신은 작품의 궁극적인 내용이며, 그리하여 한 평범한 사람은 매력적인 여인으로 변모한다.

이런 성찰들은 물론 다분히 뜬구름 잡기처럼 들린다. 그러나 역시 당연한 일이지만 우리가 거의 보편적으로 갖고 있는 예술관에 의하면 예술을 고양된 활동으로 만드는 것이 무엇이든 간에 우리는 어떤 시점에서 반드시 예술의 그러한 면을 포착해야만 한다. 미는 고양된 성질이므로 아름다운 것을 산출하는 것이 고양된 활동임은 물론이다. 그러나 주지하듯이 미학은 예술의 핵심부를 건드리는 적이 거의 없고 위대한 예술에 대해서는 말할 것도 없는데, 위대한 예술이 가장 아름다운 예술인 것은 물론 아니다. 우리의 논의의 태반이 최소주의적인 사례들, 즉 네모난 텅 빈 캔버스라든가 거친 상자나 직선들의 모음 같은 것에 토대를 두기 때문에, 잠깐 동안이나마 걸작들을 생각해본다는 것은 어색하게 느껴진다. 그러나 잠시 우리는 어쩔 수 없이 불길한 느낌을 주는 천상에서 내려와, 수사법의 견지에서 해석된 예술작품의 명시적인 특징과 함의들 중 몇 가지를 검토해야만 한다.

첫째로, 만일 예술작품이 은유적 구조를 갖거나 또는 그와 매우 유사하다면, 예술작품에 관한 어떤 번역이나 요약도 아무리 참여적인 마음이라 할지라도 작품의 모든 면에 감응하게 만들 수 없다. 마치 분노의 절규에 대한 기술이 분노의 절규 자체가 갖는 똑같은 반응을 활성화시킬 수 없듯이, 그리고 은유에 관한 기술이 그것에 의해 설명되는 실제의 은유가 갖는 힘을 가질 수 없듯이 작품의 내적 은유에 대한 어떤 비평적 설명도 그 작품을 대체할 수 없다. 어떤 사람이 자기가 찬양하는 작품에 관해 그 그림이 의미하는 바를 말로 옮기는 일에는 항상 위험이 따르는데, 왜냐하면 그러한 기술에서 별로 찬양할 만한 것을 발견할 수 없다는 뜻에서 "그것이 전부인가"라고 누구든지 말할 수 있기 때문이다. 그때 이 실망스러운 반응에 대해 자기의 기술구에 무엇인가 덧붙이면서 응수하려는 것은 항상 똑같은 물음을 다시 들을 수 있다. 그리고 비평적 설명이 이렇게 항상 미진할 수밖에 없다는 사실 때문에 더 많은 말을 덧붙여 양적으로 증배시킨다고 해도 상황을 호전시킬 수는 없다. 오히려 작품이 의미하는 바는 은유 안에 응축되어 있는 작품의 힘으로서, 힘이란 반드시 실제로 느껴야 하는 어떤 것이다.

 은유는 상술될 수 있는 함의들보다 더 많은 요소들을 갖는 것은 아니다――아마도 이런 의미에서 은유를 벗겨버린다면 그 함의적 요소들의 완전한 갈래들이 적나라하게 '드러날지도' 모른다. 그러나 다시 말하지만 은유가 갖는 힘은 속성들의 목록으로서의 은유와는 완전히 다른 논리적 범주에 속하는 것으로, 그것은 은유가 함의하는 유의어들에 의해 전달될 수 있는 것이 아니다. 그렇다면 은유를 이렇게 확장된 의미로 해석하는 것을 업무로 삼는 비평활동은 결코 작품의 대체재가 될 수 없다. 오히려 비평은 독자나 관객에게 작품의 힘에 반응할 수 있도록 필요한 정보를 제공하는 것이며, 그것은 결국 예술 개념이 변할 때 유실될 수 있고 또는 관례화된 문화적 관습이 수용하기 어려운 작품 외적인 난점들 때문에 아예 접근 불가능할 수도 있다. 흔한 말이지만 은유는 저절로 신선함을 잃는 것이 아니다. 은유가 죽을 때 때로는 학문적인 복구작업을 해야만 한다. 그리고 그러한 작품들을 다시 살려내어 접할 수 있게 하는 데에 예술사와 문학사 같은 전문분과의 위대한 가치가 있다.

그렇다면 "작품 자체에 주목해야 한다", 즉 직접적인 경험을 대신하는 것은 없고 또 있을 수가 없다는 주장에는 일말의 진리가 들어 있다. 매우 잘 알려진 경험주의 이론에서 그와 유사한 제안이 있는데, 피상적으로 해석하면 그 유비는 예술작품에 고유한 것으로 기대되는 것을 어느 정도 훼손한다고 비판받을 수 있다. 왜냐하면 만일 '빨강' 같은 술어를 이해한다고 할 경우, 빨강 같은 단순한 성질은 그 직접적 경험을 대신하는 것이 있을 수 없고, 아무리 기술구를 확장시킨다 해도 그러한 원초적인 경험과 맞먹을 수 있는 것은 없기 때문이다. 의심할 것도 없이 경험론이 추앙하는 다른 원초적 성질들에 관해서도 그렇게 말할 수 있는 것처럼, 이 유비를 토대로 예술작품에는 고유하고 환원 불가능한 어떤 것이 있다고 주장할 수 있다. 즉 빨강이라는 단순한 성질이 그렇듯「야경」의 고유한 속성은 그 나름대로 우주를 구성하는 기본 요소의 일부라고 말할 수 있다. 그런 식으로 각 예술작품의 고유성에 대해 설명할 수 있을 것이다! 이것은 대단히 매력적인 이론이긴 하지만 결국 충분할 정도로 설득력 있는 이론은 아니다. 왜냐하면 다시금 말하지만 예술작품의 구조는 은유의 구조와 비슷하며 예술적 경험은 그 구조와 내적으로 연관되어 있다.

그렇기 때문에 예술적 경험은 근본적으로 인지적 반응이며, 단순 속성과 인지 주체로서의 우리 사이의 원초적인 만남과는 완전히 다른 종류의 복합성을 이해하는 활동이다. 빨강을 직접 대면함으로써 '빨강'이라는 낱말을 사용할 수 있듯이, 우리는 지시체를 직접 인지함으로써 의미를 배우고 그에 의거해「야경」이라는 이름을 적절하게 사용할 수 있을지도 모른다. 그러나「야경」이든 다른 어떤 그림이든, 그림들에 대해 반응하는 것은 동일시할 수 있는 능력을 훨씬 넘어선다. 정확히 말해서 반응적인 이해의 복잡성은 많은 경우 뚜렷이 비평의 매개가 촉발하는 것이 틀림없다. 그러나 이류급 작품들을 비난하는 것이 우리를 '작품 자체'로 인도하려는 사람들이 의도하는 바이듯이, 작품을 기술하기 위해 우리가 사용하는 언어와 작품 자체에 대한 인지적 경험 사이의 미묘한 상호관계뿐만 아니라 작품의 향수 과정이 포함하는 구조적 복잡성을 간과하면서, 원초적 경험이라는 유비를 허용하고—그리고 전형적으로, 기껏해야 비어(卑語)가 유일한 언어적 상관물인 일종의 미적 결함이나 재난처럼 예술적 경험을 취급하는 이들은 바로 그들이다.

한 가지가 더 있다. 나는 예술작품의 동일성과 구조의 기원이 되는 역사적 그리고 일반적으로 인과적 배경으로부터 예술작품들을 분리시키는 것에 반대해왔다. 그러므로 이른바 '작품 자체'라는 것은 예술적 환경과의 수많은 인과적 연관성들을 전제하기 때문에 초역사적인 성격의 예술 이론은 철학적으로 전혀 옹호받을 수 없다. 그렇지만 이 이론은 작품의 수사적 힘에 준거하여 옹호하는 것보다 한층 더 강력하다. 작품의 수사법은 축약논증, 수사적 물음, 그리고 수사기법에 의해 성취된 개념들에 대한 접근 가능성을 전제로 하며, 그런 것들을 이해하지 않고서는 작품의 힘을 느낄 수 없으므로 결국 작품 자체를 음미할 수 없다. 그러나 이런 것들 외에도 나는 수사법 자체를 지향적 활동으로 보며, 특정 부류의 주체들만이 그것을 사용할 수 있다는 것은 분석적 진리에 해당한다.

만일 나의 이 주장이 참이라면, 그것은 작품과 예술가 사이의 어떤 중요한 관계를 함축한다. 즉 어떤 사람이 다른 사람으로 하여금 그 작품에 (아마도 그릇되게) 반응하게 하려고 그를 수사적으로 조종한다는 사실을 암묵적으로 지시한다. 물론 '지향적'(intentional)이라는 것이 반드시 '의식적'(conscious)인 것을 함축하는 것은 아니며, 따라서 예술과 그 제작 의도 간의 개념적 관계를 조금도 변경시키지 않고서도 "예술은 예술가의 무의식을 지시한다"는 이론을 옹호할 수 있는 여지가 있다. 결국 은유는 만들어져야 한다. 나는 더 이상 이 주제를 천착하지 않겠지만, 이것은 지극히 복잡한 심리학의 주제가 틀림없다.

마지막으로 한 가지를 부연하면, 나는 은유의 구조가 재현된 내용보다는 재현의 어떤 면모들과 연관성을 갖는다고 말했다. 바로 그 점이 예술작품과 단순 표상 간의 차이가 왜 단순히 내용상의 차이가 아닌가 하는 것을 설명해준다. 그리고 더 나아가서 작품이 가진 힘의 일부가 특정한 재현의 면모들과 내적으로 연관되어 있는 한, 똑같은 내용을 다룸에도 불구하고 왜 재현적인 한 작품이 재현적인 다른 작품을 결코 대체할 수 없는가 하는 설명도 바로 그 점에 달려 있다. 이것은 우리가 아직 다루지 않은 은유의 다른 논리적 측면에 주목하지 않고서는 쉽게 밝혀질 수 없는 문제인데, 비록 은유가 거대한 주제이긴 하지만, 이 시점에서 나는 제시된 주장들을 뒷받침할 만한 설명을 적어도 한 가지 제시해야만 한다고 생각한다.

이제까지의 논의에서 나는 의도적으로 그리고 편향적으로 시각적 은유를 강조했는데, 왜냐하면 만일 참으로 시각적 은유라고 부를 만한 것이 있다면 은유적 표현과 이해에 관한 훌륭한 이론은 재현의 주요 체계들을 포괄해야 하기 때문에, 언어로 되어 있든 또는 그림으로 되어 있든 모든 재현 체계에서 나타나는 은유 현상을 설명할 수 있어야 하고, 따라서 오직 시각 체계에서만 은유가 가능하다고 말할 수는 없기 때문이다. 은유는 그 두 체계—언어와 그림—가 어떤 특징들을 공유하느냐에 달려 있다고 생각하는 사람들이 있다. 예를 들면 은유를 단순히 문법적으로나 의미론적으로 비정상적인 문장 또는 표현이라고 특징짓는 이론이 있다. 실제로 언어적 은유들 중에는 그런 것들이 있을 수 있겠지만, 나는 은유가 되기 위해 문법적으로 혹은 의미론적으로 어떤 식으로든 비정상적인 문장이나 표현을 구성해야 한다는 주장을 미심

쩍게 생각한다. 왜냐하면 그럴 경우 회화적 은유에 대해 우리는 어떻게 말할 수 있겠는가? 그림을 표준적이거나 비정상적인 것으로 규정짓는 시금석이 될 수 있는 그림의 '문법' 같은 것이 있는가? 그리고 언어 능력(competence)에 비견될 만한 이른바 회화적 능력 같은 것이 있는가? 만일 그런 것이 있다면 그 두 능력의 체계들 사이에는 어떤 관계가 있는가?

만일 양자 간에 어떤 관계가 있다면 회화적 능력은 문법적 능력에서 파생된 것이고, 따라서 회화적 은유는 궁극적으로 문법적 능력에 준거하여 설명될 수 있으며, 그리하여 문법적 비정상성으로서의 은유에 관한 독자적인 문법 이론을 확립할 수 있는 것인가? 또는 그 반대 경우가 참인가? 아니면 그냥 두 개의 독립적인 체계들이 있을 뿐인가? 이러한 물음들은 이 시점에서 예술철학이 답할 수 있는 것이 아니다. 나는 그 물음들을 철학의 심오한 핵심 문제로 생각하지만, 그 물음들을 다른 영역으로 넘기겠다. 내가 여기서 그 문제들을 제기한 것은 개념적 파벌주의에 대해 경고하기 위해서일 뿐이다—즉 우리가 언어적 은유에 관한 훌륭한 이론을 발견했다고 해서 그것이 곧 은유에 관한 훌륭한 일반 이론을 갖게 되었다는 것을 의미하지는 않는다. 그 반면에 그것은 문법 영역이나 적어도 언어 영역에서 우리의 논의를 촉진시킴으로써 일반적인 목적에 기여할 수 있을 것이다. 몇 가지 교의적으로 동기화된 관찰부터 시작해보자.

1) 흔히 일상언어는 죽은 은유를 위한 묘지라고 말하는데, 그것은 마치 문자적 담론은 죽은 은유들이 숲으로 변한 것인 반면, 은유를 살아 있는 언어의 싹처럼 보는 것이다. 내가 보기에 그것은 완전히 틀린 생각인 것 같다. 일상적인 대화에 상투어가 가득한 것은 분명한 일이고, 상투어들은 의심할 것도 없이 죽은 은유이거나 적어도 상당히 퇴색한 은유들이다(그렇지만 죽음을 긴 잠으로, 인생을 꿈으로, 정념을 불꽃으

로, 인간을 돼지로 부르는 것은 여전히 얼마나 적절한 일인가!). 그러나 실제로 상투어들은 관용어가 되어 입에 오르내리고, 계절을 아름답게 꾸며주는 크리스마스 장식처럼 검증된 지혜를 정제된 모습으로 보여준다—"Happy Birthday to You"나 "Here's looking at you" 같은 시의적절한 언술들을 보라—그리고 그 상투어들을 이해한다는 것은 언제 어디서 그런 말을 하는 것이 적절한지 이해한다는 것을 뜻하므로, 언어적 능력과는 무관하고 오히려 문화적 능력이라고 부를 만한 것과 연관된다.

그렇게 볼 때 상투어는 "물이 끓고 있다"와 같은 자구적인 문장(literal sentence)과 구별되어야 하는데, 그 문장은 일정한 온도에 도달한 특정한 물에 대해서 참일 뿐으로, 문화적 능력의 제의적인(ceremonial) 측면과는 아무런 관련이 없다. "물이 끓고 있다"는 문장은 결코 참신한 수사구가 아니며, 지금에 와서 구태의연한 것이 되어버린 수사구도 아니다. 아무도 그것을 창안해내지 않았다. 이 문장을 "그의 피가 끓고 있다"와 비교해보라. 이것은 상투어가 되어가는 중년기의 은유라고 말할 수 있다. 그 문장을 언술하는 사람이 그것을 창안한 것이 아니라 그것은 어떤 작가에 의해 창안 되었던 것이라고 나는 감히 말할 수 있다. "그의 림프선이 끓고 있다"는 문장이 지금 이 순간에도 여전히 은유적인 문장이 아니라는 것은 매우 놀라운 일인데, 그것은 피의 경우와는 달리 림프는 은유가 만들어질 수 있는 종류의 사물이 아니기 때문이다. 한편 "그의 피가 끓고 있다"는 문장은 자구적인 표현일 뿐이고, 문자적 담론들이 일반적으로 그렇듯이 "물이 끓고 있다"는 문장도 상투어가 되어버린 은유의 부산물이라는 반박이 있을 수 있다. 그러나 그것은 분명히 그릇된 견해인데, 그 이유를 나는 아래에서 밝힐 것이다.

당분간 나는 "물이 끓고 있다"는 문장이 "물이 100도에 도달했다"는 문장에 의해 구체화될 수 있다는 사실에 주목할 것이다—그러나 "그의 피가 끓고 있다"는 문장을 그런 식으로 구체화된 문장으로 대체할 수 없다. 그런 시도를 감행한다면 담론의 주제는 속까지 익은 채 죽어 버릴 것이다. 그러한 대체(substitutions)와 상술화(precisifications)에 저항하는 것이 일반적으로 은유의 특징이며, 그 점을 설명하는 것이 은유 개념의 열쇠가 되리라고 나는 생각한다. 이제 만일 회화적 은유라는 것이 있다면 회화적 상투어도 있다는 것이 직관적으로 분명해졌을 테지만, 모든 그림이 둘 중의 하나인 것은 아니다. 어떤 등장인물이 일격을 받은 것을 은유적으로 표현하기 위해 그의 머리 위에 별과 곡선을 긋는 기법을 창안했다고 해보자——그럴 경우 '별보기'는 그 그림의 언어적 유의어인가, 또는 회화적 유의어인가?——어쨌거나 그것은 만화적 기호의 상투어가 되었다. 그러나 머리 위에 별들이 그려져 있는 사람의 그림은 말 그대로 머리 위에 별이 떠 있는 사람의 그림일 수도 있다.

  2) 은유가 비정상적인 언술이라는 이론은 내가 방금 주장한 것을 수용할 것이라고 생각된다. 즉 자구적인 언술과는 별도로, 젊은 은유나 늙은 은유를 확립할 수 있기 위해서는 어떤 구별이 내려져야 한다——그 반면에 자구적인 언술은 그런 식의 삶을 살지 않는다——그리고 비정상성(deviance)이라는 깔끔한 개념은 그 구별을 훌륭하고 조직적으로 해낸다. 비정상성은 형태적 불완전성(ill-formedness)이나 비문법성(ungrammaticality)과 구별되어야 하며, 어떤 통계적 고찰과도 무관하다. 은유의 하나인 "제때의 한 바늘"(a stitch in time)이라는 상투적 표현은 우리가 그보다 더 나은 것을 발견하기 전까지는 자구적이라고 부를 만한 "바닷물의 한 바늘"(a stitch in brine)이라는 명사구가 들어 있는 문장보다 훨씬 빈번히 사용되는 것이 분명하다. 그러나 어떤 사람이 "바닷물의 한 바늘"에 대해 말할 때 그는 소금물에 젖은 바늘, 효력 없는 바늘, 바다 속의 바늘, 아니면 도대체 그 무엇을 말하는 것일까? "바닷물의 한 바늘은 아름답다"는 문장에서 이렇다 할 은유를 발견할

수 없는데, 그것은 이 문장 자체가 비정상적이기 때문인가? 어떻게 그렇다고 말할 수 있는가? 분명히 이 비정상성 이론은, 니체나 데리다류의 이론이 갖는 한계를 보여주지만, 은유성을 낱말보다는 문장의 속성으로 동일시한다는 사실에 비추어볼 때 올바른 노선에 서 있다. 그러나 어떻게 비정상성을 동일시하는가 하는 문제는 여전히 남고, 따라서 그 문제를 먼저 그림의 관점에서 고찰해보는 것이 유익할 것이다.

레카미에 부인(Madame Récamier)으로서의 나폴레옹의 초상화에 대해 생각해보라. 다비드의 초상으로 미루어보아 그것은 레카미에 부인이 연상시켜줄 만한 아름다운 황실 가운을 입고 어색하게 일어나 앉아 있는, 땅딸막한 몸집을 긴 의자에 기대고 있는 나폴레옹을 보여준다. 아마도 그 그림은 그의 남성다움을 조롱하기 위해 그려진 것으로, 어쩌면 레카미에가 옥좌 뒤에 있는 실제의 권력자라는 사실을 풍자하려는 의도가 있었을지도 모른다. 과연 그 누가 알겠는가? 그 그림이 어떤 영리한 화가가 그린 순전히 허구적인 그림이고, 그 그림의 의미는 전적으로 관람자의 해석에 맡겨졌다고 가정해보자. 그 그림이 어떤 식으로든 비정상적이라면, 적어도 나폴레옹이 전에는 그런 식으로 묘사된 적이 없었다는 점에서 그런 것은 아니다. 많은 나치 당원들이 그랬다고 전해지듯이 나폴레옹과 그의 친구들이 실제로 여장남자였다고 상상해봄으로써 비정상성의 개념을 한껏 밀고 나가보자.

내실(內室)이라는 사적 공간에서 그는 동시대 여성들이 입는 아름다운 황실 가운을 걸쳐보면서, 다비드의 그림에서 보았던 대로 자기의 땅딸막한 몸을 긴 의자에 눕힌다. 정말이지 변태적인 그는 여자 가운을 걸치고 긴 의자에 기대 있는 자신의 모습이 그려지기를 원했고, 따라서 성적으로 이질적인 옷을 입은 자신의 초상화를 그리도록 명령했기 때문이라고—어쩌면 자기의 애인들 중 하나에게 보여주기 위해—생각할 수도 있다. 그 초상화가 실제로 완성되었다고 상상해보라. 독자들은 곧 깨달을 테지만, 이 초상화를 방금 기술한 것—즉 레카미에로서의 나폴레옹 초상화—과 식별 불가능할 것이라고 어렵지 않게 상상할 수 있다. 그 두 그림은 나란히 놓여 있고, 두 그림은 각각 여자의 옷을 입은 똑같은 남자의 그림이다. 그러나 하나는 은유이고 다른 하나는 그렇지 않다. 만일 은유가 비정상적인 것이라면 하나는 비정상적인 초상화이고, 다른 하나는 그 자체로 비정상적인 것은 아니라 해도 비정상성을 내포하는(불경스러운) 초상화이다.

어느 것이 어느 것인지 우리는 어떻게 말할 수 있는가? 분명한 것은 진실성은 그 문제와 아무런 관계가 없다는 것이다. 전자의 은유적 진실성은 후자의 비은유적 진실성과 논리적으로 일관적이고, 그리고 실제로 후자는 나폴레옹 입장에서 일종의 협박으로 보일 수도 있는 ("어떻게 그들이 알아냈을까?") 다른 초상화의 은유성을 발견하지 못하게 만들지도 모른다. 그림이란 항상 우리가 보고자 하는 대로 보이듯이 그 그림들은 서로 똑같아 보이며, 예술작품은 다른 표상과 똑같이 보일 수도 있고 또는 어떤 표상과도 전혀 닮지 않을 수 있으므로, 이런 경우 눈에 보이는 것은 전혀 도움이 되지 않는다. 나는 그 물음에 답할 수 없다고 말하려는 것이 아니라, 비정상성 이론가들에게 사소한 당혹감을 불러일으킴으로써 불필요한 고뇌를 연장시키고 싶지 않을 뿐이다. 그 대신 은유가 전형적으로 갖는 몇 가지 논리적 특징들을 적시하고, 표준적인 문법 사례들이 명시적인 의미에 있어서 전혀 비정상적이지 않으면서도 그러한 논리적 특징들을 공유할 경우, 그로부터 어떤 종류의 비정상성도 함축되지 않는다고 주장할 것이다. 반대로 만일 그 사례들이 어떤 비정상성을 보여준다면, 우리는 비정상성에 관한 훌륭한 논리적 기준을 가져야만 할 것이다.

3) "그의 물이 끓었다"라는 문장에서 우리는 '끓는다'를 '100도에 도달했다'로 대체할 수 있지만, "그의 피가 끓었다"는 문장의 경우 그렇게

할 수 없다는 사실은 영어에서 '끓었다'(boiled)라는 낱말이 중의적(重意的, ambiguous)이라는 증거가 될 수 있을 뿐이다. 그러나 중의성은 술어의 자구적 사용과 은유적 사용 간의 구별을 무너뜨린다. 그리고 "그의 피가 끓었다"는 문장에서 왜 대체가 가능하지 않은가에 대해서는 어떤 심층적인 이유가 있을 것이다. 그 이유는 은유가 **내포적**(intensional) 구조를 가지며, 은유적 표현들이 유의어에 의해 대체될 수 없다는 사실이 은유의 내포적 구조의 대표적인 표지가 된다는 사실과 연관된다. 위에서 제시된 대체는 애매성을 함의할 수도 있지만, 만일 실제로 애매성이 문제라면 대체는 가능하다. 만일 T가 단순히 애매한 표현이라면, 그것을 대신하여 사용할 수 있는 표현들은 적어도 두 가지가 있을 것이고, 그 중 하나는 다른 것과 가역적(可逆的)일 필요 없이 T와 가역적일 수 있다—그리고 이것이 바로 T를 '애매하다'고 부를 때 뜻하는 바이다. 그러나 주어진 문맥이 내포적일 때는 어떤 대체도 주어질 수 없다.

 내가 아는 한, 은유가 대체를 거부한다는 생각은 나의 제자인 조지프 스턴(Josef Stern)에게서 빌려온 것인데, 그는 그 사례로 줄리엣을 태양이라고 불렀던 로미오의 유명한 은유적 낭송시를 든다. 사실 태양은 태양계의 중심에 있는 뜨거운 기체로 이루어진 별이지만, 줄리엣이 태양계의 중심에 있는 기체로 이루어진 별이라고 말하는 것은 거짓일 것이며, 누군가 그 불일치를 '태양'이라는 표현의 애매성 때문이라고 생각한다면 그것은 터무니없이 우스운 일이 될 것이다. 태양은 다른 여러 가지 방식으로 애매하고 중의적일 수 있겠지만, 로미오가 자기 연인을 태양으로 동일시했을 때 그는 결코 그 낱말의 애매성에 탐닉한 것이 아니다. 물론 "그의 피가 끓었다"라는 문장이 은유인지 (또는 더 낫게는 상투어인지) 아니면 애매한 술어를 사용한 자구적인 문장인지는 불분명하다.

그렇다고 해서 나는 그것을 결정하기 어렵다고 생각하지는 않는데, 왜냐하면 그 문장은 어떤 사람의 "피가 끓었다"라는 문장을 통해 매우 화가 난 상태를 극적으로 기술하지만 그 인물의 '끓는 피'를 자구적으로 서술하고 있는 것이 아니기 때문이다. 그러나 나는 특수한 사례들을 깊이 생각하는 것은 그다지 도움이 되지 않는다고 생각한다. 스턴이 개괄적으로 주장한 것처럼, 나는 오히려 은유적 문맥들은 사실상 내포적이며, 은유적 구조를 이해하기 위해 내딛어야 할 철학적 첫걸음은 그 내포성의 이유를 찾아내는 것이라고 가정하면서 논의를 계속할 것이다. 나는 정답을 갖고 있다고 확신할 수는 없지만 적어도 몇 가지 가설들을 갖고 있다.

근래에 들어 철학자들은 문법적으로 특별히 비정상적이라고 부를 수 없는 많은 텍스트들이, 진리를 구하는 맥락에서 공지시적(coreferential)—또는 동연적인(coextensive) 표현들이 서로 가역적이지 않다는 사실을 통해, 그리고 양화(quantification)가 환질(換質, obverse)의 대치일 경우 예상할 수 있듯이, 그러한 맥락들은 결코 양화될 수 없다는 사실을 통해, 은유가 내포적인 것을 보여주었다. 그러한 문맥들 가운데서 가장 집중적으로 검토된 것은 아마도 어떤 사람 m이 s를 믿는다고 말해지는 문맥일 것이다. s가 "a is F"인 문장이라고 하자. 그러면 a가 b와 동일하다는 사실에서 m이 b가 F임을 믿는다는 것이 함축되지 않을 뿐만 아니라, $(Ex)(m$은 x가 F임을 믿는다)는 것도 도출되지 않는다—그렇지만 이러한 언술들 중 어느 것이든 오직 문장 s에 대해 수행된 것이라면 참일 수 있기는 하다. 이렇게 비정상적으로 보이는 지향적 문맥은, 그것이 'that-s' 구조로 이루어진 심적 귀속 형태를 갖는 한, 예컨대 어떤 사람이 공포나 욕구, 희망 같은 어떤 심리적 상태에 있다고 말해지는 심리적 담론의 영역 전반에 걸쳐 매우 널리 나타난다. 이런 상태가 발생할 때, 마음에 숨어 있는 s는 뚜렷이 내포적이며, 이러한 논리적 고찰을 토대로, 내포성은 '심리적인 것의 표지'로 제안되어 왔다.

그것이 옳은 견해일지도 모른다. 그러나 우리가 여기서 특별히 마음에 귀속시킬 수 있는 것들을 다루고 있다고 결론짓는 것은 성급한 일일 것이다. 왜냐하면 엄청나게 다양한 문맥들은 특별히 심리적인 것이 아니면서도 분명히 내포적일 수 있기 때문이다—우선 양상적 문맥(modal contexts)과 그와 구조적 유사성을 가진 모든 문맥들이 그러하다(여기에는 '믿는다'[believes]는 술어 자체가 문장들에 대해 문장 구성 연산자로 기능하는 인식론적 논리 구조도 포함된다). 또한 어떤 사람이 어떤 문장을 말한 것으로 인용되거나 전달되는 문맥도 마찬가지이다(이때 'said that……'은 경고, 약속, 주장 등의 광범위한 담화행위[speech act]의 한 사례로 세분화될 수 있을 것이다). 그리고 은유가 내포적이라면 직유도 그러하다는 것은 놀라운 일이 못 된다. 참으로 직유(simile)는 내포성의 좋은 예가 되는데, 왜냐하면 그것들 모두가 비교 관계와 유사성의 관계를 포함하는 것처럼 보이지만, 어떤 것이 다른 어떤 것과 비슷하다고 말하는 모든 문장이 바로 그 사실에 의해 직유가 되는 것은 아니기 때문이다. 'Tip'이 '개-Xerxes'와 비슷하다고 말할 때, 이것은 'Tip'이 'Fafnir'와 같다거나 'Cerberus'와 같다고 말하는 얼토당토않은 문장과 대조적으로 전혀 직유가 아니다. 그리고 우리가 과연 내포적 문맥에 관해 완전한 목록을 갖고 있는지도 의심스럽다. 나는 다만 마음이나 의식에 특별한 면모로 상정되는 측면을 통해 내포성을 지나치게 단순하고 쉽게 설명하려는 시도를 차단하기 위해 여러 가지 사례들을 제시하고자 했을 뿐이다.

나는 왜 이러한 다양한 문맥들이 내포적인가에 관한 일반적인 설명이 있어야 한다고 생각한다. 모든 그리고 오직 내포적인 문맥들만이 공유하는 모종의 특별한 진리조건이 있을 것이다. 그리고 이 진리 조건을 짚어내기 전까지는 내포성에 관한 일반화될 수 없는 설명들은 아무리 그것이 암시와 효과가 뛰어나다고 해도 특수한 설명으로 간주되어야 한다. 그리하여 양상적 문맥들—그리고 그러한 문맥들과 같은 구조를 갖는 것처럼 보이는 다른 많은 문맥들—을 다루기 위해 가능세계(possible worlds)의 집합이라는 매우 인위적인 개념을 사용하는 극도로 정교한 설명기재가 등장했다. 따라서 우리는 어떤 것이 (현실세계에 대해서) 가능적으로 참이라는 생각을 어떤 것이 (어떤 가능한 세계에 대해서) 실제로 참이라는 생각으로 대체해볼 수 있게 되었다. 의심의 여지 없이 이러한 접근은 계속해서 엄청난 관심을 모으고 있는데, 그것은 철학자들이 가능세계를 지시할 필요가 있는 기술적인(technical) 도구를 좋아하기 때문이 아니다. 만일 그 개념이 이미 제안되지 않았다면, "현실세계에서 은유적으로 참"이라는 것 대신에, 우리는 어떤 문장이 "어떤 가능세계에 대해 자구적으로 참"이라고 나라도 나서서 말했을 것이다. 따라서 머지않아 은유를 위한 의미론이 양상 논리를 위한 의미론과 상응한다는 제안이 등장할 것이라고 믿을 만한 충분한 이유가 있다.

그러나 내포성에 관한 일반 이론이 필요한 것은 사실이지만, 그 모든 명민함은 물론 가끔씩 보게 되는 대단히 뛰어난 통찰력에도 불구하고, 가능세계 분석에 의존하는 이론들이 살아남을 수 있다고 생각되지는 않는다. 극도의 인위성은 접어두고라도—그것은 분석을 거부하는 철학적으로 설득력 있는 이유가 결코 못 된다—나는 가능세계의 구조가, 단지 a가 b와 동일하기 때문에, m이 "a is F"라고 말하는 것은 참이고 그가 "b is F"라고 말하는 것은 거짓이 되는 사례들을 포함하여, 직접적인 담론의 맥락들을 만족스럽게 해결해줄 수 있을 것이라고 생각하지 않기 때문이다. 내가 제안하려는 이론에서는 가능세계를 지시하는 노선을 따라 창출된 의미론적 설명이 갖는 건축술적 기민함 같은 것은 전혀 없다. 그러나 그것은 훨씬 자연스러우며, 그 문맥들은 실제로 우리가 내포적인 표현들을 어떻게 이해하는지 설명해주며, 그리고 내가 말할 수 있는 한, 그것은 쉽게 간과될 수 있는 직접적인 담론의 사례까지도 포괄할 정도로 일반화될 수 있다. 나는 다만 그 이론의 윤곽을 개괄하고 그 대표적인 적용 양태들을 제시하겠다.

그 이론은 간단히 다음과 같이 말할 수 있다. 내포적인 문맥들의 논리적 특수성에 대한 설명은, 그러한 문장들에 들어 있는 낱말들이 정상적인 비내포적 담론에서 일반적으로 지시하게끔 되어 있는 대상을 지시하지 않는다는 사실에 초점을 둔다. 오히려 그 낱말들은 일상적으로 그 낱말들에 의해 지시되는 사물들이 표상되는 형식을 지시한다. 즉 그 낱말들은 그 진리조건 안에 특정한 표상에 대한 지시를 포함한다. 그러므로 우리가 m이 "프레게가 위대한 철학자라고 믿는다"고 말한다면, 이것은 m이 『개념론』(*Begriffschrifft*)의 저자가—프레게가 바로 그 저자이긴 하지만—위대한 철학자라고 믿는다고 말하는 것과 동일하지 않다. 우리는 프레게나 『개념론』의 저자를 지시하는 것이 아니라, m이 우연히도 어떤 것을 표상하고 있는 표상 수단의 구성요소를 지시하고 있는 것이다. 우리가 주장한 문장은 표상의 그러한 편린에 관해, (이 경우) m에 의해 세계가 제시되는 방식을 주장한다. 내포적인 문맥은 낱말들을 사용하는 표현들의 내용과는 아주 상이한 어떤 것에 관한 것이기 때문에, 대치와 양화가 차단되는 것처럼 보이는 것은 그다지 놀라운 일이 아니다. 그 문맥들이 대치되거나 양화될 수 없는 것은 비내포적인 문맥에서 지시할 때 사용되는 것과 똑같은 것을 지시하기 위해 그 문맥들이 사용될 이유가 없기 때문이다. 그러나 의미론은 대단히 복잡해지기 쉽고, 따라서 나는 독자로 하여금 이 이론이 은유의 경우에 어떻게 깔끔하게 들어맞는지 알 수 있도록 몇 가지 맥락들을 검토할 것이다. 철학을 전공하지 않은 독자들은 의미론에 관한 다음 단락들을 건너뛰기 바란다.

인용(Quotations)

아마도 지극히 복잡하다고 볼 수 있는 사례를 고찰해보자. 대화 도중에 어떤 사람이 암시적인 인용을 한다. 그러한 인용을 수사적으로 사용하는 것은 아마도 그 인용을 알아볼 수 있는 청중의 비위를 맞추기 위해서일 것인데, 왜냐하면 인용 자체는 청중이 이미 친숙하게 알고 있다는 것을 전제하므로 여기서 암시(allusion)도 역시 친숙함을 전제하기 때문이다. 친숙함의 반경은, 그것이 라틴어로 베르길리우스를 낭송하는 도브니 씨라든지―「피네아스 핀」(Phineas Finn)에서―또는 같은 동년배들에게 밥 딜런을 인용해 들려주는 마크 러드이든 간에, 한 공동체를 이루는 사람들의 동아리나 계층을 가리킨다. 그러한 반경 안에서 인용은 항상 은유적 화용론(話用論)의 차원을 갖는다. 만일 인용된 문장이 본디 은유라면, 그 인용 자체가 포함하는 은유가 어떤 것이든 인용은 항상 그 표층을 넘어서는 은유적 화용론을 갖는다. 그리고 보통의 경우 인용은 현재 그것이 적용되는 상황과 인용된 표현의 원래 문맥에서 의도되었던 상황 사이에서 인지할 수 있는 유사성을 확립하기 위한 것이다.

도브니 씨는 적합한 지혜의 정수를 표현하기 위해 "Graia pandetur ab urbe"(시의 형식은 도시로부터 퍼진다)라고 말했을 뿐이고, 러드는 "You don't have to ask the weatherman which way the wind is blowing"(바람이 어디로 부는지 기상 예보관에게 물어볼 필요는 없다)이라고 말한다. 그리고 청중은 인용이 목표로 삼은 교훈을 배운다. 이제 의미론적 적합성과 은유의 일반적 적합성 사이에 복잡한 교역이 성취되었다고 가정해보자. 즉 청중은 인용을 이해했고, 상황은 인지되었으며, 화자는 매우 심오한 진리를 표현한 것으로 간주되고, 두 상황 사이의 유사성은 참으로 존재하거나 또는 존재하는 것으로 간주되었다. 만일 화자가 실제로 낱말들을 조금 틀리게 말했을 경우에도 그런 점들은 달라지지 않는다. 예컨대 도브니 씨가 'Graia' 대신에 'Hellenica'라는 낱말을 사용하고, 러드는 'weatherman' 대신에 'meteorologist'라고 말했다고 해두자. 인용된 그 언술의 원래의 기원 (베르길리우스, 딜런)이 속한 언어 공동체에서는 다른 선택의 여지가 있었다고 가정되며, 인용자가 사용한 낱말을 원저자가 실제로 그릇되게 발화했을 수도 있다. 오늘날 'weatherman'과 'meteorologist'는 거의 동일한 외연을 갖는 것으로 보이고, 'Greece'와 'Hellas'도 거의 동일한 지리적 위치를 공지시한다고 말할 수 있다.

따라서 우리는 두 인용자가 특정한 낱말을 선택한 것은 작시법적인 어떤 이유로 그랬던 것이라고 정당화할 수 있다고 상상해볼 수 있다. (만일 그들이 의도적으로 그것을 택한 것이 아니라고 해도 사실 그들에게는 선택의 여지가 있었다—설혹 'meteorologist'라는 낱말을 사용하겠다는 생각을 딜런이 갖지 않았다고 해도, 그가 실제로 다른 낱말을 택했다면 급진적인 언더그라운드 음악의 스타일 전체가 달라졌을지도 모른다.) 요점은 베르길리우스와 딜런의 상황을 어떤 선택에 의해 규정할 수 있든 간에 그것은 그 표현을 인용한 사람들이 가질 수 있는 선택 사항이 아니라는 사실이다. 인용자가 특정한 낱말을 인용함으로써 유사성을 암시하고자 했고, 시적 진리를 진술하려 했으며, 또는 공동의 연대를 결속하는 등 어떤 부가적인 수사적 목적을 갖고 있든 간에, 인용자로서 그들은 원래의 문맥에 속해 있던 낱말들을 정확히 옮겨야 하는 것이다.

이제 나는 위의 설명을 다소 기술적으로 표현해보겠다. 화자가 자기가 Q를 언표함으로써 P를 의미하고자 한다는 것을 청중이 인지할 것을 목표로 삼을 때, Q를 '인용'이라고 부르고, Q를 어떤 명제 P에 대입함으로써 얻는 문장 F를 함수라고 부르기로 하자. 그렇다면 도브니 씨는 그리스의 어느 작은 마을을 말하고 있는 것이 아니라 영국의 어느 작은 마을을 말하는 것이 되고, 그것은 일종의 정치적 연설로서 그는 그 연설을 통해 영국 국교회의 파괴를 주장한 것이다. 어쨌거나 청중은 그 인용의 기능을 파악하고 Q를 P로 대치했으며, 그 대치가 이루어진 한에서 그것은 수사적 성공이다. 더 나아가 그 문맥에서 인용문이 무엇을 의미하든 P로서의 Q(Q-as-P)가 참이라고 가정해보라. 만일 정말로 그것이 참이라면, 만일 실제로 Q의 술어 t가 우연히도 진리를 보전한 채 보통 맥락에서 그것과 가역적인 술어 t로 대치되었다면, 그 인용문의 진리값은 달라질 수 없다.

  인용 행위에는 항상 청자에게 주는 암묵적인 지시가 포함되는데, 즉 공모를 위해 삭제되었을 수도 있는 출처가 인용된다. 청중석에 있는 하원 의원들은 "Graia pandetur ab urbe"라고 말한 사람이 베르길리우스라는 것을 알고 있는 것으로 간주된다. 그리고 우리에게 전달한 문장이 Q 자체일 뿐일 경우, Q로부터 얻어지는 함수는 상당히 단순하다. 따라서 "Dad said, 'Dinner is ready'"는 관련된 청자에게 "Dinner is ready"를 전달한다. 이 경우처럼 어떤 사람을 탁자 앞으로 호출할 수 있는 권위를 갖지 않은 화자가 권위를 인용하는 경우를 제외하고는, 대개의 경우 이런 식의 수사법은 극도로 미미한 것이거나 효과가 전혀 없는 것이다. 일반적으로 청자가 함수에 의해 얻는 P는 Q에 대한 해석이며, 대체로 논리적으로 동치인 문장들의 집합에 속한 것이면 어느 것이나 될 수 있다. a가 b에게 "Dad said 'Dinner is on the table'"이라고 말하는 경우, 만일 b가 단순히 "저녁이 식탁 위에 차려져 있다"고 c에게 말한다고 해도 특별히 달라지는 것은 거의 없다.

  일반적인 인용에서 인용자는 어떤 문장을 언표하면서 그 문장을 의도한다. 인용자의 의도가 수사적일 경우, 그가 의미하는 것은 청자가 발견해야 할 문장을 발견하게 해주는 함수이다. 문장이 수사적 미끼로 기능할 경우, 대부분 청자는 자기가 찾아내는 문장에 대해 선택권을 갖는다. 즉 성공적인 의사소통이 이루어질 때 화자와 청자는 상이하지만 대체로 동일한 방식으로 각기 수사적 행위를 완결시킨다. 그러나 이미 말했듯이 인용자 자신은 그러한 자유가 없다. 루돌프 카르납의 표현을 빌리면, 번역된 문장이 원래의 문장과 의도에 있어서 동형적 구조를 갖는 경우, 물론 번역이 허용하는 신축성의 한계 내에 머물러야 하지만, 인용자는 자기가 인용하는 낱말들을 원래대로 반복해야 한다.

어느 경우이건 도브니 씨는 베르길리우스를 인용하면서 자기가 의도한 매우 복잡한 주장을 하는 것이며, 그의 발화의 진리조건은 베르길리우스가 사용한 낱말들 자체에 의해 충족된다. 즉 그것들 중 어떤 것은 베르길리우스의 문장의 내용을 충족시키는 것이면 무엇에 의해서건 충족되며, 또 다른 것은—그것이 무엇이든—Q가 들어 있는 문장의 내용에 의해 충족되어야 한다—따라서 진리조건의 마지막 두 집합 사이의 관계에 적합한 진리조건들이 있게 된다. 인용행위의 진리조건이 갖는 이러한 복잡성은 도브니 씨의 언술이 받아들여지는 수위의 다양성에 기인한다. 인용자가 사용하는 낱말이 지시하는 것은 어떤 낱말, 그 낱말이 지시하는 것으로 간주되는 것, 또는 인용자가 그 낱말들로 하여금 지시하도록 의도한 것 등 다양하다. 그러므로 암시적인 인용은—어떤 인용이든 마찬가지이지만—그것이 활성화시키는 담론에서 매우 복잡한 역할을 맡는다. 그러나 여기서 내가 주장하려는 것은, 인용 문맥을 내포적으로 만드는 것은 그의 진술을 참으로 만드는 것이 부분적으로, 정말로 그것이 참이라면, 바로 그가 반복해야 하는 **낱말들**—인용 문맥 밖에서라면 충분히 그 낱말들과 즉각적으로 서로 교환될 수 있는, 다름 아닌 바로 그 낱말들—의 구체적인 면모들이라는 사실과 연관된다는 것이다.

인용자의 언술은, 그 내용의 일부가 또한 그가 반복하는 낱말의 내용인 한, 충분히 내포적이라고 할 수 없다. 그 낱말들은 단일한 담화행위

(speech act)에서 불투명한 동시에 투명한 것으로 제시되는데, 왜냐하면 부분적으로 이것은 인용행위 외에도 도브니 씨가 그 인용문에 수사적 기능을 부과하는 장식 행위를 함께 수행하기 때문이다. 그것을 위해 그 인용문 자체가 그 문장과 상호 교환될 수 있어야 한다. 단순한 반복으로서의 인용의 의미론은 물론 훨씬 단순하다. 그것은 단지 어떤 사람이 낱말들의 배열을 반복하려는 의도를 갖고, 이것이 그가 의도하는 바라는 것을 청중이 안다는 것을 의식하면서 그 낱말들을 반복하는 것이다. 이때 필요한 것은 인용자가 사용(use)하는 낱말들이 그가 언급(mention)하는 낱말들의 반복이어야 하는 것뿐이다. 그러나 나는 더 복잡한 사례를 원하는데, 즉 사용된 낱말들 자체가 문장 전체에 대한 진리조건들을 만족시키기 위해 필요한 것의 일부만을 구성하는 경우이다.

양상성(Modality)

왜 어떤 낱말이 단순히 유의어로 대치될 수 없는가를 가장 분명하게 설명해주는 것은 모든 내포적 문맥들 가운데서 바로 인용 문맥인 것 같다. 실제로 언술된 것은 두 번째 낱말이 아니라 첫 번째 낱말이다. 따라서 인용 문맥에 대한 제한조건은 뚜렷하다. 그러므로 내가 인용 문맥부터 논의하기 시작한 것은 그것과 다른 내포적 문맥들 간의 유사성들이 우리가 생각하는 것보다 훨씬 더 긴밀하기 때문일 뿐이다. 간단히 말해서 나는 인용 문맥이 내가 논의하고자 하는 다른 문맥들을 위한 모델이라고 생각한다. 이제 나는 양상적 문맥들을 고찰해보겠다. 양상성은 문장들의 연산자로서 논리적으로 표상된다. 그리고 끼워넣은 문장에 양상 연산자(modal operator)를 덧붙임으로써 귀결되는 문장은 끼워넣은 문장이 양상성의 부가적 조건들을 충족시킬 때만 참이다―그러므로 그 문장들은 끼워넣은 문장의 속성에 관해 진술하고, 따라서 그 문장이 그 속성을 가질 경우에 참이고, 그렇지 않을 경우에 거짓이라는 것은 아주 쉽게 알 수 있다. 양상적 문장은 바로 그 끼워넣은 문장에 관한 문장이며, 따라서 그 문장은 그 안에 들어 있는 낱말을 그것과 공지시적인 다른 낱말과 교환함으로써 유의어적인 다른 문장을 얻는다고 해도 그 다른 문장에 관한 것이 아니다. 그렇기 때문에 그 다른 문장 자체가 무엇에 관한 것이든 양상적 문장은 그 문장에 관한 것이 아니다.

잠시 프레게의 유명한 문장 "샛별은 개밥바라기와 동일하다"(The Morning Star is identical with the Evening Star)와 그것의 짝인 "샛별은 샛별과 동일하다"(The Morning Star is identical with the Morning Star)에 대해 생각해보라. 오직 후자만이 대개의 경우 필연적인 것으로 간주되지만, 그것의 필연성은 어떤 천문학적 사실에 기인하는 것이 아니라, 좌우에 있는 낱말들이 동일해야 하는 것이 사례화의 조건인 경우, 그것은 "a는 a와 동일하다"는 도식을 이용하여 만드는 사례화에 기인한다. 그러나 첫 번째 문장이 '가능한' 이유는 그것이 사례화하는 문장이 그 도식을 갖는 것도 아니고, 그 도식이 a가 a와 동일하지 않다는 것도 아니기 때문이다.

동일성을 나타내는 도식들이 전혀 사례화하지 않는 문장들이 '가능한' 까닭은 세계의 어떤 측면 때문이 아니라 다만 그 문장들이 사용하는 낱말 때문이며, "샛별이 개밥바라기와 동일하다는 것은 가능하다"는 문장은 끼워넣은 문장을 참이나 거짓으로 만드는 진리조건을 지시함으로써가 아니라 오직 그 낱말들에 관한 사실들을 지시함으로써만 참이 된다. 따라서 그런 형태의 문장은 우리가 동일성을 확립할 수 있기 위해 고찰해야 할 현실세계의 측면들과 무관하다. 만일 참으로 내포적인 문장들이 실제로 그것들이 속해 있는 언어의 어떤 측면들에 의해 참이거나 거짓이라면, 양상화된 문장이 오로지 그것을 구성하는 낱말들과 연관된다는 사실은 바로 왜 그 문장이 내포적인가 하는 물음에 대한 답이 될 수 있다. 그리고 양상성의 다른 측면들에 관해 이보다 훨씬 더 많은 것을 말할 수 있겠지만, 양상성이라는 주제의 이 측면에 관해서 우리로서는 더 이상 말할 것이 없을 것 같다.

'필연적인'(necessary), '가능한'(possible), 그리고 '불가능한'(impossible) 등은 물론 그 낱말들이 양화하는 문장들을 내포화하지 않는 다른 용법들을 가질 수 있다. 그러므로 내가 결혼하는 것은 가능하다고 말할 때, '가능한'이라는 술어의 출현이 문장에 대한 연산자로서 논리적 표상을 갖는 양상성인지가 분명하지 않다는 단순한 이유 때문에, 여기서 그 문장은 내포성과는 거리가 멀다. 그러나 그와 동시에 그러한 문장의 분석은 다소 복잡하게 될 수도 있다. "스미스가 기혼자라는 것은 가능한 일이다"에 대해 생각해보라. 스미스는 주임 회계사이고 그가 기혼자라는 것이 가능한 일이라면, 스미스와 주임 회계사는 동일 인물이기 때문에 그 주임 회계사가 기혼자라는 것 역시 가능한 것처럼 보인다. 그러나 스미스는 또한 스미스 부인의 남편과도 동일하며, 따라서 스미스 부인의 남편은 곧 스미스 자신이므로 스미스 부인의 남편이 기혼자인 것은 가능하고, "주임 회계사가 기혼자인 것은 가능한 일이다"와는 문법적으로 등가적인 것처럼 보이는 반면, 그렇게 언술하는 것은 어색하게 들린다. 이것은 아마도 '스미스'가 다른 어떤 기술구 안에 들어 있든 간에 '스미스'보다는 '가능한'이라는 술어가 제시되는 방식과 더 많이 연관되기 때문이다.

그러므로 요즈음에는 중세주의로의 기묘한 후퇴이긴 하지만, '가능한'은 '~의 본질과 모순되지 않는'을 의미하는 것으로 이해해야 한다고 주장되기도 한다. 물론 그것은 그 술어를 이해하는 심오한 한 가지 방식이지만, 그 반면에 우리가 정의(definitions)를 가리키는 것으로 간주하는 본질 개념에 대한 다른 훌륭한 분석들도 있다. 그러므로 "~하다는 것은 가능하다"(It is possible that)는 표현은 "~하지 않은 것은 정의의 문제가 아니다"(It is not a matter of definition that not)는 표현으로 해석되어야 하는 것처럼 보이지만, 우리가 스미스를 스미스 부인의 남편이라고 서술할 때 그 문장은 거짓처럼 들리는데, 왜냐하면 스미스 부인의 남편이 기혼자라는 것은 정의의 문제인 것처럼 보이기 때문이다. 그러나 어쨌든 만일 "~인 것은 가능하다"가 그런 식으로 해석된다면, 우리는 그런 표현을 쓸 때 정의를 지시해야 할 테지만, 사실 정의는 다분히 언어의 문제이다. 다시금 말하지만 "~인 것은 가능하다"라는 양상절은 인식적 제약조건으로 간주되어야 하며, 따라서 "스미스가 기혼자인 것은 가능한 일이다"라는 문장은 "우리가 말할 수 있는 한, 스미스는 기혼자이다", 또는 "스미스가 기혼자라는 것은 우리가 스미스에 대해 아는 바와 일관적이다"를 의미하는 것으로 간주되어야 한다고 주장된다.

그러나 '말하는 것'(telling)과 '아는 것'(knowing)은 다소간이나마 우리로 하여금 인지 상태—예컨대 믿음—에 주목하게 만들며, 전형적인 경우 그러한 상태에 대한 기술은 내포적이다. 그러나 여기서 다시금 '우리가 말할 수 있는 한'이나 또는 그에 비견될 만한 인식적 겸손의 표현이 함의하는 무지(無知)의 베일은 이 문장에서 지칭된 사람이 바로 그녀의 남편이라는 것을 깨닫게 하는 것이라고는 도저히 상상하기 어렵다. 왜냐하면 그럴 경우, 후자가 아주 특별하거나 제한된 의미로 받아들여지지 않는 한, 스미스가 기혼자라는 것은 의심의 여지가 없기 때문이다. 그러므로 때때로 양상적 용법을 갖기도 하는 술어들의 비양상적 용법을 제시함으로써 나는 그 용법의 내포성이 내포적인 문맥들과 연관되는 진리조건의 명세서에 들어 있는 어떤 요소들에서 파생된다는 것을 뚜렷하게 밝힐 수 있다고 믿는다. 그러나 나는 여기서 목록을 만든다든가 상이한 사례들을 전부 망라하는 일은 굳이 시도하지 않겠다.

심리적 귀속(Psychological ascriptions)

'믿다' '바라다' '두려워하다' 또는 '생각하다'처럼 뚜렷이 심리적 특질을 가리키는 술어들이, 문장 안에서 'that s'의 앞에 놓이고 그 s 자체가 문장일 경우, 끼워넣은 문장이 내포적 성격을 갖는다는 사실은 그 현상을 처음 발견한 이후로 자주 주목되곤 한다. 이와 같은 것들은 모두 "m은 s라고 말한다"("m says 's'")와 동일한 방식으로 분석될 수 있고, 따라서 직접인용과 동일한 제한조건을 따르는 것처럼 취급할 수 있다. 당연한 일이지만, 그 'that'은 "m says that 's'"와 문법적으로 더 긴밀하게 연관된다는 것을 암시하는데, 후자는 간접화법의 사례이므로 실제로 "m이 s라고 말했다"("m said 's'")는 것을 함축하지는 않는다. 그는 모든 의도와 목적에 있어서 s와 **동등한** 말을 했을 수도 있고, 아무 말도 하지 않았지만 어떤 식으로든 모든 의도와 목적들에 있어서 s를 말하는 것에 해당하는 어떤 수단을 통해 의사소통을 할 수도 있다. 상황이 어떻든 만일 m이 s를 말했다면, 언술되거나 표기되거나 또는 어떤 식으로든 표현된 구체적인 문장이 있어야만 하고, 궁극적으로 그 문장의 발화가 귀속되는 문장의 내용은 바로 이 문장 자체와 특정한 어휘와 문법에 의거한다. 그리고 우리는 인용 문맥이 내포적인 것은 바로 이 점 때문이라는 것을 살펴보았다.

그러므로 "m believes that 's'"라는 문장은 "m believes 's'"라는 문장이 간접화법으로 변환된 사례와 연관된 것으로 취급해도 좋을 것이다—그리고 이것은 s가 곧 m이 믿는바, 즉 어떤 특정한 문장 s가 존재한다는 것을 함축하는 것으로 간주할 수도 있다. 물론 m이 말한 것이 참일 때, 그의 입술을 통해 나오거나 그가 쓰고 있는 종이 위에 나타나는 어떤 문장 같은 사실적 출현이 있어야 한다는 반론이 있을 수 있다. 즉 구체적으로 어떤 문장이 산출된 것이다. 그렇지만 단지 믿었을 뿐인 문장에 대해서는 어떻게 말할 수 있겠는가? 도대체 문장은 어디에 있는가? m이 믿는 것을 글로 쓴다는 것은 곧 한 문장을 산출하고 그 요구 조건에 부응하는 것이라고 설명하는 명민한 이론들이 나와 있다. 그러나 m이 그 문장을 믿는다고 말하는 것—그 문장을 가리키면서—은 내가 생각하기에 필요한 정도를 넘어 지나치게 부자연스러운 설명이다. 우리가 다루는 반박은 훨씬 믿을 만한 것이다.

나 자신의 이론을 말하자면, 만일 m이 s가 참이라고 믿는다면, s가 개별화하는 m의 문장 상태(a sentential state of m)가 존재한다는 것이다. 'that s'를 믿는다는 것은 s 자체가 예증하는 방식으로 세계를 표상하는 것이며, 어떤 믿음을 귀속시키는 것은 부분적으로 표상을 특징화하는 것이다. 이것은 믿음을 희망이나 공포와 구별해야 하는 문제를 남기지만, 나의 관심사는 오직 그러한 사례들의 표상적 성격뿐이다. 간단히 말해서 표기된 문장들이 종이 위에 나타나거나 발화된 문장들이 대기 속에 나타나는 것처럼, 나는 마음이란 말 그대로 문장적 표상들을 생성하는 매체라는 견해를 옹호하고 싶다. 그리고 표상을 지칭하는 것이 심리적 표기의 진리조건 안에 포함하듯이(나 자신의 지나치게 생뚱맞은 이론이 거부될 수 있을지언정, 이것은 받아들여져야 한다), 내포성을 설명해주는 것이 결국 표상에 대한 지칭으로 수렴된다면, 그로부터 표현들의 내포성에 대한 설명은 자연스럽게 도출될 것이다.

텍스트(Texts)

만일 우리가 이러한 개괄적인 분석들을 일반화시킬 수 있다면, 내포적 문맥들이 내포적인 것은 그것들을 구성하는 문장들이 특정 문장—또는 특정 표상—에 관한 것이며, 그 문장이나 표상이 그 문맥 밖에서 발생할 경우에는 그 문장을 내용으로 갖지 않기 때문이다. 인용 문맥을 논의할 때 살펴보았듯이 내포적 문맥들은 전체 문장의 진리 조건에 대응하는 속성들을 갖는 문장들이 한 가지 이상의 역할을 한다는 사실로 인해 더욱 복잡해질 수 있다. 따라서 인용의 경우, 말을 그대로 옮길 뿐만 아니라 화자는 그것에 대한 동의를 표시할 수도 있다. 즉 끼워넣은 문장은 단일한 담화행위에 의해 언급(mention)되는 동시에 사용(use)되는 것이다. 혹은 어떤 사람이 s를 믿는다는 사실을 단순히 기록하는 것에서 그치지 않을 수 있다. 그에 덧붙여 그 사람이 믿는 바가 참이라는 것을 주장하고자 할 수도 있는데, 이것은 결국 자기가 인용하는 문장을 자기의 믿음의 내용으로 주장하는 것이다.

어떤 사람에 대해 자기가 s를 알고 있다는 것을 주장한다면 그것은 분명히 이 경우에 해당한다. 왜냐하면 그것은 그가 s를 직접 안다는 것을 함축하는 동시에, 자기가 어떤 문장이 참이라는 것을 안다는 것을 주장하므로 그것은 그 문장의 수행적 주장으로 간주되기 때문이다. 그러므로 현재 논의의 어법을 우리 자신의 목적에 맞도록 선점한다면, 한 문장은 단일한 담화행위를 통해서도 투명한 발화 사례**뿐만** 아니라, 내포성의 현상이 발생하는 불투명한 역할이나 위치에 의해 불투명한 발화 사례도 가질 수 있다. 문학 텍스트만큼 이 점을 뚜렷이 보여주는 경우를 찾아볼 수는 없을 텐데, 문학 작품의 저자는 자기가 진술하고자 하는 것을 진술할 뿐만 아니라, 다른 목적들을 위해—즉 암시를 하거나, 운율을 지키거나, 기선을 제압하기 위해, 등장인물을 조롱하기 위해, 또는 유도동기(leitmotif)를 제시하기 위해—다른 낱말로 대치할 경우 의도한 목적이 좌절될 수도 있는 문학적 합목적성을 위해 특정한 낱말을 선택할 수 있다.

텍스트가 번역될 때 유실되는 것은 바로 이러한 텍스트적 면모인데, 만일 투명성의 기준을 적용한다면, 한 언어로 말해질 수 있는 것이면 무엇이든 다른 언어로 번역하여 같은 의미를 전달할 수 있는 한, 그러한 유실에 비견될 만한 어떤 문제도 발생하지 않는다. 어느 정도의 조밀성[3]을 갖고 있고 텍스트성의 어떤 원리들에 따르는 **사물**로 간주되는 것은 바로 텍스트의 그러한 특성으로서, 사실을 진술하거나 진리를 제시하는 것과 직접 연관되지 않는 방식으로 텍스트의 부분들이 다른 부분들과 관계를 이루는 것을 가리킨다. 그것은 또한 왜 우리가 원작을 번역본보다 선호하고 번역본을 의역하거나 축약한 것보다 선호하는가 하는 이유이다. 우리가 그런 것들을 선호하는 것은 저자가 표현하는 섬세함 때문인데, 이른바 텍스트를 구성하는 언어적 재료들 안에 예술이 들어 있기 때문이다. 물론 그 언어적 재료에는 그것의 의미가 함께 녹아 있다. 우리가 무엇이 형식에 속하는지를 구별하고 싶다면 불투명성의 조건에 준거해야 하고, 무엇이 텍스트의 내용에 속하는가를 구별하고 싶다면 투명성의 조건에 준거해야 할 것이라고 나는 생각한다. 모든 텍스트는 양 측면을 모두 갖는 까닭에, 우선적으로 먼저 형식과 내용이 어떤 방식으로 불가분적이고 또 어떤 방식으로 서로 상이한지를 설명할 필요가 있는 것은 단순한 사물이란 본디 번역될 수 없기 때문이다 (우연히도 대륙에서 놀랄 만큼 광적으로 텍스트 숭배가 유행하게 된 것은 바로 텍스트가 가진 이 무해한 논리적 사실에 기인한다).

은유(Metaphors)

해석이 참이거나 거짓일 수 있다는 것과 같은 의미에서 참이거나 거

---

3) density. 기호의 미적 징후(aesthetic symptoms)의 하나로 넬슨 굿먼이 지적한 특질의 하나로, 조밀성은 하나의 기호를 이루는 부분들이 서로 분리되지 않는, 유기적인 결합방식을 가리킨다. 따라서 조밀성은 통사론적 조밀성 (syntactic density)과 의미론적 조밀성(semantic density)으로 나뉘고, 후자는 전자에 의존적이다. 예를 들면 한글 문장들은 서로 구별되는 자모들로 구성되는 반면, 회화의 경우 인위적으로 특정 구역을 지칭할 수 있지만 근본적으로 다른 부분들과 분리될 수 없는 방식으로 유기적으로 연결되어 있다. 따라서 굳이 말한다면, 회화 작품은 복잡한 하나의 기호라고 말할 수 있다. 넬슨 굿먼, 김혜숙·김혜련 옮김, 『예술의 언어들』, 이화여대출판부, 2002, 제4장 참조.

짓일 수 있고, 그와 동시에 투명성의 조건과 연관되는 어떤 속성들을 갖는 은유에 대해서도 이제 우리는 어렵지 않게 일반적인 설명을 제시할 수 있게 되었다. 인신공격적인 은유, "남자는 돼지이다"를 생각해보자. 돼지는 돼지고기의 유일한 원천이지만, 돼지고기 자체는 남자들을 돼지로 낙인찍는 여자들의 적대감을 규정하는 핵심과는 거리가 멀다. 사실 돼지는 참으로 유익하고 순한 동물이지만, 돼지가 갖고 있는 것으로 간주되는 어떤 성질들을 사람이 가질 때 그것은 도덕적으로 혐오스럽다는 것이 이 은유가 의도하는 바이다. 그러나 이 말은 이 은유의 진리조건의 일부가 술어 자체('돼지이다')의 어떤 측면에 의해 구성된다는 것을 의미한다. 이 은유는 남자들에 관한 것이고 '돼지'로서의 돼지에 관한 것을 많이 포함하지 않으며—동시대의 관용어법이 용인하는 함의를 가진 그 표현에 관한 것이다—중요한 것은 바로 그 표현 자체이기 때문에, 투명성의 틀 안에서 다른 어떤 표현이 '돼지'라는 낱말과 아무리 가역적이라도, 그 밖의 다른 낱말이나 표현이 과연 그 은유가 담고 있는 경멸적인 독설을 전달할 수 있을지는 전혀 분명하지 않다. 그러므로 그 은유는 주제를 제시하는 동시에 또한 그 은유가 주제를 제시하는 방식을 함께 보여준다. 그리고 만일 그 주제가 다른 방식으로 제시되었을 경우 그 문장은 거짓이거나 무미건조한 것이 될 수 있겠지만, 같은 주제가 바로 그 방식으로 제시될 수 있다면 그때 그 문장은 참이다.

'표현 형식'(form of expression)이란 물론 은유에 있어서 그것이 갖는 의미와 연상들이 동시대의 문화적 틀 안에서 취하는 것을 말한다. 아마도 오늘날 우리가 알고 있는 돼지가 희소하거나 비싸기 때문에 "남자들은 돼지이다"라는 문장이 공격적인 은유가 될 수 없는 다른 시대와 문화가 있을 수 있다. 결국 태양으로 표현된 줄리엣은 셰익스피어 시대에는 순결한 처녀를 의미했는데, 흑점이 발견되고 천체들이 역학 법칙에 지배되는 단순한 물체로 강등된 이후에는 그런 종류의 함의는 견지될 수 없다. 따라서 번역될 수 있을 경우에도 은유는 두 언어가 사용되는 상이한 문화적 차이 때문에 번역에 의해 무엇인가를 얻거나 상실할 수 있다. 그렇다면 인용, 양상성, 명제 태도, 또는 텍스트 못지않게 은유에 있어서 비정상적인 것이라는 것이 있을 수 없다. 우리가 표현의 사용(use)에서 표현의 언급(mention)으로 논리적 초점을 바꿀 때 결국 비정상성에는 아무런 차이가 없기 때문이다.

  내가 생각하기로는 이 점을 탐구해보는 것이 현명할 것 같다. 여러 가지 수사적 표현들의 의미론을 각기 전개해보는 것은 즐거운 기분전환이 되겠지만, 이것은 이 이론의 열렬한 신봉자가—또는 적이—될 만한 사람들을 위한 과제로 남겨두는 것이 나을 것이다. 나의 견해로는 예술작품들이 갖고 있는 것으로 상정되는 특별한 구조를 은유가 체현한다는 것을 보여주는 것으로 충분하다. 즉 예술작품은 단지 주제를 표상할 뿐만 아니라, 표상 형식들이 갖는 속성을 통해 예술작품에 대한 이해를 규정한다. 결국 모든 은유가 짧은 시라는 것은 잘 알려진 사실이다. 우리가 동일시해본 특징들에 의거할 때, 한마디로 은유는 작은 예술작품이다.

  스타일은 우리가 '표현'이라고 부르는 어떤 총체적 특질을 지시한다고 말한 마이어 샤피로[4]가 옳다면, 그리고 표현을 은유적 예증

---

[4] Meyer Shapiro(1904~96). 미국의 미술사가. 리투아니아에서 출생했으나 가족을 따라 1907년에 미국에 이주했다. 그는 1928년부터 컬럼비아 대학에서 강의했고, 반 고흐와 세잔을 비롯한 근대 화가에 관해 미술사적 분석을 한 것으로 유명하다. 뿐만 아니라 스타일에 관한 샤피로의 논의는 미술사 연구에 있어서 그의 가장 위대한 공적으로 간주된다.
그에 의하면 스타일은 한 가지 이상의 방식으로 한 시대를 보여주는 표지이다. 대개의 경우 예술작품이 취하는 표층적 형식은 스타일을 구성한다. 그 형식의

(metaphorical exemplification)으로 설명한 넬슨 굿먼이 옳다면, 우리는 수사법의 개념으로부터 일반적인 스타일의 개념으로 나아가는 길을 모색하기 위해 표현 개념에 집중해볼 수 있을 것이다. 왜냐하면 그들의 주장이 참이라면, 그 세 개념—표현, 수사법, 스타일—은 은유를 공동의 핵으로 가질 것이고, 따라서 은유에 친숙해질 때 우리는 분석을 통해 수사법, 스타일, 그리고 표현이 중요한 역할을 맡는 예술 개념 자체에 대해서도 마침내 선명하게 조망할 것이다. 그러나 물론 이 세 개념은 동일한 것이 아니고 어떤 공통 요소로 환원되지도 않기 때문에, 그 개념들이 전혀 교차하지 않는 영역을 탐험해볼 때 의외의 성과를 거둘 수도 있다. 표현과 스타일이 그릇되게 감지되었을 경우 예술철학과 전통적인 연관성을 갖는 한, 그렇게 시도해 보는 데에는 굳이 어떤 변명 같은 것도 필요 없다. 그리고 표현은 수사법과 스타일 사이에 놓이는 듯하기 때문에, 나는 먼저 그것을 설명하고, 그 다음에 표현이 은유적 예증으로 환원된다는 넬슨 굿먼의 매력적인 제안을 검토해볼 것이다. 은유라는 주제에 대해 말할 만한 것을 모두 말하고 나면 예증 개념 자체를 제외하고는 남는 게 별로 없기 때문에 그리고 그것은 어렵지 않게 상술할 수 있기 때문에 우리는 표현을 비교적 짤막하게 다룰 것이다.

예증(exemplification)은 가장 단순한 표상 사례 중 하나로, 한 집합에서 표본을 택하고 그것이 추출된 집합을 가리키기 위해 그 표본 자체를 사용하는 것인데, 그 표본들은 그 집합 구성에 포함되는 어떤 속성이건 공유하고 있음이 거의 보장된다. 표본을 이렇게 이해할 때, e가 k

---

면모들을 검토함으로써 우리는 작품이 속해 있는 시대와 스타일을 결정하게 하는 단서들을 찾을 수 있다. 이때 우리는 형식을 진단 도구로 사용하는 것이다. 또한 스타일은 예술가와 그가 속한 문화의 표지로서, 예술가 자신이나 그가 속한 문화가 가진 편견이나 선호도, 가치관의 특수한 측면들을 보여준다.

의 표본이라는 사실이 k가 구성원을 가져야만 한다는 것이 함축하는 한, 다른 종류의 표상들이 야기하는 어떤 문제도 야기되지 않는다. 왜냐하면 만일 그렇지 않다면 실제로 e는 전혀 표본이 아닐 수도 있기 때문이다. 따라서 각 표본은 자기 지칭을 위한 일종의 존재론적 논증인 셈이다. 그 결과 거짓 표본이라는 것은 존재하지 않고 오직 표본으로 잘못 믿어진 것들이 있을 수 있을 뿐이다.

예증은 표상 수단이 그것이 표상하려는 사례가 되는 어떤 경우이든 포함할 수 있도록 확장될 수 있다. 즉 어떤 선은 어떤 선을, 어떤 색깔은 어떤 색깔을, 어떤 형태는 어떤 형태를, 어떤 소리는 어떤 소리를, 그리고 재현적인 무용이나 활동사진에서 보듯이 어떤 움직임은 어떤 움직임을 표상하는 동시에 어떤 움직임 자체이다. 사실 예증은 플라톤이 의미한 모방에 상당히 가까운데, 그가 든 가장 좋은 예는 극작가가 대화를 표상하기 위해 대화를 사용하는 경우로서, 즉 배우의 입에서 나오는 말들이 곧 그 등장인물이 말하는 것으로 표상되는 경우이다. 이런 식으로 확장될 때 예증은 표상의 주요 집합들 중의 하나이고, 그 밖의 집합들은 대응하는 궁극적 실재에 관한 존재론적 문제를 야기한다. 그러나 그러한 문제들은 한쪽으로 밀어두고, 예증적인 표상들을 분석하는 것만으로 충분하다. 만일 (i) a와 b가 동일한 술어를 예화하고 (ii) a가 b를 지칭하는데, (iii) (i)이 참이기 때문에 그러하다면, a는 b를 예증적으로 표상한다.

예술작품이 흔히 다른 사물들이 예화하는 어떤 동일한 술어를 예화하는 것처럼 보인다는 사실은, 예술작품이 그러한 술어를 사례화하기에 그릇된 종류의 사물인 것처럼 보일 때 몇 가지 난점들을 초래한다. 전통적으로 표현 개념과 연관된 사례를 들면, 문제의 술어가 감정 어휘에서 나온 것일 때가 특히 문제가 된다. 어떤 음악작품이나 시가 '슬프다'(is sad)라는 술어를 예화할 수 있다는 것은 이상한 일로 생각되어왔다. 혹은 그것이 잃어버린 사랑과 낭비된 기회들을 기억하는 사람과 동일한 술어를 예화할 경우에도 마찬가지이다. 마음을 갖지 않은 사물이 어떻게 슬플 수 있단 말인가? 그것은 터무니없는 일인 까닭에, 표준적인 철학적 제안에 의하면 "그 음악은 슬프다"라는 것은, 보통 사람들이 눈물이나 아련한 표정을 통해 슬픔을 표현하듯이 작곡가가 그 음악을 통해 자신의 슬픔을 표현했다는 사실에 대해, 또는 그 음악은 그것을 듣는 이들의 가슴에 슬픔을 환기시킨다는 사실에 대해 어떤 인과적인 주장을 축약한 것이나 다름없다. 그것은 매우 그럴듯한 이론이지만, 작곡가가 그 음악을 작곡할 때 전혀 슬픔에 빠져 있지 않았고, 그 자체로 슬픈 음악임에도 불구하고 그 음악이 청취자에게 뚜렷한 슬픔의 감정이나 미미한 우수의 느낌조차 환기하지 않는다는 사실이 음악학적으로나 현상학적으로 발견될 경우, 그런 종류의 이론은 더 이상 견지될 수 없다. 어떤 사람이 음악을 들을 때 음악이 슬픈 것은 아니지만 유치원 선생님이 그 음악을 연주하곤 했던 것이 기억나기 때문에—만약 그 음악이 「시골 정원」이라면—슬픔을 느낄 수 있듯이 물론 어떤 음악은 슬픔을 유발시킨다고 말할 수 있다. 사실 그런 일은 어디서나 있을 수 있다.

어떤 화가는 자기 친구가 좋아하는 개의 초상화를 그림으로써 그에 대한 우정을 표현할 수 있다. 그 그림은 우정에 관한 표현이지만 그렇다고 우정이 표현되는 것은 아니다. 예컨대 그 화가는 친구네 집 마당의 잔디를 깎아줌으로써 우정을 표현할 수도 있고, 개의 초상화가 그렇듯이 깎인 잔디 역시 동일하게 우정에 관한 표현이라고 할 수도 있다. 그러나 깎인 잔디는 예술작품이 아닌 까닭에, 그것은 표현일 수도 있고 또는 그 무엇도 표현하지 않는다고 말할 수도 있다. 왜냐하면 우리가 추구하는 표현 개념은 우선 적어도 표상인 사물들에만 적용되고, 인과적인 의미에서도 그것은 개의 초상화에 적용되는 것과 동일한 의미에서 표현이긴 하지만, 결국 깎인 잔디 자체는 표상이 아니기 때문이다. 따라서 만일 개의 초상화가 우정을 표현한다면 그것은 그 인과적 기원 외의 다른 어떤 이유로 인해 그러한 것이다. 그러나 만일 눈물이 슬픔을 표현하는 것과 똑같은 방식에 의해서만 슬픈 음악이 작곡가의 슬픔을 표현할 수 있다면, 슬픈 음악에 대해서도 그렇게 말할 수 있을 것이다. 이 사례들이 같은 식으로 설명될 수 있는 한, 그것들을 모두 표현으로 부를 수 있을 테지만 음악에는 이것 말고도 뭔가 다른 어떤 것이 있을 수밖에 없는데, 그렇지 않다면 우리는 왜 눈물이 예술작품이 아닌지를 의심할 수밖에 없을 것이다.

우리는 단지 음악을 슬프게 느낄 뿐만 아니라, 반드시 예술가 자신에 대해 많이 알고 있는 것은 아니더라도 예술작품이 갖는 가장 표현적인 속성들을 음미할 수 있고, 어떤 식으로든지 예술가에 대한 지식이 불충분한 채로 작품을 특징짓는다고 해서 움츠러들 이유는 없다. 그러나 이것은 사람이 슬픔을 표현하는 경우와 마찬가지로 왜 음악의 슬픔에 대해서도 '슬프다'는 술어를 사용하는지, 그리고 어떻게 그것이 슬픔을 예화할 수 있는가 하는 문제로 우리를 다시 돌아오게 한다. 이 물음에 대한 답을 밝히는 것은 분명히 유익할 것이고, 우리가 그 답을 얻은 후, 만일 우리가 참으로 문제의 음악이 슬픔을 예증한다고 말할 수 있다면 더욱 그러할 것이다. 그럴 경우, 방금 제시된 분석에 의해 그것은 슬픈 것들의 집합을 지칭할 것이고, 지칭은 표상의 한 양태이므로 그 음악은 그것이 **표현적인** 만큼 표상적일 것이다. 그리고 음악의 표상적 측면이 많이 논박되어왔던 반면에 음악의 표현성은 널리 받아들여져 왔으므로, 이 두 태도의 비일관성을 입증하는 것이 좋을 것이다. "예증을 어떻게 이해할 것인가" 하는 물음은 많이 논의되어왔고, 예증을 은유와 동일시하는—즉 어떤 그림은 '슬프다'는 술어를 은유적으로 예증한다—굿먼의 이론은 참으로 흥미롭기 그지없다. 아래에서 나는 그것을 간략하게 검토해볼 것이다.

　예술작품에 쓰이는 표현적인 술어들이 결코 자구적 의미에서 참이 아니라고 결론 내린다면 참으로 애석한 일일 것이다. 모든 조각상은 나름대로 무게를 갖고 있고, 모든 그림은 공간을 갖는다. 그러나 어떤 조각상이든 그림이든 모두 분명히 무게나 공간을 가질 텐데도 불구하고, 모든 조각상이 무게를 표현하는 것도 아니고 모든 그림이 공간을 표현하는 것도 아니다. "은유적으로 예증되었다"는 것에서 "직접적으로 예증되지 않았다"는 것을 추론할 수 있다고 믿는 것은 "은유적으로 참이다"는 것에서 "문자적으로 거짓이다"라는 것을 추론할 수 있다고 믿는 것 못지않게 전혀 논리적 타당성을 갖지 않는다. 이 경우 표현적인 술어들 자체가 우리의 심리적 어휘들로부터 연유된 것인 한, 그런 식의 그릇된 추론은 철학자들이 조각상과 그림에 있어서 외관상 거짓임이 거의 확실한 표현적인 술어에 대해 가졌던 편협한 고착화에 기인한 것으로 생각되며, 따라서 그 술어들을 그림에 덧붙이는 것은 형편없는 오류의 사례일 뿐이다. 그럼에도 불구하고 그런 식의 술어 사용이 절대적으로 거짓이라고 볼 수 없는 개인이나 개체들의 경우에도 그 추론 자체는 그릇된 것이다. 당연히 배우나 음악 연주자는 슬픔이나 행복을 표현할 수 있고(아마도 그것은 연출자나 악보가 그렇게 하도록 지시하기 때문일 것이다), 그가 표현하는 것은 슬픔이나 행복 자체가 아니면서도 실제로 말 그대로 슬프거나 행복할 수 있는데, 왜냐하면 배우나 연주자는 공연 당시의 자기의 심리 상태와 상관없이 공연이 요구하는 대로 그러한 속성들을 표현할 수 있기 때문이다.

　그러나 중요한 것은 정서적 술어들(emotional predicates)이 표현적 술어들(expressive predicates)의 범위를 완전히 망라하지 못한다는 것이며, 표현적 술어가 어떤 인과관계를 동반하든 간에 그것이 또한 표현적 술어로도 사용될 수 있다면, 다른 표현적 술어들에 대해서도 멀게나마 인과관계를 참된 것으로 추정할 수 있는 것은 특별한 경우에 제한될 것이다. 어떤 그림이 무게를 표현할 때, 그것은 그 자체의 무게 때문에 그렇게 표현할 수 있는 것이 아니다. 그러나 그 그림은 은유적으로 예증하는 것을 또한 문자적으로도 예증할 수 있다. 보베(Beauvais) 성당은 (다행히도) 수직적 구조물이다. 그러나 어떤 심오한 방식으로 그 수직성은 각 층과 그로부터 솟아 나온 기둥들의 높이 사이의 비율을 통해 부분적으로 설명되지만, 그 성당은 동시에 수직성 자체를 표현한다. 그리고 참으로 보베 성당의 수직성은, 표현적으로 해석할 경우 하나의 은유이다. 문자적으로 해석한다면 그것은 단순히 중력, 마찰, 긴장과 압력 등에 의해 설명되어야 할 건축 구조물들의 유기적 삶에 관한 사실들 중의 하나이다.

  '슬프다'와 같은 술어들은 앞의 장에서 개괄된 예술적 술어로 분류할 수 있고, 사실상 자연언어에서는 때때로 그런 용도로 사용되지 못할 술어는 없을 것이다. 그럼에도 불구하고 이러한 동화현상에 반박하는 적어도 두 개의 논변이 있다. 첫째 논변은 보다 가시적인 사례를 고찰함으로써 표현될 수 있을 것이다. 즉 그림은 직접적으로 예술적인 의미에서 힘센 그림이 아니면서도 힘을 표현할 수 있다. 어떤 스케치는 민첩한 것이 아니면서도 민첩함을 표현할 수 있다(그것이 참일 경우, 그렇다고 해서 반드시 그 스케치가 민첩하게 그려진 것이라는 것을 함축하는 것은 아니다). 그리고 이러한 사례들은 무한히 확장될 수 있다. 작품은 결국 그것이 형편없거나 서투르게 또는 불명료하게 표현하는 어떤 것이든 표현할 수 있는 반면, 예술적 술어들은 그러한 변조를 허용하지 않는다.

  둘째 논변은 예술적 술어들이 평가를 함축하며, 따라서 어떤 그림을 힘에 넘친다고 기술하는 것은 일종의 찬사라는 것이다. 그러나 그것은 동일한 논리적인 의미에서 표현적 술어들에 대해 참이라고 볼 수 없다.

어떤 사람은 보베 성당이 수직성을 표현한다고 말하면서, 그것이 좋은가 또는 나쁜가 하는 문제를 유보할 수 있다. 그러나 이 모든 것과는 상관없이 내가 주장하는 바는 어떤 그림이 힘에 넘친다고 기술하는 것은 예술계 술어를 문자적으로 적용한 것인 반면, 그것이 힘을 표현한다고 말하는 것은, 굿먼이 옳다면 일상적인 술어를 은유적으로 사용하는 것이다. 그 수직성 때문에 보베 성당에 찬사를 보내거나, 거기에 찬사를 보내기 위해 '수직성'을 지칭하는 사람은 성당이 똑바로 서 있는 것 때문에 찬사를 보내는 것이 아니다. 그러나 수직성을 예술계 술어처럼 사용하는 것은—어떤 건물들은 그것을 예증하고 어떤 건물은 그렇지 않다—보베 성당이 수직성을 표현하는가 하는 물음을 남겨두는데, 그것은 그 건물의 예술적 수직성이 은유적 함의를 갖는지를 묻는 것에 해당한다. 여기서 우리는 스타일의 개념적 경계들을 무너뜨리기 시작했으며, 만일 스타일 연구가 형식과 표현의 상호관계를 포함한다는 마이어 샤피로의 제안이 옳다면 더욱 그러하다. 우리는 어떤 작품이 표현하는 것과 표현하는 방식을 단번에 구분할 수 없기 때문에 정말이지 우리는 그 경계를 무너뜨리는 일을 피할 수 없을 것이다.

 이것은 셋째 논변에 해당할 텐데, 그것은 아마도 표현적인 것을 예술적 어휘와 동일시하는 것을 막기 위해 우리가 가질 수 있는 최선의 논변일 것이다. 즉 예술적 술어 자체는 표현에 대한 설명의 일부로서 영입된다는 것이다. '도형적인'이라는 술어는 리히텐슈타인에게 적용된 예술적 술어이지만 로란에게는 문자적 술어로서 적용되었고, 전자의 도형성은 그것을 표현하는 은유에 대한 설명에 도입된다. 따라서 보베로 돌아간다면, 그것의 거대한 수직성은 예술적 속성으로 감상할 수 있다. 그러나 아마도 그것은 영혼의 승천에 대한 은유로서 파악될 때만 표현적 속성으로 느껴질 것이다. 물론 그 속성은 느끼지 않고도 이해될 수 있고 그 역도 가능하다. 이 제안이 굿먼에게 받아들여질 것인지는 군이 물어볼 필요도 없다. 나는 은유적 예증에 관한 그의 설명을, 한 작품이 표현하는 바는 곧 그것이 은유하는 바라는 개념으로 교묘하게 변형했다──그러나 표현을 근본적으로 의미론적인 두 개념, 예증과 사례화로 변환함으로써 표현 개념 전체를 탈심리화하려 한 것은 굿먼의 지대한 공헌 덕택이다. 다른 저자와 타협하는 설명을 구하기보다는 우리의 주요 사례로 돌아가서 그것을 통해 우리 자신의 이론을 구성해보도록 하자.

「세잔 부인의 초상」과 그것에 관한 도형 사이의 은유적 상호교환은 그 그림이 보여주는 것과 연관하여 그림이 표현하는 바를 명시적으로 보여주는 데 도움을 준다고 나는 주장했다. 표현된 것을 포착하기 위해 우리는 세잔의 그림 자체의 토대에서 은유를 찾아야 하는데, 그 그림은 마치 세잔 부인이 산이나 프로방스의 농가이기라도 하듯이, 또는 이 격렬하고 열정적인 화가에게 그러한 정념의 역류를 유도한 그녀조차도 사과 같은 회화적 탐험을 위한 대상으로 다루는 양, 그는 자기 아내를 도형적 모티프로 사용했다고 말할 수 있다. 리히텐슈타인의 연구는 이러한 태도를 보여주는 밑그림이지만, 그 그림 자체는 그것을 부분적으로 자기 지칭적인 방식으로 표현하고 있다. 즉 그것은 대상들이, 심지어 사랑의 대상까지도 묘사되는 방식을 표현한다. 그것은 마치 눈은 있지만 아무런 감정 없이 태어난 사람과도 같다. 자코메티는 세계가 순전히 눈에 보이는 방식대로, 예컨대 손이 없이 태어나 촉각이 전혀 없는 사람에게 보이는 대로 묘사하려 한다고 내게 말한 적이 있다. 그 그림은 (어떤 이론의 혜택을 입은 경우를 제외하고) 그 작품의 주제에 대한 세잔의 감정을 직접 표현하지 않을 수도 있고, 또는 아마도 표현하지 않는다고 보는 것이 정확할 것이다. 그 감정들은 내가 제안한 불투명한 방식을 제외하고는 그 표현 속에 들어 있지 않다. 그 그림은 우리에게 제시의 방식을 보여주며, 한 사례일 뿐만 아니라 동시에 다른 그림에 대한 은유로 생각될 수 있다(이것은 은유적으로 예증하는 것을 동시에 문자적으로 예증하는 것을 보여주는 훌륭한 사례이다).

모티프로서의 세잔 부인(우리는 그 유명한 초상화에 이 제목을 붙일 수도 있다)은 밧세바로서의 헨드리케 슈퇴펠스(Hendrijke Stoeffels)를 그린 렘브란트의 위대한 초상화와 흥미롭게 대조되는데, 렘브란트는 세잔이 자기 부인을 바라보는 것과 특별히 다를 것이 없는 방식으로 이 여인을 보기 때문이다. 나는 그 그림의 주제가 밧세바 자체라기보다는 밧세바로서의-헨드리케라고 생각하는데, 헨드리케는 밧세바의 모델을 선 것이었고, 따라서 이 재현의 핵심부에는 이미 은유적 구조가 있기 때문이다. 그 작품에 관해 케네스 클라크는 이렇게 썼다. "우리가 보는 것은 화가가 너무나 사랑스럽게 바라보기 때문에 아름답게 변한, 그녀의 뚱뚱하고 옹골찬 몸의 단호한 모델 서기 장면이다."[5] 예술작품을 제외하고는 그러한 진술이 유의미할 수 있는 사례가 무엇일지 고심하는 독자는 우리가 지금 다름 아닌 예술작품을 다루고 있다는 사실을 즉각적으로 의식해야만 한다.

만일 내가 옳다면—만일 예술작품 외의 어떤 것도 이러한 방식의 기술을 충족시킬 수 없다면—우리는 그 진술을 세밀하게 검토함으로써 예술과 예술 언어에 관해 무엇인가를 배울 수 있어야만 한다. '단호한 모델 서기'(unflinchingly modelled)라는 어휘는 모델 앞에 서 있는 화가가 움찔하지 않을 수 없는 무엇인가가 그 묘사된 몸에 들어 있음을 함의한다. 우리는 받아들이기 어려운 진실 앞에서만 움찔하고 피한다. 우리가 어떤 변태성을 그 화가에게 귀속시키려 하지 않는 한, 위대한 아름다움의 전성기를 누리는 브리지트 바르도의 초상화에는 움찔하고 꽁무니를 빼야 할 만한 것이 없을 것이다. 따라서 우리가 그녀의 모델

---

[5] Kenneth Clark, *Rembrandt: An Introduction*, p.101.

서기에 대해 화가가 어떻게 기술하든 간에 '단호하게'라는 말은 적절한 수식어가 아닐 것이다. 그와는 달리 복잡한 기하학적 평면처럼 다루어진 세잔 부인의 경우처럼, 제재를 무감정하고 무심하게 다루는 초상화에는 움찔할 것도 없고 움찔하지 못할 것도 없다. 그러므로 전자의 경우에 '단호하게' 같은 부사를 적용하는 것이 논리적으로 가능하다는 사실과 후자의 경우에 그것은 논리적으로 적용될 수 없다는 사실은 그 자체로 그 두 여인을 보는 두 화가가 화가로서 어떻게 다른지를 보여주기에 거의 충분하다.

  렘브란트는 무심한 한 남자가 한 여인을 보듯이 그녀를 볼 수밖에 없었다. 그는 대단히 많은 것들을 묘사했다—가죽이 벗겨진 짐승들의 사체, 사람들의 주검, 늙고 병들고 눈먼 사람들, 비참한 대상들—예컨대 푸주한이나 해부학자나 노인병학자 또는 불교도들처럼 그러한 것들로부터 조금이라도 거리를 유지할 수 없는 감수성이 예민한 사람들은 그런 것들을 볼 때 움찔할 것이다. 그가 그러한 것들을 단호하게 묘사한다는 사실은 사람으로서 그가 가진 깊은 인간애와 보편적인 자비심의 표지이다. 그것은 마치 이러한 자비심과 그 인간애를 표현하기 위해 단호하게 묘사해야 할 것들을 그가 직접 고른 것처럼 보인다. 짐승들의 사체는 푸주한 같은 사람이 묘사하거나 묘사함직한 방식처럼 묘사되지 않았고, 또 해부학자가 많은 것을 배우기 위해 묘사함직한 것처럼 묘사되지 않았다. 그는 해부학 교실을 묘사하고 있지만, 그 그림들 자체는 해부학 강의를 위한 것이 아니다.

  헨드리케의 경우, 움찔해야 할 대상은 그녀의 몸에 배어든 세월과 낙후함을 보여주는 신호들이다. 한 남자는 모욕적인 방식으로 중년 여인을 그릴 수 있다—그러나 단호하게 그릴 수는 없다(다이앤 아버스의 사진들은 이런 의미에서 단호했다). 왜냐하면 모욕을 가하는 경향이 있는 남자는 움찔하는 남자가 아니기 때문이다. 그런 사람이라면 그녀를 낡은 가방처럼 보이게 하기 위해 굽은 곳과 주름살과 처진 가슴을 묘사하고 그런 것들을 강조했을 것이다. 그러나 렘브란트는 그런 것들을 눈에 띄게 그리려 한 것이 아니라, 사랑하는 여인의 일부이기 때문에 있는 그대로 놓아둘 뿐이다. 그리고 삶이 그녀에게 준 그러한 흔적들을 가진 그 여인은 왕이 그녀를 소유하기 위해 살인까지 서슴지 않도록 유혹했을 만큼 아름다웠던 여인 밧세바이다. 그리고 바로 그것이 그 작품의 은유의 핵심이다. 평범하고 땅딸막한 암스테르담 여인을 평범하고 땅딸막한 암스테르담 여인으로서 묘사하는 것이 거의 경멸의 사례일 수밖에 없는 것처럼(왜 그녀를 그냥 내버려두지 않는가?), 평범하고 땅딸막한 암스테르담 여인을 왕의 소중한 연인으로서 보여주는 것은 사랑의 표현일 수밖에 없다.

그 경우는 그리스도를 하나의 주검으로서 보여주는 것과 정확히 비견될 수 있는데, 여기서 안드레아 만테냐가 그리스도의 사체가 취하고 있는 자세를 보여주는 방식은 너무나 극렬하기 때문에 그 이후에 그런 식으로 인물을 묘사하는 사람은 모두 만테냐적 시각에서 보아야만 할 정도가 되었다. 따라서 그 그림은 무한한 은혜와 구원의 진리와 신의 사랑의 힘을 표현한 것이 틀림없다. 우리는 렘브란트가 헨드리케를 사랑했다는 것을 그의 생애에 관한 사실로서 별도로 알고 있고, 세잔이 자기 아내에 대해 프로방스적인 열정을 갖고 있었다는 것을 그의 생애에 관한 편린적인 사실로서 알고 있다. 그러나 이 그림들이 각각 표현하는 것은 그러한 지식과는 아무 상관이 없다. 헨드리케는 살덩어리로 제시되었고 세잔 부인은 결코 그렇지 않다. 그녀는 나이와 젊음의 술어들이 전혀 적용되지 않는 어떤 사물로 제시되었고, 관람자가 그녀의 성격이나 내면의 삶 또는 마음 상태에 대해 결코 알아낼 수 없도록 묘사되어 있다.

세잔의 그림의 다른 모티프들, 즉 도박사들을 그린 연작 그림의 맥락에서 그녀를 생각해보자. 그것은 기하학적으로 시각적 흥미를 끄는 주제이다. 도박은 신나는 활동이며, 흔히 심각한 이해관계를 포함하며, 기술을 사용할 수 있고, 부정직한 게임일 수도 있다. 도박판은 일종의 삶에 대한 은유로서, 카드를 뒤집는 것은 진실의 순간을 가리킨다. 카라바조의 그림에서 성 마태는 도박꾼들과 함께 그려져 있다. 얀 스틴(Jan Steen)은 한 손으로 트럼프를 내려치면서 다른 손으로 큰 술잔이나 여자의 젖가슴을 움켜쥐고 있는 방탕한 도박꾼들을 보여준다. 그가 그린 도박꾼들은 방종하고 들떠 있다. 그러나 세잔의 도박꾼들은 전혀 그렇지 않다. 그들은 가지 모양의 망토를 걸쳤고 멜론 모자를 쓰고 있다. 그들은 어떤 심리적인 흥밋거리도 갖고 있지 않고, 내면성 같은 것도 없으며, 그 그림들은 결코 '사람의 성품에 대한 풍부한 탐험'이 될 수 없다. 그 그림들과는 대조적으로 생빅투아르 산은 거의 살아 있다.

우리는 세잔이 정물을 그릴 때 밀랍과일을 사용했다는 것을 안다. 그것은 그가 도박꾼들을 그리기 위해 마네킹을 사용해야 했던 것처럼 그가 그렸던 방식과 일관된다고 볼 수 있다. 세잔을 모범적인 예술가로 평가한 로저 프라이(Roger Fry)가 이처럼 심리적인 내용이 부재하다는 사실을 순수 회화의 적극적인 성향으로 볼 수밖에 없었던 것은 결코 우연이 아니다. 그러므로 심지어 그는 렘브란트가 소설에 대한 심리적 집착을 유보하고 순수한 태도로 그림을 다루었더라면 훨씬 나은 화가가 되었을 것이라고 넌지시 암시하기도 했고, 렘브란트의 그림들이 심리학에 의해 오염되었다는 사실을 개탄해 마지않았다. 그러나 내가 주장하려는 것은 그러한 점들이 은유적인 차이일 뿐이며, 사실 세잔의 그림도 렘브란트의 그림 못지않게 표현적이라는 것이다.

회화의 형식과 내용이 서로 갖는 연관성—거의 같은 스타일—은 소설에서도 발견될 수 있다. 헤밍웨이의 등장인물들은 세잔의 도박꾼들처럼 단순하고 기하학적인데, 그들을 단순하고 직설적인 문장으로 기술하는 한, 그들은 다른 것으로 대체될 수 없다. 그와는 반대로 프루스트는 뉘앙스와 미묘함과, 뒤얽히고 종종 신경증적인 성향을 가진 등장인물들을 보여주기 위해 길고 굴절적인 문장과 도치된 수식어가 많은 문장을 사용했는데, 각 제스처마다 독특한 의미를 담고 있다. (스완에게 애매한 찬사를 전하고 싶어하는 해설자의 누이들이 나누는 대화는 프루스트 스타일의 환유이다.) 프루스트적인 질투를 헤밍웨이식의 문장으로 묘사해보라. 또는 그가 관심 갖는 것과 감정의 넓은 폭을 예시하는 데에 완벽하다고 볼 수 있는 매우 조밀하고 점착성 짙은 산문을 쓴 제임스에 대해 생각해보라—그 속에서 각 등장인물은 모종의 응축점들처럼 보인다—"브루킹햄 부인의 응접실의 모든 거주자들은 다른 어느 것보다도 다른 사람의 진동에 거의 모든 관심을 쏟고 있다"고 썼던 『미숙한 사춘기』에서 그는 그런 스타일을 완벽하게 확인시켜 준다. 제임스의 등장인물들은 진동에 의해 의사소통을 하는데, 그의 산문은 바로 그것을 보여준다. 만일 그것을 라벨적인 구문론이나 존슨적인 대칭, 또는 셰익스피어적인 과장법으로 구성한다면 어떻게 될지 생각해 보라. 그러나 이렇게 사례들을 더 상술할 필요는 없을 것이다. 제재를 표상하는 방식이 표상된 제재와의 긴밀한 연관성을 고려하여 택해진 것일 때 표현 개념은 은유의 개념으로 환원될 수 있다는 것이 내가 제시하고자 하는 철학적 요점이다.

스타일이라는 용어는 어원적으로 라틴어 스틸루스(stilus)—뾰족한 필기도구—에서 연유한 것인데, 그 구체적인 용례는 그것의 유의어인 스티물루스(stimulus, 점, 몰이막대기)와 인스티가레(instigare, 막대기로 몰다 또는 찌르다)가 적용되는 반경을 벗어난다. 사실 스틸루스의 모양 자체와 별로 고상하다고 볼 수 없는 기능이 함의하는 배음(倍音)은 성적 쾌락을 환기시키는 계기가 되기도 한다. 그럼에도 불구하고 스틸루스가 우리에게 흥밋거리가 되고, 그뿐만 아니라 그것이 흔적을 남기는 표면에 또한 그 자신의 성격에 관한 무엇인가를 남기기도 한다는 흥미로운 속성을 갖는 것은 그것이 표상의 도구이기 때문이다. 나는 상이한 종류의 스틸루스로 만들어진 여러 선들의 선명한 특질을 염두에 두고 말하고 있다. 종이 위에 그어진 연필의 까칠까칠한 특질, 돌에 그어진 크레용의 여포성(濾胞性) 성질, 드라이포인트 바늘이 금속성 면도날의 흔적을 남기면서 뻗치는 부스스한 선, 붓이 남긴 얼룩덜룩한 선, 비스코스 안료를 막대기로 휘저어 만든 선, 막대기의 반대쪽 머리를 격렬하게 흔들 때 물감이 만들어낸 흩뿌려진 선 등. 마치 그것이 표상하는 행위를 통해 그 자신의 성격의 어떤 면모를 각인시키고, 그럼으로써 그것이 무엇인지를 알 뿐만 아니라, 숙련된 눈은 그것이 어떻게 만들어졌는지도 알 수 있을 것이다.

따라서 우리는 스타일이라는 용어를, 우리가 표상에서 그 내용을 제거할 때 남는 것—스타일과 그 사용 목적에 포함되는 내용 간의 대조에 의해 인증된 연산식을 말한다—즉 이 어떻게를 위해 남겨두어야 할 것이다. 실제의 수행에 있어서 나는 내용으로부터 스타일을 분리해내기 어렵다고 생각하는데, 왜냐하면 그것들은 단일한 어떤 충동에 의해 한꺼번에 창출되기 때문이다. 어떤 형태가 이루어지기 전에는 결코 종이에서 붓을 떼는 일이 없는 중국인들은 어쩔 수 없이 이러한 수행의 묘기를 허용하는 형태들—물고기, 나뭇잎, 대나무 마디 같은 것들—에 제한을 받는다. 「최후의 만찬」이나 「무고한 자들의 대학살」을 단 한 번의 붓질로 실행하는 것은 그런 묘기의 오용—일종의 변태—일 것이며, 그러한 주제들이 택해졌을 때는 상이한 스틸루스와 상이한 스타일이 요구된다. 중국인에게 있어서 내용은 스타일적 화려함을 발휘하는 기회가 되겠지만, 이것은 무엇에 초점을 두는가 하는 문제이다. 요점은 동일한 내용이 여러 가지 스타일로 구현될 수 있고, 유사한 수단들이라도 스타일상의 뚜렷한 차이를 가질 수 있다는 것이다.

그 반면에 하나의 스타일적 전통 안에서도 폭넓게 말해서 스틸루스는 그 자신의 특질뿐만 아니라 그것을 움직이는 손의 특질까지 남기며, 따라서 렘브란트와 선들이 그의 서명 자체가 되었듯이 스타일은 자필 서명의 문제가 될 수 있다. 최초의 「피에타」 이후 미켈란젤로는 특별히 필요하다고 느끼지 않았으므로 결코 자신의 다른 작품에 서명하지 않았는데, 그 작품은 그의 손만이 만들어낼 수 있는 것이었기 때문이다. 그렇다면 우리는 "스타일은 그 사람 자신"이라는 르클레르 드 뷔퐁의 심오한 관찰에 자연스럽게 도달한다. 즉 스타일은 세계 없이 세계를 표상하고, 다소 이상스럽기는 하지만 스타일이라는 말 자체가 육화된 것으로서, 사람을 보는 방식을 가리킨다. 그러나 지금 우리는 스틸루스의 환유를 만듦으로써 그 개념을 확장했다.

내가 상술하는 세 가지 개념들 중, 수사법은 표상과 청중의 관계에 관한 것이며, 스타일은 표상과 그 표상을 만든 사람과의 관계에 관한 것이다. 표현의 경우와 마찬가지로 두 경우 모두에서 표상의 성질들은 내용 속으로 잠식되지 않는다. 현실적으로 말해서 무자비하지만 필연적인 추상 행위에 의해서만 우리가 스타일을 내용으로부터 분리할 수 있다는 것을 깨달을 때, 예술가는 스타일로 명명되는 성질들에 의해 세계의 표상 내용과 그것들이 갖는 관계 안에서 자기 자신을 표현한다. 내가 해부하고자 하는 것은 바로 이 관계이며, 우리는 음유시인 이온(Ion)의 경우에 대해 숙고함으로써 좋은 출발을 모색할 수 있고, 우리 자신의 스타일에 의해 음유시에서 논리학으로 논의를 전환할 수 있다.

이온은 호머를 낭송하는 타의 추종을 불허하는 재능을 가진 해석능력이 뛰어난 예술가였다. 탁월하고 예외적이었다는 점에서 모두 그는 유일무이하다고 말할 수 있는데, 왜냐하면 이온은 다른 시인들의 작품을 그와 똑같은 힘과 확신을 갖고 낭송할 수 없었고, 그것을 (이지적이지 못한) 이온은 납득할 수가 없었다. 그는 어쩌면 바흐 해석에 뛰어나지만 가브리엘 우르뱅 포레나 알반 베르크를 해석하는 데는 특출한 능력을 갖지 못한 피아니스트에 비견될 수 있을 것이다. 소크라테스는 그 사실을 설명했는데, 이온이 그 보상으로 영감을 얻기는 했지만 그의 유명한 예화를 인용하면 어떤 천연자석이 그 힘을 쇠반지에 옮겨주는 것과 비슷한 방식으로 영감이 그에게 소통되고 전달되었으며, 말 그대로 어떤 외적인 힘에 의해 신들리곤 했지만, 그가 '지식이나 기술'을 결여한다는 것이 결정적인 이유였던 것이다. 그리고 참으로 이온은 청중을 거의 자석처럼 끌어당기는 위대한 연설가의 힘을 가졌다. 그의 수입이 주원천은 바로 이것이었고, 희극에 뛰어난 재능을 가진 배우가 햄릿이나 리어왕의 연기를 할 수 있기를 바라면서도 왜 자기가 그것을 할 수 없는지 의아해했을 테지만, 나는 그가 그런 저급한 이유로 어떤 시인의 작품이든 똑같이 잘 낭송할 수 있기를 바랐을 것이라고 생각한다. 그러나 소크라테스가 지식이나 기술의 결핍 때문이라고 말했을 때 그는 기술을 일반화할 수 없다는 바로 그 무력함을 가리킨 것이다.

그리고 분명히 이 일반화 가능성 같은 것은 '지식이나 기술'의 표지이다. 어떤 어린아이는 자기가 어떤 책을 읽을 수 있지만 다른 책들은 읽을 수 없다고 말한다. 그러나 그것이 사실이라면 그 아이는 정말로 읽기 능력을 갖고 있는 것이 아니다. 아마도 그 아이는 어떤 텍스트를 거의 외우게 될 정도로 책을 읽어주는 것을 들었기 때문에 자기 앞에 놓인 책을 낭송할 수도 있겠지만, 아무리 겉으로 보기에 책을 읽는 것과 비슷하게 보인다고 해도, 그것은 전혀 책읽기가 아니라는 것을 그 아이는 깨닫지 못하는 것이다. 읽을 수 있다는 것은 같은 언어로 씌어진 모든 텍스트를 읽을 수 있는 것을 말한다. 물론 똑같은 **정도**로 이해하는 것을 뜻하는 것은 아니며, 이해는 책읽기 외의 다른 지식을 필요로 한다. 다시금 말하지만 어떤 사람은 피아노로 어떤 곡조를 만들어낼 수 있을 테지만, 솜씨와 깊이에 있어서 명백한 제한들이 있다 해도 피아노를 연주할 수 있다는 것은 피아노로 어떤 것이든 연주할 수 있는 것을 뜻한다.

그리고 이와 비슷한 것은 그림 그리기에도 적용될 수 있다. 어떤 사람이 그린 사자는 들라크루아의 그림과 비슷하지 않고, 어떤 사람의 누드화는 프랑수아 부셰의 그림과 닮지 않을 수 있겠지만, 그림을 그릴 수 있다고 말하는 것은 그릴 수 있는 것이면 무엇이든 그릴 수 있다는 것을 의미한다. 그러나 이러한 의미에서 이온은 지식이나 기술을 갖고 있었다. 그는 낭송될 수 있는 것은 무엇이든 낭송할 수 있었다. 그의 불만은 그가 호메로스를 낭송하는 것과 똑같은 수준에서 모든 것을 낭송할 수 없다는 것이었다. 그리고 문제는 어떤 사람이 가능한 최고의 수준에서 모든 것을 수행할 수 있고, 읽기, 연주하기, 그림 그리기 또는 낭송하기와 비교될 만한 지식이나 기술이라는 것이 과연 있을 수 있는가 하는 것이다. 여기서 이온의 연기와 그의 다른 모든 연기들을 구별하는 것은 무엇이며, 호메로스를 낭송하는 것과 다른 음유시들을 낭송할 수 있는 지식이나 기술을 구별하는 것은 무엇인가? 만일 그런 것이 있다면 이온은 그것을 배울 수 있었을 것이고, 또는 우리도 그것을 배워 이온처럼 잘 해낼 수 있을지도 모른다.

논리적으로 말해서 재능이란 주어져야만 하는 것이라고 할 때 지식이나 기술은 **천부적 재능**이라고 불리는 것과 정반대되는 것인데, 왜냐하면 만일 그것이 다른 방식으로 획득될 수 있다면 그것은 재능이 아닐 것이기 때문이다. 물론 소크라테스는 이러한 의미에서 천부적 재능 같은 것이 있을 수 있다는 것을 부정한 것은 아니다. 달리 말하면 그의 물음은 사실상의 천부적 재능이나 어떤 능력이 재능으로 논리적으로 확연하게 구분되는 것인가—즉 똑같은 교육과 학습을 통해 우리가 지식을 얻을 경우, 동일한 수행능력이 획득될 수가 없겠는가 하는 것이다. 그렇다면 우리는 자연의 불평등한 처사에 따르지 않아도 될 것이다. 적합한 교육을 참아낼 마음가짐을 갖춘 사람이라면 루빈슈타인이나 베른하르트—또는 이온—같은 인물이 될 수 있을 것이며, 그는 문제의 그 일을 해낼 수 있을 뿐만 아니라, 분명히 그 불행한 이온이 그랬던 것처럼 외부의 어떤 힘에 의존하지 않고서도 지식을 발휘하여 뚜렷한 차이를 보여줄 수 있을 것이다. '지식이나 기술'은 일종의 극단적인 평등주의 또는 칸트가 "계모 같은 자연의 인색함"이라고 불렀던 불공정성의 극복 가능성을 함축한다. 만일 그러한 지식을 얻을 수만 있다면, 우리는 우리의 예술가와 시인들을 제비뽑기로 택할 수 있을 것이다.

여기서 소크라테스의 태도에 공감하기란 어렵지 않다. 그의 문화권에서 도덕 교사로 대접받았으나, 시인으로서도 탁월함이 발견되어야 할 바로 그 지점에서 지식이나 예술을 결여한 것으로 드러난 시인들에 대한 야비한 공격과는 별도로, 바로 거기서 지식을 결여한 것 못지않게 교사로서도 어떤 흥미로운 점을 갖고 있음이 분명하다. 그렇다면 무엇이 그들로 하여금 가르칠 수 있는 자격을 주었는가? 일종의 재능이라고 볼 수도 있는, 대단히 긴 코를 가진 사람들은 왜 교사가 될 수 없는가? 그러나 소크라테스는 도덕적 권위자나 전문가라는 관념 자체에 대해 지대하게 공격적이었다. 『유디프로』(*Euthyphro*)에서 그는, 선을 "신들이 찬양하는 것"으로 정의한 곳에서 선이 선한 것은 신들이 찬양하기 때문인가, 아니면 그것이 선하기 때문에 신들이 찬양하는가라고 묻는다. 만일 전자가 참이라면, 우리가 무엇을 찬양하는가 하는 물음에 대해, 우리 모두가 권위자인 경우를 제외하고 도대체 신들은 선에 대해 어떤 권위를 가질 수 있는가? 그리고 만일 후자가 참이라면 우리는 그것을 기술이나 지식의 문제, 즉 당연히 신들은 가질 수 있지만 우리는 갖지 않은, 그러나 원칙적으로 우리도 획득할 수 있고 따라서 신들처럼 선이 무엇인가에 대해 훌륭한 판정자가 될 수 있는 지식의 문제로 생각할 수 있을 것이다.

  어느 경우이든 궁극적인 도덕적 지침에 있어서 우리에게는 신들이 필요 없을 것이다. 그리고 다시금 『국가』에서 소크라테스는 정의는 전문가를 가질 수 있는 것이 아니라는 것을 보여주려 했다(언제 우리는 정의로운 사람을 가질 수 있는가?). 따라서 알 수 있는 것이라면 무엇이든 원칙적으로 누구나 배울 수 있는 것이고, 따라서 원칙적으로 누구나 배울 수가 없다면 그것은 지식이 될 수 없다는 것이 소크라테스적 사고에서 핵심적인 것이다. 어쩌면 이온이 가졌던 것은 지식이 아니었을지도 모른다. 어쩌면 그것은 불가항력적인 재능이었을지도 모른다. 그럼에도 불구하고 그것이 원칙적으로 지식이었다고 가정할 때, 이온이 자기의 연기와 갖는 관계와 그것이 지식으로 갖고 있었던 사람이 수행한, 외견상으로 유사하게 보이는 연기 사이의 관계에는 심오한 차이가 있다. 내가 그 차이, 즉 스타일과 방법 간의 차이를 근거짓고자 하는 것은 바로 그러한 두 관계의 차이에 의해서이다. 스타일은 재능이며, 겉으로 볼 때 특별한 차이를 발견할 수 없을지라도, 근본적으로 방법은 배울 수 있는 것이다.

  나는 다른 곳에서 기본적인 행위(basic action)와 비기본적인 행위(nonbasic action)의 차이, 그리고 기본적인 인지(basic cognition)와 비기본적인 인지(nonbasic cognition)의 차이를 구별해내기 위해 깊이 탐색한 바 있다. 그 차이 자체는 대략적으로 다음과 같다. 만일 어떤 것을 알고 있는 사람이 그가 아는 다른 어떤 것을 통해 그것을 안다면 그것은 비기본적인 인지이다. 그리고 만일 어떤 사람이 a를 행할 때, a와 구별되는 다른 어떤 것을 행함으로써 a를 완수한다면, 그의 행위는 비기본적이다. 따라서 기본적인 인지와 기본적인 행위는 매개하는 다른 인지와 행위의 결여에 의해 규정된다. 실제로 기본적인 양태로 이루어진 것이 과연 비기본적인 방식으로 수행될 수 있는지, 또는 그 역이 성립되는지 말하기는 대단히 어려운 일이다. 그리고 그 점은 인지의 경우도 마찬가지이다.

갈릴레오는 신이 알 수 있는 것을 우리가 알 수 있지만, 신은 즉각적으로 그리고 직관적으로 알 수 있는 모든 것을 인지하는 반면, 대부분의 경우 우리는 추론 과정을 거쳐야만 한다. 따라서 우리가 아픔을 느낌을 인지하는 것과 똑같은 방식으로 신은 멀리 떨어진 행성의 온도를 알 수 있다 그러나 우리의 인지는 노고와 도구의 매개를 필요로 함에도 불구하고 우리도 신 자신이 아는 것을 알 수 있다. 그것이 바로 갈릴레오의 인지적 믿음이었다. 그렇지만 신은 그가 행하는 것은 무엇이든지 매개 없이 직접 수행해야 한다. 즉 그의 모든 행위는 기본적인 행위여야 한다. 그러나 이와 유사한 실천적인 믿음에 의하면, 우리가 필요한 기술공학을 획득할 수만 있다면, 신이 행하는 것은 무엇이든 우리도 할 수 있다. 우리가 원칙적으로 알 수 있거나 행할 수 있는 어떤 것이든 우리도 알 수 있고 또 행할 수 있다는 것은 아마도 소크라테스가 지식이나 기술에 대해 가졌던 생각에 가까울 것이다. 이온은 지식이나 기술 없이도 그가 할 수 있는 일을 수행했다. 그런 점에서 그것은 일종의 기본적인 수행이다.

그러나 매개될 수 있는 기술이나 지식이 있을 경우, 그가 행한 것이 비기본적인 방식으로 수행될 수 없다는 것이 함축되는 것은 아니다. 그렇다면 내가 의미하는 스타일과 연관되는 종류의 관계는 기술이나 지식의 매개 없이 수행될 수 있는 것이다. 그것은 바로 "스타일은 그 사람 자신"이라고 말할 때 의미하는 바이다. 그것은 다른 어떤 것을 획득함으로써 얻는 다른 혜택 없이 스타일 자체가 이루어지는 방식을 말한다. 그러나 그렇게 말할 때 우리는 그와 같이 해석된 스타일과 비기본적인 수행으로서 스타일이 조성될 수 있는 방법 사이에 불공정한 구별을 내리는 것이다. 그리고 그 이유는 무엇인가라는 물음으로 이 글을 마무리

지어도 물론 좋을 것이다. 나는 여기에 인간적으로 아주 중요한 것이 그 답에 들어 있다고 믿지만, 또한 예술과 비예술 간의 차이 같은 것도 여기에 포함되지 않을까 하고 생각한다.

우리는 둘 중 하나는 예술작품이고 다른 하나는 그렇지 않은, 외양으로 식별할 수 없는 두 대상들이 있을 가능성에 친숙해졌다. 만일 그런 두 대상의 제작 방식에 있을 것이라고 우리가 추정하는 차이점들이 결국 하나는 기본적인 행위이고 다른 하나는 '지식이나 기술'의 매개를 통해 이루어지는 행위의 차이라면, 그것은 매우 흥미로운 일이 아닐 수 없다. 물론 지식 없이, 기술 없이, 또는 훈련 없이 만들어지는 예술은 없다. 예술은 대가(大家)가 될 수 있는 가능성을 분석적 요소로 포함하는 것과 연관되어 있다. 오직 어떤 사람이 그림을 그리거나 연주할 수 있을 때 비로소 스타일의 문제가 발생하거나, 또는 우리가 스타일의 문제로 동일시하는 성질들이 중요하게 된다. 그 문제는 내가 기본적인 수행과 비기본적인 수행을 지칭할 때 염두에 둔 것인데, 왜냐하면 나는 그림 그리기에 능통한 사람이라면 렘브란트의 스타일로도 그릴 수 있다고 믿기 때문이다―즉 원칙적으로 렘브란트가 지식이나 기술의 대가로서 할 수 있었던 것은 무엇이건 다른 사람도 그것에 숙달될 수 있고, 따라서 그 사람도 지식이나 기술에 정통함으로써 렘브란트와 똑같이 그릴 수 있기 때문이다.

그리고 그 점은 수행이나 표상의 성질로 이루어진 어떤 집합에 대해서도 마찬가지이다. 그러한 것들이 스타일의 문제인가, 따라서 **사람 자신의 문제인가** 하는 것은 그것들이 지식이나 기술의 문제로서 스타일에 포함되는가에 달려 있다. 지금 우리가 당면한 문제는 그런 지식이나 기술이 이런저런 방식으로 스타일 안에 있다는 사실이 문제의 대상에 대한 판단에 대해, 그것이 모방인가에 대해, 또는 그 스타일에 대해, 아니면 그 무엇에 대해서든 어떤 차이를 낳는가 하는 것이다. 그 문제가 어느 정도 중요하다는 것은 이와 유사한 문제가 도덕 판단의 영역에서도 매우 유의미하다는 사실에서 엿볼 수 있을 것이다.

한 행위가 사람의 인격에서 연유한 것이고 단순히 절제심의 기준을 충족시키는 것이 아닐 때 진실로 도덕적 성질을 갖는다고 주장하면서, 절제심과 연관된 사물들과 절제심 있는 사람 사이를 정교하게 구별한 것은 바로 아리스토텔레스였다. 그러므로 예를 들면 어떤 사람이 절제심 있는 사람들이 하는 행위들의 목록에 있는 일을 행하고, 그가 그것을 행하는 이유가 그것이 그 목록에 있기 때문일 경우, 그 사람은 절제심 있는 사람이 아니다. 목록을 사용하는 것 자체는 그 사람을 그가 희구하는 성질로부터 멀어지게 한다. 행위들의 목록에 의거하는 것은 절제심 있는 사람의 인품과 비일관적이다. 그리고 다른 도덕적 성질에 대해서도 똑같이 말할 수 있다. 친절, 기지 또는 사려 깊음의 경우, 그것들이 목록에 있기 때문에 친절한 행위를 할 경우 그 행위는 친절함, 기지 있음 또는 사려 깊음과 비일관적이다. 그것은 그런 도덕적 성질들이 단순히 목록의 비개입을 함축하기 때문만은 아니다. 도덕적 행위에는 완전한 목록이 있을 수 없다는 것, 즉 각각의 모든 행위가 목록에 있고 목록에 없는 것은 친절한 행위가 아니라는 식으로 도덕적 행위의 유한 집합이 있을 수가 없기 때문이다.

친절하다는 것은 창의적이 되는 것, 새로운 상황에서 다른 사람들이 그것을 친절한 행위로 인식할 수 있는 행동을 할 수 있는 것을 말한다. 도덕적인 사람이란 직관적인 사람으로서, 그가 과거에 전혀 경험해본 적이 없는 상황에서 도덕적으로 올바른 판단을 내리고 적절한 행동을 수행할 수 있는 것을 의미한다. 언어 능력의 표지가 해당 언어로 새로운 문장들을 만들어내고 이해하는 능력을 가진 것을 의미한다는 점에서, 도덕적 능력은 후자와 거의 흡사하다. 그리고 언어 능력이 어떤 언어로 된 문장들의 목록을 통달하는 것에 있는 것이 아니듯이, 도덕적 능력은 해야 할 올바른 일들의 목록을 통달하는 것에 있지 않다.『국가』에서, 소크라테스는 일상생활의 사소한 위급한 일들과 연관하여 "그러한 일들에 관해 법을 제정하는 사소한 지혜"를 검토하면서, "그런 일들에 관해 정확히 명문화한 어떤 법률들도 영구적이지 못하다"고 말한다. 어떤 사람은 사례들을 통해 가르치는데 그것은 결국 판단력의 발달을 도모하기 위해 그렇게 하는 것이므로 그 경우 선례들은 무규정적인 도덕적·법적 영역 속으로 영입되어야 한다. 칸트는 "사례들은 이해를 위한 보행기이다"라고 말하면서—그리고 원칙 때문에 행하는 것과 단순히 원칙과 부합하게 행하는 것 사이의 구별은 그의 도덕 체계의 주춧돌이다—『순수이성비판』의 풍자적인 각주에서 이렇게 덧붙인다.

> 판단력에서의 결함은 흔히 어리석음이라고 불리는 것이나 다름없으며, 그러한 결함에 대한 처방은 없다. 적절한 정도의 이해를 제외하고는 아무것도 부족한 것이 없지만 둔감하거나 편협한 사람은······ 학습을 통해 훈련받을 수 있고, 심지어 유식한 수준에까지 이를 수도 있을 것이다. 그러나 흔히 그러한 사람들이 여전히 판단력의 결핍을 보여주듯이······ 과학적 지식의 적용에 있어서 그 원초적 결핍을 나타내는, 유식하면서도 결코 선한 사람이 될 수 없는 사람들을 만나는 것은 드문 일이 아니다.[6]

이러한 종류의 판단력의 개념은 칸트가 취미 능력이라고 부른 것과 어떤 공통점을 갖는다. 왜냐하면 취미는, 예컨대 단순히 취미 수준을 나타내는 방식으로 사물을 배열하는 것에 있는 것이 아니지만, 이때 배

---

[6] I. Kant, *The Critique of Pure Reason*, Smith edition, p.178.

열하는 사람이 전혀 취미를 갖지 않고서도 높은 수준의 취미와 부합되게 배열할 수 있게 하는 규칙들의 집합, 그러한 종류의 제작법을 단순히 통달했기 때문일 수가 있다. 그리고 참으로 그러한 종류의 제작법의 매개는 바로 그 행동을 취미의 수행으로 만드는 것이 아니라, 오히려 취미의 결핍을 입증하는 증거로 만든다. 국가 전체로 보아 뛰어난 취미를 가졌지만 취미 자체가 깊이 고착화되었을 경우 사람들이 알고 있는 것과 심각하게 엇갈리는 상황에 처할 때 전혀 심미적 감식력을 발휘하지 못하는 국민들이 있다고 전해진다. 그러므로 칸트에게 있어서 판단력처럼, 그리고 기지(奇智)의 경우처럼 취미는 지식이나 기술이 있을 수 없는 것이다. 어쩌면 취미와 부합되게 수행된 것이면 무엇이든 좋은 취미를 따른 것이라고——훌륭한 취미를 가진 사람이 훌륭한 취미와 부합될 것이라는 의미에서——확신시켜줄 수 있는 지식이나 기술이 있을지도 모른다. 그러나 문제의 지식이나 기술은, 만일 그 사람이 지식이나 기술을 사용했다면 그것을 배열한 사람이 훌륭한 취미를 가졌다는 말과는 매우 비일관적이다.

그리고 마지막으로 예술에 대해서도 이와 비슷하게 말할 수 있다. 바흐는 푸가를 소시지처럼 갈아서 만들어내는 비밀스런 푸가 작곡기계를 갖고 있다는 비난을 받았다. 물론 어떤 의미에서 그런 기계를 만들어 특허를 내는 것은 무의미한 일일 것이다. 누구든 자기가 원하는 푸가를 마음대로 작곡할 수 있게 되었다는 의미에서 그것은 황금알을 낳는 거위 같은 것이다. 그것은 사실일 수도 있겠지만 근본적으로 흥미 없는 일이다. 흥미로울 수 있는 것이 있다면 그것은 그런 기계가 존재하지 않았다든가 있을 수 없었다든가 하는 것을 보여주는 증거가 아니라, 만일 그런 것이 있었다면 그 기계를 사용한 사람이 그가 만들어낸 푸가에 대해 갖는 관계는 바흐가 푸가 작품에 대해 갖는 관계와 매우 상이할 것이라는 점이며, 따라서 기계적인 푸가들은 푸가 작곡기계가 예시할 수 있는 매개적 장치들—규칙, 목록, 코드 등—을 갖지 않는다는 바로 그 사실로 인해 작곡의 규범적인 관계를 일탈할 것이기 때문에 결국 **논리적으로 스타일 없는 것이** 될 것이다. 누구든 피카소가 만든 것과 똑같이 색칠한 넥타이를 만들 수 있겠지만, 그것이 아무리 피카소의 것과 똑같이 닮았다고 해도 그것은 전혀 스타일을 갖지 못할 것이다. 그리고 피카소는 자기가 지금 부자가 된 것은 그림 그리는 기타 면허증을 팔아 버렸기 때문이라고 언젠가 칸바일러에게 능청스럽게 말한 적이 있다.

내가 주장하려는 요점을 정확하게 보여주는 한 가지 제작법이 있다. 즉 어떤 작품을 복제하는 것이다. 그 작품에 독특한 스타일이 있다고 가정해보라. 그것의 복제품은 그것을 산출하는 데 사용된 바로 그 공식 때문에 논리적으로 아무런 스타일도 갖지 않는다—그것은 아마도 스타일을 보여주기는 하겠지만 스타일을 갖는 것은 아니다. 물론 두 사물은 정확히 서로 닮고 똑같은 스타일을 가질 수 있다. 데이비드 피어스(David Pears)는 존 오스틴(John Langshaw Austin)이 즉석에서 생각나는 대로 강의를 한다고 말한 적이 있는데, 사실 그의 강의는 매번 똑같은 것이었다—그렇지만 그것은 자기 자신을 반복하는 것과는 거리가 멀다.

화가 애드 라인하르트(Ad Reinhardt)는 서로 아주 닮은 검정색 정사각형 그림을 만들곤 했는데, 똑같은 감흥에서 만들어진 것이라 해도 그것들은 서로의 복제품이 아니고, 각 작품은 그 예술가 자신과 동등한 관계를 가졌다. 모란디의 경우도 비슷한데, 그가 그린 병 그림들은 서로 똑같아 보였고, 또는 서로 같은 것으로 생각될 수도 있었다. 그 그림들은 똑같은 예술적 기원에서 나왔지만, 서로 닮았다는 것이 그 그림들의 스타일을 손상시키는 것은 아니다. 처음에는 자신의 스타일을 가졌지만 이제는 일종의 방법처럼 되었기 때문에, 우리가 샤갈에 대해 그가 자기 자신을 표절하거나 또는 기껏해야 자기 자신을 반복한다고 비난하곤 했던 경우와 대조할 수 있을 것이다―그러나 그의 그림들은 모란디나 렘브란트의 그림들보다는 그다지 서로 닮지 않았다. 그렇다면 문제는 이러한 종류의 반복이 왜 한 예술가와 작품의 위상에 해가 되는지, 작품에서 스타일을 박탈할 정도로 정말로 해가 되는가 하는 것이다.

나는 말 그대로 스타일이 곧 그 사람이라는 주장, 즉 한 사람에게는 여러 가지 외적인 속성과 일시적인 속성들이 있는 반면, 스타일은 적어도 근본적으로 그 자신의 것인 고유한 특질들을 구성한다는 직관으로 다시 돌아가고자 한다. 따라서 스타일과 스타일처럼 보이지만 실제로는 어떤 간격에 의해―그 간격을 메우는 것이 지식이나 기술의 기능이다―그 사람 자신과 분리되는 기법이 대조되듯이 정의상 일시적이고 덧없는 유행은 스타일과 대조를 이룬다. 그러므로 어떤 사람이 렘브란트의 스타일로 그림을 그릴 때 그는 기법을 택한 것이며, 적어도 그러한 한 그는 렘브란트의 경우처럼 그 그림에 대해 내재적인 관계를 갖는다고 할 수 없다. 내재성의 언어는 그 사람 자신과 스타일의 동일성에 의해―즉 그는 그의 스타일 자체이다―그리고 스타일의 관점에서 볼 때 렘브란트는 곧 그의 그림과 같다는 동일성의 전이(轉移)에 의해 규정된다. 나는 이러한 개념들에 대한 탐험을 시작하고자 하며 그 과정에서 나는 염치없을 정도로 사변적일 수밖에 없는데, 왜냐하면 내가 여기서 원하는 논변은 다른 주제에 속하고, 지금으로서 나는 그것을 암시할 수 있을 뿐이기 때문이다.

'그 사람 자신'이란 정확히 무엇을 말하는가? 나는 우리가 표상의 체계, 세계를 보는 방법, 육화된 표상이라는 것에 관해 한 가지 이론을 주장했다. 분명히 그 이론은, 철학적으로 아무리 흥미로운 것이라 해도 결국 경험적인 것일 테지만, 그러나 내가 의거하는 종류의 개념적 증거는 내포성의 영역에 속해 있는 현상들이다. 따라서 나는 "m은 s임을 믿는다"(m believes that s)처럼 전형적으로 심리적인 문장들이 참이기 위해서 m은 반드시 그 문장 s가 기술하는 문장 상태에 있어야 하며, s에 의해 기술된 그 문장 상태가 참일 때 그 믿음은 참이라고 주장했다. 문장 상태 이론을 지지하는 두 종류의 증거는 쉽게 찾아볼 수 있다. 첫째는 심리언어학에서 온 것으로, 만일 어떤 기본적인 인간적인 능력이 이해될 수 있으려면 사고의 언어(language of thought)가 있어야만 한다는 주장이다. 즉 정당화된 믿음을 가짐으로써 지식을 얻듯이, 또는 정당화될 수 있는 행동을 통해 행위가 발생하듯이 추론 같은 어떤 것이 발생할 수 있으려면 우리의 사고는 반드시 문장 구조를 가져야 한다는 것이다. 한마디로 마음 상태는 인과적인 동시에 논리적으로 서로 연관되어야 한다.

또 다른 증거는 프로이트에게서 온 것이다.『일상생활의 심리병리학』(Psychopathology of Everyday Life)에서 발견할 수 있는 종류의 연상들의 연쇄는 재담과 음운론적 상대역들의 토대 위에서 진행된다. 어떤 꿈들은 무의식적 사고가 익살스럽게 변형된 것이다. 그러나 실제로 사고는 단순히 낱말들을 구성요소로 갖는 것이 아니라, 언술된 낱말 자체가 똑같은 음향적 심상을 가질 때만 그러한 재담으로 변형될 수 있다. 물론 프로이트에게 있어서도 시각적 재담이 작동될 수 있다. 그러나 어떤 경우이든 나의 이론은 그것이 낱말이든 그림의 체계이든, 또는 더 그럴법한 것으로 두 가지 모두이든 간에, 우리는 표상들의 체계와 다름없다는 것이다. 간단히 말해서 나의 견해는 "사람은 하나의 기호이기 때문에 그 사람은 그의 언어의 총체이다"라고 말한 퍼스적 논제를 확장한 것이다. 특히 프로이트적 현상들에 있어서 우리는 표상의 속성 자체를 넘어서는 다른 속성을 강하게 거부하도록 이루어진 존재이다. 스타일은 사람이 표상하는 것일 뿐만 아니라 표상하는 방식이기도 하며, 그것은 그의 마음의 구조를 설명하기 위해 환기되어야 한다.

사람이 무엇을 표상하든 표상하는 방식이 곧 스타일이라고 나는 생각한다. 만일 사람이 표상의 체계라면 그의 스타일은 그 표상의 스타일이다. 쇼펜하우어의 멋진 생각을 빌린다면, 한 사람의 스타일은 "영혼의 인상학"이다. 그리고 특히 예술에 있어서 스타일이 지칭하는 것이라고 내가 주장하려는 것은 바로 표상의 내적 체계가 드러나는 이러한 외적인 인상학이다. 물론 우리는 한 시대나 한 문화의 스타일에 대해서도 말하지만, 이것은 궁극적으로 한 시대에 속한 것으로 규정되는 공유된 표상 양태들을 가리키는 것이다. 앞에서 내가 제안했듯이 시대와 사람들의 개념적 구조는 충분할 만큼 서로 유사하기 때문에, 사람의 성품이 내적 측면과 외적 측면을 갖듯이 우리는 마치 한 시대가 내부와 외부를 갖기라도 하듯이 역사가가 바라보는 표층과 한 시대에 속한 사람들이 갖고 있는 내면성이 공존하는 것처럼 말할 수 있다. 그러나 지금 나는 대체로 개인적인 경우에만 국한할 것이고, 그러한 유비를 토대로 정당화하고 상술하는 일은 다른 기회로 미루겠다.

그러면 만일 스타일 개념에 대한 이러한 설명이 가치 있는 것이라면, 우리는 앞에서 논의한 매개적 지식이나 기술의 결핍을 함축하는 종류의 관계와 스타일을 연관시켜볼 수 있을 것이다. 다시금 말하지만 그 유비는 다분히 강제적이고 나의 이론은 지나칠 정도로 사변적일 수 있다. 그러나 그렇다고 해도 믿음의 개념으로 돌아가야 한다. 어떤 사람이 s임을 믿을 때 그는 s가 참임을 믿는다. 이것은 사람들이 대개의 경우 자기가 s임을 믿는다고 표명하지 않는다는 사실을 통해 언어적 관행에 반영된다. 사람들은 마치 s가 참이고, 따라서 마치 세계가 그렇게 되어 있는 것처럼 행동한다. 그러므로 우리는 그러한 관행을 통해 우리의 믿음을 지시하는 것이 아니라 세계를 지시하며, 우리가 우리 자신에 대해 고백하는 것이 아니라 마치 우리가 기술하는 것이 실재 자체인 것처럼 느낀다. 어쨌거나 그러한 분석이 뒷받침하듯이 고백과 믿음의 귀속이 비대칭적이라는 것은 널리 알려진 사실이다. 나는 내가 s임을 믿는 동시에 s가 거짓이라는 것을 모순 없이 말할 수는 없지만, 다른 사람에 관해서는 그가 s임을 믿지만 그가 믿는 것은 거짓이라고 말할 수 있다.

내가 다른 사람의 믿음을 지시할 때 나는 그를 지시하는 것인 반면, 그는 자기의 믿음을 표현할 때 자기 자신을 지시하는 것이 아니라 세계를 지시한다. 문제의 믿음은 믿는 사람 자신에게는 투명하다. 그는 그것을 해독하는 것이 아니라 그것을 통해 세계를 해독한다. 그러나 그의 믿음은 다른 사람에게는 불투명하다. 사람들은 그 사람의 믿음을 통해 세계를 읽는 것이 아니다. 그들은 그 믿음을 읽는 것이다. 이런 점에서 나의 믿음은 그것을 가시화할 수 있는 어떤 것이 존재하게 되고 내가 밖에서 그것을 볼 수 있을 때까지 내게는 비가시적이다. 그리고 이러한 일은 보통의 경우 그 믿음 자체가 세계의 존재 방식과 잘 들어맞지 않을 때 일어나며, 우연한 사건에 의해 나는 내게 익숙한 대상으로부터 다시 나 자신에게로 돌아가도록 강요받는다. 그러므로 위대한 현상학자들이 간파했듯이 나의 믿음의 구조는 세계의 사물들이 의식의 대상이 되는 것과는 상이한 방식으로 자기 자신의 대상이 되는 어떤 구조로서의 의식, 즉 의식 자체의 구조 같은 것이다. 의식이 대상에 속한다는 의미에서 의식은 대상 자체에 관한 것이 아니며, 또는 '관한'(of)의 다른 의미에서——x가 대상일 때 x에 관한 의식(conscience de x)과는 대조되는, 대자적 의식(conscience de soi)으로 동일시한 사르트르에 의해 명확하게 인준되었던바——의식 자체에 관한 것이다.

바꾸어 말해서 나는 의식으로서 나 자신을 아무런 매개 없이 본다. 나는 다른 사람들에게 대상이지만 나에게는 대상이 아니며, 내가 나 자신에 대해 대상일 때 나는 이미 나 자신을 넘어선 것이다. 그것이 가시화될 때 그것은 적어도 나의 내부에서 바라볼 때 더 이상 나 자신이 아니다. 그러나 나는 내가 체현하는 표상에 대해 대체로 그것이 참이라고 생각해야 한다. 나는 세계를 표상하는 것이고, 세계에 대한 나의 표상을 표상하는 것이 아니다. 그러므로 쇼펜하우어가 사용한 인상학으로 돌아가면, 나의 얼굴은 다른 사람들에게는 보이지만 나 자신에게는 보이지 않고, 나는 내가 거울로 보는 얼굴이 나 자신의 얼굴인지 내적으로 전혀 확신할 수 없다. 그것이 나의 표상으로서 의식화되기까지는 부단한 노력이 들며, 그러한 표상을 나의 것으로 받아들이는 데에는 복잡한 동일시의 행위가 필요하다. 심리분석을 철학적으로 그렇게도 복잡하게 만드는 것은 바로 이러한 동일시의 복잡성이라고 생각한다.

어쨌거나 내 생각으로는 우리가 스타일을 말할 때 의미하는 것은 외부에서 인상학적으로 감지하는 것으로, 그 사람 자신에게 귀속되는 표상들의 성질인 것 같다. 그리고 기법에 대해서는 가능하지만 스타일에 대해서 지식이나 기술이 있을 수 없는 까닭은 표상이 귀속되는 사람이 표상의 외적 국면들을 의식하지 못하는 일이 흔하기 때문이다. 그는 표상을 통해 세계를 보지만 표상 자체를 보지는 못한다. 그의 표상이 지닌 성질들을 다른 사람들은 볼 수 있지만 그는 보지 못하며, 지식이나 기술이 내재한다는 것은 그의 스타일인 표상과 일관되지 않는 외화(externalization)를 전제로 한다. 따라서 그 사람의 스타일이 되기 위해 표상들은 즉각적으로 그리고 자연스럽게 표현되어야 한다. 그리고 하나의 개체로 간주되는 역사적 시대에 대해서도 똑같은 식으로 말할 수 있다. 즉 역사적 시대는 밖에서 그것을 보는 역사가의 관점에서 볼 때만 하나의 시대이다. 그 시대에 살았던 사람들에게 그것은 단지 삶을 사는 방식이었을 뿐이다. 그리고 나중에 그때 그렇게 사는 것이 어떠했느냐고 물을 때, 그들 역시 바깥에서 역사가로서의 시각을 갖고 대답할 것이다. 안에서 볼 때는 어떤 답변도 할 수 없다. 그것은 단지 세계가 존재하는 방식이었다. 그러므로 한 시대의 구성원들이 역사가에게 만족스러운 방식으로 답할 수 있을 때 이미 그 시대는 그 외적 표면을 노출한 것이고, 어떤 의미에서 한 시대로서 그것은 끝나버린 것이다.

그렇다면 예술에서 흥미롭고도 근본적인 것은 예술가가 우리로 하여금 그가 세계를 보았던 방식을 볼 수 있게 하는—마치 창문처럼 그림이 단순히 세계를 보여주는 것이 아니라, 그것에 의해 구성된 세계를 보여주듯이—자연스러운 능력이다. 결국 틈새로 몰래 들여다보는 관음증 환자처럼 우리는 바위에 앉은 벌거벗은 여인을 그저 바라보는 것이 아니다. 우리는 거의 마술적으로 작품에 체현된 표상을 통해 사랑이 담긴 화가의 눈에 비친 여인으로서 그녀를 보는 것이다. 우리는 렘브란트가 실제로 그녀를 보았던 것처럼 그녀를 보는 것이 아니다. 왜냐하면 그는 단지 그녀를 사랑의 눈길로 보았을 뿐이기 때문이다. 그 작품의 위대함은 그 작품이 실현한 표상의 위대함이다. 만일 참으로 스타일이 사람 자신이라면, 스타일의 위대함은 사람의 위대함이다.

스타일의 구조는 성품의 구조와 비슷하다. 그리고 스타일을 보는 법을 배우는 것은 어떤 사람의 분위기나 성격을 알게 되는 것과 비슷하다. 작품을 어떤 사람에게 귀속시킬 때 우리는 어떤 사람의 신원에 대해 확신이 없는 상태에서 어떤 행위를 그 사람에게 귀속시키는 것만큼이나 복잡한 일을 하는 것이다. 우리가 그것이 그의 다른 작품들과 일관적인지 묻지 않을 수 없는 것처럼, 우리는 그 행위가 그의 성품과 일관적인지 묻지 않을 수 없다. 이러한 일관성의 개념은 형식적 일관성과는 거의 무관하다. 오히려 그것은 어떤 깔개가 방의 다른 가구들과 어울리지 않는다거나 접시가 요리의 디자인과 어울리지 않는다고 말하는 경우, 또는 어떤 사람이 그가 속해 있는 집단의 사람들과 잘 어울리지 않는다고 말할 때 우리가 떠올리게 되는 종류의 일관성이다. 여기에 포함된 것은 취미의 적절함이며, 이것은 하나의 공식으로 환원될 수 없다. 의심의 여지 없이 그것은 이유들에 지배되는 활동이지만, 그 이유들은 이미 적절한 판단력이나 취미를 가진 사람에게만 설득력을 가질 것이다.

「브릴로 상자」가 예술계에 처음 들어왔을 때 마치 코메디아 델아르테[7]에 나오는 인물이 슈트라우스 오페라의 아리아드네 섬에 나타난 것과도 같은 어색한 불일치를 자아냈다. 그것은 다른 고상한 오브제들과 평등한 지위를 주장하면서 예술작품들의 사회를 전복시켜 당당하게 예술계의 인준을 받으려한 것이 아니라, 가히 혁명적이고도 어이없는 요구를 하는 것처럼 보였다. 얼떨떨해 있는 동안 우리는 예술계가 그런 주장을 허용함으로써 스스로를 비하시켰음이 틀림없다고 생각했다. 그렇게도 평범하고 부랑아 같은 대상이 예술계에 영입됨으로써 고상한 지위를 얻는다는 것은 얼토당토하지 않은 것처럼 보였다. 그러나 그때 우리는 우리가 예술작품——'브릴로 상자'——을 상업적 현실세계에서의 그 저급한 상대역과 혼동하고 있다는 것을 깨달았다. 그 작품은 대담한 은유를 보여줌으로써, 즉 '예술작품으로서의-브릴로-상자'를 제시함으로써 그것이 예술이라는 주장을 확증했다. 그렇지만 일상적인 대상의 이러한 변용은 예술계 내의 다른 어떤 것도 변화시키지 않았다. 그것은 다만 그 은유가 작동 가능하기 위해 마땅히 필요로 한 어떤 역사적 발전에 따르는 예술의 구조를 우리의 의식 위로 떠오르게 했을 뿐이다. 그 은유가 가능하게 된 순간, 브릴로 상자와 같은 것은 불가피한 동시에 무의미한 것이기도 했다. 그것이 불가피한 것은 그 오브제로든 또는 다른 것으로든 바로 그런 제스처가 제시되어야만 했기 때문이다. 그것이 무의미한 것은, 일단 그 제스처가 주어지고 나면 다시는 그 제스처를 제시해야 할 이유가 없기 때문이다.

---

[7] Commedia dell'arte, 16세기에 이탈리아에서 성한 즉흥희극이다.

그러나 나는 지금 그 제스처를 하나의 철학적 행위로 해석하면서 철학자로서 말하고 있다. 예술작품으로서 「브릴로 상자」는 그것이 놀라운 은유적 속성들 아래 포섭되는 브릴로 상자라는 것을 주장하는 것 이상의 것을 말한다. 그것은 예술작품이 언제나 해왔던 일—세계를 보는 방식을 외화하며, 문화적 시대의 내부를 드러내고, 우리의 제왕들의 의식을 파악하기 위한 거울로서 자기 자신을 봉헌하는 것—을 수행한 것이다.

옮긴이의 말

내가 이 책을 처음 접한 것은 1980년대 중반이었는데, 그동안 단토 교수의 예술철학의 폭과 깊이에 매료되어 흥분과 감동을 느끼며 읽고 또 읽다 보니 어느덧 21세기가 되었다. 번역을 시작한 것이 언제인지 잘 기억나지 않는데, 이제야 원고를 넘기게 된 것을 보면 내가 이 책에 갖고 있는 애착과 부담이 꽤나 깊었던 모양이다. 도중에 영미미학회(한국미학회 분과학회) 모임에서 1년 가까이 다른 회원들과 단토의 예술철학에 대해 집중적으로 토론한 적도 있었지만, 아직도 나는 단토가 예술에 대해 갖고 있는 철학적 비전의 극히 일부만을 맛보고 있다는 느낌이다. 더욱이 본문에서는 명시적으로 드러나지 않지만, 예술작품의 존재론에서 그가 암시하는 종교적 차원에까지 생각이 미칠 때면 이 책에서 그가 제시하고 있는 예술작품의 존재론적 변용이 포함하는 복합성과 중층성에 몸이 움찔해질 정도이다.

『일상적인 것의 변용』에서 단토가 다루는 주제는 지극히 다채롭지만, 결국 그의 논의의 대부분은 "예술이란 무엇인가"라는 물음에 답하기 위한 예비 작업이며, 책의 마지막 장에서야 비로소 그는 예술작품이란 예술가 자신, 곧 예술가의 개성으로서의 스타일이라고 정의한다. 그러나 대개의 경우 단토의 독자들은 이 부분에 이르기 전에 먼저 '예술계'

라는 주제에 주목하고, 예술의 성립에 있어서 예술 이론이 맡는 결정적인 역할에 관한 그의 설명에 골몰하느라 정작 그가 예술의 종차를 밝히고 있는 마지막 대목을 놓치기 일쑤인 듯하다. 그뿐만 아니라 그의 독자들은 예술이 자기 계몽을 완성하기 위해 예술사라는 바다에서 항해를 계속하다가 마침내 자신의 본질에 관한 철학으로 만월(滿月) 상태에 이를 때 예술사가 종말을 고하게 된다는, 예술사에 관한 그의 거대 담론의 의미와 타당성을 비판적으로 검토하는 일에 여념이 없는 것처럼 보인다. 그 때문에 그들은 단토가 철학적 분석을 통해 궁극적으로 제시하고자 한 예술의 본질 해명에는 미처 시선을 돌릴 겨를이 없는 듯하다. 이러한 정황을 염두에 두면서 나는 단토가 제시한 예술작품의 본성 및 정의에 관해 부연하는 것으로 후기를 대신하고자 한다.

  단토는 소통을 주요 기능으로 하는 단순 표상들과 예술의 결정적인 차이가 어디에 있는지 밝히려는 것이 이 책의 목표라는 것을 기회 닿는 대로 독자에게 상기시키곤 한다. 그러나 제7장에 이르기 전까지 그는 만일 예술의 종차 같은 것이 있다면—즉 예술만의 고유한 어떤 근본적인 면모가 있다면—그것은 예술이 다루는 주제나 내용의 차별성에서 찾을 수는 없다는 식의 소극적이고 우회적으로 설명할 뿐이다. 이 책을 마무리하는 제7장에서 마침내 그는 예술의 종차가 무엇인지를 제시하는데, 기이하게도 제7장의 화두는 예술철학에서 주변적인 주제처럼 취급되는 표현, 은유, 스타일 같은 수사적 테마들이다. 그러나 단토의 논변의 힘은 예술작품의 표면에서 한갓 장식적인 가치를 부여하는 것처럼 보이는 수사적인 면모들이 작품의 정체성의 축을 이룬다는 것을 설득력 있게 제시하는바, 다분히 수사적인 전략에서 발견된다. 이렇게 말한다고 해서 나는 단토의 논변이 논리적으로 취약하다거나 단지 수사적이라는 것을 말하려는 것이 아니다. 오히려 그는 예술작품을 '매체로 기능하는 물리적 상대역과 해석의 함수'로 보면서, 작품의 정체성

수립에 있어서 해석을 필연적인 것으로 만드는 것, 즉 작가의 의도와 그 의도의 구체적인 수행의 결과인 매체적 표현성에서 작품의 고유한 입지점을 찾을 수 있다는 것을 강조한 것이다. 그렇기 때문에 자칫 수사적 장식처럼 치부될 수 있는 작품의 표현성에서 예술의 종차가 발견되며, 따라서 한마디로 표현성은 다른 종류의 표상들과 예술을 구별하는 경계가 되는 것이다. 따라서 단토는 어떤 점에서 예술작품의 수사적 구조 혹은 표현적 구조가 예술가의 의식 구조와 유사한가, 그리고 어떤 근거에서 예술작품의 스타일은 예술가 자신이라고 말할 수 있는가 하는 물음들에 답변함으로써 예술의 정의를 끌어낸다.

예술철학의 역사에서 표현 개념은 대체로 크로체나 컬링우드의 관념론적 이론으로 대표되는 낭만주의 전통에 기반하여 설명하는 것이 예사인데, 그러한 이론이 갖는 문제점은 과도하게 심리주의로 흐르게 된다는 것이다. 예컨대 예술가가 마치 신이라도 되는 양 그가 원하는 것은 무엇이든 다 표현할 수 있는 것처럼 설명하는 것이다. 그와는 대조적으로 단토는 의식을 가진 주체로서 사람이 내부와 외부를 갖듯이 예술작품도 내부와 외부라는 이중구조를 가지며, 외부가 내부를 항상 투명하게 반영하는 것은 아님에도 불구하고 관람자가 작가의 독특한 내적 시점(視點)을 포착할 수 있을 때 비로소 작품의 외부 구조를 인지적으로 동일시하는 동시에 담론적으로 해석해낼 수 있다고 주장한다.

단토가 말하는 예술적 동일시(artistic identification)는 인지적 차원과 담론적 차원을 동시에 갖기 때문에, 개별 작품들이 어떤 인지적 국면과 해석적 속성들을 갖는지 파악할 수 있으려면 상향적 접근과 하향적 접근을 모두 필요로 한다. 즉 작품의 정체성은 지각과 이해라는 두 종류의 인식 활동을 모두 필요로 한다. 그렇기 때문에 예술의 고유한 본질이 표현성에 있다고 말할 때, 단토는 작품이 보여주는 인상학적 국면에 초점을 두는 것 같다가도, 다른 한편으로는 관람자가 단순히 작품의 외적 특징들을 지각하고 유형적으로 동일시하는 것으로는 불충분하다는 식으로 비일관적인 논의를 전개하는 것처럼 보이기도 한다. 그것은 논증상의 오류가 아니라, 비유적으로 말해서 작품이 내부와 외부를 동시에 갖기 때문에 야기되는 불가피한 결과이다. 다시 말해서 해석자는 작품에 접근할 때 이중적인 시선을 택하지 않으면 안 되는데, 즉 외부에서 관찰하는 동시에 작품 내부로부터 상상하는 이중 작업을 동시에 수행해야 한다.

이것은 근본적으로 심리적 귀속의 문제로 압축될 수 있는데, 왜냐하면 관람자는 작품의 표현적 속성을 술어화하고 그 다음에는 그 속성을 작가의 주관성으로 귀속시켜야 하기 때문이다. 즉 작품이 어떤 것을 표현하고 있다면 표현된 것은 궁극적으로 심리적 속성의 기원으로서 작가에게 귀속된다. 그렇기 때문에 예술작품의 표현성을 구체적으로 가시화하는 데 사용되는 수사법은 작품 표면에 단순히 장식물을 첨가하는 기제가 아닌 것이다. 예술작품의 외적 국면들은 작가의 심리적 속성 또는 지향적 상태를 직접적으로가 아니라 오직 은유적인 방식으로 제시하는 까닭에, 작가의 내적 비전을 공유하면서 작품의 수사적 양태를 동일시할 수 있을 때 비로소 관람자는 개별 예술작품에서 무엇이 표현되었는지 동일시할 수 있고 그럼으로써 작품의 대의를 이해할 수 있다.

이처럼 단토가 '표현'이라는 낱말의 일상적인 사용법을 지양하여 그것을 수사법으로서의 스타일과 연관짓고, 더 나아가 스타일 개념을 통해 예술을 정의하는 것은 어쩌면 논리적으로 자연스러운 행보라고 볼 수 있다. 이 점은 굿먼의 경우와 대조되는데, 그는 표현의 논리적 구조를 밝힘으로써 예술철학이 심리주의에 빠질 수 있는 위험을 막는 동시에, 어떻게 예술이 심리적 속성이나 추상적 속성을 소유하고 제시할 수 있는지를 설명해주었다. 그렇기 때문에 단토는 수사적 함의를 물씬 풍기는 스타일 개념에 의해 예술작품을 정의하기에 앞서, 표현에 관한 굿먼의 설명이 갖는 이론적 장점들을 십분 활용한다. 굿먼에게 있어서 표현은 표상적 개체가 은유적으로 소유하고 있는 속성—즉 실제로는 갖고 있지 않은 속성—을 예시하는 것이다. 굿먼의 설명은 표현의 논리적 구조를 보여준다는 점에서 이론적 장점을 갖지만, 단토가 볼 때 그것만으로는 예술작품이 주제를 총체적 방식으로 보여주는 유의미성을 해명하기 어렵다. 왜냐하면 우리가 인정할 수밖에 없는 명백한 사실은 예술작품이 마음을 갖지 않은 무정물이기 때문이다.

굿먼의 은유적 소유와 은유적 예시의 개념을 받아들인다고 해도 예술작품이 단순히 그런 속성을 예시하는 것에 불과하다면, 예술가와 작품의 관계, 더 나아가서 작품의 정체성을 설명하는 데에는 아무런 실마리를 제공할 수 없다. 슬픈 음악을 들을 때 우리는 반드시 그 작곡가나 연주자가 슬픔을 느끼는 심리 상태에 있다고 생각하지는 않는다. 예술가가 실제로 그런 심리 상태에 있지 않는데도 불구하고 우리는 어떻게 예술작품을 통해 예술가의 감수성과 내적 관점 같은 지향적 상태를 감지할 수 있을까? 그리고 정확히 어떤 근거로 작품의 표현성을 예술가에게 귀속시킬 수 있을까?

단토는 매번 똑같은 것을 반복하는 것처럼 보이는 바흐나 비발디, 또는 모란디 같은 작가의 작품들이 왜 단순한 반복이 아닌가—또는 더 쉬운 예로 겉으로 보기에 똑같은 원작과 표절작은 근본적으로 어떤 차이가 있는가?—라고 물으면서 작품의 표현성이 발현되는 매체이자 무대로서 스타일의 문제를 제기한다. 과연 우리는 한 작가의 스타일에 대해 어떻게 알게 되는가? 이 문제는 행위 유형에 관한 단토의 구별을 참조할 때 명확히 이해될 수 있는데, 왜냐하면 작품의 스타일을 인지하는 것은 행위를 이해하는 것과 유사한 구조를 갖기 때문이다. 행위는 기본적인 행위(basic act)와 비기본적인(non-basic act) 행위로 나뉘고, 이와 유사한 방식으로 인지도 기본적인 인지(basic cognition)와 비기본적인 인지(non-basic cognition)로 나뉜다. 만일 어떤 것에 관한 지식이 다른 것에 관한 지식에 의존한다면 그것은 비기본적인 인지이다. 그리고 다른 것에 의존하지 않은 채 어떤 것에 대해 직접 알게 된다면 그것은 기본적인 인지이다. 그렇다면 작품의 스타일에 대해 아는 것은 기본적인 인지인가, 비기본적인 인지인가? 우리는 작품이나 작가의 스타일에 관해 기술하는 다양한 종류의 정보를 얻을 수 있다. 그러나 스타일에 관한 기술들을 접하는 것이 곧 문제의 스타일을 동일시하는 것과 같은 것은 아니다. 스타일의 동일시는 작품의 구체적인 면모들에게 통일성과 지향적 태도를 부여한 작가의 내적 비전을 인지하는 것에 해당한다. 물론 관람자가 작가 자신이 되는 것을 불가능한 일이지만, 그럼에도 불구하고 그의 비전을 가능성의 지평에서 재연(再演)해볼 수는 있다. 이런 종류의 지식은 결국 기본적인 인지가 아니고서는 얻을 수 없는 것이다. 그리고 이 지식이 초월적이거나 추상적인 어떤 것에 관한 것이 아니라 인지적 성격을 갖는 까닭은 이 지식은 작품의 면모들을 지각하는 현전성(presence)의 경험으로 이루어지기 때문이다.

   그렇다면 작품의 스타일을 동일시하는 것을 작가의 내면성에 관한 기본적인 인지로 해명하는 것은 어떤 의미가 있는 것일까? 나는 이 지점에서 단토의 예술철학이 다른 맥락주의 미학자들과 차별화되는 중요한 요소를 발견할 수 있다고 생각한다. 현대의 많은 예술철학자들이 작품을 둘러싼 외적 요소들에 집중하고 의미의 자의성과 우연성을 당연시하는 반면, 단토는 작품의 해석과정에 반드시 포함되어야 할 핵심적인 것으로 스타일을 제시하고, 스타일의 인지를 위해 작가의 내적 비전을 시뮬레이션하는 상상적 비전을 요구한다. 결국 이것은 작가 자신을 이해하는 것이나 다름없다. 바꾸어 말하면, 작품을 해석하고 스타일을 인지하는 것은 주체로서의 작가와의 개인적인 만남을 의미하는 것이다. 이 지점에서 단토는 역사적 제약 조건을 언급한다. 이러한 만남의 가능성은 어느 시대에나 가능한 것이 아니라, 역사적으로 구성된 예술이론을 내적 비전으로 변환시킬 수 있는 역사적 조건들이 조성되어야 한다. 이 점에서 단토의 예술철학은 뚜렷이 맥락주의적 면모를 갖는다. 한편 이런 종류의 만남은 타자로서 예술가에 대한 깊은 관심과 애정이 없이는 불가능하다. 그의 내적 비전과 감수성을 감상자 자신의 것으로 재연하고자 하는 시도는 단순히 이론적 관심만으로는 활성화되기 어렵다. 이 책을 번역하면서 나는 몇 번쯤 단토 자신과 그 비슷한 감동어린 만남을 경험한 적이 있다. 그리고 그러한 만남을 통해 그가 예술가들에게 갖고 있는 애정의 격류 같은 것을 느낄 수 있었다. 예술이 존재하는 이유는 여러 가지 방식으로 설명될 수 있겠지만, 단순히 기능적인 의미의 소통을 위한 도구가 아니라 개인과 개인 사이에 내밀한 대화와 비전을 나누기 위해 예술이 존재한다고 말해도 좋을 것 같다.

　이 책을 옮기는 동안 개인적으로 엄청난 어려움을 겪었지만, 영혼의 밤이라고 부를 만한 그 시간 동안 나는 특히 음악 작품을 통해 작곡가들의 내면의 빛을 보는 경험을 가졌다. 그렇기 때문에 시련의 시간들은 오히려 은총의 기회가 되었다고 믿는다. 작가가 제목을 붙임으로써 작품에 생명을 불어넣듯이, 그저 한 어린아이에 불과하던 나에게 이름을 지어주시고 처음으로 한 사람으로서 나를 만나주셨던 아버님이 지난해에 세상을 떠나셨다. 그분은 세상과 이별하는 순간까지도 인간에 대한 사랑을 보여주셨고, 그 사랑을 통해 낯모르는 두 사람이 빛을 되찾게 되었다. 시간과 공간을 초월한 만남의 깊은 의미를 되새기면서 나는 부족한 채로 붓을 놓을 수밖에 없다. 좋은 책이 되도록 노력을 아끼지 않은 한길사 여러분에게 감사드린다.

2008년 봄
김혜련

찾아보기

|ㄱ|
가능세계 376
가상성 362
가상적 상상 281
가역적인 술어 380
가장 283, 362
간접화법 386
감상 가능성의 조건 220
감정의 개념 230
개별 사례 122
거울 이미지 78, 85, 183, 186, 198
거짓 표본 393
거짓된 모방 184
게르치노 105, 214
게인즈버러, 토머스 361
경계 78
경계긋기 132
고야 101
고옌 255
고정적 의미 194
공상과 현실 92

과학의 명제 198
과학철학 277
관계적 개념 177
관계적 술어 174, 175
관찰 술어 277
구이도 236
굿먼, 넬슨 90, 101, 109, 136~139, 187~191, 305~308, 392
규약 106, 113, 114, 118, 305
그라이스 335
그뤼네발트 327, 328
그림 자체에 관한 기술 191
그림의 가장자리 213, 214
그림의 물질성 248
그림의 주제 270
기본적인 수행 412
기본적인 인지 410
기본적인 행위 410
기술적 술어 173
기술적 의미 227
기의 203

기호 203

| ㄴ |
나르키소스 81, 82, 84, 93, 94
나쁜 기호 232
낱말 자체 215
낱말의 그림 215
낱말의 사용법 168
내면화 108, 153
내용부호 194
내용의 결핍 71
내용의 동일성 316
내적 연관 297
내포성 375, 376, 384, 387, 388, 417
내포적 개념 181
내포적 구조 373
내포적 문맥 375, 377, 382
논리적 고유명사 189
논픽션 소설 313, 315
뉴먼, 바넷 144, 216, 275
뉴턴, 아이작 271, 272, 287
니체 98, 100, 108, 109, 112, 114, 158, 195, 196

| ㄷ |
다비드 371
다빈치 342
단순한 사물 69, 71, 78, 117, 218, 238
단순한 상징 196
단순한 속성들의 집합 173
단순한 실재적 사물 204, 233, 237, 243

단순한 표상 318
단자적 술어 175
닮음 89, 178
담론적 구조 270
대자적 의식 82, 420
대치법 174
대칭적 관계 178
더프, 존 133
데카르트 96, 149, 150, 157
도덕적 능력 413
도형적 스타일 317
돌치, 카를로 242, 352
동일성 121, 124, 383
동일시 149, 219, 270, 288
동일시의 복잡성 421
뒤샹 57, 72, 75, 222~224
드가 208, 261, 263
들라크루아 166, 408
디드로, 드니 166, 225
디디언, 조안 300
디오게네스 80
디오니소스 97~99
디지시스 282
디키, 조지 104, 220~223, 226, 234, 243
디킨스 335, 345, 346

| ㄹ |
라우션버그, 로버트 87, 308
라이프니츠의 원리 200
라인하르트, 애드 416
라파엘로 264

랑크레, 니콜라 328
래츠, 앙드레 330, 335
램, 찰스 278
러스킨 217, 218
레오나르도 257, 321, 322
레제스키, 개리 133
레프, 테오도르 136
렘브란트 119, 247, 250, 362, 400~403, 406, 412, 417, 422
로댕 127
로란, 얼 309, 310, 317, 320, 350
로렌스, 데이비드 248
로젠버그, 해럴드 248
로크 284, 286
루빈슈타인 409
르누아르 249
리히텐슈타인, 로이 248, 252~255, 258, 291, 309~312, 317, 318, 346, 350, 355, 398, 399
릴케 85

| ㅁ |

마네 212
마르크스 100
마르크스주의 324
마사초 182
마셰크, 조지 338
마술적 구조 196
마술적 동일시 280
마티스, 앙리 68
만델바움, 모리스 172
만테냐, 안드레아 247, 402

매너리즘 139, 264
메나르, 피에르 121, 124~132, 137, 145, 184
메헤렌 135, 136, 138, 153, 154
모더니즘적 해석 212
모란디, 조르지 132, 141, 417
모리스, 로버트 143
모방 71, 77, 78, 82, 84~89, 91, 92, 96~98, 101, 102, 105, 106, 109~111, 113~115, 129, 178~180, 182, 184~187, 190, 195, 324, 326, 327, 329, 333
모방과 실재 사이의 간격 88
모방론 325
모방적 재현 101
모차르트 166, 167
모티프 322, 323
목적 없는 합목적성 117
무나카타, 시코 155, 156
무리요 329
무어, 조지 에드워드 295, 296
무어, 헨리 223
무엇에 관한 것 193, 204, 249, 334
무의식적 사고 418
무효화 조건 119
문자적 기술 282
문자적 술어 398
문장-실재 210
문장의 속설 371
문학적 카라바조주의 56
물감방울 250
물감으로서의 물감 250

물리적 상대역 236, 243, 244, 254, 291, 299, 336
물리적 세계의 가장자리 214
물리적 토대 211, 213, 238, 242
미니멀리즘 68, 71
미적 가치 227
미적 감각 227, 231, 232
미적 거리 117
미적 결함 232
미적 기술 333
미적 반응 137, 219, 233, 254, 255
미적 성질 221, 225, 336
미적 술어 227, 237, 330, 332, 336
미적 차이 136, 140
미적 태도 104, 234
미켈란젤로 169, 224, 262, 263, 406
미학적 소크라테스주의 111
미학적 언어 227
미흡결정 74, 238, 291, 322, 323
믿음들의 함수 233
밀, 존 스튜어트 244

|ㅂ|

바그너 112, 303
바토, 장 앙투안 142, 247, 328
바흐 407, 415
반마르크스주의 237
반에우리피데스적 기획 111
반에우리피데스적 예술 112
버클리, 조지 203, 279
벌리억, 데이비드 130, 131
베로네세 180, 269

베르길리우스 378~381
베르메르, 반 할렌 138, 140, 153, 154, 207, 209, 214
베른하르트 409
벨라스케스 250
변용 145, 234, 250
변용되지 않은 물리적 유사물 234
변용의 구조 362
변용적 재현 361
변태적 기호 232
보나르, 피에르 213, 276
보르헤스, 호르헤 루이스 121, 124~126, 129
보티첼리 263
뵐플린, 하인리히 141, 257
부셰, 프랑수아 408
불가능한 그림 214
불연속적인 동일시 278
불투명성 이론 338
불투명성의 조건 389
붓자국 151, 153
뷔퐁, 르클레르 드 406
브란쿠시, 콘스탄틴 223
브뢰겔 261, 263~265, 267, 270, 277
브릴로 상자 58~61
비고츠키 186
비기본적인 수행 412
비기본적인 인지 410
비기본적인 행위 410
비문법성 370
비어즐리, 먼로 327, 328
비올레르뒤크 217, 218

비정상성 370, 372, 391
비트겐슈타인 59, 74~77, 150, 157, 162~165, 167, 170, 172, 173, 198, 203~205, 230, 239, 256, 276, 341
비트겐슈타인류의 제거 논제 238

| ㅅ |
사고의 언어 418
사르트르 82~85, 122, 325
사물들의 하부집합 212
상대역 169, 193, 204, 208, 317
상상 행위 285
상상적 재구성 283
상징적 재현 98
상투어 368
색조 345, 346
생득적인 미적 감각 259
샤갈 132
샤르댕 247
샤피로, 마이어 107, 391
성적 반응 231
세계 바깥 203
세계의 명제 198
세라, 리처드 240
세르반테스 121, 124~130, 132, 184
세잔 141, 145, 147, 153, 310~312, 402, 403
셰익스피어 77, 78, 85, 88, 125, 135, 390, 404
소크라테스 78, 80~82, 108~110, 177, 183~186, 321, 358, 359,

407~411, 414
쇼펜하우어 123, 419
수사 저널리즘 313
수사법 349~351, 355, 366, 392
수사적 물음 358, 366
수사적 표현 391
수사적 힘 366
수행능력 408
순수주의자 261
순수한 투명성 317, 325
슈만 131
슈트라우스 187
스미스, 토니 255, 256
스타인버그, 레오 242
스타일 316, 339, 346, 349, 391, 392, 404~406, 410, 412, 417
스턴, 조지프 373, 374
스테파넬리, 조지프 241
스텔라, 프랭크 144, 211, 212, 214
스트로슨, 프레더릭 242
스틴, 얀 255, 403
스틸루스 404~406
시각적 구별 273
시각적 보철 326
시각적 은유 367
시뮬라크라 93, 336
식별 불가능 218, 235
식별 불가능성 77, 137
식별 불가능한 대상 293
식별 불가능한 상대역 72, 304
식별 불가능한 오브제 136
신의 눈으로 볼 수 있는 언어 203

신화적 동일시 281
실물 없는 모방 183
실재 103, 110, 117, 197, 198
실재의 거울 78
실재의 창조 207
실재적 담론 338
실재적 사물 59, 242, 336, 337
실천적 삼단논증 356
심리적 어휘 396
심리적 표기 387
심리주의 76
심미적 소크라테스주의 109
심성적 인과 76
심적 거리 102, 105

|ㅇ|
아라카와, 슈사쿠 215, 216
아리스토텔레스 84, 89, 91, 92, 111,
    157, 180~183, 225, 231, 283~
    285, 324, 326, 355~357, 359, 413
아방가르드 299
아버스, 다이앤 104
아우구스티누스 57, 168
알베르티, 레온 바티스타 81
알트도르퍼, 알브레흐트 67
암묵적인 지시 380
암시적인 인용 378, 381
앙소르 265
애매성 97, 99, 148, 373
앤스콤, 거트루드 74
양상 논리 376
양상 연산자 382

양상성 382~384, 391
양상적 문맥 375
양상적 용법 385
언급 382, 388, 391
언어 능력 413
언어의 존재론 206
언어적 은유 367
언어적 재료 389
에스헤르 214
에우리피데스 108~110, 113, 115
역사적 동일성의 함수 255
연역적 구조 211
열린 개념 165
영혼의 인상학 419
예술 85, 103, 110, 117, 198
예술 개념 245
예술 모방론 320, 321
예술계 60, 75, 160, 220, 279, 331,
    336
예술의 정의 161, 177, 226
예술의 존재론 206
예술의 지위 160, 180
예술의 충분조건 290
예술의 환원주의자 294
예술작품 78, 117, 140, 160, 169, 218,
    225
예술작품으로 선언 72
예술작품임이라는 술어 175
예술적 기술 282
예술적 동일시 269, 271, 275, 280,
    281, 296, 299, 353
예술적 술어 237, 397, 398

예술적 이론의 분위기 296
예술철학 157, 159
예이츠 123
예증 395, 399
예화 323, 393
오든 270
오브제 117, 134, 155, 243
오스틴, 존 201~203, 416
올덴버그, 클라스 87, 133, 256
올센, 레기네 67
와이츠, 모리스 164, 171
울프, 버지니아 166
위튼, 이디스 166
워홀, 앤디 58~60, 141
원작 128, 136
유머 감각 228, 229
유사성 178, 195
유사성의 망조직 164
유의미한 형식 117
유희의 한계 284
육화 196
육화된 표상 417
윤리학의 언어 227
융 246
은유 319, 332, 354
은유의 특징 370
은유적 구조 374
은유적 동일시 281
은유적 문맥 374
은유적 변용 363
은유적 속성 424
은유적 예증 391, 399

은유적 유의미성 360
은유적 화용론 378
의도주의의 오류 126, 287
의미론적 역설 210
의미론적-기술적 애매성 184
의미의 영역 278
이론-의존적 277
이름표 293
이상적인 스타일 326
인공물 75, 220
인디애나, 로버트 215
인용 128, 378, 391
인용의 의미론 382
인용행위 380~382
인지적 고찰 167
인지적 고찰의 적합성 167
인지적 기술 165, 192, 193
인지적 반응 365
인지적 발견의 함수 255
인지적 유사성 193
일상적인 지각 232
일상적인 표상 305
일항 술어 175

| ㅈ |

자구적인 문장 369, 373
자기 말살의 행위 325
자기 예증적인 개체 214
자연언어 205, 397
자코메티, 알베르토 266, 399
작품의 속성 243
잠재적인 미적 가치 226

재출현 98, 100, 195
재현 97, 100, 198
재현의 적합성 189, 205
전이적 178, 209
정서적 술어 396
정서적 아크라시아 232
정의 59, 384
정의 불가능성 59
정의의 구성요소 171
정체성 140
제목 70, 71, 264, 267, 269
조르조네 68, 69, 72, 141
조토 73, 138, 152, 257, 343, 344
존스, 재스퍼 207, 208, 210
존재론적 경계 293
존재론적 공간 206
존재론적 분류법 70
존재론적 지위 78
존재론적 질서 304
종교적 동일시 281
종차 59
주제 146, 148, 157, 304
죽은 은유 368
중립적인 기술 277
지각 경험 323
지각 방식 311
지각적 검사 233
지각적 기준 169
지각적 차이 140
지시체 187
지시체에 관한 기술 191
지칭 100, 186, 188, 195

지향성 71, 154, 182, 203, 209
직유 375
직접 예증 210
진리조건 375, 377, 381
진품성 131

| ㅊ |

착시적 모사물 179
찬사적 힘 227
참된 모방 184, 187
채플린 179
철학의 구조 197
첼리니, 벤베누토 224
초월적인 타자 83
추상화 209, 211
축약논증 357, 366
취미 능력 226, 414
취미의 결핍 415
취미의 수행 415
친족 유사성 172, 173
친족 유사성의 집합 164
칭유안 294, 295

| ㅋ |

카날레토 346
카라바조 403
카유보트, 귀스타브 184, 286
칸트 102, 104, 158, 159, 409, 414, 415
캐럴, 루이스 110
커포티, 트루먼 313~315
케닉, 윌리엄 167~171

코페르니쿠스적 혁명 278
코헨 221, 223, 226, 244
쾌의 객관화 230
쿠닝, 빌헬름 데 153, 208, 249
쿠릴로프 291~293
쿠츠 135
크리벨리, 카를로 247
키르케고르, 쇠렌 67, 68, 75
키츠 123

| ㅌ |

탈심리화 399
텍스트 388, 389, 391
투명성 이론 336, 337, 340, 346
투명성의 개념 334
투명성의 조건 389
툴루즈-로트렉 344
티레시아스 82
틴토레토 240, 250

| ㅍ |

파운드 129
파울러, 헨리 왓슨 358
판단력의 결핍 414
판단력의 발달 414
펄스타인, 필립 209
펠드먼, 로널드 216
폴록, 잭슨 153, 251
표면적 유사성 137
표상 149, 201, 202, 323
표상 수단 311, 319
표상적 개념 182

표상적 속성 304
표상하는 방식 418
표절품 136, 137, 140, 153
표현임이라는 술어 175
푸리에, 샤를 306
푸생, 니콜라 67, 140, 277
프라이, 로저 403
프락시텔레스 142
프란체스카, 피에로 델라 69
프레게 187, 377, 383
프로망탱 291
프로스페로 95
프로이트 251, 418
프루스트 344, 404
플라톤 56, 77, 78, 85~88, 93, 96, 99, 100, 105, 106, 111, 122, 157, 255, 282, 324, 326, 327, 393
플리니 143
피라네시, 조반니 바티스타 287
피어스, 데이비드 416
피카소 80, 134, 135, 141, 145~147, 151, 153, 247, 263, 276, 310, 416
피카소의 넥타이 문제 136

| ㅎ |

하드코어 회화 338
하디, 토머스 301
하이데거 256
해석 258, 275, 278, 288, 299
해석유보 258
해석의 구성적 성격 280
해석의 함수 258

행위의 동일성 73
행위철학 73
허구적 기술 282
허구적 세계 282
헤겔 60
헤밍웨이 403, 404
헤세, 에바 241
현상 85, 99, 198
형상 85, 122
형식주의 이론 246

호가스, 윌리엄 130, 278
호머 129, 181, 406
호크베르, 줄리앙 192, 193
호퍼 215
화용론적 차이 281
화이트헤드 87, 133, 212
환영 101, 198, 323, 336
흄, 데이비드 172, 339
히로시게, 안도 305~307, 309

아서 단토(Arthur C. Danto)

단토는 미국의 미술비평가면서 철학자다. 미시건주의 앤아버에서 태어나 디트로이트에서 자랐다. 웨인 주립대학교에서 미술과 역사를 공부한 뒤 컬럼비아 대학교 철학과 대학원에 진학해 철학을 수학했다. 1949년부터 1950년까지 풀브라이트 장학생으로 파리에서 모리스 메를로퐁티의 지도를 받았다. 1951년에 컬럼비아대학교로 돌아와 철학교수를 지냈으며, 은퇴 후 존스 명예 철학교수가 되었다. 단토는 미국 철학회 부회장과 회장, 그리고 미국 미학회 회장을 역임했다. 단토는 철학의 여러 분야에 크나큰 공헌을 해왔지만 특히 철학적 미학과 역사철학 연구로 가장 잘 알려져 있다. 그의 관심은 사고, 감정, 예술철학, 표상이론, 철학적 심리학, 헤겔 미학, 그리고 모리스 메를로퐁티와 아르투르 쇼펜하우어의 철학에 이르기까지 광범위하다. 미술평론에 관한 저서로는 『만남과 성찰: 예술의 역사적 현재』(*Encounters and Reflections: Art in the Historical Present*, 1990. 1990년도 미국 도서평론가협회 평론부문 수상), 『후기역사적 관점에서 본 시각예술』(*The Visual Arts in Post-Historical Perspective*, 1992), 『가장자리의 유희: 로버트 매플도르프의 사진예술적 업적』(*Playing With the Edge: The Photographic Achievement of Robert Mapplethorpe*, 1995), 『예술의 종말 이후: 컨템퍼러리 아트와 역사의 울타리』(*After the End of Art: Contemporary Art and the Pale of History*, 1995), 『미래의 마돈나: 다원주의적 예술계에서 쓰는 에세이』 (*The Madonna of the Future: Essays in a Pluralistic Art World*, 2001), 『비자연적인 기적들: 예술과 삶 사이의 틈에서 쓰는 에세이』(*Unnatural Wonders: Essays from the Gap Between Art and Life*, 2007) 등이 있다.

김혜련(金惠連)

연세대학교 철학과를 졸업하고 서울대 미학과 석사과정을 수료했다. 도미(渡美)하여 버팔로 소재 뉴욕주립대(SUNY-Buffalo) 대학원에서 철학-연극 복수전공으로 석사(MA)학위를, 철학과에서 박사학위(Ph.D)를 받았다. 귀국 후, 교육부 박사후(Post-Doc) 연수과정에서 "실용주의와 환경미학의 문제"를 주제로 연구했다. 서울대학교 미학과, 연세대학교 철학과 강사, 홍익대학교 대학원 미학과 겸임교수, 연세대학교 미디어아트연구소 HK연구교수를 역임했다. 현재 연세대학교 인문학연구원 전문연구원으로 있다. 관심 있는 연구 분야는 감정철학, 프래그머티즘, 신경미학, 그리고 신학미학이다. 주요 논문으로 「감정과 주체의 죽음: 여성주의적 읽기」, 「'감각질로서의 통증'에 대한 비판의 철학적 함의에 관하여」, 「음악의 미적 경험의 다중양상성에 관한 연구: 신경인지적 관점에서」 등이 있다. 지은 책으로는 『예술과 사상』, 『센티멘털리즘과 대중문화』가 있고, 옮긴 책으로는 한길사에서 펴낸 『일상적인 것의 변용』을 비롯해 『젠더분석: 과학과 기술을 바꾼다』(론다 쉬빈저), 『다원주의자의 우주』(윌리엄 제임스) 등이 있다.

HANGIL GREAT BOOKS 100

일상적인 것의 변용

지은이 아서 단토
옮긴이 김혜련
펴낸이 김언호

펴낸곳 (주)도서출판 한길사
등록 1976년 12월 24일
주소 10881 경기도 파주시 광인사길 37
홈페이지 www.hangilsa.co.kr
전자우편 hangilsa@hangilsa.co.kr
전화 031-955-2000~3 팩스 031-955-2005

인쇄 오색프린팅 제본 경일제책사

제1판 제1쇄 2008년 5월 10일
제1판 제5쇄 2021년 4월 26일

값 27,000원
ISBN 978-89-356-5744-5 94150

• 잘못 만들어진 책은 구입하신 서점에서 바꿔드립니다.
• 이 도서의 국립중앙도서관 출판시도서목록(CIP)은 서지정보유통지원시스템 홈페이지(seoji.nl.go.kr)와
국가자료공동목록시스템(www.nl.go.kr/kolisnet)에서 이용하실 수 있습니다.
(CIP제어번호: CIP2008001237)

한길그레이트북스 — 인류의 위대한 지적 유산을 집대성한다

1 관념의 모험
앨프레드 노스 화이트헤드 | 오영환

2 종교형태론
미르치아 엘리아데 | 이은봉

3·4·5·6 인도철학사
라다크리슈난 | 이거룡
2005 『타임스』 선정 세상을 움직인 100권의 책
『출판저널』 선정 21세기에도 남을 20세기의 빛나는 책들

7 야생의 사고
클로드 레비-스트로스 | 안정남
2005 『타임스』 선정 세상을 움직인 100권의 책
2008 『중앙일보』 선정 신고전 50선

8 성서의 구조인류학
에드먼드 리치 | 신인철

9 문명화과정 1
노르베르트 엘리아스 | 박미애
2005 연세대학교 권장도서 200선
2012 인터넷 교보문고 명사 추천도서
2012 알라딘 명사 추천도서

10 역사를 위한 변명
마르크 블로크 | 고봉만
2008 『한국일보』 오늘의 책
2009 『동아일보』 대학신입생 추천도서
2013 yes24 역사서 고전

11 인간의 조건
한나 아렌트 | 이진우
2012 인터넷 교보문고 MD의 선택
2012 네이버 지식인의 서재

12 혁명의 시대
에릭 홉스봄 | 정도영·차명수
2005 서울대학교 권장도서 100선
2005 『타임스』 선정 세상을 움직인 100권의 책
2005 연세대학교 권장도서 200선
1999 『출판저널』 선정 21세기에도 남을 20세기의 빛나는 책들
2012 알라딘 블로거 베스트셀러
2013 『조선일보』 불멸의 저자들

13 자본의 시대
에릭 홉스봄 | 정도영
2005 서울대학교 권장도서 100선
1999 『출판저널』 선정 21세기에도 남을 20세기의 빛나는 책들
2012 알라딘 블로거 베스트셀러
2013 『조선일보』 불멸의 저자들

14 제국의 시대
에릭 홉스봄 | 김동택
2005 서울대학교 권장도서 100선
1999 『출판저널』 선정 21세기에도 남을 20세기의 빛나는 책들
2012 알라딘 블로거 베스트셀러
2013 『조선일보』 불멸의 저자들

15·16·17 경세유표
정약용 | 이익성
2012 인터넷 교보문고 필독고전 100선

18 바가바드 기타
함석헌 주석 | 이거룡 해제
2007 서울대학교 추천도서

19 시간의식
에드문트 후설 | 이종훈

20·21 우파니샤드
이재숙
2005 서울대학교 권장도서 100선

22 현대정치의 사상과 행동
마루야마 마사오 | 김석근
2005 『타임스』 선정 세상을 움직인 100권의 책
2007 도쿄대학교 권장도서

23 인간현상
테야르 드 샤르댕 | 양명수
2007 서울대학교 추천도서

24·25 미국의 민주주의
알렉시스 드 토크빌 | 임효선·박지동
2005 서울대학교 권장도서 100선
2012 인터넷 교보문고 MD의 선택
2012 인터넷 교보문고 MD의 선택
2013 문명비평가 기 소르망 추천도서

26 유럽학문의 위기와 선험적 현상학
에드문트 후설 | 이종훈
2005 서울대학교 논술출제

27·28 삼국사기
김부식 | 이강래
2005 연세대학교 권장도서 200선
2012 인터넷 교보문고 필독고전 100선
2013 yes24 다시 읽는 고전

29 원본 삼국사기
김부식 | 이강래

30 성과 속
미르치아 엘리아데 | 이은봉
2005 『타임스』 선정 세상을 움직인 100권의 책
2012 인터넷 교보문고 명사 추천도서
『출판저널』 선정 21세기에도 남을 20세기의 빛나는 책들

31 슬픈 열대
클로드 레비-스트로스 | 박옥줄
2005 서울대학교 권장도서 100선
2005 연세대학교 권장도서 200선
2008 홍익대학교 논술출제
2012 인터넷 교보문고 명사 추천도서
2013 yes24 역사서 고전
『출판저널』 선정 21세기에도 남을 20세기의 빛나는 책들

32 증여론
마르셀 모스 | 이상률
2003 문화관광부 우수학술도서
2012 네이버 지식인의 서재

33 부정변증법
테오도르 아도르노 | 홍승용

34 문명화과정 2
노르베르트 엘리아스 | 박미애
2005 연세대학교 권장도서 200선
2012 인터넷 교보문고 명사 추천도서
2012 알라딘 명사 추천도서

35 불안의 개념
쇠렌 키르케고르 | 임규정
2012 인터넷 교보문고 필독고전 100선

36 마누법전
이재숙·이광수

37 사회주의의 전제와 사민당의 과제
에두아르트 베른슈타인 | 강신준

38 의미의 논리
질 들뢰즈 | 이정우
2000 교보문고 선정 대학생 권장도서

39 성호사설
이익 | 최석기
2005 연세대학교 권장도서 200선
2008 서울대학교 논술출제
2012 인터넷 교보문고 필독고전 100선

40 종교적 경험의 다양성
윌리엄 제임스 | 김재영
2000 대한민국학술원 우수학술도서

41 명이대방록
황종희 | 김덕균
2000 한국출판문화상

42 소피스테스
플라톤 | 김태경

43 정치가
플라톤 | 김태경

44 지식과 사회의 상
데이비드 블루어 | 김경만
2002 대한민국학술원 우수학술도서

45 비평의 해부
노스럽 프라이 | 임철규
2001 『교수신문』 우리 시대의 고전

46 인간적 자유의 본질·철학과 종교
프리드리히 W.J. 셸링 | 최신한

47 무한자와 우주와 세계·원인과 원리와 일자
조르다노 브루노 | 강영계
2001 한국출판인회의 이달의 책

48 후기 마르크스주의
프레드릭 제임슨 | 김유동
2001 한국출판인회의 이달의 책

49·50 봉건사회
마르크 블로크 | 한정숙
2002 대한민국학술원 우수학술도서
2012 『한국일보』 다시 읽고 싶은 책

51 칸트와 형이상학의 문제
마르틴 하이데거 | 이선일
2003 대한민국학술원 우수학술도서

52 남명집
조식 | 경상대 남명학연구소
2012 인터넷 교보문고 필독고전 100선

53 낭만적 거짓과 소설적 진실
르네 지라르 | 김치수·송의경
2002 대한민국학술원 우수학술도서
2013 『한국경제』 한 문장의 교양

54·55 한비자
한비 | 이운구
한국간행물윤리위원회 추천도서
2007 서울대학교 추천도서
2012 인터넷 교보문고 필독고전 100선

56 궁정사회
노르베르트 엘리아스 | 박여성

57 에밀
장 자크 루소 | 김중현
2005 서울대학교 권장도서 100선
2000·2006 서울대학교 논술출제

58 이탈리아 르네상스의 문화
야코프 부르크하르트 | 이기숙
2004 한국간행물윤리위원회 추천도서
2005 연세대학교 권장도서 200선
2009 『동아일보』 대학신입생 추천도서

59·60 분서
이지 | 김혜경
2004 문화관광부 우수학술도서
2012 인터넷 교보문고 필독고전 100선

61 혁명론
한나 아렌트 | 홍원표
2005 대한민국학술원 우수학술도서

62 표해록
최부 | 서인범·주성지
2005 대한민국학술원 우수학술도서

63·64 정신현상학
G.W.F. 헤겔 | 임석진
2006 대한민국학술원 우수학술도서
2005 연세대학교 권장도서 200선
2005 프랑크푸르트도서전 한국의 아름다운 책 100선
2008 서우철학상
2012 인터넷 교보문고 필독고전 100선

65·66 이정표
마르틴 하이데거 | 신상희·이선일

67 왕필의 노자주
왕필 | 임채우
2006 문화관광부 우수학술도서

68 신화학 1
클로드 레비-스트로스 | 임봉길
2007 대한민국학술원 우수학술도서
2008 『동아일보』 인문과 자연의 경계를 넘어 30선

69 유랑시인
타라스 셰브첸코 | 한정숙

70 중국고대사상사론
리쩌허우 | 정병석
2005 『한겨레』 올해의 책
2006 문화관광부 우수학술도서

71 중국근대사상사론
리쩌허우 | 임춘성
2005 『한겨레』 올해의 책
2006 문화관광부 우수학술도서

72 중국현대사상사론
리쩌허우 | 김형종
2005 『한겨레』 올해의 책
2006 문화관광부 우수학술도서

73 자유주의적 평등
로널드 드워킨 | 염수균
2006 문화관광부 우수학술도서
2010 『동아일보』 '정의에 관하여' 20선

74·75·76 춘추좌전
좌구명 | 신동준

77 종교의 본질에 대하여
루트비히 포이어바흐 | 강대석

78 삼국유사
일연 | 이가원·허경진
2007 서울대학교 추천도서

79·80 순자
순자 | 이운구
2007 서울대학교 추천도서

81 예루살렘의 아이히만
한나 아렌트 | 김선욱
2006 『한겨레』 올해의 책
2006 한국간행물윤리위원회 추천도서
2007 『한국일보』 오늘의 책
2007 대한민국학술원 우수학술도서
2012 yes24 리뷰 영웅대전

82 기독교 신앙
프리드리히 슐라이어마허 | 최신한
2008 대한민국학술원 우수학술도서

83·84 전체주의의 기원
한나 아렌트 | 이진우·박미애
2005 『타임스』 선정 세상을 움직인 책
『출판저널』 선정 21세기에도 남을 20세기의 빛나는 책들

85 소피스트적 논박
아리스토텔레스 | 김재홍

86·87 사회체계이론
니클라스 루만 | 박여성
2008 문화체육관광부 우수학술도서

88 헤겔의 체계 1
비토리오 회슬레 | 권대중

89 속분서
이지 | 김혜경
2008 대한민국학술원 우수학술도서

90 죽음에 이르는 병
쇠렌 키르케고르 | 임규정
『한겨레』 고전 다시 읽기 선정
2006 서강대학교 논술출제

91 고독한 산책자의 몽상
장 자크 루소 | 김중현

92 학문과 예술에 대하여·산에서 쓴 편지
장 자크 루소 | 김중현

93 사모아의 청소년
마거릿 미드 | 박자영
20세기 미국대학생 필독 교양도서

94 자본주의와 현대사회이론
앤서니 기든스 | 박노영·임영일
1999 서울대학교 논술출제
2009 대한민국학술원 우수학술도서

95 인간과 자연
조지 마시 | 홍금수

96 법철학
G.W.F. 헤겔 | 임석진

97 문명과 질병
헨리 지거리스트 | 황상익
2009 대한민국학술원 우수학술도서

98 기독교의 본질
루트비히 포이어바흐 | 강대석

99 신화학 2
클로드 레비-스트로스 | 임봉길
2008 『동아일보』 인문과 자연의 경계를 넘어 30선
2009 대한민국학술원 우수학술도서

100 일상적인 것의 변용
아서 단토 | 김혜련
2009 대한민국학술원 우수학술도서

101 독일 비애극의 원천
발터 벤야민 | 최성만·김유동

102·103·104 순수현상학과 현상학적 철학의 이념들
에드문트 후설 | 이종훈
2010 대한민국학술원 우수학술도서

105 수사고신록
최술 | 이재하 외
2010 대한민국학술원 우수학술도서

106 수사고신여록
최술 | 이재하
2010 대한민국학술원 우수학술도서

107 국가권력의 이념사
프리드리히 마이네케 | 이광주

108 법과 권리
로널드 드워킨 | 염수균

109·110·111·112 고야
홋타 요시에 | 김석희
2010 12월 한국간행물윤리위원회 추천도서

113 왕양명실기
박은식 | 이종란

114 신화와 현실
미르치아 엘리아데 | 이은봉

115 사회변동과 사회학
레이몽 부동 | 민문홍

116 자본주의·사회주의·민주주의
조지프 슘페터 | 변상진
2012 대한민국학술원 우수학술도서
2012 인터파크 이 시대 교양 명저

117 공화국의 위기
한나 아렌트 | 김선욱

118 차라투스트라는 이렇게 말했다
프리드리히 니체 | 강대석

119 지중해의 기억
페르낭 브로델 | 강주헌

120 해석의 갈등
폴 리쾨르 | 양명수

121 로마제국의 위기
램지 맥멀렌 | 김창성
2012 인터파크 추천도서

122·123 윌리엄 모리스
에드워드 파머 톰슨 | 윤효녕 외
2012 인터파크 추천도서

124 공제격치
알폰소 바뇨니 | 이종란

125 현상학적 심리학
에드문트 후설 | 이종훈
2013 인터넷 교보문고 눈에 띄는 새 책
2014 대한민국학술원 우수학술도서

126 시각예술의 의미
에르빈 파노프스키 | 임산

127·128 시민사회와 정치이론
진 L. 코헨·앤드루 아라토 | 박형신·이혜경

129 운화측험
최한기 | 이종란
2015 대한민국학술원 우수학술도서

130 예술체계이론
니클라스 루만 | 박여성·이철

131 대학
주희 | 최석기

132 중용
주희 | 최석기

133 종의 기원
찰스 다윈 | 김관선

134 기적을 행하는 왕
마르크 블로크 | 박용진

135 키루스의 교육
크세노폰 | 이동수

136 정당론
로베르트 미헬스 | 김학이
2003 기담학술상 번역상
2004 대한민국학술원 우수학술도서

137 법사회학
니클라스 루만 | 강희원
2016 세종도서 우수학술도서

138 중국사유
마르셀 그라네 | 유병태
2011 대한민국학술원 우수학술도서

139 자연법
G.W.F 헤겔 | 김준수
2004 기담학술상 번역상

140 기독교와 자본주의의 발흥
R.H. 토니 | 고세훈

141 고딕건축과 스콜라철학
에르빈 파노프스키 | 김율
2016 세종도서 우수학술도서

142 도덕감정론
애덤스미스 | 김광수

143 신기관
프랜시스 베이컨 | 진석용
2001 9월 한국출판인회의 이달의 책
2005 서울대학교 권장도서 100선

144 관용론
볼테르 | 송기형·임미경

145 교양과 무질서
매슈 아널드 | 윤지관

146 명등도고록
이지 | 김혜경

147 데카르트적 성찰
에드문트 후설·오이겐 핑크 | 이종훈
2003 대한민국학술원 우수학술도서

148·149·150 함석헌선집 1·2·3
함석헌 | 함석헌편집위원회
2017 대한민국학술원 우수학술도서

151 프랑스혁명에 관한 성찰
에드먼드 버크 | 이태숙

152 사회사상사
루이스 코저 | 신용하·박명규

153 수동적 종합
에드문트 후설 | 이종훈
2019 대한민국학술원 우수학술도서

154 로마사 논고
니콜로 마키아벨리 | 강정인·김경희
2005 대한민국학술원 우수학술도서

155 르네상스 미술가평전 1
조르조 바사리 | 이근배

156 르네상스 미술가평전 2
조르조 바사리 | 이근배

157 르네상스 미술가평전 3
조르조 바사리 | 이근배

158 르네상스 미술가평전 4
조르조 바사리 | 이근배

159 르네상스 미술가평전 5
조르조 바사리 | 이근배

160 르네상스 미술가평전 6
조르조 바사리 | 이근배

161 어두운 시대의 사람들
한나 아렌트 | 홍원표

162 형식논리학과 선험논리학
에드문트 후설 | 이종훈
2011 대한민국학술원 우수학술도서

163 러일전쟁 1
와다 하루키 | 이웅현

164 러일전쟁 2
와다 하루키 | 이웅현

165 종교생활의 원초적 형태
에밀 뒤르켐 | 민혜숙·노치준

166 서양의 장원제
마르크 블로크 | 이기영

167 제일철학 1
에드문트 후설 | 이종훈

168 제일철학 2
에드문트 후설 | 이종훈

169 사회적 체계들
니클라스 루만 | 이철·박여성 | 노진철 감수

170 모랄리아
플루타르코스 | 윤진

171 국가론
마르쿠스 툴리우스 키케로 | 김창성

172 법률론
마르쿠스 툴리우스 키케로 | 성염

173 자본주의의 문화적 모순
다니엘 벨 | 박형신

●한길그레이트북스는 계속 간행됩니다.